Jörg Meidenbauer

Lexikon der Geschichtsirrtümer

SERIE PIPER

Zu diesem Buch

Seit Menschen Vergangenes notieren, ist Geschichtsschreibung voller Lügen, Irrtümer, Legenden und Fälschungen. Was nicht immer an der Qualität der Chronisten liegt: fehlerhafte Berichte, geschönte Fakten und das besondere Talent der handelnden Personen, sich selbst zum Mittelpunkt der historischen Überlieferung zu machen, bilden den Nährboden für die historischen Irrtümer in diesem Band. Hätten Sie gedacht, daß die Türken erst nach 1920 wegen Kaffeemangels von Atatürk zu Teetrinkern umerzogen wurden? Daß der »eiserne Kanzler« Bismarck eigentlich ein nervöses Wrack war? Daß der Siebenjährige Krieg neun Jahre dauerte? Oder daß die Nazis die Wahlen Anfang der 1930er Jahre nicht dank der Stimmen von enttäuschten Arbeitslosen gewannen, sondern weil die bisherigen Nichtwähler für sie stimmten? Das Lexikon der Geschichtsirrtümer räumt unterhaltsam und fesselnd mit liebgewordenen Überzeugungen und Legenden auf. Ein Muß für alle Wißbegierigen und Geschichtsinteressierten!

Jörg Meidenbauer, geboren 1959, ist promovierter Historiker, arbeitete lange Zeit als Lektor für renommierte Verlage und lebt heute als Autor und Herausgeber bei München. Er gründete ein Verlagsbüro und veranstaltet Seminare zu Führungsfragen. Neben dem »Lexikon der Geschichtsirrtümer« veröffentlichte er zahlreiche Bücher zu historischen und kulturgeschichtlichen Themen.

Jörg Meidenbauer

Lexikon der Geschichtsirrtümer

Von Alpenüberquerung bis Zonengrenze

Ein Eichborn. Lexikon

Piper München Zürich

FSC

Dieses Taschenbuch wurde auf FSC-zertifiziertem Papier gedruckt. FSC (Forest Stewardship Council) ist eine nichtstaatliche, gemeinnützige Organisation, die sich für eine ökologische und sozialverantwortliche Nutzung der Wälder unserer Erde einsetzt (vgl. Logo auf der Umschlagrückseite).

Ungekürzte Taschenbuchausgabe
Piper Verlag GmbH, München
1. Auflage Juni 2006
4. Auflage April 2007

Umschlag / Bildredaktion: Büro Hamburg
Heike Dehning, Charlotte Wippermann,
Alke Bücking, Daniel Barthmann
Foto Umschlagvorderseite: Getty Images
Satz: Fuldaer Verlagsanstalt, Fulda
Papier: Munken Print von Arctic Paper Munkedals AB, Schweden
Druck und Bindung: Clausen & Bosse, Leck
Printed in Germany ISBN 978-3-492-24500-5

www.piper.de

»Die Phantasie ist wie aller Poesie so auch aller Historie Anfang.«

Theodor Mommsen

Vorwort

Seit Menschen Vergangenes notieren, ist ihre Geschichtsschreibung voller Irrtümer, Legenden, Lügen und Fälschungen. Schon der Athener Thukydides gestand in seiner »Geschichte des Peloponnesischen Krieges«: »Es wäre mir unmöglich gewesen, die wirklich gesprochenen Worte genau wiederzugeben, und zwar nicht nur die, die mir von dritter Seite mitgeteilt wurden, sondern auch die, die ich selbst mit angehört habe. In meinem Werk wird eben so geredet, wie mir die einzelnen den Umständen gemäß am passendsten zu sprechen schienen, wobei ich mich so eng wie möglich an die Hauptgedanken der wirklich gehaltenen Rede anschloß.«

Nicht immer freilich war schiere Unzulänglichkeit der Chronisten Grund für die Fehlerhaftigkeit ihrer Aufzeichnungen. Oft sind sie auch verfälschenden Berichten auf den Leim gegangen – oder der Selbststilisierung historischer Akteure. Ein Meister dieses Faches war der französische Kaiser Napoleon. Der Korse inszenierte, wie der Historiker Friedrich Sieburg schreibt, seine gesamte Karriere unter Propaganda-Gesichtspunkten. In seinen Memoiren versucht er, wie viele Staatsmänner, das historische Urteil zu prägen. Sieburg: »Indem er seine eigene Geschichte schreibt, legt er das Bild für viele Menschenalter fest. Er gibt seinen Aussprüchen eine solche Form, daß sie unverändert in die Historie eingehen können. Die epische Leidenschaft, mit der er sein eigenes Drama gestaltet, ist so stark, daß es keinem Schilderer je gelingt, sich der Gewalt dieser Prägung ganz zu entziehen.«

Eine solche Wirkungsmacht können aber auch historische Legenden entfalten, die nicht bewußt stilisiert sind. Man denke etwa an Galileo Galilei, der seit dem Inquisitionsprozeß von 1633 als Märtyrer der Wissenschaft gilt. In Wirklichkeit mußte er lediglich sieben

Bußpsalmen in der Woche sprechen – kein Haar wurde ihm gekrümmt. Als aber nach fast 350 Jahren Papst Johannes Paul II. vorschlug, das damalige Urteil zu überprüfen, löste er eine gewaltige wissenschaftliche und publizistische Debatte aus. So groß war die Macht der Legende.

Dieses Lexikon versammelt die größten Irrtümer aus Geschichte, Politik und Kultur. Der Dank des Verfassers gilt allen, die seinen Text vom Schreibtisch des Autors bis in die Hand des Lesers begleitet haben. Silke Möller (Erlangen) und Norbert Grauvogel (München) waren eine große Hilfe bei den Recherchen; Oliver Thomas Domzalski (Frankfurt/Main) bewährte sich als unermüdlicher Anreger, Vor-Leser und Ratgeber. Das Buch ist darüber hinaus all jenen verpflichtet, die sich immer wieder aufs Neue auf die Suche nach historischer Wahrheit machen.

Anstelle von Querverweisen im Text übernimmt das Register (im Anhang) auch die Funktion eines Inhaltsverzeichnisses. Die fettgedruckten Registereinträge verweisen auf die Kapitel dieses Buchs.

A

Ablaß

Das Ablaßwesen wurde von Luther radikal bekämpft

In der Reformation des 16. Jahrhunderts spalteten sich die »Protestanten« von der katholischen Kirche. Luther, so will es die Legende, habe die Reformation ausgelöst, indem er den »Ablaß« radikal bekämpfte. Zu seiner Zeit war es nämlich üblich, bestimmte Sünden – und zwar solche, die ohne Sühne nach dem Tode mit dem Fegefeuer vergolten werden sollten – nur dann zu vergeben, wenn der Sünder eine Gegenleistung erbrachte. Der sogenannte »Ablaß« (im Kirchenlatein: »Indulgentia«) wurde gegen die Verrichtung guter Werke oder das Sprechen bestimmter Gebete in Aussicht gestellt. Dagegen allerdings hatte Luther gar nichts einzuwenden.

Was seinen Protest hervorrief, war die Vermengung des Ablasses mit finanziellen Interessen: statt edler Taten oder frommer Sprüche zog die Kirche nämlich immer häufiger Bares vor und erteilte den Ablaß gegen schnöde Bezahlung. Man konnte sich also – angeblich manchmal sogar im voraus – regelrecht von seinen Sünden freikaufen. Damit verband die Kirche ganz konkrete Vorhaben, wie z.B. den Bau der Peterskirche in Rom.

Im Erzbistum Mainz war ein besonders eifriger Kirchenmann dafür verantwortlich, daß möglichst viel Geld zusammenkam: der Dominikanermönch Johannes Tetzel. In dessen Predigten war fast ausschließlich vom Mammon die Rede, und nur dagegen wendete sich der streitbare Luther. Sein Widerstand war also nicht prinzipieller Natur und somit keineswegs »radikal«. Daß er zum Auslöser eines epochalen Kirchenstreits wurde, hat Luther weder vorhergesehen noch beabsichtigt.

Albrecht der Bär
war ein preußischer Rabauke

In der Geschichte der deutschen Ostbewegung des Mittelalters spielt Graf Albrecht I. von Ballenstedt , der »Bär«, eine besondere Rolle: Im östlichen Harz zu Hause, bemächtigte er sich 1124 der Markgrafschaft Niederlausitz. Kaiser Lothar III. übergab ihm dazu 1134 die Nordmark zwischen mittlerer Elbe und Oder sowie einige linkselbische Gebiete als Lehen. Und schließlich sicherte der »Bär« die Mark Brandenburg als deutsches Territorium.

Ein beachtlicher Zugewinn – und die populäre Geschichtsschreibung des 19. und frühen 20. Jahrhunderts hat dies in erster Linie als Ergebnis herausragender kriegerischer Leistungen gesehen. Der deutsche Journalist und Schriftsteller Rudolf Herzog, Verfasser einer preußischen Geschichte (Leipzig 1914), unterstellte gar, Albrecht habe bereits die Gründung Preußens im Sinn gehabt – ein Schritt, der rund 500 Jahre nach dem Tode des Grafen vollzogen wurde! Damit hat Herzog zwar eine borussische Gründungslegende geliefert, nicht aber Geschichte geschrieben.

Denn gerade der Erwerb der Mark Brandenburg belegt, daß Albrecht sich – anders als sein Beiname nahelegt – keineswegs nur auf rabiate Methoden verstand. Nicht durch Krieg sicherte er sich das Land, sondern durch raffiniertes Vorgehen. Mit geschickten Verträgen stellte er freundschaftliche Beziehungen zu dem slawischen Fürsten Pribislaw-Heinrich her, der das Gebiet beherrschte. Der Lohn: Albrecht wurde von diesem zum Erben eingesetzt. Als Pribislaw 1150 starb, wurde der »Bär« Herrscher von Brandenburg. Seit 1157 durfte er sogar den Titel »Markgraf« führen und stieg in der Folge zu den bedeutendsten Reichsfürsten auf – ohne einen einzigen Schwertstreich!

Zu Zeiten des Geschichtsschreibers Rudolf Herzog aber herrschte in Deutschland Kaiser Wilhelm II., und der rasselte lieber mit dem Säbel, statt seine Interessen ruhig und beharrlich zu verfolgen. Und deshalb mußte auch Albrecht, der »Bär«, mit den Tatzen schlagen.

Alexander der Große (1)
Alexander wurde von Aristoteles vergiftet

Der mazedonische Herrscher Alexander der Große pflegte mit seinen Gegnern kurzen Prozeß zu machen. Etliche wurden hingerichtet oder fielen Mordanschlägen zum Opfer. Auch persönlich griff der Feldherr gerne durch: in einem Anfall von Jähzorn tötete er im Jahre 328 sogar seinen Jugendfreund Kleitos, der ihm sechs Jahre zuvor in der Schlacht am Granikos das Leben gerettet hatte.

Da nimmt es kaum wunder, daß man sich auch das Ende Alexanders nur gewaltsam vorstellen konnte. Schon bald nach seinem Ableben kam das Gerücht auf, der griechische Philosoph Aristoteles, einer der Lehrer Alexanders, habe den König durch Gift töten lassen. Aristoteles habe die Ermordung seines Großneffen Kallisthenes rächen wollen, der als angeblicher Verschwörer hingerichtet worden war.

Aber schon antike Autoren haben daran gezweifelt. Wahrscheinlicher ist, daß Alexander, obwohl jung an Jahren, körperlicher Erschöpfung zum Opfer fiel, als er am 10. Juni 323 in Babylon starb. Eine Neigung zur Trunksucht mag das Ende beschleunigt haben (und führte bereits im Altertum zu Gerüchten von orgiastischen Dionysoszügen, die Alexander zur Feier seiner Siege habe inszenieren lassen).

Alexander der Große (2)
wurde von der eigenen Truppe zum Rückzug gezwungen

In nur zehn Jahren dehnte der mazedonische König Alexander III., der »Große«, seine Herrschaft von Griechenland über Kleinasien, Ägypten und Persien bis an die Ufer des Indus aus und schuf so ein Weltreich, wie es zuvor keines gegeben hatte. Alexander regierte das riesige Land mit harter Hand, während er seine Truppen ungeachtet aller Strapazen immer weiter gen Osten trieb. Im Jahre 326 v. Chr. besiegte er in einer Schlacht am Fluß Hydaspes den indischen König Poros und ließ seine Soldaten dann noch bis zum Hyphasis weiter marschieren, bevor er umkehrte. An der Stelle des Rückzugs ließ

Alexander zwölf Altäre errichten. Nicht belegt ist ein Bericht des antiken griechischen Geschichtsschreibers Diodor, der im ersten Jahrhundert v. Chr. lebte: Er behauptete, Alexander habe – um den Eindruck zu erwecken, daß die Mazedonier ein Volk von Riesen seien – gewaltige Gerätschaften zurückgelassen. Und auch die verbreitete Annahme, eine Meuterei seiner Truppen habe den Feldherrn zur Umkehr gezwungen, hat Widerspruch gefunden. Der deutsche Historiker Johann Gustav Droysen schrieb in seiner *Geschichte Alexanders des Großen* (1833/34), nicht etwa die Opposition erschöpfter Soldaten, sondern die Unbill der Natur – tropische Regengüsse – hätten zum Abbruch des geradezu aberwitzigen Eroberungszuges geführt.

Alexandria

Die berühmte Bibliothek wurde von Arabern vernichtet

Im Jahre 642 eroberte der arabische Feldherr Amru die ägyptische Stadt Alexandria am Westrand des Nildeltas. Diese beherbergte unter anderem die berühmte Bibliothek der Ptolemäer, der ägyptischen Herrscherdynastie, mit ihren rund 400 000 Handschriften. Kalif Omar I., als Nachfolger Mohammeds von dem Eroberer über den Umgang mit der Sammlung befragt, habe entschieden, so heißt es, daß die Bücher vernichtet werden sollten. Sie seien nutzlos, wenn sie mit dem Koran übereinstimmten und gar schädlich, sollte dies nicht der Fall sein. Daraufhin seien die 4000 Badestuben der Stadt ein halbes Jahr lang mit den Werken der Bibliothek beheizt worden.

In Wirklichkeit freilich existierte die 298 v. Chr. angelegte Büchersammlung zu diesem Zeitpunkt schon fast 700 Jahre nicht mehr. Sie war nämlich bereits den Flammen zum Opfer gefallen, die Caesar im Jahre 48 v. Chr. bei der Eroberung Alexandrias legen ließ, als er der von ihrem Bruder vertriebenen Kleopatra wieder auf den Thron half. Zwar hatte der römische Feldherr und Staatsmann Marc Anton sich bald danach um Ersatz bemüht und Kleopatra die 202 v. Chr. begründete Bibliothek des Königs Attalos I. von Pergamon geschenkt. Diese freilich war im Jahre 390 n. Chr. bei Unruhen im Zuge der Christianisierung Alexandrias zerstört worden. Und so haben sich nicht Muselmanen der Kulturschande schuldig gemacht, sondern zunächst Caesar und dann christliche Fanatiker. Der Mythos von der Verbrennung der Bibliothek durch Amru ist eine Erfindung des Mittelalters.

Alfred der Große
gründete England

Seit 871 war Alfred der Große König von Wessex und Herrscher der Angelsachsen. Zu jener Zeit zogen die Wikinger von Skandinavien aus plündernd durch Europa. 851 hatten sie die Themsemündung und Irland besetzt, 870 Ostanglien erobert und sich danach in Richtung Wessex aufgemacht. Alfred gelang es 878 in der Schlacht auf der Heide von Salisbury, sie nach heftigem Kampf zu besiegen. In England gilt er daher als Retter vor Fremdherrschaft und darüber hinaus als Reichsgründer. Alfred, so heißt es nämlich, habe das Land geformt. Der Bau einer Flotte wird ihm ebenso zugeschrieben wie die Anlage von Burgen, die Reorganisation des Heeres und schließlich die Eroberung Londons im Jahre 885. Nach diesen robusten Großtaten habe der König sich an den Wiederaufbau seines Landes gemacht, also die Verwaltung neu organisiert, Gesetze erlassen – und seinen Ruhm nebenher noch vergrößert, indem er ethische und historische Werke übersetzte. Kein Wunder, daß er den Ehrennamen »der Große« erhielt.

Es ist allerdings auch kein Wunder, daß Skeptiker auf den Plan traten, die dieser Ehrung mit angelsächsischer Zurückhaltung begegneten: So merkte bereits der Historiker Henry Thomas Buckle in der Mitte des 19. Jahrhunderts an, seine Landsleute hätten Alfred zahlreiche Errungenschaften zugeschrieben, die schon vor dessen Lebzeiten existiert hätten. Seinen Ruhm verdanke der Herrscher schlicht und ergreifend der Tatsache, daß die Engländer so wenig von ihm wüßten und ihn deshalb als Projektionsfläche für ihren Nationalstolz schätzten.

Alpenüberquerung

Alpenüberquerungen erfolgten schon immer auf kürzestem Wege, also über den Gotthard-Paß

Zwischen dem 10. und dem 13. Jahrhundert sind deutsche Kaiser rund 80 mal über die Alpen gezogen. Der einfache Grund: Sie mußten nach Rom, um sich krönen zu lassen, denn die Macht, den Herrscher des »Heiligen Römischen Reichs« ins Amt zu setzen, oblag allein dem Papst. Auch gab es immer wieder Kriegszüge um Besitzungen in Oberitalien, denn der bis Rom reichende Teil Italiens gehörte ja zum Reich. Zudem wollte der Kirchenstaat des Papstes gegen Angreifer, etwa Normannen aus Sizilien, gesichert werden.

In der Regel zog man über die Paßstraßen des San Bernardino (Schweiz), den Großen und Kleinen St. Bernhard, den Brenner (Österreich/Italien), den Lukmanier (Schweiz) oder den Simplon (Schweiz). Der spätere Kaiser Heinrich IV. wählte 1077 den Weg über den Mont Cenis in den Westalpen, um nach Canossa am nördlichen Appenin zu gelangen. (Dieselbe Route hatte im Altertum übrigens bereits Hannibal genommen.)

Den St. Gotthard (Schweiz) aber, der eine kurze Verbindung in die Lombardei geboten hätte, nahm keiner. Es war nämlich die Schöllenenschlucht nicht zu überwinden. Erst der Bau der Teufelsbrücke bei Göschenen ermöglichte die Passage der Talenge. Und diese Brücke wurde erst seit Mitte des 13. Jahrhunderts benutzt. Vorher mußte man eben umständlichere Wege wählen.

Alter

Früher war man mit 40 ein Greis

Bis vor ungefähr einhundert Jahren starben die Menschen, so meinen viele, in der Regel schon mit 30 oder 40 Jahren. Ein Mensch jenseits der 45 sei »uralt« gewesen, eine bestaunte Rarität. Diese Vorstellung basiert auf einem Mißverständnis der Statistiker-Sprache. Die »durchschnittliche allgemeine Lebenserwartung« eines Neugeborenen betrug bis ins 19. Jahrhundert hinein tatsächlich nur ca. 35 Jahre. Das liegt aber nicht daran, daß das biologisch mögliche Alter der Menschen niedriger gewesen wäre als heute: Bereits im Alten Testament (Psalm 90, 10) ist der Satz zu lesen »Unser Leben währet siebenzig Jahre, und wenn's hoch kommt, so sind's achtzig Jahre (...)« – und zahlreiche weitere Beispiele aus Literatur und Geschichte belegen, daß Menschen von 60 Jahren und mehr ein normaler Anblick waren und keineswegs ein biologisches Wunder. So wurden, um nur ein Beispiel zu nennen, die maßgeblichen politischen Posten in der Adelsrepublik Venedig im 17. Jahrhundert mit Männern besetzt, die im Durchschnitt Ende 50 oder Anfang 60 waren – genau wie heute bei uns.

Die statistische Lebenserwartung von Neugeborenen lag nur deshalb so niedrig, weil viele Babies bereits in den ersten Tagen oder Wochen nach der Geburt starben. Schon die Lebenserwartung von Einjährigen lag deutlich höher als die der Neugeborenen. Eine gewisse Rolle spielte natürlich auch die höhere Sterblichkeit von Erwachsenen, insbesondere bei Infektionskrankheiten. Aber wer gesund blieb, hatte genausogute Chancen wie heute, steinalt zu werden. Der Maler Tizian ist eines der bekanntesten Beispiele dafür: Er starb 1576 im Alter von fast 100 Jahren.

Amerika (1)

Die ersten Einwanderer nach Nordamerika kamen aus Nord- und Mitteleuropa

Die allerersten Einwanderer nach Amerika waren strenggenommen diejenigen, die vor ca. 10 000 Jahren über die damalige Landbrücke zwischen Sibirien und Alaska kamen.

Als Geburtsstunde ihres Landes gilt vielen Amerikanern aber die Ankunft der »Pilgrim Fathers« im heutigen Massachussetts und die Gründung der Stadt Plymouth im Jahre 1620. Einige Jahre zuvor, 1614, hatten Holländer sich in der Gegend des heutigen Albany im Staat New York angesiedelt. Von dort aus gründeten sie 1625 New Amsterdam, das heutige New York. Und bereits 1607 waren die ersten britischen Siedler in Jamestown, Virginia angekommen.

Aber die erste Stadt der neuen Welt war fast ein Jahrhundert zuvor, im Sommer 1526, gegründet worden. Dies geschah im heutigen South Carolina, vermutlich nahe der Mündung des Flusses Pee Dee nördlich von Charleston. Ihre Gründer freilich kamen weder aus Nord- noch aus Mitteleuropa: es waren etwa 500 Spanier und 100 schwarze Sklaven. Ihrer Siedlung war allerdings keine Dauer beschieden. Schon in den ersten Monaten kosteten Krankheiten und Auseinandersetzungen mit Indianern viele Leben. Im November rebellierten die Sklaven, töteten etliche Spanier und flüchteten zu den Indianern. Nur 150 Spanier überlebten. Sie zogen sich in die spanische Kolonie Hispaniola zurück. Die ehemaligen Sklaven aber blieben und wurden so zu den ersten nicht-eingeborenen Bewohnern der späteren USA.

Nicht viel glücklicher verliefen die Geschicke von St. Augustine in Florida. Die Stadt gilt als die älteste bis heute bestehende der USA. Ihre Gründer, französische Protestanten, wurden schon bald nach ihrer Ankunft, 1565, von Spaniern massakriert. Diese errichteten an Stelle der Siedlung ein Fort, das Florida, seit 1513 formell spanische Kolonie, sichern sollte.

Bis zur dauerhaften Besiedlung des Landes durch Nord- und Mitteleuropäer sollte es von da an aber noch fast ein halbes Jahrhundert dauern.

Amerika (2)
Die USA prägen die Welt

Es gilt als ausgemacht, daß die USA nicht nur wirtschaftlich und politisch auf weite Teil der Welt einen beherrschenden Einfluß haben. Auch neue kulturelle Trends kommen häufig von dort – ob in Wissenschaft und Technik oder in der Mode, ob im Film oder im musikalischen Geschehen. Gegen die umfassende »Amerikanisierung« vieler Lebensbereiche artikuliert sich mancherorts regelrechter Widerstand.

Diese Sichtweise übersieht freilich, daß es Europäer waren, die die USA gründeten, daß sie ihre sprachlichen, kulturellen und religiösen Traditionen mitbrachten und daß zwischen Europa und Amerika ein beständiger Austausch herrschte und herrscht.

Das gilt zum Beispiel für die Wirtschaft. Der freie Markt fand in den USA seine erste Ausprägung. Als System wurde er allerdings in Europa, von Adam Smith und anderen, entwickelt. Im Bereich der Politik läßt sich Ähnliches beobachten. So begründete die französische Verfassung von 1791 das erste europäische Staatswesen, das auf der Idee universal gültiger Menschenrechte basierte. Auf der Grundlage dieser Vorstellungen konstituierte sich nach dem Ersten Weltkrieg – angeregt von den USA – der Völkerbund, die Vorgängerorganisation der UNO. Die Verfassungstexte der Französischen Revolution wiederum waren beeinflußt von der amerikanischen Unabhängigkeitserklärung des Jahres 1776, die ihrerseits auf den Ideen europäischer Philosophen fußte.

Wie man es auch dreht und wendet – ganz einseitig verhält es sich nicht mit der »Amerikanisierung«. Einen Bereich allerdings gibt es, der gründlich amerikanisiert worden ist, und zwar mit weitreichenden Folgen: die Ernährung.

Nachdem der aus Amerika stammende Mais in Afrika auf den Speisezettel gelangte, wuchs die dortige Bevölkerung deutlich an. Das Bevölkerungswachstum wiederum verlieh dem Sklavenhandel seinen Schwung. Die Kartoffel, ein südamerikanisches Nachtschattengewächs, gelangte im 16. Jahrhundert nach Europa und wurde dort rasch zu einem Grundnahrungsmittel. Auch hier führte die verbesserte Ernährung zu einem Wachstum der Bevölkerung. Das zog eine Verschiebung der europäischen Machtbalance vom Mittelmeerraum ins nördliche Europa nach sich, nach Großbritannien, Deutschland und Rußland. Und, so ließe sich weiter argumentieren, das Bevölkerungswachstum brachte auch die Auswanderung nach Amerika in Gang.

Angesichts dieser Entwicklungen, und angesichts der Tatsache, daß fast die Hälfte aller weltweit angebauten Getreidesorten aus Amerika stammt, macht sich der oft beklagte globale Siegeszug amerikanischer Hackfleischbrater doch allenfalls wie eine Kleinigkeit aus …

Amphitheater

wurden zur Vorführung blutiger Spektakel errichtet

Überall in ihrem Reich errichteten die Römer Amphitheater, um dort große Veranstaltungen zur Unterhaltung der Massen durchzuführen. Der älteste dieser elliptisch angelegten Bauten, deren Sitzreihen treppenförmig um die Arena ansteigen, hat sich in Pompeji erhalten. Er wurde um 80 v. Chr. aus Erdwällen errichtet und bot immerhin Platz für 20 000 Menschen. Den größten und aufwendigsten Bau erhielt natürlich die Hauptstadt selbst: das Kolosseum, als erstes Amphitheater ganz aus Stein gebaut und im Jahre 80 n. Chr. durch Kaiser Titus im Rahmen gigantischer, hunderttägiger Spiele eingeweiht. Fast 50 000 Plätze bot das Theater, die sogar mit einem Sonnensegel überdacht werden konnten.

Wer nun meint, diese vor allem im Westen des Reiches errichteten Arenen seien in erster Linie Schauplatz blutiger Spektakel, von Gladiatorenkämpfen oder Tierhetzen gewesen, liegt falsch. Die Darbietungen, die dort bewundert werden konnten, waren zunächst durchwegs harmloserer Natur: es wurden exotische Tiere wie etwa Affen, Elefanten oder Löwen vorgeführt, die unter großen Mühen und Gefahren eingefangen und herbeigeschafft worden waren. Zum Töten waren sie viel zu wertvoll. Statt dessen wurden Dressurakte gezeigt, wie sie etwa die römischen Schriftsteller Plinius und Plutarch beschrieben haben. Sie schildern Elefanten, die Tänze aufführten oder Löwen, die in der Arena Hasen fangen mußten, diese aber nicht etwa auffressen durften, sondern wohlbehalten beim Dompteur abzuliefern hatten – Vorführungen einer Art also, derer wir uns noch heute im *Zirkus* erfreuen, dessen Bezeichnung ja ebenfalls auf die Römer zurückgeht. Zu grausamen Exzessen kam es erst in späterer Zeit.

Arbeit

Die Bibel sagt, Arbeit sei »köstlich«

Eines der populärsten Bibelzitate lautet: »Unser Leben währet siebenzig Jahre, und wenn's hoch kommt, so sind's achtzig Jahre, und wenn's köstlich gewesen ist, so ist's Mühe und Arbeit gewesen«. Dieser Wortlaut geht auf Martin Luther zurück, der die – bis dahin nur lateinisch vorliegende – Bibel (auch die Gottesdienste wurden ja auf Latein gehalten) zwischen 1521 und 1534 in unermüdlicher Arbeit ins Deutsche übersetzte. Unbestritten hat er mit seiner *Biblia, das ist, die gantze Heilige Schrifft* eines der wichtigsten Zeugnisse deutscher Sprach- und Geistesgeschichte geschaffen. Und seine Aussage über die Köstlichkeit der Arbeit war eine wichtige Grundlage der protestantisch-calvinistischen Überzeugung, daß das Seelenheil direktes Ergebnis irdischen Fleißes und daraus folgenden materiellen Wohlergehens sei, was wiederum nach Max Weber eine Voraussetzung für den Siegeszug des Kapitalismus war.

Aber Luther ist bei der Übersetzung des 90. Psalms, aus dem das Zitat stammt, ein folgenschwerer Fehler unterlaufen. An entscheidender Stelle fehlt das Wörtchen *selbst*, ohne das die Intention des Psalmisten sinnentstellend wiedergegeben wird. Dieser wollte nämlich sagen, daß das Leben mühsam sei, selbst wenn es köstlich erscheine. Und so heißt es in der korrigierten Luther-Bibel aus dem Jahre 1965: »Unser Leben währet siebzig Jahr, und wenn es hochkommt, so sind es achtzig Jahre, und was daran köstlich scheint, ist doch nur vergebliche Mühe«.

Ob Luther seine Variante nun absichtlich oder aus Unachtsamkeit niederschrieb – eine geradezu beunruhigende Frage bleibt offen: wie hätte sich die Geschichte der vergangenen 500 Jahre wohl entwickelt, wäre sein wohlfeiles Lob der Arbeit nicht in der Welt gewesen?

Arbeiter

Die Nazis verhalfen den Proletariern zum »materiellen Glück«

Zwischen 1923 und 1925 verbüßte Adolf Hitler eine Haftstrafe wegen des Putschversuchs in München. Er nutzte die Zeit zur Niederschrift seiner Vorstellungen und Ziele. 1925/26 erschien sie in zwei Bänden unter dem Titel *Mein Kampf*. Zur Wirtschaft hieß es dort: »Der nationalsozialistische Arbeitnehmer muß wissen, daß die Blüte der nationalen Wirtschaft sein eigenes materielles Glück bedeutet«.

»Die Blüte der nationalen Wirtschaft«? Nachdem die Nazis an die Macht gekommen waren, erwies sich schnell, daß sie auch auf diesem Gebiet nicht mehr zu bieten hatten als Lug und Trug. Zwar erholte sich die Wirtschaft seit Anfang 1933 von ihrer tiefgreifenden Krise. Das war allerdings kein Verdienst der neuen Regierung. Es hing vor allem damit zusammen, daß im Jahr zuvor die Reparationszahlungen an die Siegermächte des Ersten Weltkriegs beendet worden waren.

Dennoch ging es auch denen, die Arbeit hatten, schlecht. Löhne und Gehälter stiegen nur wenig über den im Oktober 1929 erreichten Tiefststand der Weltwirtschaftskrise. Ein Facharbeiter etwa verdiente Mitte 1933 über 20% weniger als vier Jahre zuvor. Nicht das Wohl der Arbeiter, sondern etwas ganz anderes lag den Nazis besonders am Herzen: die Rüstungsindustrie. Ihr sollte der indirekte Lohnstop zugute kommen. Mit dem Vierjahresplan für »Aufrüstung und die Erlangung wirtschaftlicher Autarkie« vom September 1936 griffen Partei und Staat stärker denn je zuvor in die Wirtschaft ein. Sogar Produktionspläne wurden Unternehmen vorgeschrieben. Mit der Kriegswirtschaftsverordnung vom 4. September 1939 wurde dann auch offiziell ein Lohnstop verhängt.

Aber nicht genug damit, daß die Löhne niedrig blieben – gleichzeitig stiegen Abgaben und Preise. Rund 1,5% des Lohns gingen für Beiträge zu berufsständischen NS-Organisationen, etwa der Deutschen Arbeitsfront oder dem Nationalsozialistischen Lehrerbund, ab. Dazu kamen »freiwillige« Abgaben wie die Spenden für das Winterhilfswerk. Zugleich stiegen die Preise für landwirtschaftliche Produkte allein 1933/34 um über 25%.

Auch ein Blick auf die Einkommensverteilung zeigt, daß der »nationalsozialistische Arbeitnehmer« seinen Herren herzlich gleich war. Zwischen 1928 und 1938 sank der Anteil der Löhne und Gehälter am Volkseinkommen von 62% auf 57% , und die Einkommenszuwächse der Jahre 1933 bis 1938 entfielen zu 43% auf Einkommen aus Vermögen und Unternehmen.

Mithin: Wer während der Weltwirtschaftskrise seine Arbeit behalten hatte, lebte nie wieder so gut wie 1928. Die nach 1933 Regierenden jedenfalls kümmerten sich nicht um das »materielle Glück« der Arbeiter und Angestellten.

Archimedes
war mit seiner Bitte »Störe meine Kreise nicht!« erfolgreich

In der sizilianischen Stadt Syrakus lebte im dritten vorchristlichen Jahrhundert der griechische Mathematiker und Physiker Archimedes, auf den grundlegende Erkenntnisse der Naturwissenschaften zurückgehen. Er berechnete den Inhalt von Kreisflächen, entdeckte das Hebelgesetz und entwickelte den Begriff des spezifischen Gewichts. Die Legende zeichnet ihn ganz als selbstvergessenen Wissenschaftler. So soll er, *Heureka!* (»Ich hab's!«) rufend, unbekleidet durch die Straßen von Syrakus gesprungen sein, nachdem er beim Bade das »Archimedische Prinzip« entdeckt hatte – den Grundsatz, demzufolge ein in Flüssigkeit eingetauchter Körper an Gewicht zu verlieren scheint und Auftrieb erhält. Nicht durch Fakten belegt ist auch folgende Szene: nachdem Syrakus im Laufe des Zweiten Punischen Krieges (218 – 201 v. Chr.) 212 v. Chr. von den Römern erobert worden ist, tritt ein feindlicher Soldat auf Archimedes zu. Der Gelehrte – in seiner Tätigkeit unterbrochen – will sich des Eindringlings erwehren, ihn fortschicken mit den Worten »Störe meine Kreise nicht«. Hätte er seine Formulierung doch sorgsamer gewählt! Der so Angesprochene nämlich reagiert beleidigt und löst den Konflikt auf rabiate Weise: er erschlägt den großen Gelehrten.

Ardennenoffensive
Die Ardennenoffensive hätte den Kriegsverlauf wenden können

Ende 1944 schien der Zweite Weltkrieg für Deutschland bereits verloren. Dennoch glaubte Hitler, das Geschick wenden zu können: er wies das Oberkommando der Wehrmacht an, einen Plan zur Wiedereroberung Brüssels aus dem Bogen der Maas heraus zu entwickeln. Der Diktator meinte, die Alliierten seien nach ihrer Landung in der Normandie am 6. Juni 1944 und den Kämpfen der folgenden Monate geschwächt. Daher wollte er versuchen, ihnen unter Aufbietung aller Kräfte einen entscheidenden Schlag zu versetzen, ihre Front zu durchbrechen und nach einem Sieg im Westen Kräfte für den Kampf an der Ostfront freizusetzen.

Beinahe 200 000 Mann wurden im Westen zusammengezogen, rund 1500 Jagdflugzeuge und 600 Panzer bereitgestellt. Zwei Panzerarmeen sollten schnell über die belgischen Ardennen vordringen, Infanterie nachrücken.

Unter dem Befehl des Generalfeldmarschalls Gerd von Rundstedt begann der Angriff am 16. Dezember und löste in den alliierten Stäben zunächst tatsächlich Panik aus. Denn die Verbündeten konnten aufgrund der Witterung ihre Luftüberlegenheit nicht ausspielen, so daß die deutschen Truppen zunächst zügig vorankamen.

Aber schon bald geriet eine der beiden deutschen Panzerarmeen in Schwierigkeiten und blieb schließlich aufgrund Treibstoffmangels liegen; die andere konnte die Maas nicht überqueren. In dieser Situation besserte sich das Wetter: die alliierten Bomber konnten starten und zerstörten die deutschen Bereitstellungen. Bastogne konnte nicht erobert werden – die Offensive brach zusammen. Schon kurz nach Weihnachten mußte die Wehrmacht wieder in die Defensive übergehen. Innerhalb eines Monats verlor sie das gesamte eroberte Gelände und ca. 100 000 Mann.

Bei klarem Blick hätte man freilich absehen können, daß die Ardennenoffensive nicht mehr kriegsentscheidend sein konnte – und zwar nicht nur wegen des akuten Treibstoff- und Munitionsmangels auf deutscher Seite: wichtiger noch war die absolute Luftüberlegenheit der Westalliierten. Hitler riskierte mit der sinnlosen Offensive nicht nur die letzten deutschen Materialreserven, sondern schickte seine Soldaten auch in einen aussichtslosen Kampf.

Auf einem alliierten Flugblatt für die deutschen Truppen stand unter dem Titel »Verspielt!« denn auch zu lesen: »Wer gegen die Alliierten ankommen will, braucht unbeschränkten, laufenden Ersatz an Panzern, Flugzeugen, Mannschaft und Artillerie. Daß man laufenden Ersatz braucht, das wußten Rundstedt und Himmler genauso gut wie Du. Daß er nicht vorhanden war, das wußten sie auch. Trotzdem setzten sie alles auf diese letzte Karte – und haben verspielt.«

Artemisia
war eine Heldin

Um 500 v. Chr. wuchs sich der Machtkampf zwischen dem persischen Weltreich und den Bewohnern Griechenlands zum Krieg aus: Die Perser rückten immer weiter vor und forderten Unterwerfung. Da wendete die Seeschlacht bei Salamis im September 480 v. Chr. das Schicksal: Sie leitete die Vertreibung der Perser sowie den Aufstieg des Stadtstaates Athen zur führenden Kraft in Griechenland ein.

Die Griechen verdankten ihren Sieg dem strategischen Genie des Themistokles. Dieser hatte nicht nur die Anlage des Hafens von Piräus, sondern auch den Bau einer Kriegsflotte veranlaßt. Auf Themistokles ging auch die griechische Strategie bei Salamis, einer Insel vor Piräus, zurück: Er suchte den Kampf in einer Meerenge, die der überlegenen persischen Seemacht keinen Bewegungsraum bot, sie sozusagen festsetzte.

Die Perser wurden von ihrem Großkönig Xerxes I. angeführt. In dessen Gefolge befand sich die Regentin des Königreichs Karien, Artemisia I., die um 480 auf den Thron ihres im Südwesten des heutigen Anatolien gelegenen Reiches gelangt war. Als Vasallin des Persers stellte sie ein Geschwader von fünf Schiffen, das sie, so die Überlieferung, persönlich anführte. Dabei stellte die Herrscherin des Kleinstaates ungewöhnlichen Weitblick ebenso unter Beweis wie herausragende Tapferkeit.

Der Legende zufolge erkennt sie die Falle, in die die Perser gelockt werden. Als einzige wagt sie es, von der Aufnahme der Schlacht abzuraten. Ungeachtet dessen beweist sie, als es dennoch zum Kampf kommt, gleich mehrfach außerordentliche Tapferkeit: So, nachdem ein Bruder des Xerxes, der persische Admiral Ariamenes, bei dem Versuch umgekommen ist, das Schiff des Themistokles zu entern. Alle Gefahren mißachtend, birgt Artemisia seinen im Meer treibenden Leichnam. So kann sie dem Großkönig, der die Schlacht von der attischen Küste aus überwacht, die sterblichen Überreste seines Bruders übergeben.

Themistokles setzt für die Ergreifung der Heldin ein hohes Kopfgeld aus. Die Verfolger Artemisias sind ihr schon dicht auf den Fersen, als die persische Flotte die Flucht in Richtung Kleinasien antritt.

Inmitten des Chaos gerät ihr ein Schiff des eigenen Lagers in den Weg, kommandiert vom Herrscher des ihrer Heimat benachbarten Kalydna. In allerhöchster Not handelt Artemisia rasch und entschlossen, nimmt in Kauf, daß der königliche Kommandant und die Besatzung des verbündeten Schiffes umkommen: sie rammt, was sich ihr in den Weg stellt. So entgeht sie der schändlichen Gefangennahme.

Der Legende nach hat ihr das höchste Anerkennung durch Xerxes eingebracht, die er mit dem Wort bezeugte: »Die Männer sind bei mir zu Weibern geworden und die Weiber zu Männern«. Auch neuzeitliche Autoren hielten fest, sie wüßten in der Weltgeschichte »kein Weib, das dieser Artemisia gleichkäme« (Theodor Birt, Frauen der Antike, Leipzig 1932).

Die Geschichte der Artemisia beruht allerdings nicht auf nachprüfbaren Fakten, sondern ist eine offenkundig frei erfundene Räuberpistole. Daß sie in den Rang historischer Überlieferung aufrücken konnte, hat einen einfachen Grund. Artemisias Enkel saß an der Quelle: Es war der griechische Historiker Herodot, der »Vater der Geschichtsschreibung«, der die Schlacht bei Salamis geschildert hat. Und sein Ansehen war so groß, daß niemand es wagte, die Geschichte der phantastischen Großmutter anzuzweifeln, die er sich zugelegt hatte.

Aufschwung

Die Nazis kurbelten die Wirtschaft an

Immer wieder wird behauptet, in der Anfangsphase ihrer Herrschaft hätten die Nazis die Wirtschaft angekurbelt und insbesondere die Arbeitslosigkeit erfolgreich bekämpft. Aber: der Aufschwung ab 1932/33 war allenfalls die Folge von Arbeitsbeschaffungsprogrammen der letzten Kabinette der Weimarer Republik, also der Regierung des konservativen Reichskanzlers Heinrich Brüning, der als Finanzexperte seit dem 30. März 1930 einer fraktionsunabhängigen Regierung vorstand. Brüning war aber am 30. Mai 1932 trotz seiner Erfolge vom greisen Reichspräsidenten Paul von Hindenburg entlassen worden.

Als die neuen Herren ein gutes halbes Jahr danach an die Macht gelangten, brachten sie die Wirtschaft keineswegs zum Blühen. Im Gegenteil: sie legten ihr enge Fesseln an. Im Zuge der nationalsozialistischen Wirtschaftspolitik wurden die Unternehmen streng reglementiert, und die Lage weiter Bevölkerungsschichten verbesserte sich keineswegs: vor allem in den Städten sank die Qualität der Ernährung, der Gesundheitszustand der Menschen verschlechterte sich, die Sterblichkeitsrate stieg – und das alles bereits lange bevor die Nazis 1939 den Zweiten Weltkrieg entfesselten.

Augustus (1)
hinterließ ein in sich gefestigtes Reich

Der römische Kaiser Augustus hatte sein Reich fast 45 Jahre lang regiert, als er am 19. August des Jahres 14 im Alter von 76 Jahren starb. Nicht nur die ungewöhnlich lange Regentschaft hat ihm zu herausragendem Nachruhm verholfen. Die Herrschaft des Augustus gilt zugleich als einer der Höhepunkte des Römischen Reiches, als eine Ära von Frieden und Wohlstand. Tatsächlich beendete Augustus eine Epoche von Kriegen und Bürgerkriegen, was ihm allerdings erst gelang, nachdem er die Herrschaft brutal errungen und energisch abgesichert hatte.

Aber er begann schon bald, sich als Friedensfürst zu stilisieren, verbunden mit einem einzigartigen Personenkult. Als »Caesar« (Kaiser) genoß er das besondere Heil der Götter und leitete nicht nur die weltlichen Angelegenheiten Roms, sondern fungierte zugleich als höchster Priester. Die größten Dichter seiner Zeit sollten seine Herrschaft verherrlichen, darunter Vergil, der Verfasser der »Aeneis«. Er kam dem Ansinnen des Herrschers allerdings ebenso zögernd nach wie Horaz. Beide konnten sich, obwohl von Augustus abhängig, nur zu hintergründigem Lob des Kaisers entschließen, wofür es gute Gründe gab.

Denn die Herrschaft des Gepriesenen wies auch Schattenseiten auf. So staute sich bei den Soldaten viel Ärger an. Jahrelang standen sie im Feld, auf Zügen zur Ordnung der Provinzen Gallia, Belgica und Aquitania, zur Errichtung der Provinzen Raetia (Schweiz) und Noricum (Österreich), um die römische Herrschaft auf dem

Balkan zu sichern. Dennoch wurden Sold und Löhne lange nicht erhöht, Landversprechen nicht erfüllt. Einen Höhepunkt des Reiches konnten die Soldaten in der Herrschaft des Augustus nicht erblicken.

So entstand, als die Nachfolge des Kaisers zu regeln war, eine explosive Situation. Zwei Heere im Norden erkannten den Stiefsohn des Verstorbenen, Tiberius, nicht als Nachfolger an. Nur dessen Adoptivsohn, dem Feldherrn Germanicus, ist es zu verdanken, daß das Reich des Augustus nicht nach seinem Tod auseinanderfiel. Germanicus nämlich, Oberbefehlshaber im Norden, sollte von seinen Truppen zum »Princeps« ausgerufen werden. Das hätte nicht nur die Nachfolgeregelung des Augustus mißachtet. Dieser Schritt hätte zugleich das frühe Ende des Kaisertums bedeutet: Der »Princeps« nämlich, der »Erste unter Gleichen«, wäre kein mit göttlicher Macht ausgestatteter Alleinherrscher gewesen. Als Erster Konsul wäre er nicht nur vom Wohlwollen der Armee, sondern auch von den Wünschen der Senatoren abhängig gewesen, die ihm die Macht übertragen hätten.

Was die Soldaten also wollten, war nicht weniger als das sofortige Ende des von Augustus geschaffenen Kaiserreichs. Dem aber verweigerte Germanicus sich. Er ließ sich nicht zum Princeps ausrufen und stellte die Loyalität seiner Truppen wieder her. So verhinderte Germanicus den Ausbruch von Diadochenkämpfen und sorgte dafür, daß Tiberius den Thron behalten konnte, daß das Reich des Augustus nicht Episode blieb.

Augustus (2)
sagte »Vare, redde legiones«

Um die Niederlage der Römer in der Schlacht im Teutoburger Wald – auf die sich dieser Ausspruch bezieht – rankt sich eine ganze Reihe von Ungewißheiten. Dies betrifft weniger die großen Linien: Sicher ist, daß drei römische Legionen unter der Führung des römischen Statthalters in Germanien, Publius Quinctilius Varus, im Jahre 9 eine vernichtende Niederlage gegen die Cherusker erlitten – einen zwischen Weser und Elbe siedelnden germanischen Volksstamm. 20 000 römische Soldaten verloren dabei ihr Leben. Die Katastrophe hatte zur Folge, daß das römische Weltreich seine Versuche zur Eroberung Germaniens aufgab und sich fortan darauf beschränkte, den Rhein als Grenze zu sichern.

Etliche Einzelheiten müssen jedoch als ungeklärt betrachtet werden: So ist – erstens – der Name des Führers der Cherusker nicht bekannt, auch wenn er fälschlich häufig mit »Hermann« angegeben wird. Wir wissen nur, daß die Römer ihn »Arminius« nannten. Arminius hatte als junger Mann in römischen Diensten gegen die Germanen gekämpft, um später zu einem Gegner Roms zu werden.

Keine Probleme scheint der Ort der »Schlacht im Teutoburger Wald« zu bereiten. Aber ob – zweitens – die auf den römischen Geschichtsschreiber Tacitus zurückgehende Benennung »Teutoburgiensis saltus« tatsächlich den Höhenzug zwischen westfälischer Bucht und Weserbergland bezeichnet, ist ungewiß: die genaue Lage der Kampfstätte hat sich dort trotz aller Bemühungen nicht ermitteln lassen.

Die Quellen, vor allem der Schriftsteller Sueton, berichten – drittens – von ganz außerordentlichen Folgen des Geschehens: Kaiser Augustus ließ demnach Rom aus Furcht vor Unruhen durch Wachen besetzten und versprach – sollten sich die Dinge wenden – große Spiele zu Ehren Jupiters. Die persönliche Erschütterung des Herrschers soll – viertens – so groß gewesen sein, daß er sich nach Erhalt der Nachricht von der Niederlage gar »einige Monate lang Bart- und Haupthaar habe wachsen lassen und« – so fährt Sueton fort – »bisweilen den Kopf gegen die Tür gerannt und gerufen habe: 'Varus, gib mir meine Legionen wieder!'« (im lateinischen Original »Vare, redde legiones!«). Nun war aber der Kaiser persönlich ganz unmilitärischer Natur und solch exaltierte Auftritte waren seine Sache nicht. Daher hat schon der große Historiker Leopold von Ranke die Ansicht geäußert, Augustus habe sich keinesfalls in solcher Weise hinreißen lassen. Dies, zumal »sich diese sprichwörtlich gewordene Anekdote in der Gesellschaft so augenscheinlicher Übertreibungen findet.«

Varus übrigens konnte seinem Kaiser ohnehin nicht mehr Rede und Antwort stehen – er hatte sich unmittelbar nach der Schlacht das Leben genommen.

Auswanderer

Amerika-Auswanderer waren Pioniere

Wenn man unter »Pionieren« Menschen versteht, die in Regionen vordringen, die zuvor niemand betreten hat, dann waren die Europäer in Nordamerika keine Pioniere – auch wenn die Vorstellung von der Grenze europäischer Zivilisation bis heute zentral für das Selbstverständnis vieler Amerikaner ist. Mit harter Arbeit und in zähem Kampf gegen die Unbilden der Natur, so ihr in den Begriff der »frontier« gegossener Nationalmythos, hätten die Einwanderer der Wildnis immer neue Gebiete abgetrotzt, die Siedlungsgrenze immer weiter nach Westen verschoben.

In Wirklichkeit trafen die Europäer, wo immer sie hingelangten, auf die indianischen Ureinwohner des Kontinents. Im Jahre 1565, als Spanier in St. Augustine in Florida die erste europäische Siedlung errichteten, begann eine Epoche, deren Alltag zumeist von friedlichem Miteinander von Eingeborenen und Europäern geprägt war. Sie reichte bis etwa 1890, bis zum Ende der Autonomie der Apachen im Südwesten und der Sioux im Osten der USA.

So lebten in der 1625 gegründeten holländischen Kolonie Neu Amsterdam schon nach zehn Jahren Angehörige von 16 verschiedenen Sprachfamilien aus Nordamerika, Afrika und Europa. (Der multinationale Charakter der Siedlung hat sich übrigens erhalten. 1664 wurde sie von den Engländern erobert, die ihr den Namen »New York« verliehen ...). Rund 150 Jahre später – im Jahre 1794 – hatte sich die von den Städten des Ostens definierte »frontier« bis zum Mittleren Westen verschoben. Auch hier lebten Menschen unterschiedlicher Herkunft auf engem Raum zusammen. Allein das Städchen The Glaize, im Norden Ohios gelegen, beherbergte neben englischen auch französische Händler und Bauern. Dazu kamen einige Schwarze sowie Indianer, die ihrerseits unterschiedlichen Stämmen angehörten: Shawnee sowie einige Nanticokes, Cherokee und Irokesen. 1835 war die »frontier« in die Nähe der Westküste vorgedrungen. Zu denen, die dort Spuren hinterlassen haben, gehört der gebürtige Schweizer John Sutter. Sutter war 1834 nach Amerika gekommen, hatte 1839 Land von Mexikanern gekauft und sich an den Aufbau der Kolonie »Neu-Helvetia« gemacht. Dazu rekrutierte er Indianer aus Mexiko. Mit ihrer Hilfe baute er Getreide an, unterhielt eine Destille, eine Hut- sowie eine Deckenfabrik und errichtete ein Fort – das heutige Sacramento. Die Indianer erwiesen sich als seine größte Stütze. Sogar eine »Armee« aus 200 Eingeborenen stellte John Sutter auf. Sie erhielten russische Uniformen und wurden auf deutsch kommandiert.

Man sieht: Die Eroberer des amerikanischen Kontinents waren keineswegs auf sich gestellt. Sie verrichteten ihr Werk mit tatkräftiger Unterstützung derer, die schon vor ihnen da waren – gedankt haben sie es ihnen schlecht.

Autobahn

Die Autobahnen waren eine Idee Hitlers

Die letzte Verteidigungslinie von unverbesserlichen Anhängern des NS-Regimes lautet regelmäßig: »Aber die Autobahnen. Immerhin das war eine geniale Idee von Adolf Hitler.«

Nix da. Die Behauptung, Hitler habe die Idee zu einem Netz kreuzungsfreier Autostraßen während seiner Festungshaft in Landsberg 1924 gehabt, entbehrt jeder Grundlage und ist eine Parteilegende. Die Wahrheit ist, daß bereits im Jahre 1909 in Berlin mit Unterstützung des kaiserlichen Hofes die »Automobil-Verkehrs- und Übungsstraße GmbH« (Avus) gegründet wurde. Drei Jahre danach begann der Bau einer knapp zehn Kilometer langen Strecke in der Reichshauptstadt (seit 1971 übrigens Teil des Berliner Autobahn-Stadtrings). Infolge des Ersten Weltkriegs wurde sie erst 1921 vollendet, aber auch noch zu diesem Zeitpunkt war sie die erste kreuzungsfreie, mehrspurige Autostraße der Welt.

Es kam nun zu einer breiteren Diskussion von Autobahnprojekten, insbesondere in der 1924 gegründeten »Studiengesellschaft für den Automobilstraßenbau« (Stufa). 1926 riefen Vertreter aus Wirtschaft und Gebietskörperschaften den »Verein zur Vorbereitung der Autostraße Hansestädte-Frankfurt-Basel« (Hafraba) ins Leben. Dieser legte schon im folgenden Jahr den Entwurf eines Autobahnnetzes vor, den die Nazis später weitgehend übernahmen. Die Hafraba übrigens propagierte auch die Bezeichnung »Autobahn« für den neuartigen Straßentyp.

Nun ging man in größerem Umfang an konkrete Projekte. Bereits 1926 waren die Planungen einer Autobahn Köln-Düsseldorf-Ruhrgebiet aufgenommen worden; 1927 wurde die Strecke Main-Neckar projektiert; 1929 erfolgte der Bau einer Autobahnumgehung von Chemnitz. Am 6. August 1932 fand die Eröffnung der 20 Kilometer langen Strecke Köln-Bonn statt.

Auch in anderen Ländern war der Bau von Fernstraßen aufgenommen worden. So wurde in den USA während der 20er Jahre mit der Errichtung von Schnellstraßen (»Highways«) begonnen. In Italien machten 1923/24 die 130 Kilometer der »Autostrada« zwischen Mailand und den lombardischen Seen den Anfang. 1931 fand in Genf der Erste Internationale Autobahnkongreß statt.

In Deutschland gründeten die Nazis, kaum an die Macht gelangt, am 27. Juni 1933 die Gesellschaft »Reichsautobahnen«, die alle Projekte – inklusive baureifer Pläne – von der Hafraba übernahm. Nur auf Grundlage der intensiven Vorarbeit der Hafraba war Hitlers propagandaträchtiger erster Spatenstich für das Reichsautobahnnetz bei Frankfurt am Main am 23. September 1933 möglich. Die Nationalsozialisten verfolgten mit dem Projekt gleich mehrere Ziele:

- Arbeitsbeschaffung: bereits 1935 waren über 110 000 Menschen mit den Bauarbeiten beschäftigt, für einen Stundenlohn von 68 Pfennigen. Bis 1944 summierten sich die Kosten des Autobahnbaus auf fast 6,5 Milliarden Reichsmark. Beinahe 60 % davon wurden von der »Reichsanstalt für Arbeitsvermittlung und Arbeitslosenversicherung« finanziert. Diese griff dazu auf Arbeitslosenversicherungsbeiträge zurück. Der Zeithistoriker Hans-Joachim Winkler resümiert: »Damit haben die Arbeitnehmer zu etwa einem Drittel den Bau durch ihre Anteile an den Sozialversicherungsbeiträgen finanziert!«
- Propaganda: die in »Reichsautobahnlagern« zusammengefaßten Bauarbeiter konnten von der Partei und der Einheitsgewerkschaft DAF (Deutsche Arbeitsfront) bestens erreicht werden. Zudem betonte schon die Bezeichnung »Reichsautobahn« den nationalen Gedanken (ein Aspekt, der in der Weimarer Republik nicht

mit dem Straßenbau verknüpft worden war. So wurde die Autobahn zwischen Köln und Bonn ganz ohne nationale, pompöse Feierlichkeiten eröffnet)

- militärische Zwecke: es wurden – anders als von der Hafraba projektiert – bevorzugt West-Ost-Verbindungen gebaut, die im Hinblick auf Truppentransporte interessanter waren als Nord-Süd-Strecken

Man sieht also: Hitler hat die Autobahnen nicht erfunden, er hat den Namen nicht geprägt, und er hat sie auch nicht als erster gebaut.

B

Bartholomäusnacht

Der König mordete persönlich

Das Zeitalter der Glaubensspaltung warf nicht nur in deutschen Landen tiefe Gräben auf. Es drohte auch Frankreich zu zerreißen, nachdem die dortigen Protestanten, die »Hugenotten«, 1559 ihr Glaubensbekenntnis formuliert hatten.

Zu jener Zeit bestimmte Katharina von Medici, die Königsmutter, die französische Politik. Sie wollte die Einheit des Staates trotz Trennung der Konfessionen retten. Dazu schreckte sie vor rabiaten Methoden nicht zurück: die Anführer der Hugenotten sollten schlicht und ergreifend aus dem Weg geräumt werden. Ihrem unentschlossenen Sohn Karl IX., der 1560 zehnjährig auf den Thron gelangt war, rang Katharina die Zustimmung ab.

Die Gelegenheit sollte sich in der Nacht zum 24. August 1572, dem Bartholomäustag, bieten. Zu diesem Zeitpunkt feierte man die Hochzeit von Katharinas Tochter Margarete mit Heinrich von Navarra, dem späteren König Heinrich IV. Der gesamte hugenottische Adel war nach Paris gekommen. Das Fest ging unter dem Namen »Bluthochzeit« in die Geschichte ein, denn Katharina ließ unter den Versammelten ein Gemetzel sondergleichen anrichten. Allein in Paris forderte es 3000 Opfer, und im Rest des Landes wurden 10 000 Hugenotten umgebracht.

Zum Anteil Karls IX. an diesem Blutbad gibt es widersprüchliche Aussagen. Vermeintliche Augenzeugen sahen ihn unter den Mördern. Sie berichten, der König habe persönlich vom Fenster seines Gemachs aus auf Hugenotten geschossen. Nur: die dies überliefern, die Schriftsteller Theodor d'Aubigné und Pierre de Brantôme, waren zu jenem Zeitpunkt überhaupt nicht in Paris. Und: der Trakt des Louvre, in dem die Szene sich ereignet haben soll, ist erst etliche Jahre nach dem Tod Karls IX. errichtet worden.

Auch mit dem Wahrheitsgehalt einer zweiten Episode, die Karl auf Seiten der Angegriffenen sieht, steht es nicht besser. Sie handelt davon, daß der König seinem Leibarzt Ambroise Paré das Leben gerettet habe, indem er ihn – hinter einem Vorhang oder unter seinem Bett – verbarg, als seine Mutter sein Gemach betrat. Das Versteckspiel, sollte es denn stattgefunden haben, wäre freilich überflüssig gewesen, denn Paré war braver Katholik, nicht Hugenotte.

Immerhin ist das Zusammenspiel dieser beiden Legenden ein schönes Beispiel dafür, wie falsche Überlieferung einen zutreffenden Kern enthalten kann, spiegelt es doch in seiner Widersprüchlichkeit die schwankende Haltung des jungen Monarchen.

Bastille (1)

Die Bastille war der finsterste Kerker des Despotismus

Nach der Französischen Revolution des Jahres 1789 kam das Pariser Stadtgefängnis, die Bastille, in den Ruf, der finsterste Kerker des Despotismus gewesen zu sein. In Wirklichkeit hat die Festung lange Zeit eine ausgesprochen fidele Verwahranstalt für gefallene Angehörige gehobener Stände beherbergt.

Begonnen hatte die Karriere des mächtigen Baus bereits um 1370. Zunächst zwei, später acht Türme überragten ein rund 20 Meter hohes bewehrtes Mauerwerk – die wichtigste Festung Frankreichs. Nach dem Hundertjährigen Krieg zwischen Frankreich und England diente das Gebäude als königliche Residenz, beherbergte unter anderem den Hofstaat der Könige Ludwig XI. und Franz I. Erst unter Heinrich IV. begann die Nutzung als Staatsgefängnis.

Dessen Insassen waren überwiegend Adlige oder Militärs, die wegen – oft selbstverschuldeter – wirtschaftlicher Schwierigkeiten interniert wurden; manchmal auch, weil sie »Ehrenschulden« hatten oder politisch unzuverlässig waren. Nach einer förmlichen Aufforderung fanden sie sich in der Bastille ein, wo sie ihre Räume mit privatem Mobiliar ausstatten und ihr eigenes Personal mitbringen durften. Teilweise erhielten sie sogar Ausgang. Eingeschlossen wurde man nur nachts. Auf jeden Fall lebte es sich hinter den Mauern der Bastille in der Regel besser als in Freiheit. Die Regierung sorgte nicht schlecht für die Bewohner: für einen Prinzen von Geblüt brachte sie 50 Livres pro Tag auf, ein Marschall war ihr 36 Livres wert, und ein vornehmer Bürger konnte immerhin noch mit 5 Livres täglich rechnen. Diese Summe stand zur freien Verfügung – man konnte sogar sparen! Und: wer unschuldig einsaß, wurde entschädigt, und das nicht schlecht. So ist überliefert, daß ein Rechtsanwalt für 18 Tage nicht weniger als 3000 Livres erhielt.

Die Liste der Festungsbewohner weist etliche Prominente aus: so kam 1689 der legendäre »Mann mit der eisernen Maske« in die Bastille. Da der mysteriöse Gefangene die Maske nie abnahm, ist ungeklärt, ob es sich womöglich um einen Bruder oder Sohn König Ludwigs XIV. handelte – am 19. November 1703 ist er in der Bastille plötzlich gestorben.

Der Herzog von Richelieu – Großneffe des berühmten Kardinals, der im 17. Jahrhundert die französische Politik geleitet hatte – zog 1709 im Alter von 20 Jahren in die Bastille ein, nach einer Affäre mit der Herzogin von Burgund, die in flagranti aufgedeckt worden war. Abschreckend hat der Aufenthalt offenbar nicht gewirkt, denn 1716 mußte Richelieu erneut hinter die Mauern. Diesmal hatte er den gehörnten Ehemann der Gräfin de Glacé im Duell getötet. Der Philosoph Voltaire verbrachte 1717/18 beinahe ein ganzes Jahr in der Bastille, wo er ungestört an *Henriade* und *Ödipus* arbeitete.

Auch der geistliche Stand war vertreten. So mußte 1785 der Bischof von Straßburg, Kardinal Rohan, wegen der »Halsbandaffäre« in die Bastille. Die »Gräfin de la Motte«, eine Hochstaplerin, hatte sich sein Vertrauen erschlichen und es zu einem Betrug mißbraucht. In dessen Zug wurde Königin Marie Antoinette kompromittiert, indem man ihr eine Affäre mit dem Geistlichen unterstellte. Die Betrügerin hatte dem Kardinal durch gefälschte Briefe vorgemacht, er könne die verlorene Gunst Marie Antoinettes wieder erlangen, wenn er mit einer Bürgschaft bei der Beschaffung eines Diamanthalsbandes helfe. (Nachdem der Kardinal der »Gräfin« das Halsband übergab, verkaufte diese die Steine einzeln nach England.) Die Verwicklung in dieselbe Affäre brachte auch Alexander Graf von

Cagliostro in die Bastille. Der Geisterseher und Alchimist behauptete, 300 Jahre alt zu sein und pries selbstgemachtes Gold und Schönheitswasser an. Kardinal Rohan war als sein Gönner aufgetreten und somit wie viele andere auf Giuseppe Balsamo, so der wahre Name des Mannes, hereingefallen. Immerhin fand Balsamo auch die Aufmerksamkeit von Friedrich Schiller (*Geisterseher,* 1789) und Johann Wolfgang Goethes (*Großkophta,* 1791, *Des Joseph Balsamo, genannt Caliostro, Stammbaum. Mit einigen Nachrichten von seiner in Palermo noch lebenden Familie,* 1792). Um diese Zeit bewohnte zudem der berüchtigte Marquis des Sade wegen sexueller Vergehen und skandalöser Veröffentlichungen die Bastille.

Zu jener Zeit allerdings war das Gefängnis fast bedeutungslos geworden. Anfang 1789 beherbergte es nur noch neun Insassen, am 14. Juli 1789 waren es noch sieben: vier Urkundenfälscher, zwei geistig Verwirrte, ein Sittenstrolch. So waren die meisten Zellen nicht benutzt, der Unterhalt der Anstalt jedoch enorm aufwendig: Gehälter bezogen nicht allein die Offiziere der Besatzung (Gouverneur, Platzkommandant, Major, Adjutant), sondern auch ein Arzt, ein Apotheker, eine Hebamme, der Kaplan, der Beichtvater sowie ein Unterkaplan, vier Köche, vier Schließer und schließlich die Besatzung selbst, immerhin eine ganze Kompanie. Kein Wunder, daß Pläne zum Abbruch der Festung ausgearbeitet wurden, unter anderem übrigens von ihrem Kommandanten, Nicolas Marquis de Launey.

Anders als gedacht wurden sie Wirklichkeit, auch wenn nach dem »Sturm« auf die Bastille nicht etwa das Volk von Paris den Abbruch unternahm, sondern – ganz prosaisch – rund 500 Arbeiter des Bauunternehmers Palloy.

Bastille (2)

Der Sturm auf die Bastille läutete die Epoche der Freiheit ein

Eine der bekanntesten historischen Überlieferungen der Neuzeit handelt von der Erstürmung der Pariser Stadtfestung, der Bastille, am 14. Juli 1789. Dieser heroische Akt des Volkes, so heißt es, habe den Beginn der Französischen Revolution markiert, die das Gesicht

Europas veränderte. Und so soll er vor sich gegangen sein: Am 14. Juli 1789 demonstrieren Tausende Pariser Bürger gegen die Entlassung des beliebten Finanzministers Jacques Necker und ziehen gegen die Bastille. Aus der Festung empfängt sie heftiges, ununterbrochenes Feuer von 15 Kanonen. Aber das Volk erstürmt die Zwingburg unter großen Opfern – nahezu hundert Tote und fast ebensoviele Verwundete sind zu beklagen. Ein mehrstündiger erbitterter Schußwechsel folgt. Dennoch gelingt es, durch eine Mauerbresche in die Festung einzudringen und die unschuldig in der Bastille Eingekerkerten zu befreien. Als »Märtyrer des Königsdespotismus« werden sie im Triumph durch die Straßen von Paris geführt – so läutet der Sturm auf die Bastille die Epoche der Freiheit ein.

In Wahrheit handelt es sich beim »Sturm« auf die Bastille freilich um eine Legende, die dank handfester Interessen konserviert wurde. Was tatsächlich geschah, war zwar ebenfalls turbulent – ein Drama in fünf Akten –, hatte aber nichts mit dem zu tun, was man sich unter einer Revolution vorstellt.

1. Akt: Das Volk geht auf die Straße

Im Sommer 1789 kochte die angeheizte Stimmung in der französischen Hauptstadt über: König Ludwig XVI. hatte am 11. Juli den populären Finanzminister Jacques Necker entlassen, obwohl ihm viele die Lösung der enormen Wirtschaftsprobleme zutrauten und er zugleich ein politischer Hoffnungsträger war, weil er für das absolutistisch regierte Frankreich eine Verfassung anstrebte, wie England sie besaß. Gleichzeitig mit der Entlassung des Ministers kamen zudem Gerüchte auf, der König ziehe Truppen um Paris zusammen, um die Bevölkerung in Schach zu halten. In dieser Situation begannen die Pariser am 12. Juli 1789, sich Waffen zu beschaffen.

Bereits in der Nacht zum 14. Juli fielen Schüsse auf die Türme der Bastille. Obskure Gestalten waren auf den Straßen unterwegs, freigelassene Verbrecher und andere Ganoven, die das Polizeigebäude geplündert hatten. Sie mischten sich am Morgen unter eine Menge, die sich Kanonen und Munition aus einem Schuppen neben der Bastille verschaffen wollte. Die Versammelten führten weder eine Demonstration noch gar eine Erstürmung der Bastille im

Schilde. Die Waffen, die sie suchten, waren aber tags zuvor in die Festung selbst geschafft worden.

2. Akt: Verhandlungen

So stand die Menge vor den verschlossenen Toren der Bastille, deren Besatzung regulär aus 82 Invaliden bestand, erst kurz zuvor um 32 Schweizer vom Regiment Salis-Samade verstärkt. In der Nacht zum 13. Juli war sie zudem unter Waffen gestellt worden. Man muß darin freilich keine Vorbereitung zum Kampf erblicken. Die Stadtfestung verfügte nämlich weder über Lebensmittel- noch über Wasservorräte, hätte einer Belagerung also nicht allzu lange standgehalten.

Um nicht ohne Ergebnis wieder abziehen zu müssen, schickten die Aufrührer eine dreiköpfige Delegation zum Kommandanten Nicolas de Launey, die dessen Absichten erkunden sollte. Launey erklärte sich nicht nur bereit, die Abgesandten zu empfangen, sondern überstellte ihnen darüber hinaus für die Dauer der Verhandlungen vier Unteroffiziere als Geiseln.

Im Laufe der Gespräche, die während eines Frühstücks stattfanden, traf gegen 10 Uhr eine weitere Deputation ein. Sie war vom »Ständigen Ausschuß« der Stadt Paris geschickt worden. Ihr Führer, Thuriot de la Rozière, sollte erkunden, was Launey in der aufgeheizten Situation zu tun gedachte. Darüber hinaus sollte er ihn zum Abbau der Kanonen und zur Herausgabe der Waffen bewegen.

Launey freilich, ein ausgesprochen zurückhaltender Charakter, war unentschlossen. Weder, so seine Auskunft, könne er Waffen herausgeben, noch werde er auf die Menge schießen, sofern er nicht angegriffen werde. Zur Bekräftigung seiner friedfertigen Absichten ließ er dies von der Festungsbesatzung beschwören und ermöglichte zudem eine genaue Inspektion der Bastille durch de la Rozière.

Währenddessen begannen Hitzköpfe aus der Menge, in den Vorhof der Bastille einzudringen – unklar ist, ob sie sich gewaltsam Zutritt verschafft haben oder ob Launey die Zugbrücken herunterließ, um weitere Verhandlungen zu führen. Jedenfalls wurden Schüsse auf die Besatzung abgegeben. Diese erwiderte das Feuer mit Gewehren, ohne die Kanonen der Bastille zu benutzen. Dennoch: die Menge faßte den Feuerwechsel als Bruch der Zusage Launeys auf. Es folgte ein wütender Marsch zum Rathaus, um die Stadtregierung zum Sturm auf die Bastille aufzufordern.

Diese stellte statt dessen auf Initiative des Bürgermeisters de Flesselles eine weitere Delegation zusammen, mit dem Ansinnen, Launey solle Truppen der Bürgerwehr Zutritt zur Bastille gewähren, um die Festung gemeinsam zu halten. Auch diese Deputation wurde in der Festung freundlich aufgenommen: man werde übergeben, sofern die Delegation sich tatsächlich als Gesandtschaft der Stadt ausweisen könne. Mittlerweile war dem Ausschuß aufgegangen, daß dies nicht der Fall war, daher schickte er eine zweite Abordnung auf den Weg. Mit einer weißen Fahne ausgestattet, wurde sie von Launey sofort erkannt und in die Bastille gebeten.

Aber die Abgeordneten blieben im Vorhof der Festung, wichen sogar zurück. Warum? Spätere Aussagen legten nahe, man habe auf sie geschossen, was sich indes nicht belegen ließ – vielleicht waren sie angesichts der diffusen Situation schlicht verunsichert.

3. Akt: Der Kanonenschuß

Jedenfalls folgte ihrem Rückzug eine Schießerei, nachdem die Menge trotz wiederholter Warnungen der Besatzung nicht etwa ebenfalls zurückging, sondern weiter vordrang. Ihr Angriff wurde massiver: man schoß die Ecktürme in Brand, sprengte die Ketten der Zugbrücke, schlug das Tor ein. Zudem wurden außerhalb der eigentlichen Bastille gelegene Gebäude, Wachhäuser, Ställe und Schuppen geplündert und in Brand gesetzt.

Dennoch hätte sich der innere Bereich wohl bis zum Eintreffen von Entsatz halten lassen, war er doch ausgesprochen solide gebaut und von einem tiefen Wassergraben umgeben. So gab die Besatzung, um den Ansturm zu bremsen, nur einen einzigen Kanonenschuß ab.

Aber mittlerweile hatte es im Getümmel Verwundete und sogar Tote gegeben. Die Menge zog sich Richtung Rathaus zurück. Bürgermeister und Wahlherren wurden beschuldigt, mit Launey zu paktieren. Man drohte, das Stadthaus anzuzünden und die Mitglieder des Ständigen Ausschusses niederzumetzeln.

Währenddessen stellt sich der Schweizer Pierre Augustin Hulin, der in Paris eine Wäscherei betrieb, an die Spitze einer Garde, die vor dem Rathaus Position bezogen hatte. (Dies war übrigens der Beginn einer militärischen Karriere, die ihn bis in den Generalsrang führte. Unter Napoleon war Hulin im Jahre 1806 Stadtkommandant von Berlin). In einer flammenden Rede fragte er die Soldaten: »Die Bewohner von Paris werden ermordet, und ihr wollt nicht gegen die Bastille marschieren?«

4. Akt: Kapitulation und Übergabe

Da machten sich die Soldaten, zwei Regimenter mit 150 Füsilieren und Grenadieren, auf den Weg zur Bastille und nahmen die Kanonen, die auf dem Platz vor dem Rathaus standen, mit. So konnten sie die Festung massiv unter Feuer nehmen. Deren Kommandant erwog nunmehr verschiedene Gegenmaßnahmen, darunter sogar die Sprengung der Festung. Aber die Besatzung sprach sich für eine Kapitulation aus. Also ließ Launey, lange bevor die Bastille sturmreif war, eine weiße Fahne hissen, um seine Verhandlungsbereitschaft zu signalisieren. Hulin und der Kommandant der Garde, Elie, sicherten freien Abzug zu, woraufhin Launey kapitulierte.

Die Tore wurden zur Übergabe geöffnet. Die Festungsbesatzung versammelte sich gegen 17 Uhr ohne Waffen auf dem Hof – die Bastille war kampflos übergeben, auch wenn etwa ein Dutzend Tote zu beklagen war.

5. Akt: Der »Triumph der Freiheit«

Die Soldaten hatten ihre Rechnung freilich ohne die Menge gemacht: Hulin und Elie wurden bei der Übergabe vom Mob förmlich überrannt. Daraufhin wollte Hulin die Bastille gemeinsam mit Launey verlassen und sich ins Stadthaus begeben. Aber auf dem Weg dorthin wurden sie mehrfach angegriffen, Hulin schließlich überwältigt und ihm der Gouverneur entrissen. Launey und mehrere Besatzungsmitglieder – vier weitere Offiziere und drei Invaliden – wurden umgebracht, Launeys Leiche durch die Gosse geschleift. Ein Küchenjunge enthauptete den Toten schließlich mit einem Fleischhackmesser. Stundenlang zog die Menge durch die Stadt, den Kopf Launeys auf einer Stange voran.

Andere plünderten unterdessen die Bastille und demolierten, was sie nur konnten. Erst nach Stunden wurden die Insassen befreit:

ein Sittlichkeitsverbrecher, zwei geistig Verwirrte und vier Urkundenfälscher. Nach ihrer Befreiung und einem triumphartigen Umzug tauchten die Urkundenfälscher unter, die Geisteskranken wurden am kommenden Tag in ein Irrenhaus eingeliefert. Und der Wüstling? Er machte als eifriger Redner wider den Despotismus die Runde in den Salons von Paris. (Wäre de Sade nicht am 4. Juli 1789 aus der Bastille in eine Irrenanstalt verlegt worden, hätte die Revolution womöglich auch aus ihm noch einen Helden gemacht!) Das war der »Sturm« des 14. Juli 1789.

6. Epilog: Wie die Wahrheit ans Licht kam und warum sie sich nicht durchsetzte

Noch im 20. Jahrhundert haben Wissenschaftler behauptet, erst aufgrund ihrer Forschungen sei der Sturm auf die Bastille in das Reich der Legende zu verweisen. In Wirklichkeit ist der Kern der Ereignisse schon seit 1789 bekannt: Im Rahmen einer Veröffentlichung des Archivs der Bastille wurde das Ereignis nämlich von der Revolutionsregierung offiziell untersucht.

Man hatte das Archiv gerettet, um mit seiner Hilfe die Grausamkeiten des Despotismus zu belegen. Das Ergebnis der Untersuchungen lief den Intentionen der Auftraggeber allerdings zuwider. So wurde bereits damals nachgewiesen, daß in der Bastille aufgefundene Skelette protestantischen Gefangenen zuzurechnen waren, die dort verstarben und nicht auf einem katholischen Friedhof begraben werden sollten. Zudem erfolgte die Vernehmung von Beteiligten und Zeugen, in deren Rahmen der Offizier Elie ausdrücklich zu Protokoll gab: »Die Bastille wurde nicht gewaltsam erstürmt, sie hat vor einem Angriff kapituliert«. Auch Hulin widersprach dem nicht. Für die Gegenseite bestätigte der Unteroffizier Guyot de Flévilles von der Bastille-Besatzung diese Darstellung, indem er aussagte, die Bastille sei »nie im Sturm genommen worden«. Dem schloß sich der Untersuchungsbericht an, der abschließend feststellte: »Die Bastille ist nicht im Sturm genommen, sondern die Tore sind durch die Besatzung geöffnet worden. Diese Tatsachen sind gewiß und können nicht in Zweifel gezogen werden.« Das Untersuchungsergebnis wurde noch im Jahre 1789 veröffentlicht, übrigens auch in Deutschland unter dem Titel: *Die enthüllte Bastille oder Sammlung ächter Beyträge zur Geschichte derselben.*

Wenn die Wahrheit so bald ans Tageslicht kam, warum setzte sie sich dann nicht durch? Dafür gibt es verschiedene Gründe:

1. Im Keller der Bastille fanden die Plünderer Gegenstände, die sie für Folterwerkzeuge hielten, auch wenn sie sich in Wirklichkeit als Ritterrüstung und Druckerpresse erwiesen. Aber schon der Fund von Gerätschaften reichte, um Gerüchte in die Welt zu setzen, angeheizt durch die bereits erwähnten Gebeine, die als Überreste von Folteropfern, von »Märtyrern der Freiheit«, ausgegeben wurden und begangene Grausamkeiten zu beweisen schienen.
2. In den Wochen und Monaten nach dem Fall der Festung und während des folgenden Abbruchs entwickelte diese sich zum beliebten Ausflugsziel – Steinbrocken wurden als Souvenir verkauft und hielten die Erinnerung an die »schrecklichen Gewölbe des Despotismus« wach.
3. Ehemalige Insassen setzten übertriebene Erinnerungen in die Welt, so etwa Henri Masers de Latude, der 35 Jahre in der Bastille verbrachte. 1749 hatte er einen Anschlag auf Madame de Pompadour, die Geliebte des Königs, vorgetäuscht und selbst davor gewarnt, um in den Genuß von Ruhm und Belohnung zu kommen. Statt dessen wurde sein Komplott aufgedeckt und Latude eingesperrt. Während des Abbruchs der Bastille war er als Fremdenführer tätig gewesen. Auch der Advokat Simon Nicolas Linguet, der wegen Verleumdung zwei Jahre in der Bastille verbracht hatte, veröffentlichte später ein Buch mit überzogenen Darstellungen, das große Aufmerksamkeit fand (Im Ancien Regime hatte ihm sein loses Mundwerk nur eine Haftstrafe eingebracht, die Revolutionsregierung schickte ihn 1792 wegen unbotmäßiger Äußerungen auf die Guillotine).
4. Schließlich sorgten materielle Interessen dafür, daß die Legende überlebte: immerhin 863 Bürger durften den Titel »Erstürmer der Bastille« führen, der mit dem Bezug einer Ehrenrente verbunden war – offenbar handelte es sich um ausgesprochen robuste Persönlichkeiten, denn noch nach 85 Jahren, 1874, wurden solche Pensionen ausgezahlt!

So kam es, daß der »Sturm auf die Bastille« Eingang in die Mythen nicht nur der französischen Nation fand, die den 14. Juli seit 1889 als

Nationalfeiertag im Gedenken an den Auftakt der Großen Revolution begeht.

Batist
stammt aus Indien

Vom Batist, jenem feinen, leichten Gewebe aus Baumwolle – auch Leinen, Zellwolle, Seide oder Chemiefaser werden zu seiner Herstellung verwendet – nahm man lange an, es sei aus dem fernen indischen Subkontinent nach Europa gekommen, und auch seine Bezeichnung leite sich von der dortigen ab.

So war es aber nicht: In Wirklichkeit ist das Material wohl in Europa erfunden worden, und zwar schon im 13. Jahrhundert. Damals gelang es einem Leinenweber namens Jean Baptiste, ein unerhört leichtes Gewebe anzufertigen, dessen Ruf sich rasch verbreitete und das mit dem Namen seines Schöpfers bezeichnet wurde. Im Laufe der Jahrhunderte schliff sich dieser zum heute gebräuchlichen »Batist« ab. Der Ort des Geschehens war übrigens die nordfranzösische Stadt Cambrai, 50 Kilometer südlich von Lille. Cambrai, inmitten einer für ihre Textil- und Tuchfabrikation bekannten Region gelegen, ist noch heute eine Hochburg der Bekleidungsindustrie. Vom Namen dieser Stadt leitete sich die hierzulande zeitweise ebenfalls geläufige Bezeichnung »Kammertuch« ab.

Baukosten
Versailles war so teuer, daß Ludwig XIV. die Rechnungen vernichtete

Der französische König Ludwig XIV. inszenierte seine Macht in verschwenderischer Fülle. Er scheute zu diesem Zweck weder Kosten noch Mühe und trieb sein Land schließlich in den Ruin – so heißt es. Dennoch scheint sich der Monarch der Maßlosigkeit seines Aufwandes bewußt gewesen zu sein. Wie sonst ließe sich erklären, daß Ludwig anordnete, die Rechnungen über den Bau seines Schlosses in Versailles ins Feuer zu werfen, da er sich wegen deren Höhe schämte?

Eine anschauliche Anekdote – aber was ist dran? Immerhin: die Errichtung der Schloßanlage vor den Toren von Paris verschlang insgesamt über 75 Millionen Livres. Dennoch gilt festzuhalten, daß die Kosten maßlos übertrieben worden sind. Im Durchschnitt der Jahre 1678 und 1682 haben sie etwa 3 850 000 Livres betragen, und man kann durchaus der Ansicht sein, daß dieses Geld gut angelegt war. Am Hof von Versailles wurden schließlich nicht nur die Regierungsgeschäfte konzentriert. Die Inszenierung königlicher Macht band den Adel in ein kompliziertes Protokoll ein. Sie diente als Mittel zu seiner Kontrolle und half, die Herrschaft Ludwigs zu sichern. Zudem erfuhren die Künste eine zuvor selten gekannte Förderung, und die Selbstdarstellung Ludwigs repräsentierte nicht nur das Lebensgefühl seiner eigenen Epoche, sondern pflegt das Image Frankreichs bis heute.

Darüber hinaus gilt es bei der Betrachtung der Kosten in Rechnung zu stellen, daß Ludwig außerordentlich lange regiert hat. Schon als Kind gelangte er auf den Thron, und selbst wenn man erst den tatsächlichen Beginn seiner Regierung im Jahre 1661 als Anfang seiner Herrschaft ansieht, umfaßt die Epoche dieses Herrschers mehr als ein halbes Jahrhundert. So war denn auch der Bau des Königsschlosses eine langwierige Angelegenheit. Schon 1661 begann man mit dem Umbau der bereits vorhandenen Anlage (1627 war in Versailles ein Jagdschloß errichtet worden). Erst 21 Jahre später bezog der Hof das neue Domizil, und erst nach einem Vierteljahrhundert war der berühmte Spiegelsaal des Schlosses vollendet.

Natürlich war das alles nicht umsonst zu haben, zumal neben dem »Neubau« die laufenden Kosten der vorhandenen Einrichtungen zu bestreiten waren: Zwischen 1661 und 1683 beliefen sich Ausgaben für den Hof und die königlichen Schlösser auf etwa 12 bis 14 % der gesamten Staatsausgaben.

Diese hatte Ludwig XIV. bereits in zerrüttetem Zustand vorgefunden. Ihre Sanierung ging er mit der gleichen Energie an wie die Etablierung seines Hofstaats. Unmittelbar nach Übernahme der Regierungsgeschäfte ernannte er Jean-Baptiste Colbert zum »Oberintendanten der Finanzen«, also zum Minister. Colbert gelang es, das Defizit des Staates zu reduzieren. Er förderte Wirtschaft und Handel so effizient, daß der Staatshaushalt zeitweise sogar Überschüsse auswies. Erst mit Beginn des Krieges gegen die Republik der Vereinigten Niederlande im Jahre 1672 begann das Defizit wieder zu steigen. Die zahlreichen Kriege, die Ludwig XIV. im folgenden führen sollte, verschlangen wesentlich mehr Geld als seine Hofhaltung. Und daß der König die Rechnungen dafür wie ein ertappter Verschwender verbrennen ließ, ist allenfalls Legende.

Benn
Gottfried Benn war ein mäßiger Schüler

Es ist nicht ungewöhnlich, daß gerade die Erfolgreichen der Versuchung erliegen, ihren Lebensweg rückblickend als gerade Strecke zum später Erreichten zu verklären. Auch der Arzt und Schriftsteller Gottfried Benn hat an seiner eigenen Legende gestrickt, freilich in einer eigenwilligen Variante. Im Alter von zehn Jahren besuchte Benn das humanistische Friedrichs-Gymnasium in Frankfurt an der Oder, das für seine außerordentlich hohen Maßstäbe bekannt war. Voll Widerwillen erinnerte sich der Autor an diese Zeit, in der er ein bestenfalls durchschnittlicher Schüler gewesen sei. Nur: so war es wohl nicht, denn schließlich bestand Benn nicht nur die Abiturprüfung an dieser strengen Anstalt. Er tat dies bereits im Alter von 17 Jahren, woraus sich schließen läßt, daß seine Leistungen überdurchschnittlich gewesen sind und ihm das Lernen leichter fiel, als er später wahrhaben wollte. Vielleicht paßte eine schwierige Schulzeit in Benns Augen besser zu seinem Schreiben, das sich immer wieder mit den Schattenseiten des Lebens befaßte – Gedichte, Essays und Novellen, die den Verfall des Menschen, das Elend der Großstadt schildern.

Benzin
ist nach dem Autopionier Carl Benz benannt

Auch was naheliegend scheint, muß nicht stimmen: zwar gründete der Ingenieur Carl Benz 1883 in Mannheim die Benz & Cie. Gasmotorenfabrik. Im Jahre 1885 wurde die Produktion dreirädriger Motorenwagen aufgenommen: die ersten Autos gelangten auf die Straßen. Bald kam die Ansicht auf, deren Treibstoff sei nach dem Erfinder und Fabrikanten der Fahrzeuge benannt. Aber: das Wort war schon gebräuchlich, bevor Benz überhaupt auf die Welt kam – der Berliner Chemiker Eilhard Mitscherlich hatte bereits 1833 die »äußerst brennbare Flüssigkeit, um die Namen der verschiedenen Verbindungen, welche dieser Körper eingeht, bequem binden zu können« als »Benzin« bezeichnet. Der Begriff ist wohl arabischen Ursprungs. Die Begriffe »benz-in« und »bentso-e« gingen in das mittellateinische »benzoë« ein, die Bezeichnung für Benzoeharz, aus dem Benzin ursprünglich gewonnen wurde. So war Benzin schon vor der Erfindung des Automobils bekannt – allerdings in erster Linie als Reinigungsmittel, das man in der Apotheke erhielt.

Bernhard(iner)

Bernhard von Clairvaux ist der Schutzhunde-Patron

Bernhard ist der Abt des weltberühmten Klosters im französischen Ort Clairvaux und des Zisterzienser-Ordens. Zu seinem Ruhm als Schutzhunde-Patron kommt er wohl vor allem, weil er der bekannteste Träger seines Namens ist. In Wirklichkeit stehen die großen, kräftigen Tiere in Verbindung mit Bernhard von Methon, der im 11. Jahrhundert eine Reihe von Klöstern auf Alpenpässen begründete (und im übrigen auch zum Namenspatron des Großen und des Kleinen Sankt Bernhard in den westlichen Alpen wurde).

Auf dem Großen Sankt Bernhard werden »Bernhardiner« seit 1665 gezüchtet – ursprünglich kurzhaarig, bis 1830 eine Kreuzung mit Neufundländern vorgenommen wurde. Seither haben sie die heute vertraute langhaarige Gestalt mit weißem Fell und roten, gelben oder braunen Platten.

Die Mönche hatten sich schon zuvor dem Schutz derer gewidmet, die die gefährliche Passage über die Berge wagten. Sie beherbergten Reisende und eilten ihnen in der Not zur Hilfe. Dabei hatten sie sich Nachkommen jener Hunde gehalten, die die römischen Legionen der Antike in das Alpengebiet gebracht hatten. Die »Bernhardiner« halfen ihnen auch bei der Bergung von Verschütteten, und bis heute sind die gefleckten Tiere als Lawinensuchhunde im Einsatz.

Beton
ist eine Erfindung des 19. Jahrhunderts

Im Jahre 1855 erhielt der Franzose Joseph Louis Lambot ein Patent auf Stahlbeton, also den Verbund von Beton – künstlichem Stein aus einer Mischung von Wasser, Zement und Zuschlagstoffen wie Kies oder Sand – mit darin eingeschlossenen Stahlstangen. Eine chemische Reaktion sorgt dafür, daß dieser Werkstoff eine bestimmte Zeit formbar bleibt, ehe er erhärtet. Das macht ihn vielseitig verwendbar. Dennoch bleibt bemerkenswert, daß Lambot damit nicht etwa ein Gebäude errichtet, sondern ein Ruderboot gebaut hat.

Aber so oder so nahm seine Erfindung schnell ihren Weg. Beton wurde – erst recht nach Fortschritten wie der Entwicklung von Leicht- und Spannbeton – zum Baustoff für Türme, Häuser, Brücken, Straßen. Beton war geradezu allgegenwärtig. Man konnte meinen, die Erde werde unter ihm ersticken, wenn der neuzeitlichen Bauwut nicht Einhalt geboten werde.

Neuzeitlich? Weit gefehlt! Schon im Altertum, um 300 v. Chr., verwendeten die Römer Mörtel für ihre Bauwerke, eine Art Vorläufer des Betons. Im ersten Jahrhundert v. Chr. faßte der Baumeister und Wasserleitungsingenieur Vitruvius Pollio in seinem zehnbändigen Werk *De Architectura* das Wissen der Antike über diesen Baustoff zusammen. Dabei beschrieb er Vulkanasche, wie sie im Golf von Neapel vorzufinden war. Mit Kalk und Bruchstein gemischt, ermögliche diese die Errichtung fester Bauwerke und binde selbst unter Wasser ab, so Vitruvius. Er beschreibt neben den Eigenschaften des Baustoffs auch die Technik seiner Verarbeitung.

Kein Wunder, daß die Römer sich die Vorteile dieses Materials ausgiebig zunutze machten. So nutzten sie es zum Ausbessern der Cloaca Maxima, des steinernen Abwasserkanals ihrer Hauptstadt, der zwischen dem 6. und dem 1. Jahrhundert v. Chr. errichtet worden war. Im ganzen Reich war Beton jahrhundertelang in Gebrauch, ob es sich um eine Mole im Hafen von Neapel handelte, wie sie im ersten Jahrhundert n. Chr. errichtet wurde, oder um den Keller der Kaiserthermen, einer öffentlichen Badeanstalt in Trier. Dieser wurde im 4. Jahrhundert n. Chr. mit Schalholz betoniert.

Im Mittelalter geriet das Wissen um die Betonherstellung in Vergessenheit – ein zweites Kuriosum in der Geschichte dieses Baustoffs. Denn Vitruvius, der ihn beschrieben hatte, blieb ein vielgelesener und seit der Renaissance im 15. und 16. Jahrhundert sogar ausgesprochen einflußreicher Architekturtheoretiker. Nur um seine praktischen Hinweise scherte sich niemand mehr – bis Lambot auf die Idee mit den Stahlträgern kam und Beton eine zweite Karriere machte. Diese ließ ihn geradezu zum Inbegriff der Moderne werden.

Biedermeier

Der »Vormärz« war eine Zeit spießigen Stillstands

Wer »Biedermeier« sagt, meint heute Antiquitäten, geschmackvolle, unverschnörkelte Möbel, wie sie in der ersten Hälfte des 19. Jahrhunderts gefertigt wurden. Oder er will eine historische Epoche bezeichnen, die Zeit zwischen 1815 und 1848, die dem ersten Versuch einer Revolution in Deutschland voranging und auch als »Vormärz« bezeichnet wird.

Mit jenen Jahren verbindet sich zumeist die Vorstellung einer ereignisarmen Zeit satten, selbstzufriedenen Spießertums. Das ist seit etwa 1900 so, als »Biedermeier« zum Inbegriff behaglichen und ruhigen Bürgerdaseins wurde, das man später muffig fand.

Diese gedankliche Verbindung geht zurück auf das – wohl in Anlehnung an das Eigenschaftswort »bieder« gewählte – Pseudonym, unter dem der Dichter Ludwig Eichrodt und der Mediziner Adolf Kussmaul zwischen 1855 und 1857 satirische Verse veröffentlicht hatten. Sie waren in den *Fliegenden Blättern* unter dem Titel *Gedichte des schwäbischen Schullehrers Gottlieb Biedermaier und seines Freundes Horatius Treuherz* erschienen, gaben der beschriebenen Bürgerherrlichkeit Ausdruck und überzeichneten sie zugleich.

Dabei war »Biedermeier« nicht etwa eine freie Erfindung der beiden Autoren: er hat wirklich gelebt. Vorbild und Quelle der Spottverse war das durchaus ernst gemeinte Werk des badischen Dorfschullehrers Samuel Friedrich Sauter, dessen treuherzige Gedichte in Karlsruhe erschienen waren. Es blieb ihm erspart, mitzuerleben, wie die Spötter über sein braves Werk herfielen.

Bei genauerer Betrachtung erweist sich das »Biedermeier« allerdings überhaupt nicht als biedermeierlich – im Gegenteil: jene gut 30 Jahre waren eine Zeit großer Dynamik auf vielen Gebieten. Denn gerade die Bürger wollten nicht länger ausgeschlossen sein von der Gestaltung der politischen Verhältnisse: die ersten Staaten in Deutschland erhielten eine Verfassung und somit eine konstitutionelle Monarchie. Bayern und Baden etwa im Jahre 1818, Hessen-Darmstadt 1820. Zudem formierten sich jene Kräfte, die ein Ende der deutschen Kleinstaaterei wollten. Augenfällig wurde dies mit der Gründung der Deutschen Burschenschaft im Jahre 1815. Mit seiner Devise »Ehre, Freiheit, Vaterland« (die »Reichsfarben« Schwarz-Rot-Gold gehen übrigens auf sie zurück) begriff sich dieser Zusammenschluß von Studenten als Vorreiter der nationalen Einheit.

Eine Vorstufe der politischen Einigung und zudem wichtige Voraussetzung für die wirtschaftliche Entwicklung war der 1834 gegründete Deutsche Zollverein, also die Errichtung einer Freihandelszone. Zuvor war der Transport von Waren dadurch erschwert worden, daß an allen dabei passierten Grenzen Zölle zu entrichten waren. Ohne den Deutschen Zollverein hätte sich in den folgenden Jahrzehnten die Industrie ebensowenig entfalten können wie ohne den rasanten technischen Fortschritt jener Jahre: 1837–39 begann mit der Eisenbahnlinie Leipzig-Dresden der Aufbau eines Verkehrsnetzes. Das »Biedermeier«: keineswegs also eine Zeit des Stillstandes, sondern Jahrzehnte, in denen sämtliche wirtschaftlichen, gesellschaftlichen und geistigen Strömungen des 19. Jahrhunderts ihren Ausgang nahmen.

Bier
wurde von Herzog Johann I. von Brabant erfunden

Johann I., Herzog von Brabant, ist nicht nur als Mehrer seines zwischen Flandern und Luxemburg gelegenen Reiches in die Geschichte eingegangen. 1288 hatte er nach langem Bemühen die Vereinigung Brabants mit Limburg erreicht und beherrschte so das heutige Grenzgebiet zwischen Belgien und den Niederlanden. Auch als Minnesänger und erfolgreicher Fechter mehrte Johann seinen Ruhm. Mehr als 70 Turniere hatte der Herzog bestanden, bis er eines Tages den Folgen eines Zweikampfs erlag.

Verewigt freilich hat den Namen des Fürsten, der sich auf Latein auch Jan Primus nannte, eine Erfindung: der Herzog von Brabant, so heißt es, habe das Volksgetränk des nördlichen Europas erfunden – das Bier. Und so machten die Brauer ihn zu ihrem Schutzpatron, wobei sie seinen Namen zu »Jamprinius« abschliffen. Später wurde die noch heute geläufige Variante »Gambrinus« daraus.

Nur: sie haben sich den Falschen ausgesucht, denn in Wirklichkeit geht die Geschichte des Gerstensaftes viel weiter zurück. Schon mehr als vier Jahrtausende vor dem Wirken Johanns war er bekannt, freilich in einer ganz anderen Weltengegend. Um 3500 v. Chr. labten sich die alten Ägypter an dem »flüssigen Brot« und begründeten mit seiner Hilfe rege Handelsbeziehungen. Zur Zeit des Pharaos Ramses II. wurde Bier in die wirtschaftlichen und kulturellen Zentren des ägyptischen Reiches importiert. Bier aus Mesopotamien – also der Region, in der heute Syrien und der Irak liegen – gelangte bis nach Memphis südlich des heutigen Kairo und in das oberägyptische Theben.

Somit steht fest: Bier ist eine Erfindung des Orients. Dennoch war es ein Niederländer, der eines der wichtigsten Kapitel seiner Geschichte schrieb, wenn auch kein Herzog: Denn als Gerard Adriaan Heineken 1863 die Amsterdamer Brauerei De Hooiberg kaufte, legte er den Grundstock zu einer der bis heute größten Getränke-Konzerne der Welt.

Big Ben
ist ein Kirchturm in London

Daß der Uhrturm des Westminster-Palastes, wo die Kammern des britischen Parlaments tagen, oftmals als »Big Ben« bezeichnet wird, ist strenggenommen falsch: sein Name ist schlichtweg »Clock Tower« oder auch »St. Stephen's Tower«. Big Ben ist vielmehr der

Spitzname der »Großen Glocke von Westminster«, der Stundenglocke der großen Uhr (die wohl jeder von Photos kennt).

Die Glocke wurde nach Sir Benjamin Hall benannt, einem britischen Politiker und Baumeister, unter dessen Leitung der Turm 1858 errichtet wurde. Das Bauwerk misst 91 Meter Höhe, der Durchmesser der Ziffernblätter beträgt acht Meter, die Minutenzeiger haben eine Länge von vier Metern.

Die Glocke – übrigens die zweite des Turms, da die erste mit einem Gewicht von 16 Tonnen bei der »Generalprobe« im Palastgarten zu Bruch ging – wiegt fast 14 Tonnen, ihr Schlegel über 200 Kilogramm. Damit ist sie freilich keineswegs die schwerste Glocke Großbritanniens. »Great Paul« der St. Paul's Cathedral (über 16 Tonnen) und »Great George« der Kathedrale von Liverpool (über 14 Tonnen) übertreffen sie noch. Unter dem Gewicht ihres schweren Schlegels bekam Big Ben bald Risse. Man tauschte ihn nach zwei Jahren Stillstand gegen einen leichteren aus; die Glocke wurde um 90 Grad gedreht, so daß sich die Risse nicht weiter ausbreiten konnten.

Big Ben verdankt ihren Ruf zum einen ihrer Genauigkeit und Zuverlässigkeit. Deren Urheber ist der Rechtsanwalt und Amateurhorologe Edmund Beckett Denison, der eine neue Art des Zusammenspiels zwischen Pendel und Uhrwerk kreierte. Zur Feinabstimmung werden noch heute Pennies als zusätzliche Gewichte für das Pendel verwendet – obwohl sie bereits 1971 aus dem britischen Zahlungsverkehr verschwanden. Zum anderen ist Big Ben bei den Neujahrsfeiern in Großbritannien von entscheidender Bedeutung – fast sämtliche Radio- und Fernsehstationen blenden um Mitternacht den Glockenschlag der Big Ben ein. Die BBC verwendet das Glockenzeichen bereits seit 1923 als Stundenzeichen, mehrere Fernsehsender folgten später.

Eine kleine Replik des Uhrenturms samt Uhr, genannt Little Ben, ist übrigens auf einer Verkehrsinsel nahe der Victoria Station in London zu finden. Darüber hinaus sind mehrere bekannte Turmuhren auf der Welt dem Design der Großen Uhr nachempfunden, so am Glockenturm des Gare de Lyon in Paris und am Turm des kanadischen Parlaments in Ottawa.

Bigamie (1)
Der Papst genehmigte eine Doppelehe

Der im 15. Jahrhundert erbaute Erfurter Dom birgt den Grabstein eines Ritters. Dieser zeigt ihn mit zwei Frauen, von denen eine einen orientalisch anmutenden Kopfschmuck trägt.

Der Überlieferung nach handelt es sich um den Grafen von Gleichen. Dieser, so will die Überlieferung wissen, habe Landgraf Ludwig IV. von Thüringen, den »Heiligen«, auf einen Kreuzzug begleitet und seine Gattin in der Heimat zurückgelassen. Im Orient sei der Graf in die Hände der arabischen Sarazenen geraten, die ihn gefangen hielten, bis er die Huld der Tochter des Sultans, Malechsala, erlangte. Graf Gleichen erwiderte die Zuneigung des Mädchens und erreichte gar, daß Papst Gregor IX. die Erlaubnis zu einer zweiten Eheschließung aussprach. Nach der Hochzeit, so die Überlieferung, habe der Graf Malechsala in seine Heimat geführt und dort viele Jahre mit seinen beiden Frauen in Glück und Zufriedenheit gelebt. – Eine romantische Geschichte, die der Überprüfung freilich nicht standhält:

1. Graf Gleichen könnte theoretisch zwar an zwei Kreuzzügen teilgenommen haben, nämlich entweder am Fünften Kreuzzug (1217–1221), der die Kreuzfahrer von Österreich nach Akko und 1219 in einen Kampf um Damiette im Nildelta führte. Oder er nahm am ersten Kreuzzug Kaiser Friedrichs II. in den Jahren 1228/29 teil, der nach Akko, Jaffa und Jerusalem führte und in dessen Rahmen der ägyptische Sultan El-Kamil den Kreuzfahrern Jerusalem, Bethlehem und Nazareth übergab. Nur: weder im einen noch im anderen Fall ist die Teilnahme eines Grafen von Gleichen belegbar.
2. Die angebliche Erlaubnis Gregors hat sich nicht auffinden lassen.
3. Ähnliche Geschichten werden auch von anderen Kreuzfahrern erzählt, aus Thüringen etwa von Ernst von Oppurg, aus weiteren deutschen Gebieten von Hermann von dem Borne, Wittig von Jordan, aus dem heute belgischen Hennegau von Gilion de Traisigny.

Die Lösung: der Erfurter Grabstein stellt tatsächlich einen Adligen mit seinen beiden Frauen dar. Nach dem Tode der einen verheiratete er sich erneut – so einfach war das.

Bigamie (2)
Der preußische König war ein Bigamist

Der preußische König Friedrich Wilhelm II. heiratete, nachdem seine erste Ehe 1769 getrennt worden war, Luise von Hessen-Darmstadt, die ihn um acht Jahre überlebte. Offiziell war der Herrscher also zweimal verehelicht. Bis heute aber hält sich das Gerücht, darüber hinaus sei er im Mai 1787 mit der Hofdame Elisabeth Amalie von Voß, genannt Julie, verheiratet worden. Diese »Ehe linker Hand« habe der Hofprediger Zöllner in der Schloßkapelle Charlottenburg geschlossen, so die Überlieferung. Ja, der König habe dazu sogar die Einwilligung des Oberkonsistoriums, des obersten Verwaltungsorgans der evangelischen Landeskirchen, erhalten, und zwar unter Berufung auf die von Luther und Melanchthon genehmigte zweite Ehe des hessischen Landgrafen Philipp. (Dieser wiederum hatte sich auf die angebliche Erlaubnis Papst Gregors IX. für den Grafen von Gleichen berufen – vgl. Bigamie (1)).

So jedenfalls wurde unter Hinweis auf die Tagebücher einer Tante der angeblichen Braut, der Hofdame Sophie Marie von Voß, kolportiert: »Meine Nichte sagte mir heute unter Thränen, seit acht Tagen sei sie mit dem König heimlich getraut« heißt es in deren veröffentlichter Version unter dem 2. Juni 1787. Eine spätere Durchsicht der Tagebücher ergab freilich, daß die Wirklichkeit simpler war als die Kolportage: »Meine Nichte vertraute mir an, daß sie sich dem König seit acht Tagen hingegeben habe, und bat mich, nichts davon zu sagen.«

Womöglich war eine »Ehe« wirklich geplant, jedenfalls berichtete der französische Gesandte in diesem Sinne nach Paris. Und wirklich wurde die Geliebte des Königs zur Gräfin von Ingenheim erhoben. Im Januar 1789 schenkte sie einem Sohn das Leben, Gustav Adolf Wilhelm von Ingenheim. Kurz nach dessen Geburt ist sie am 25. Januar 1789 gestorben.

Der König wandte sich daraufhin Sophie Julie von Dönhoff zu. Wieder berichtet Sophie Marie von Voß von einer kirchlichen Eheschließung, die im Frühjahr 1790 stattgefunden habe. Aber auch hierzu gibt es keine Unterlagen.

Allerdings: Friedrich Wilhelm II. war berüchtigt für seine zahlreichen Mätressen, unter denen die »schöne Wilhelmine« Enke, die spätere Gräfin von Lichtenau, besonders bekannt wurde. Berichte von Eheschließungen wurden also womöglich gezielt gestreut, um die Fehltritte des Monarchen zu beschönigen und seinen losen Sitten einen Hauch von Legitimität zu verleihen. Das jedenfalls nicht ohne Erfolg: noch heute läßt sich im Lexikon nachlesen, Friedrich Wilhelm sei in »morganatischer Ehe« mit Julie von Voß verbunden gewesen. – »Morganatisch«? Ganz einfach: »ungesetzlich«.

Blasphemie

Friedrich II. nannte Jesus einen »Betrüger«

Der deutsche Kaiser Friedrich II. wurde von der Kirche gleich zweifach mit dem Kirchenbann belegt, d.h. (auf Zeit) exkommuniziert. Zum ersten Mal hatte Papst Gregor IX. den Bann im Jahre 1227 ausgesprochen, um den Kaiser zur Anerkennung der päpstlichen Überlegenheit zu zwingen. Aber der Machtkampf zwischen Friedrich und dem Papst war damit nicht beendet. In der Folgezeit hatte Gregor den Kaiser immer wieder als den »Antichrist« dargestellt, als satanischen Gegenspieler des Erlösers. Friedrich freilich hatte in ähnlicher Münze zurückgezahlt. So schien ein Gerücht, das eines Tages aufkam, einiges für sich zu haben: Friedrich behaupte, so hieß es, »die ganze Welt sei von drei Betrügern, Moses, Christus und Mohammed, getäuscht worden, deren zwei in Ehren, der dritte aber am Holz hängend gestorben sei«. Es gab sogar das Gerücht, in dem Buch *De tribus impostoribus* verbreite Friedrich die unglaubliche These in aller Ausführlichkeit.

Diese Ungeheuerlichkeit verlangte nach einer drastischen Gegenmaßnahme. So traf den Kaiser erneut der Kirchenbann, und zwar am 20. März 1239, einem Palmsonntag.

Dabei liegt der Verdacht nahe, daß das angeblich kaiserliche Zitat von der Partei des Papstes gezielt gestreut wurde. Und das Machwerk hat es vermutlich überhaupt nicht gegeben – jedenfalls hat niemand es jemals zu Gesicht bekommen. Aber allein der Vorwurf, sein Autor zu sein, war ein kaum zu parierender Schlag. Kein Wunder, daß eine Debatte um die Existenz des ominösen Werkes einsetzte, zahlreiche Traktate pro und contra entstanden.

Tatsächlich handelte es sich bei den drei Betrügern um ein im Mittelalter regelmäßig verwendetes Motiv. Es ist also mitnichten eine Schöpfung Friedrichs, sondern wurde immer wieder herbeizitiert, wenn es galt, eine unliebsame Position oder Person zu denunzieren. Dabei traf es nicht nur weltliche Herrscher wie Friedrich. Auch geistige Größen wie der Philosoph Averroës (arab. Ibn Ruschd) sahen sich mit dem Vorwurf konfrontiert, Jesus einen Betrüger genannt zu haben.

Blitzkrieg (1)
Hitlers überfallartige Feldzüge waren sorgfältig geplant

Im September 1939 überrannte die deutsche Armee das benachbarte Polen innerhalb von ganzen drei Wochen – dann kapitulierte die Hauptstadt Warschau. Nach dem Winter gingen die Deutschen auch im Westen zum Angriff über. Im April war mit der Besetzung Dänemarks und Norwegens begonnen worden. Am 10. Mai 1940 rückten deutsche Truppen von Norden her – über die Ardennen und die Maas – Richtung Frankreich vor. Auf diesem Wege sollte der von den Franzosen zur Sicherung ihrer Ostgrenze errichtete Festungsgürtel umgangen werden, den der französische Kriegsminister André Maginot gut zehn Jahre zuvor hatte anlegen lassen. Der Erfolg der Deutschen war überwältigend: Schon am 15. Mai kapitulierten die Niederlande, am 28. Mai folgte Belgien, und bereits am 14. Juni erfolgte die kampflose Besetzung von Paris.

Natürlich hat die Propaganda der Nazis danach so getan, als sei der Frankreichfeldzug von vornherein als genial geplanter »Blitzkrieg« vorbereitet worden. Aber in Wirklichkeit kam der Erfolg sehr überraschend. An einen so schnellen Sieg hatte niemand geglaubt. Schließlich hatte auch Hitler selbst erlebt, wie im Ersten Weltkrieg die Soldaten jahrelang in ihren Schützengräben festgesessen hatten.

Aber dieses Mal hatten seine Truppen Glück. Sie trafen auf ungenügend vorbereitete Gegner und errangen den Sieg fast wider Willen: mehr als einmal ignorierten deutsche Truppenführer die Haltebefehle ihrer Vorgesetzen und stießen einfach weiter vor. Nach dem Durchbruch seiner Armee am 19. Mai westlich von Luxemburg, bei Sedan, rief Hitler aus: »Es ist ein Wunder!« – wohl kaum der Kommentar eines großen Strategen.

»Blitzkrieg« (2)
ist ein von Hitler geprägter Begriff

Das US-Magazin »Time« kennzeichnete im September 1939 das überfallartige Vorgehen der deutschen Aggressoren als »Blitzkrieg – lightning war«. Das Gerücht kam auf, der prägnante Begriff sei von keinem Geringeren als dem deutschen Diktator Adolf Hitler selbst geprägt worden. Dieser ließ sich seinen Ruhm als Sprachschöpfer zunächst gefallen.

Aber in den folgenden Jahren ging es mit den deutschen Siegen nicht mehr ganz so schnell: der Überfall auf die Sowjetunion im Juni 1941 – angeblich eine Sache weniger Wochen – brachte deutsche Truppen zwar im November bis vor Moskau. Dort wurden sie aber zurückgeschlagen. An der Ostfront begann ein Stellungskrieg mit hohen Verlusten, der im Kampf um Stalingrad im Winter 1942/43 einen grausamen Höhepunkt erreichte.

So stellte Hitler im November 1941 klar, er habe »noch nie das Wort Blitzkrieg verwendet, weil es ein ganz blödsinniges Wort ist«. Kein Wunder: die Situation war nicht mehr danach. Angesichts des steckengebliebenen deutschen Rußlandfeldzugs hätte der schlagkräftige Propagandabegriff illustrieren können, daß die Zeit der deutschen Erfolge vorbei war. Das Blatt begann, sich zu wenden.

Bolschewiken
Die Bolschewiken waren mehrheitlich Juden

Von einer »jüdischen Weltverschwörung«, die 1917 die Revolution in Rußland herbeigeführt habe und ganz Europa bedrohe, fabulierten bereits die Nazis. Mit dieser angeblichen Gefahr legitimierten sie ihre eigene Gewaltherrschaft und den Massenmord an den europäischen Juden. Man sollte meinen, dergleichen Unsinn sei spätestens seit dem Ende der NS-Diktatur nicht mehr im Umlauf.

Leider weit gefehlt. So führte der CDU-Bundestagsabgeordnete Martin Hohmann am 3. Oktober 2003 in einer Rede zum Tag der deutschen Einheit aus, man könne »Juden mit einiger Berechtigung als ,Tätervolk' bezeichnen« und kam zum eigentlichen Punkt: »Es würde [...] der gleichen Logik folgen, mit der man Deutsche als Tätervolk bezeichnet.« Zur Untermauerung seiner unappetitlichen Theorie stellte er ethnische Zahlenspiele an (Kostprobe: »Unter den 21 Mitgliedern des revolutionären Zentralkomitees in Rußland gehörten 1917 sechs der jüdischen Nationalität an, also 28,6 %.«). So sollte der These, die bolschewistische Bewegung sei jüdisch geführt gewesen, erneut Gehör verschafft werden.

Es war wahrhaftig nichts Neues, was da auf zweifelhafter statistischer Basis referiert wurde: die zitierten »Fakten« stammten offensichtlich zum Teil aus Henry Fords Buch *The International Jew* aus dem Jahre 1920(!), dessen antisemitische Ansichten in Hohmanns Rede ausdrücklich geteilt wurden.

Die Ansicht, eine einzige ethnische Gruppe sei verantwortlich für das von Bolschewiken verursachte Unrecht, wird heute von Historikern in aller Welt entschieden zurückgewiesen. In der Tat waren nicht nur Juden, sondern auch Letten und Polen überdurchschnittlich in den Führungsgremien der Bolschewiken vertreten: die Aussicht, durch eine Revolution das zaristische Joch abzuschütteln, unter dem vor allem Minderheiten im Zarenreich litten, zog zahlreiche Angehörige der Intelligenz an. Daraus wie Henry Ford – und später Hitler und Goebbels – eine »jüdisch-bolschewistische Verschwörung« herzuleiten, ist jedoch abwegig (auch wenn manche Historiker wie z.B. Ernst Nolte es nicht fertigbrachten, sich klar gegen die Besessenheit abzugrenzen, mit der die Nazis die Gesamtheit der Juden mit Bolschewisten gleichsetzen und entsprechend »bestraften«). Schließlich waren beispielsweise bei den Menschewiken – die Sozialdemokratische Partei hatte sich ja 1903 in die Lenin folgenden Bolschewiken (Mehrheitler) und die eher sozialdemokratischen Menschewiken (Minderheitler) geteilt – statistisch mehr Juden vertreten als bei den Bolschewiken. Zudem ist festzuhalten, daß die überwiegende Mehrheit der russischen Juden in überhaupt keiner Partei aktiv war. Außerdem ist der massive Antisemitismus auch der siegreichen Bolschewiken bis in die letzten Jahre der Sowjetunion hinein bestens bekannt. Und schließlich: Selbst wenn man tatsachenwidrig annähme, daß die sechs der 21 Mitglieder des revolutionären Zentralkomitees dort *in ihrer Eigenschaft als Juden* tätig waren (ebensogut könnte man die Braunhaarigen dort zählen und als Weltverschwörer brandmarken): 28,6 % sind mitnichten eine Mehrheit.

Bombenkrieg
Die alliierten Angriffe auf deutsche Städte hatten einen strategischen Sinn

Die alliierten Luftangriffe auf deutsche Städte begannen zwar, als die deutschen Truppen zu Lande noch erfolgreich schienen und ihr Vormarsch im Osten weiterging: zwischen dem 30. Mai und dem 2. Juni 1942 entluden rund 1000 englische Flugzeuge ihre Bomben über Köln und Essen. Aber der Höhepunkt des Bombenkriegs gegen die deutschen Städte fiel in eine Zeit, da der Krieg weitgehend entschieden war. Perfektioniert wurde das System der Städtezerstörung durch Bomben und Brände erst 1944.

Bevor der Oberbefehlshaber der Royal Air Force (RAF), Luftmarschall Sir Arthur William Tedder, Ende 1944 das Kommando über die alliierten taktischen Luftstreitkräfte übernahm, war deren Aufgabe nochmals eindeutig definiert worden: die SHAEF-Direktive (SHAEF = Supreme Headquarters Allied Expeditionary Force) vom 25. September 1944 zählte nicht nur die Intensivierung der Luftangriffe auf Industrieanlagen, sondern – militärstrategisch sinnlos – auch auf Ballungsräume zu den Aufgaben der Piloten.

Den grausigen Höhepunkt des Bombenkrieges bildete die fast vollständige Vernichtung der bis dahin unzerstörten Dresdner Innenstadt zu einem Zeitpunkt, als der Krieg längst entschieden war. Am 13. und 14. Februar 1945 wurde die Stadt Ziel massiver Angriffe. Die Zahl der Opfer war – vorhersehbar – immens: zu den 630 000 Einwohnern Dresdens kamen zu diesem Zeitpunkt bereits rund 500 000 Flüchtlinge aus den Ostgebieten. Die Stadt brannte drei Tage lang, 35 000 Menschen verloren ihr Leben.

Auch auf Berlin und auf andere Städte wurden Angriffe ohne jeden militärischen Wert geflogen. Sie sollten angeblich der Demoralisierung der deutschen Bevölkerung dienen und deren Wut auf die Nazis schüren. Allerdings wurden sie auch fortgesetzt, als längst deutlich geworden war, daß sie das Gegenteil bewirkten: die Propaganda konnte den Menschen nun erklären, es gehe den Alliierten nicht um die Beseitigung des NS-Regimes, sondern um die Vernichtung des deutschen Volkes. In historischer Perspektive ist eine kriegsverkürzende Wirkung der Terrorangriffe nicht erkennbar. Es ging wohl eher um Vergeltung für die Luftangriffe der Deutschen auf englische Städte sowie für die Grausamkeiten der deutschen Truppen und Terrorkommandos in ganz Europa.

Brandschatzung

Eine Stadt, die gebrandschatzt wird, geht in Flammen auf

»Die Einwohner standen fassungslos vor den rauchenden Trümmern ihrer gebrandschatzten Stadt« – solche oder ähnliche Formulierungen liest man häufig. Sie beruhen auf einem sprachlichen Mißverständnis: »Brandschatzen« bedeutet nicht »anzünden«, sondern das genaue Gegenteil. Es war eine verbreitete Methode, mit der marodierende Truppen im Dreißigjährigen Krieg Reichtümer erpressten: Man belagerte eine Stadt und erzwang mit der Drohung, sie andernfalls anzuzünden, die Herausgabe des Stadtschatzes. Eine erfolgreich gebrandschatzte Stadt blieb mithin vom Feuer verschont, brannte also nicht ab.

BRD

Die Westzonen schlossen sich 1949 zur Bundesrepublik zusammen

»Rom wurde nicht an einem Tag erbaut« – und auch die Gründung der Bundesrepublik und die Konstituierung ihrer Verfassungsorgane zog sich über einen längeren Zeitraum hin. Sie erfolgte auch nicht in Form eines Zusammenschlusses der Westzonen, also der amerikanisch-britischen Bizone mit der französischen Zone, wie viele glauben.

Die drei westlichen Besatzungszonen wurden vielmehr nach Beschluß der Außenminister der drei Westmächte auf der Deutschlandkonferenz, die vom 5. bis 8. April 1949 in Washington D.C. tagte, zu einer »Trizone« vereinigt (woraufhin der fröhliche Trümmer-Schlager »Wir sind die Eingeborenen von Trizonesien« entstand) – und nicht zur Bundesrepublik! Dieser Schritt beendete die direkte Militärregierung und übertrug die politische Kontrolle auf die »Hohe Kommission« der Alliierten. Das am 8. April beschlossene Besatzungsstatut ebnete den Weg für die Bildung eines westdeutschen Staates. Der Hohen Kommission unterstand auch die zu bildende westdeutsche Regierung. Die Alliierten behielten sich allerdings gewisse Bereiche zur alleinigen Entscheidung vor, darunter sämtliche auswärtige Angelegenheiten. Zudem mußte jedes vom künftigen Bundestag verabschiedete Gesetz den Hochkommissaren zur Genehmigung vorgelegt werden.

Danach erfolgten verschiedene Schritte zur Erlangung der Eigenstaatlichkeit bzw. zur Staatsgründung: die Verabschiedung des Grundgesetzes am 23. Mai 1949 (der somit mit mehr Recht als Gründungstag der Bundesrepublik Deutschland bezeichnet werden kann), die Abstimmung im Parlamentarischen Rat über die zukünftige (provisorische) Bundeshauptstadt (33 Stimmen für Bonn, 29 für Frankfurt; angeblich auf Betreiben Adenauers, der sein Haus in Rhöndorf am Rhein weiter bewohnen wollte) sowie die ersten Bundestagswahlen vom 14. August 1949.

Endgültige Souveränität erlangte der neue Staat erst am 5. Mai 1955 durch den Deutschlandvertrag: die Hohen Kommissare traten zurück, die Bundesrepublik wurde außenpolitisch souverän und trat der NATO bei.

»Brudervolk«
Die UdSSR war ein brüderlicher Partner der DDR

Natürlich war die DDR in den Ostblock eingebunden – wirtschaftlich durch den Rat für gegenseitige Wirtschaftshilfe (COMECON), militärisch durch den Warschauer Pakt. Von echter, gleichberechtigter oder gar »brüderlicher« Partnerschaft konnte in den meisten

Bereichen allerdings keine Rede sein. Die Führungsrolle der UdSSR wurde nie bestritten. Je schlechter die wirtschaftliche Lage und Versorgung in der UdSSR, desto mehr mussten die Vasallenstaaten (und unter diesen am erfolgreichsten die DDR) aushelfen. Dazu nur vier Beispiele:

1.) Bis 1948 demontierten die Sowjets fast die Hälfte der ostdeutschen Produktionskapazitäten, dazu wertvolle Infrastruktur wie z.B. mehr als die Hälfte aller in Ostdeutschland verlegten Eisenbahngleise – ein Prozess, der in den Westzonen schon früh gestoppt und umgekehrt worden war.

2.) Von 1945 bis 1948 mußte die sowjetische Besatzungszone (SBZ) Reparationen in Höhe von über 58 % der gesamten Industrieproduktion leisten. Bis 1953 (also einschließlich der ersten Jahre nach Gründung der DDR) ergab sich geschätzt eine Belastung von fast 890 US-Dollar pro Kopf der Bevölkerung (in den Westzonen betrug sie rund 305 US-Dollar).

3.) Das Neue Ökonomische System (NÖS), das ab den sechziger Jahren die Wirtschaftsleistung der DDR erhöhen sollte, mußte auch auf Druck Moskaus wieder abgebrochen werden. Der Chef der Plankommission erschoß sich 1965, kurz bevor er das Fünfjahrabkommen zwischen der DDR und der UdSSR unterzeichnen sollte, das die DDR stark benachteiligte.

4.) Als zu Beginn der achtziger Jahre die Preise für Öl und andere Energieträger auf dem Weltmarkt explodierten, kürzte die UdSSR ihre Erdöllieferungen an die DDR um zwei Millionen Tonnen, d.h. ca. 12 % der Gesamtmenge – wohl wissend, daß die DDR aufgrund des Devisenmangels nicht in der Lage sein würde, die fehlende Menge auf dem Weltmarkt zu beschaffen. Dieses Vorgehen war nicht neu: bereits seit 1961 hatte die UdSSR sukzessive Lieferungen von Waren gekürzt, die für die DDR nur mit westlichen Devisen zu beschaffen waren. Ab 1985 mußte die DDR extrem hohe Erdölpreise an die UdSSR zahlen – als der Ölpreis auf dem Weltmarkt einbrach, sicherte die UdSSR sich durch diese Übervorteilung des »Brudervolkes« ihren Gewinn.

Buchdruck
Der Buchdruck wurde von Johannes Gutenberg erfunden

Mit der Etablierung des Buchdrucks verbindet sich eine ganze Reihe von Legenden. In angelsächsischen und frankophonen Ländern zum Beispiel ist die Meinung verbreitet, diese Technik stamme aus Frankreich. Das geht wohl darauf zurück, daß ein Großteil der Veröffentlichungen des 18. Jahrhunderts in französischer Sprache erfolgte.

Im deutschsprachigen Raum spielt dieser Irrtum keine Rolle. Hier wird die Erfindung dem Mainzer Johannes Gutenberg zugeschrieben. Tatsächlich war dieser der erste, der zum Drucken bewegliche Lettern aus Metall verwendete. Sein bekanntestes Werk ist die 1455 vollendete Gutenberg-Bibel. Auch wenn Gutenbergs Erfindung aus der Menschheitsgeschichte nicht wegzudenken ist – geschäftlich hat sie ihrem Schöpfer nichts genützt. 1455 mußte Gutenberg seine fünf Jahre zuvor gegründete Druckerei seinem Teilhaber Johann Fust überlassen, der sie gemeinsam mit seinem Schwiegersohn Peter Schöffer weiter betrieb.

Die Technik des Druckens selbst hatte Gutenberg ohnhehin nicht erfunden: In China kannte man bewegliche Lettern bereits im 11. Jahrhundert, und in Italien wurden seit dem 12. Jahrhundert Bilder gedruckt. Aber Gutenberg war es, der mit der Herstellung von beweglichen, auswechselbaren Lettern aus Metall begann, die er mit der Hand goß und zu Druckformen zusammensetzte. So viel steht fest.

Mehr allerdings nicht: es gibt von Gutenberg kein authentisches Bild, darüber hinaus hat sich kein einziges Buch mit seinem Druckvermerk erhalten. Und: wir sprechen heute zwar vom »Gutenberg-Zeitalter«, aber der wirkliche Name des Mannes lautete nicht etwa Gutenberg, sondern Johann Gensfleisch.

Buffalo Bill
war der größte Held des Wilden Westens

William Fredrick Cody blickte wirklich auf eine bewegte Jugend zurück: als Meldereiter im unerschlossenen Staat Arkansas, als Fallensteller, beim Pony-Express zwischen New York und San Francisco, als Kundschafter im Amerikanischen Bürgerkrieg (1861–65). Als der Bau der Eisenbahnstrecke von Arkansas zur Westküste begann, übernahm Cody die Versorgung der Arbeiter und belieferte sie mit frischem Büffelfleisch – so kam er zu seinem Spitznamen: Buffalo Bill. Da war er gerade 20 Jahre alt.

Bei den Büffeln handelte es sich freilich nicht um wilde Stiere, sondern um friedlich grasende Herden, die dicht an dicht die Prärie bevölkerten – man brauchte kaum zu zielen, um einen von ihnen zu treffen. Heldenmut war also weniger gefragt als Geschäftssinn, und darüber verfügte Cody. Schon bald versuchte er sein Glück im aufblühenden Unterhaltungsgeschäft und verfaßte zahlreiche Wildwestromane, die angeblich auf Selbsterlebtem beruhten – darin ähnelte er Karl May, dem Erfinder von Winnetou und Old Shatterhand. Und beide haben gemeinsam, daß ihre Geschichten frei erfunden sind. Aber Buffalo Bill war wenigstens einmal im Westen gewesen, und so wurde er im Unterschied zu Karl May auch von anderen Schreibern zum Helden erkoren. Der bekannteste von ihnen, Judson, gilt als »Erfinder von Buffalo Bill«. Mit Büchern wie »Buffalo Bill's First Trial«oder »Will Cody, the Pony Express Rider« (1888) begründete er den Ruhm des Wildwest-Helden.

Das machte dieser sich zunutze, um eine Show aufzubauen, mit wilden Tieren, Indianern und Schießvorführungen. So etwas hatte die Welt noch nicht gesehen: Dreißig Jahre, zwischen 1883 und 1913, tourte Cody durch Nordamerika und Europa. 1889 trat seine Truppe sogar vor der britischen Königin Victoria auf! Im Laufe der Zeit freilich konnte sich seine Wildwest-Show mit den aufkommenden Zirkussen, ihren spektakulären Vorführungen und artistischen Sensationen nicht mehr messen – die Zuschauer blieben aus. So mußte Buffalo Bill den Betrieb einstellen. William Cody starb im Jahre 1917 verarmt in Denver (Colorado/USA). Dennoch ist er bis heute nicht vergessen, auch wenn ihm Nachruhm strenggenommen nicht als Wildwest-Held gebührt, sondern als als Begründer des modernen Show-Geschäfts.

Bürgerstochter

Eine Bürgerstochter schaute beim Kaiser persönlich vorbei

Der österreichische Erzherzog Ferdinand II. von Tirol, Sohn Kaiser Ferdinands I., ist mit der Augsburger Patriziertochter Philippine Welser verheiratet gewesen. – Was sich heute so lapidar liest, war seinerzeit ein unerhörter Vorgang. Die Verbindung eines Angehörigen der kaiserlichen Dynastie mit einer Bürgerlichen: Eine Mesalliance, wie sie im Buche steht, auch wenn Philippine die Nichte von Bartholomäus Welser war und somit jener Augsburger Kaufmannsfamilie entstammte, die zu den wichtigsten Wirtschaftsgrößen des Reiches gehörte.

Um diese frühe Verbindung von Macht und Geld rankten sich schon bald zahlreiche Gerüchte. Dazu gehört, daß Ferdinand sich auf der Stelle in die schöne Kaufmannstochter verliebt habe, als er 1547 im Gefolge Kaiser Karls V. nach der Schlacht bei Mühlberg in Augsburg einzog und sie am Fenster ihres Elternhauses erblickte. Tatsächlich ist er erst 1551 nach Augsburg gekommen, und eine engere Beziehung hat sich wohl erst 1556 entsponnen, als Philippine bei ihrer Tante Katharina im böhmischen Bresnic weilte. Diese brachte die Dreißigjährige mit dem Statthalter von Böhmen, eben Ferdinand, zusammen, und im Januar 1557 sollen die beiden die Ehe eingegangen sein – in aller Heimlichkeit, versteht sich.

Gut zwei Jahre später, vermutlich im Jahre 1559, erfuhr der Kaiser von der Verbindung seines Sohnes. Wie nicht anders zu erwarten, war Ferdinand I. ausgesprochen unangenehm berührt. Da das Geschehene aber nicht rückgängig zu machen war, verzieh er den Fehltritt am 1. August 1559, verpflichtete die Eheleute freilich zu strengster Geheimhaltung. Ein Gemälde von Josef Anton Mahlknecht hält fest, wie Philippine, die sich als Pilgerin verkleidet zum Kaiser begeben hatte, diesem bei einer Audienz zu Füßen fällt, um persönlich Verzeihung zu erheischen. Diese Szene kann sich so allerdings keinesfalls zugetragen haben; vermutlich hat es überhaupt keine persönliche Begegnung des Kaisers und seiner Schwiegertochter gegeben. Denn zum einen ist es völlig undenkbar, daß sich einer seiner Untertanen aktiv mit dem Kaiser in Verbindung setzte, zum anderen waren öffentliche Audienzen im 16. Jahrhundert noch unüblich; sie wurden erst zwei Jahrhunderte später eingeführt.

Philippine starb am 24. April 1580 in dem von ihrem Mann nahe Innsbruck erbauten Renaissanceschloß Ambras, angeblich als Opfer eines Mordes. Man habe ihr im Bade die Pulsadern geöffnet, heißt es, unter den der Anstiftung Verdächtigen befinden sich sowohl die Tiroler Stände als auch die Jesuiten. Tatsächlich hat Philippine wohl an Magen- und Darmkrankheiten gelitten. Gestorben ist sie als Opfer der unzureichenden medizinischen Kenntnisse ihrer Zeit, deren Behandlungsmethoden sich auf Klistiere und Aderlässe beschränkten.

C

Caesar
hauchte »Et tu, mi fili Brute«

Eine der berühmtesten Szenen der Weltgeschichte spielt sich am 15. März 44 v. Chr. in der Sitzung des römischen Senats ab, des obersten Entscheidungsgremiums der Republik: Marcus Junius Brutus, Gaius Cassius Longinus und andere Verschwörer umringen den Herrscher des römischen Weltreiches, Gaius Julius Caesar. Sie wollen den übermächtigen Konsul, der sich im Februar zum Diktator erhoben hat, aus dem Weg räumen – ihn erdolchen, um die Republik zu retten. Die Ausführung des Planes gelingt, und nach geschehener Tat stirbt Caesar mit dem an seinen Adoptivsohn gerichteten Satz »Auch du, mein Sohn Brutus«.

So hat der Alleinherrscher noch im Tode eines der meistzitierten Worte der Geschichte geprägt. Nur: es gehört in den Bereich der Legende. Nicht nur, daß es nicht verbürgt ist – schon die antiken Quellen – darunter die Geschichtsschreiber Sueton und Cassius Dio – überliefern ausdrücklich, daß Caesar wortlos starb.

Caligula
berief ein Pferd in die Staatsführung

Eine der traurigsten Gestalten unter den römischen Kaisern war Gaius Julius Caesar Germanicus, der im Jahre 37 an die Regierung kam. Der frisch Gekürte nahm den originellen Namen Caligula an, was »Soldatenstiefelchen« bedeutet. Seine ganze Hingabe galt – nicht etwa den Staatsgeschäften: Caligula war vielmehr vernarrt in

Zirkusspiele. Der Kaiser verfolgte deren Verlauf mit einer solchen Hartnäckigkeit, daß man sich in Rom erzählte, er lasse Pferde und sogar Wagenlenker, die gegen seine eigenen antraten, vergiften. Nicht belegt allerdings ist die Legende, die ihn unsterblich machte: der Kaiser, heißt es, habe seinen Lieblingshengst Incitatus zum Konsul machen wollen.

Auch wenn dem nicht so gewesen sein sollte: die Überlieferung bezeugt, daß Caligula sich in seiner Allmacht über alle Regeln hinwegsetzen wollte. Daher ist er als einer der ersten Fälle des »Caesarenwahns« in die Geschichte eingegangen. Willkürliche Verurteilungen und Hinrichtungen, Aufforderungen zum Selbstmord und Verbannungen waren Spezialitäten seines Regiments. Damit machte er sich auf Dauer natürlich nicht beliebt. So nimmt es nicht wunder, daß der Gewaltherrscher schon im vierten Jahr seiner Herrschaft infolge einer Verschwörung der Prätorianergarde – deren Aufgabe es eigentlich war, den Kaiser zu schützen – ermordet wurde.

Camembert

Madame Camembert bekam ein Denkmal

Etwa im Jahre 1790 hatte eine Bäuerin in der Normandie die Idee, eine neue Sorte fetten Weichkäses herzustellen. Zwar fehlte ihrer Kreation zunächst die uns heute so typisch scheinende dünne weißliche Kruste, eine Schimmelkultur, die Fachleuten als »Penicillium camemberti« geläufig ist. (Eine Legende will wissen, wie es dazu kam. Die Landfrau gewährte nämlich während der Französischen Revolution einem Priester Zuflucht in ihrer Kammer. Dieser habe sich an ihrem dort gelagerten Käse gütlich getan, aber seine unappetitliche Farbe bemängelt und seine Retterin mit den zur Herstellung von Brie verwendeten Schimmelkulturen bekannt gemacht.)

Nun handelte es sich bei der Glücklichen aber keineswegs um »Madame Camembert«. Ihr Name war vielmehr Marie Harêl. Marie Harêl taufte ihre verbesserte Kreation nach dem Namen ihres normannischen Heimatortes. Rasch wurde »Camembert« so populär, daß er sich in ganz Frankreich verbreitete und schließlich auch außerhalb ihrer Grenzen zu einem Inbegriff der Grande Nation wurde. Als Marie Harêl starb, hinterließ sie vier Fabrikationsstätten, die zum Teil von ihren Kindern fortgeführt wurden.

Trotz des großen Erfolges ist ihr freilich kein Denkmal errichtet worden. Selbst die Académie Française hat »Camembert« erst nach über 150 Jahren als Sachbezeichnung anerkannt – Undank ist der Welten Lohn ...

Canossa
Der Gang nach Canossa war eine Niederlage

Eine Auseinandersetzung um das Verhältnis von weltlicher und geistlicher Gewalt gipfelte im 11. Jahrhundert in einem offenen Machtkampf zwischen König und Papst. Es ging im sogenannten »Investiturstreit« um die Einsetzung der Bischöfe. Wer dieses grundlegende Recht an sich zog, vereinte weltliche und geistliche Macht in seiner Hand. Hätte der König gesiegt, wären die Kirchenfürsten politisch von ihm abhängig gewesen und der Papst hätte sich auf den Bereich des Geistlichen beschränken müssen.

Um seinen Anspruch durchzusetzen, verbündete sich König Heinrich IV. mit den Gegnern des Papstes Gregor VII. Er beleidigte ihn als »falschen Mönch« und erklärte ihn 1076 sogar für abgesetzt. Der Kirchenfürst griff daraufhin seinerseits zur schärfsten Waffe und sprach den Kirchenbann über Heinrich aus. Dessen Verbündete wollten ohne den Segen der Kirche nicht sein: sie wandten sich von Heinrich ab. So lief dieser Gefahr, seine Krone zu verlieren.

In dieser Situation trat der Herrscher im Januar 1077 eine Reise nach Canossa an. Sein Ziel war die Burg Mathilde von Tusziens am nördlichen Abhang des Apennin, in der sich der Papst aufhielt. Mit der als »Bußgang« überlieferten Unternehmung wollte Heinrich seine Lossprechung vom Bann erwirken. Sie wurde in der Tat gewährt – aber erst nach einer Demütigung ohnegleichen: drei Tage und drei Nächte mußte der König in bitterer Winterkälte barfuß vor der Burg auf Einlaß warten. Und so kommt es, daß der »Gang nach Canossa« bis heute für das schmachvolle Eingeständnis einer Niederlage steht.

In Wirklichkeit freilich erwies sich die Reise als großer persönlicher Erfolg des Monarchen. Er erzwang damit die Aufhebung des Bannes, rettete sein Königtum und behielt seine Verbündeten. Mit ihrer Hilfe setzte sich der König in den Auseinandersetzungen, die folgten, gegen Gregor durch. 1084 eroberte Heinrich sogar die Heilige Stadt und ließ sich durch den Gegenpapst Clemens III. zum Kaiser krönen. Papst Gregor hingegen starb im Exil.

Charles I.

Sein Henker raunte »Remember«

Der Englische Bürgerkrieg (1642–46 und 1648/49) endete mit der Verhaftung König Charles I., der der Tyrannei angeklagt und zum Tode verurteilt wurde.

Als es am 30. Januar 1649 darum ging, zur Tat zu schreiten und den Herrscher zu enthaupten, da fand sich, so die Legende, niemand zu dieser unerhörten Tat bereit. Einzig ein junger Mann wollte es wagen, das Haupt des Königs vom Rumpf zu trennen – er verfügte nämlich über ein solides Motiv: Charles hatte einmal seine Braut verführt. So zog der Gehörnte sich die Maske des Scharfrichters über. Als Charles das Schafott betrat, zeigte der Henker kurz sein Gesicht, raunte dem Todgeweihten zu: »Remember« – »erinnere Dich«. So weit die Legende.

Tatsächlich jedoch war es Charles I. selbst, der vor seinem Tode »Remember« sagte, freilich nicht zu seinem Henker, sondern zu Bischof Juxon, wohl in Bezug auf ein früheres Gespräch der beiden.

Eine zweite Legende in diesem Zusammenhang dreht sich um ein immens erfolgreiches Buch, das der König während seiner zweijährigen Gefangenschaft verfaßt haben soll. Der Bericht der Einsamkeit und Leiden des Eingekerkerten erlebte nicht weniger als 47 Auflagen und verschaffte Charles den Ruf eines Märtyrers. Dem Autorenruhm des Verblichenen war auch nicht abträglich, daß der englische Dichter John Milton bereits kurz nach der Hinrichtung nachwies, daß nicht etwa der König, sondern ein Autor namens Gauden das Buch verfaßt hatte. So oder so tat die anrührende Schrift ihre Wirkung, und die Monarchie zeigte sich erkenntlich: nach der Restauration und erneuten Thronbesteigung der Stuarts wurde Gauden von König Charles II. mit dem Bistum Exeter belohnt.

Christenverfolgung

Die Christen wurden im Kolosseum von Rom niedergemetzelt

Schon bald, nachdem sich das Christentum im Römischen Reich ausgebreitet hatte, begannen die Römer, es zu bekämpfen. Denn die neue Religion lehnte den offiziellen römischen Kaiserkult ab. Die erste Verfolgung im Jahre 64 unter Kaiser Nero konzentrierte sich noch auf die christliche Gemeinde der Stadt Rom. Deren Mitglieder wurden enteignet oder eingesperrt, aber auch Folter und Hinrichtungen sollten die Glaubensbrüder der Christen auf den rechten Pfad zurückführen. Häufig fielen diese zudem einem »Volkszorn« zum Opfer, der zuvor durch das gezielte Verbreiten von Gerüchten – zum Beispiel über christliche Rituale – angeheizt worden war. In der Folgezeit wurden die Nachstellungen immer umfassender. Auch wenn es Phasen der Erleichterung gab – so verzichtete Trajan 112 auf die Verfolgung der Christen – blieb ihre Glaubensgemeinschaft verboten. Im dritten Jahrhundert unternahmen vor allem die Kaiser Decius und Valerian den Versuch, die Christenheit im ganzen römischen Reich systematisch auszurotten. Erst unter dem oströmischen Kaiser Konstantin wurde das Christentum nach einem Vierteljahrtausend grausamster Verfolgungen im Jahr 313 als Religion anerkannt.

So nimmt es kaum Wunder, daß sich bis heute das Bild christlicher Märtyrer erhalten hat, die im Kolosseum zu Rom den Löwen zum Fraß vorgeworfen werden. Selbst in die moderne Literatur hat es Eingang gefunden, so etwa in George Bernard Shaws *Androkles und der Löwe* aus dem Jahre 1913. Nur: so ist es nicht gewesen – was sich überlieferte, hat nie stattgefunden. Im Kolosseum hat es keine öffentlichen Massenhinrichtungen von Christen gegeben, schon gar nicht als Spiel inszeniert. Dort haben lediglich Unterhaltungsveranstaltungen wie sportliche Wettkämpfe, Gladiatorenspiele, Zirkusveranstaltungen und Festspiele stattgefunden. Die Opfer der Christenverfolgungen sind an anderen Orten ums Leben gebracht worden, in Gefängnissen, auf Marktplätzen oder in anderen Stadien.

Claudius

Der Kaiser war eine absolute Niete

Bewegte Zeiten spülen bisweilen Persönlichkeiten an die Macht, die dafür wenig geeignet sind. Zu ihnen gehörte nach allgemeinem Dafürhalten Titus Gaius Nero Germanicus. In der Nachfolge seines ermordeten Vetters Caligula wurde er im Jahre 41 zum Imperator ausgerufen. Als Kaiser führte der schwächliche Mann, der körperlich und sprachlich behindert war, den Namen Claudius.

Schon die Umstände, unter denen er von seiner neuen Würde erfuhr, scheinen ihn als geradezu blödsinnig auszuweisen. Nach der Ermordung Caligulas, so berichtet der Schriftsteller Sueton, habe Claudius sich verschreckt hinter Vorhängen verbergen wollen. Aber selbst dabei benahm er sich so dilettantisch, daß ein Soldat seine Füße gesehen habe. Dieser »wollte wissen, wer das sei, erkannte ihn, zog ihn aus seinem Versteck, und als sich Claudius vor ihm auf die Knie warf, begrüßte er ihn als Kaiser«.

Spätere Forscher haben ein differenzierteres Bild des Herrschers gezeichnet, so der große Historiker Leopold von Ranke. Er zeichnet Claudius als zurückhaltenden Charakter, der von Jugend an wissenschaftliche Interessen verfolgte, Herausgeber einer lateinischen Grammatik war und sich so intensiv mit Geschichte beschäftigte, daß Ranke ihm bescheinigt, ein »Historiker von Fach« gewesen zu sein. Als Kaiser wandte er sich in besonderer Weise der Rechtsprechung zu und verfolgte ihren Gang mit »unermüdlicher Beharrlichkeit«, so Ranke weiter.

Wenn seine Herrschaft in einer Katastrophe endete, so hing dies mit seiner Verwandtschaft zusammen, die, wie zu jener Zeit nicht unüblich, einen robusten Lebensstil pflegte. Claudius selbst hatte sich als nicht zimperlich erwiesen und im Jahre 48 seine Frau Messalina hinrichten lassen, um seine Nichte Agrippina zu ehelichen. Diese hatte einen Sohn, den Claudius adoptierte. Seine Frau freilich verfolgte einen Plan: sie wollte ihren Filius auf den Thron bringen.

Dabei war Claudius hinderlich, und so vergiftete Agrippina ihren Mann im Jahre 54. Die Rechnung der resoluten Dame ging auf – im Oktober 54 trat der junge Mann die Herrschaft an. Sein Name: Nero.

Commodus
war der Sohn eines Gladiators

»Toll trieben es die alten Römer«, sagt eine Redensart – kein Wunder, daß man Faustina, der Gattin des weisen, der Literatur und Philosophie zugewandten Kaisers Marc Aurel, einiges zutraute. Sogar, sich mit einem Gladiator eingelassen zu haben. Die Frucht dieser Beziehung sei ihr Sohn Marcus Commodus Antonius gewesen, der im Jahre 180 zur Herrschaft gelangte.

Belegt ist dieses Gerücht freilich nicht. Aber: von den Anlagen seines als Aphoristiker und Verfasser der *Selbstbetrachtungen* bis heute gerühmten Vaters – sollte es denn doch Marc Aurel gewesen sein – hat Commodus nicht viel mitbekommen. In seiner Jugend war er ein erfolgreicher Gladiator, danach erwies er sich als hemmungloser, korrupter Gewaltherrscher, dessen Sündenregister mit dem Verkauf von Ämtern begann und mit der Hinrichtung von Senatoren nicht endete. Seit einer Verschwörung seiner Schwester Lucilla im Jahre 182 nahm sein Regiment geradezu exzessive Züge an, so daß es nur eine Frage der Zeit war, wann Commodus als Opfer eines Anschlags enden würde. Immerhin: elf Jahre konnte er sich halten, ehe sein Leben am 31. Dezember 193 tatsächlich auf diese Weise endete.

Cortez
Hernando Cortez verbrannte seine eigene Flotte

Hernando Cortez eroberte für die spanische Krone ganze Königreiche mit Brutalität und Entschlossenheit. Und wenn es geraten schien, wandte er die gleichen Mittel auch gegen die eigenen Leute an, wie die Überlieferung zu bezeugen scheint.

Der Conquistador hatte sich im Februar 1519 von Kuba aus in Richtung Mexiko aufgemacht, um im Auftrag des Königs das Aztekenreich zu erforschen. Nach der Landung im Juli entdeckte er unter seinen eigenen Leuten eine Verschwörung gegen sein hartes Regiment. Cortez ließ kurzerhand nicht nur deren Anführer umbringen, sondern wollte darüber hinaus sicherstellen, daß ihre Gefolgsleute festgesetzt würden. Aus diesem Grunde, so heißt es, ließ er in aller Heimlichkeit seine komplette Flotte verbrennen. Nachdem er seine Leute auf diese Weise zur Raison gebracht hatte, so die Legende, begann Cortez seine Expedition. Noch im selben Jahr nahm er – am 14. November – den Aztekenherrscher Moctezuma II. Xocoyotzin in der Hauptstadt des Reiches, Tenochtitlan, gefangen und zwang den Indianerkönig zur Anerkennung der spanischen Herrschaft.

Tatsächlich ging die Flotte des Eroberers zu Bruch. Aber Cortez ließ sie nicht etwa anzünden. Und auch sein Kalkül war ein anderes als berichtet: Um einen schnellen Erfolg zu sichern, hatte Cortez seine Truppen um die Seeleute verstärken wollen. Aus diesem Grunde hat er deren Schiffe gezielt auf Grund laufen lassen und die Männer anschließend in seinem Feldzug eingesetzt.

Cromwell

Oliver Cromwell wollte eigentlich auswandern

Zu den umstrittensten Gestalten der englischen Geschichte gehört Oliver Cromwell, der England zur Republik machte: Cromwell, dem englischen Landadel entstammend, war seit 1628 Mitglied des Unterhauses, seit 1640 zudem des sogenannten »Langen Parlaments«. Dessen Zusammentritt waren schwere Auseinandersetzungen zwischen König Karl I. und dem Unterhaus vorausgegangen, unter anderem über die Staatsausgaben. Das Lange Parlament sollte lediglich die vom König gewünschten Gelder bewilligen, beriet aber über grundlegende Reformen des Staates.

Darüber kam es 1642 zum Bürgerkrieg, an dem Cromwell als Führer des Parlamentsheeres maßgeblichen Anteil hatte. Mit Unterbrechungen tobten die Kämpfe bis 1648. Danach ordnete ein Rumpfparlament radikaler Kräfte die Verhaftung des Königs an. Die

Anklage: Tyrannei und Anstiftung zum Bürgerkrieg. Das Urteil war eine Formsache: Im Januar 1649 wurde Karl hingerichtet, im Mai die Republik ausgerufen. Die Legislative oblag nunmehr dem Parlament, die Exekutive einem Staatsrat, dem Cromwell vorstand.

So hätte es einer Legende zufolge nicht kommen müssen: danach hat der König seinen Untergang selbst herbeigeführt. Nur ein ausdrückliches Verbot Karls nämlich habe den um 1640 zur Auswanderung nach Amerika fest entschlossenen Cromwell in England festgehalten. So war es aber nicht: der Anekdote liegt wohl eine Äußerung Cromwells zugrunde, derzufolge er ausgewandert wäre, hätte das Parlament sich 1641 gegen seine Reformvorschläge gestellt. Das tat es nicht; Cromwell blieb in England, und so nahm sein Schicksal seinen Lauf.

D

Dampfschiff

Der erste Dampfer war die amerikanische »Claermont« von 1807

Das erste Dampfschiff war in Wirklichkeit weder amerikanisch noch aus dem Jahre 1807 noch hieß es »Claermont« (und auch nicht, wie es korrekt gewesen wäre, »Clermont«). Wie kann das sein? Nun, das erste Dampfschiff wurde bereits 1783 zu Wasser gelassen, und zwar in Frankreich, wo es die Saône befuhr, einen Nebenfluß der Rhône. Aber bevor der amerikanische Mechaniker Robert Fulton sein Dampfschiff 1807 in Dienst stellte, hatte niemand mit dieser Erfindung Geld verdienen können. Fultons Schiff bediente vor allem die Strecke New York – Albany, und weil er damit als erster wirtschaftlichen Erfolg hatte, heimste Fulton auch den Erfinderruhm ein. Der Name seines Schiffes war übrigens »North Star« – die Variante »Claermont« ist womöglich aufgekommen, weil Fulton, wie es heißt, häufiger in einem Ort namens Clermont anlegen ließ.

Dampfmaschine

Die Dampfmaschine wurde von James Watt erfunden

Aus der Geschichte der modernen Welt nicht wegzudenken ist die Dampfmaschine. Sie war die technische Voraussetzung der Industriellen Revolution, indem sie Maschinen und Züge antrieb, also Produktion und Transport. 1785 wurde in Deutschland das erste Exemplar bei Hettstedt im Mansfelder Bergrevier südlich von Magdeburg in Betrieb genommen.

Die Erfindung der aus England stammenden Maschine wird gemeinhin dem Ingenieur James Watt zugeschrieben, der seit 1775 die Dampfmaschinenfabrik Boulton & Watt in der Nähe von Birmingham betrieb. Tatsächlich hatte Watt 1765 die erste direkt wirkende Niederdruck-Dampfmaschine entwickelt, also die erste effiziente Dampfmaschine, die er in der Folgezeit weiter verbesserte.

Aber Watt hatte die Maschine nicht erfunden. Seine Entwicklung basierte auf der atmosphärischen Dampfmaschine von Thomas Newcomen. Watt verbesserte sie, indem er einen vom Zylinder getrennten Kondensator einsetzte. Das Prinzip der Dampfmaschine hatte der französische Arzt und Naturforscher Denis Papin bereits 1690 entwickelt und sogar ein Musterexemplar gebaut. (Auf Papin geht übrigens auch der Papinsche Topf zurück, der bis heute als Dampfkochtopf in Millionen Haushalten Dienst tut.) Das Verdienst Watts bestand darin, die Maschine so effektiv zu machen, daß sie in Fabriken eingesetzt werden konnte und später auch Lokomotiven und Schiffe antrieb.

Danton

Georges Danton war ein glühender Revolutionär

Einer der Säulenheiligen des französischen Nationalmythos »1789« ist Georges Danton. Auch außerhalb seines Vaterlandes hat die Nachwelt ihn bewundert, vom deutschen Dramatiker Georg Büchner (*Dantons Tod*, 1835) bis zum polnischen Filmregisseur Andrej Wajda (*Danton*, 1982, mit dem französischen Schauspieler Gérard Depardieu in der Hauptrolle).

Seinen Landsleuten gilt der beim Ausbruch der Revolution 1789 kaum 30jährige Rechtsanwalt Danton, so der Historiker Pierre Gaxotte, »als die schönste Verkörperung des revolutionären Patriotismus und der wahren Vaterlandsliebe. Er ist für seine Anbeter der ›glühende und soldatische Staatsmann, ... der Legionen Freiwilliger aus dem Heimatboden stampft, ... der den Kampf bis zum Letzten verkörpert.‹ «

In der Tat: dank seiner ganz außerordentlichen rhetorischen Begabung wurde Danton schnell zum Anführer revolutionärer

Volksmassen. 1790 gehörte er zu den Begründern des radikalen Klubs der Cordeliers, 1791 wurde er Mitglied der Pariser Stadtverwaltung und 1792 Justizminister. Unermüdlich trommelte er zum Kampf. Am Sturz des französischen Königs war er führend beteiligt, und gemeinsam mit Maximilian de Robespierre begründete er eine Schreckensherrschaft, der zum Opfer fiel, wer nachgiebig schien. Danton organisierte den revolutionären Terror. 1793 wurde er zu einem führenden Mitglied im Wohlfahrtsausschuß, der das Land regierte.

Dantons Beweggründe waren indes weniger uneigennützig, als es der Mythos will. Der junge, unerfahrene Anwalt steckte ganz schön in der Klemme, als die Revolution ausbrach, befand sich »in einer sehr mißlichen finanziellen Lage. Stark verschuldet, dabei große Ansprüche an das Leben stellend«, so der bereits zitierte Pierre Gaxotte weiter, »stürzt er sich in die Revolution wie ein Schnitter ins Ährenfeld. ... Während dreier Jahre bearbeitet er die niederen Schichten und zieht eine ganze Kette von Abenteurern und verkrachten Existenzen hinter sich her.« Wenn man Gaxotte glauben darf, war Danton kein Held der Unterdrückten, sondern ein Zyniker, der »Typ des gewinnsüchtigen, skeptischen und genußsüchtigen Politikers ..., der die Macht liebt«.

So oder so: die Revolution fraß ihre Väter, und zu den Opfern der von ihm selbst begründeten Herrschaft gehörte schließlich auch Danton, der am 5. April 1794 unter dem Fallbeil starb.

DDR

Die DDR war kommunistisch

Fast scheint es selbstverständlich: als Teil des Ostblocks war die DDR kommunistisch. Diese Betrachtungsweise geht allerdings über gleich zwei Unterscheidungen hinweg, die es zu beachten gilt: den Unterschieden zwischen den einzelnen Staaten des Ostblocks einerseits sowie zwischen den Begriffen »kommunistisch« und »sozialistisch« andererseits.

In der UdSSR galt der Sozialismus als Übergangsphase in den Kommunismus, der das Ziel der Geschichte sei. Die kommunistische Lehre wurde zur »Heilslehre«: der Kapitalismus – die Ausbeutung des Menschen durch den Menschen und Unterdrückung des Proletariats – führe zur Machtergreifung des Proletariats und zur Errichtung des Sozialismus, in dem die Ausbeutung beseitigt werde. Der Sozialismus wurde als erste Phase des Kommunismus verstanden. Die bürgerliche Gesellschaft sei in dieser historischen Phase noch nicht ganz aufgehoben, es existierten weiterhin Klassenunterschiede. Allerdings sei im Sozialismus die Vergesellschaftung der Produktionsmittel bereits durchgeführt.

Letzeres war in der DDR mit ihren LPGs und VEBs zumindest dem Anschein nach der Fall. Und so definierte sich die DDR selbst als »sozialistisch«oder »realsozialistisch«; auch vom »real existierenden Sozialismus« war die Rede – im Gegensatz z.B. zu den »utopischen Sozialisten« des 19. Jahrhunderts wie Charles Fourier. Die Diktatur des Proletariats und der Führungsanspruch der revolutionären Partei wurde damit gerechtfertigt, daß die Revolution, also die Transformation der Gesellschaft zum Kommunismus, noch nicht abgeschlossen sei. Schließlich hätte es im Kommunismus als der idealen Gesellschaftsform ja auch weder Oppositionelle noch Fluchtwillige geben dürfen, deren Existenz aber nicht zu bestreiten war.

Zum Zerwürfnis mit der Vormacht UdSSR kam es, als Walter Ulbricht aus dem Gleichschritt des Ostblocks ausscherte und den Sozialismus nicht mehr als Übergangsform zum Kommunismus, sondern als eigenständige Gesellschaftsform bezeichnete. Nach dem Tod Josef Stalins deklarierte der ostdeutsche Staats- und Parteichef einen »eigenen deutschen Weg« zum Sozialismus und unterminierte damit sowohl die internationalistische Ideologie als auch – genau betrachtet – den Führungsanspruch der Sowjetunion.

Sein Nachfolger Erich Honecker lenkte denn auch wieder ein und sah im Kommunismus erneut das noch nicht erreichte Ziel der gesellschaftlichen Entwicklung, die Sicherung einer sorgenfreien materiellen Existenz für alle. Der Gegensatz zur real existierenden Mangelwirtschaft der DDR aber war offensichtlich, und der ständige Vergleich mit dem Westen wurde zum Problem für die Machthaber. Die von der Partei zur Bewältigung des Wohlstandsgefälles ausgegebenen Strategien erwiesen sich als fruchtlos. So nahm Honecker erneut Zuflucht zur vermeintlichen historischen Zwangsläufigkeit. Noch kurz vor Untergang der DDR beharrte er: »Den Sozialismus in seinem Lauf hält weder Ochs noch Esel auf«. Was die *Bild am Sonntag* mit einer treffenden Karikatur kommentierte, auf der ein Holzkarren mit der Aufschrift »Sozialismus« zu Tale rast und der am Rande stehende Esel den besagten Satz des Kutschers Erich Honecker (»Den Sozialismus in seinem Lauf ...«) mit der Beteuerung kommentiert: »Ich bin doch nicht blöd!«

Demokratie (1)
Demokratie bedeutet Volksherrschaft

Wenn man der Wortbedeutung folgt, dann meint »Demokratie« tatsächlich »Volksherrschaft«, denn der Begriff setzt sich zusammen aus den griechischen Bestandteilen »demos«, Volk, und »kratein«, herrschen. Aber schon im alten Griechenland herrschte nicht das gesamte Volk. So waren in Athen lediglich Vollbürger wahl- und entscheidungsberechtigt. Frauen, Unfreie (Sklaven) und Fremde hatten nichts zu melden, und damit blieben fünf Sechstel der Bevölkerung von Regierung und öffentlicher Meinungsbildung ausgeschlossen. Die attische Demokratie entsprach also eher dem Modell einer Oligarchie (»Herrschaft weniger«) als einer Volksherrschaft.

Und auch heute gibt es unterschiedliche Grade von Demokratisierung. Die Herrschaft des gesamten Volkes ist, wenn überhaupt, wohl nur in einem Falle verwirklicht. Denn nur im schweizerischen Kanton Appenzell-Innerrhoden kommen die Bürger noch real zu einer Versammlung (auf dem Landsgemeindeplatz in Appenzell) zusammen, um über Gesetze und Einzelfallregelungen zu entscheiden. Das Frauenwahlrecht wurde allerdings erst 1990 eingeführt, und auch sonst geht es ausgesprochen traditionell zu: Die Männer tragen das Seitengewehr, einen Säbel, als Kennzeichen ihres Stimmrechts bei sich. Allerdings erhebt sich Volkes Stimme im Rahmen der Versammlung nicht häufiger als einmal im Jahr.

Verbreiteter als diese Form der direkten Demokratie ist die repräsentative Form. Sie nimmt dem Volk für die Dauer der Legislaturperiode beinahe sämtliche Herrschaftsrechte. In Großbritannien geht das soweit, daß nicht das Volk, sondern das Parlament als der Souverän gilt. Und so sind auch moderne Demokratien wie ihr antikes Vorbild in Wirklichkeit Oligarchien – freilich auch aus purer Notwendigkeit, da eine wahrhafte »Volksherrschaft« in modernen Territorialstaaten mit vielen Millionen Einwohnern kaum durchführbar wäre. Den Kanton Appenzell-Innerrhoden hingegen bevölkern – ähnlich wie die griechischen Stadtstaaten – lediglich 21 000 Menschen.

Demokratie (2)

Die Demokratie in den USA wurde von den Pilgervätern installiert

Der zweite Präsident der USA, John Adams, begründete den Mythos, die Pilgerväter seien die ersten gewesen, die eine demokratische Regierung errichtet hätten. Daß er dabei souverän die ersten demokratischen Gehversuche in der griechischen Polis zweieinhalbtausend Jahre zuvor unterschlug, sei ihm angesichts des oben unter »Demokratie (1)« Gesagten verziehen. Aber auch sonst hatte Adams unrecht:

Die Pilgrims landeten Ende 1620 an der Landzunge Cape Cod. Einige von ihnen hatten aber bereits während der Überfahrt, am 11. November 1620, den »Mayflower-Vertrag« geschlossen. Dieser besagte, daß ein Gemeinwesen mit festen Strukturen begründet werden solle. Darauf bezog sich Adams rund 180 Jahre später in einer Rede zum Forefathers' Day, in der er von einem einzigartigen Vorgang sprach.

Aber natürlich war die Annahme, vor Ankunft der Pilgrims habe es in Massachusetts keine sozialen Strukturen gegeben, nicht korrekt. Schließlich lebten ja bereits Indianer in Nordamerika, die organisierte Gemeinwesen besaßen. Und diese verfügten sogar über feste Gremien. So hatten die Irokesen um 1575 einen Bund gegründet, mit einem von Vertretern der Klans beschicken Stammesrat.

Übrigens: nicht einmal die älteste Demokratie unter angelsächsischen Europäern haben die Pilgerväter begründet. In Island etwa, seit dem neunten Jahrhundert von iroschottischen Mönchen und Wikingern besiedelt, etablierte sich schon vor der Jahrtausendwende ein republikanisches Gemeinwesen. Seit 930 verfügte es mit dem »Althing« über eine zentrale Institution der Rechtsprechung und Gesetzgebung.

Dessauer Marsch
Der Dessauer Marsch stammt von einem fürstlichen Komponisten

Zu Zeiten, als Militärmusik in Deutschland volkstümlich war, kannte jedes Kind den *Dessauer Marsch*. Und es galt als ausgemacht, daß der populäre Fürst Leopold I. von Anhalt-Dessau, der »alte Dessauer«, ihn komponiert habe.

Zwar widmete sich der Herrscher des zwischen Preußen und Sachsen liegenden Territoriums militärischen Dingen mit Leib und Seele. So führte er in seiner Armee zum Beispiel den Gleichschritt ein. Aber bis in den Bereich der Musik reichte seine persönliche Fürsorge denn doch nicht. So hat er den *Dessauer Marsch* auch nicht selbst komponiert, aber immerhin – wie es sich für einen Heerführer gehört – sozusagen erobert: 1705 bis 1707, während des Spanischen Erbfolgekrieges, hatte der Anhaltiner als Feldmarschall in preußischen Diensten in Italien gekämpft. In Turin war er im Jahre 1706 nach der Erstürmung der Stadt mit einer flotten Weise empfangen worden, die die Geschlagenen im Jahr zuvor anläßlich einer Siegesfeier hatten schreiben lassen. Die Melodie begeisterte Leopold so sehr, daß sie fortan sein Lieblingsstück war. Seine häufige Aufführung führte zu rascher Verbreitung. Man sieht: der *Dessauer Marsch* ist, wie so manches, was in Deutschland populär wurde, ein Import aus Italien.

Deutsch
wäre beinahe Amtssprache der USA geworden

Deutsche stellten lange eine der größten Einwanderergruppen in die USA. Vielleicht hält sich deshalb das Gerücht so hartnäckig, daß Deutsch beinahe Amtssprache der USA geworden wäre. Immerhin:

30% der 4,6 Mio Einwanderer der Jahre 1830–1860 kamen aus Deutschland. Allein zwischen 1851 und 1860 trafen über 950 000 Deutsche in der Neuen Welt ein. Noch heute zeugen zahlreiche Ortschaften namens Berlin, Hannover oder gar Bismarck von der Herkunft ihrer Gründer. Es gibt Gegenden, in denen fast alle Einwohner deutsche Vorfahren haben. Mit Milwaukee im Bundesstaat Wisconsin gehört sogar eine Großstadt dazu. Nicht von ungefähr gilt es als die »Biermetropole« der USA.

Zu hören ist davon freilich selbst bei der Brauchtumspflege nichts mehr – die deutschen Neubürger assimilierten sich schnell und sprachen die Landessprache: englisch. Zwar wurde zu Zeiten, als die USA ihre Unabhängigkeit von England erkämpften, gesagt, man solle nicht die Sprache der Kolonialherren sprechen. Aber auch wenn in einer Abstimmung über die Landessprache Ende des 18. Jahrhunderts das Deutsche dem Englischen mit nur einer einzigen Stimme unterlag – ob es sich wirklich durchgesetzt hätte, darf bezweifelt werden. Schließlich fühlten die Iren sich zu Hause noch weniger wohl als die Deutschen: nicht weniger als 39% der im zweiten Drittel des 19. Jahrhunderts Eingewanderten kamen von der grünen Insel. Und dort wird bis heute wenig deutsch gesprochen.

Dickens

Charles Dickens kämpfte für die Schwachen

Charles Dickens, einer der ganz Großen der englischen Literatur, begründete seinen Ruhm mit radikaler Kritik an den sozialen Mißständen seiner Zeit. In Werken wie den weltberühmten Romanen *Oliver Twist* (1838) oder *David Copperfield* (1850) brachte er sie zu neuem Ausdruck – kein Wunder, stammte der Schriftsteller doch selbst aus beengten Verhältnissen und fühlte daher tiefes Mitleid mit den Schwachen und Unterdrückten.

So war es, keine Frage – in der Theorie. Im wirklichen Leben zeigte der Meister ein anderes Gesicht: tyrannisch drangsalierte er seine Familie. So mußten sich seine Kinder daran gewöhnen, daß ihr Vater täglich eine Visite ihrer Zimmer vornahm, um zu prüfen, ob sie auch säuberlich aufgeräumt waren. Seine Frau Catherine

Hogarth, mit der er seit 1836 verheiratet war, wurde durch seine Pedanterie völlig verunsichert und legte schließlich eine Unbeholfenheit an den Tag, die ihr zuvor fremd gewesen war. Der Gipfel wurde freilich erreicht, als Dickens sie, die Mutter seiner zehn Kinder, nach 22 Ehejahren 1858 von einem Tag auf den anderen aus dem Haus warf und anwies, künftig bei ihrem ältesten Sohn zu leben. Die Ärmste tat, wie ihr geheißen. Ihr Mann wandte sich – im Alter von 46 Jahren – einer 19jährigen Schauspielerin zu, freilich ohne die Verbindung zur Familie seiner Frau abreißen zu lassen. Seine Schwägerin, die ebenfalls zum gemeinsamen Haushalt gehört hatte, durfte bleiben, obwohl ihre Schwester davongejagt worden war: sie sollte nach wie vor den Haushalt führen – und auch sie wagte keine Widerworte.

Doge

Der Doge war der Herrscher Venedigs

Folgt man einer verbreiteten Vorstellung, dann war der Doge der 1797 nach eintausendjähriger Existenz untergegangenen Adelsrepublik Venedig so etwas wie ein König, ein absoluter Herrscher. In Wirklichkeit war er vom Zeitpunkt seiner Wahl durch den »Großen Rat« an ein Gefangener im goldenen Käfig; er hatte noch weniger Macht als heute der Bundespräsident oder die Königin von England. Seine Bewegungsfreiheit war nicht nur politisch, sondern auch physisch stark eingeschränkt. Zur Kontrolle seines Gehorsams mußte er einmal im Jahr einem sechsköpfigen Gremium laut und deutlich seinen – mit den Jahrhunderten ständig restriktiver formulierten – Amtseid vorlesen. Der verbot ihm unter anderem, in seinem eigenen Palast zu wohnen, ausländische Besucher zu empfangen, Venedig ohne Erlaubnis des obersten Gerichtshofs zu verlassen und an ihn gerichtete Briefe zu öffnen.

Dolchstoßlegende
Das deutsche Heer wurde im Ersten Weltkrieg hinterrücks »erdolcht«

Bei dieser Legende handelt es sich um reinste Propaganda. Dennoch gehört sie zu den wirkungsmächtigsten der deutschen Geschichte. Sie besagt, daß am Ende des Ersten Weltkriegs Teile der deutschen Bevölkerung, insbesondere die Linke einschließlich der Sozialdemokratie, den im Kampf stehenden Truppen durch Streiks und Aufruhr in den Rücken gefallen seien. Dies allein habe die Kapitulation Deutschlands verursacht. Die *Neue Zürcher Zeitung* schrieb schon im Dezember 1918, die Deutschen seien sich einig, daß ihre Armee »von der Zivilbevölkerung von hinten erdolcht« worden sei. Auch einige Kriegsgegner äußerten großes Erstaunen über die deutsche Kapitulation. So schrieb der englische General Frederick Maurice – ihm wurde später die Wortschöpfung vom »Dolchstoß« in den Mund gelegt – kurz nach dem Krieg: »Eine große und mächtige Nation, die, um ihre Existenz kämpfend und noch über alle Mittel des Widerstands verfügend, kapitulierte: Dafür gab es keinen Präzedenzfall«.

Tatsächlich aber streckten die Deutschen ihre Waffen keineswegs so plötzlich, wie es offenbar schien. Bereits am 14. August 1918, nach der Schlacht bei Amiens, hatte die Oberste Heeresleitung den Kaiser davon in Kenntnis gesetzt, daß der Krieg militärisch nicht mehr zu gewinnen sei. Unfähig zum Kompromiß, gab es für die deutsche Führung aber nur Sieg oder Niederlage – zu einem Zeitpunkt, als die feindlichen Truppen noch weit von den Grenzen des Reiches entfernt waren. Bei Kriegsende war das deutsche Heer aus Sicht der Dolchstoß-Theoretiker »im Felde unbesiegt«.

Dieser Umstand war es wohl auch, der der Dolchstoßlegende so ein langes Leben verlieh – sie klang einfach plausibel. (Zudem verfügte der Dolchstoß dank des Hagen-Siegfried-Motivs aus der Nibelungensage in Deutschland bereits über Tradition). Einer ihrer eifrigsten Verfechter, Paul Cossmann, Herausgeber der *Süddeutschen Monatshefte*, nannte Deutschland in einem berühmten Diktum gar eine »Lumpennation«.

Zwar wurden später in Sachen »Dolchstoß« Prozesse geführt

und sogar ein parlamentarischer Untersuchungsausschuß eingesetzt, der die Vorwürfe schon 1925 eindeutig widerlegte. Dennoch: die Dolchstoßlegende entwickelte sich zu einem außerordentlich erfolgreichen Kampfinstrument der Rechten. Den tragenden Kräften der Weimarer Republik wurde die Schuld an der deutschen Niederlage zugeschoben. Besonders die Nationalsozialisten griffen immer wieder darauf zurück, um die demokratischen Regierungen der deutschen Republik zu diskreditieren.

Drakon
schrieb barbarische Strafen vor

Welch ein Widerspruch: das antike Athen war der Hort der Demokratie, zugleich aber ein Gemeinwesen, das barbarische, »drakonische« Strafen schon für kleinste Vergehen vorsah. – War es wirklich so?

Zur Demokratie: Tatsächlich wurde die Monarchie im Jahre 683 v. Chr. abgeschafft, aber der Einfluß der aristokratischen Oberschicht auf die Geschicke der Stadt blieb erhalten. Erst Solon schuf ab 594 v. Chr. die Grundlagen der athenischen Demokratie, die freilich nur die Minderheit der Vollbürger in den Besitz politischer Rechte brachte. Mit dem heutigen Verständnis von Demokratie hatte dies noch nicht allzuviel zu tun.

Zu den Strafen: Nur wenige Jahrzehnte zuvor, um 620 v. Chr., hatte Drakon Gesetze erlassen, von denen man bereits im Altertum sagte, sie seien »mit Blut geschrieben« – schon für den Diebstahl von Obst war die Todesstrafe vorgesehen. Aber: Drakon war nicht derjenige, der diese harten Vorschriften verfaßte. Er hatte lediglich das mündlich überlieferte Gewohnheitsrecht kodifiziert, also schriftlich niedergelegt, wie es in Athen die Aufgabe des »Thesmotheten« war, des »Gesetzgebers«, dem die Veröffentlichung gültiger Strafbestimmungen oblag.

Diese sollten, im Unterschied zu früher, einheitlich angewendet werden. Insbesondere ging es darum, die private Blutrache unter Kontrolle zu bringen. Teilweise wurde dabei nach damaligem Maßstab beinahe feinsinnig vorgegangen. So begann Drakon, vorsätzlichen Mord von Totschlag im Affekt zu unterscheiden. Dies hatte zur Folge, daß die – zumeist ja geplante – Blutrache nunmehr als Straftat galt.

Somit waren die drakonischen Gesetze keineswegs ein barbarischer Akt. Im Gegenteil: der Name Drakons steht für einen bedeutenden zivilisatorischen Fortschritt. Drakon verfaßte das erste Strafgesetzbuch. Es entzog der Gewaltanwendung durch Privatleute die rechtliche Grundlage, gebot der Willkür der Richter Einhalt und gewährte das Recht ohne Unterschied von Rang oder Standeszugehörigkeit. Somit begründete Drakon, was bis heute Grundlage jeder zivilisierten Gesellschaft ist: Rechtssicherheit.

Drei-drei-drei

Die Mazedonier erwiesen sich als großmütige Sieger

»333: bei Issos Keilerei« – das gehört wohl zu den bekanntesten Merksprüchen alter Schule überhaupt. Aber wer weiß tatsächlich, was sich damit verbindet? Es geht um die Entscheidungsschlacht zwischen den wichtigsten Mächten ihrer Zeit, dem persischen Großkönig Dareios III. und Alexander von Mazedonien, dem »Großen«.

Dieser hatte versucht, sein Land in Richtung Osten auszudehnen und damit das mächtige Perserreich herausgefordert. Immer wieder kam es zwischen 334 und 331 v. Chr. zu kriegerischen Auseinandersetzungen. Im Herbst 333 v. Chr. trafen die Truppen zu einer großen Entscheidungsschlacht aufeinander, am Golf von Iskanderun an der Südküste der Türkei. Alexander führte seine Mazedonier überlegen zum Sieg. Die Mutter, die Gattin und zwei Töchter des Dareios gerieten in Gefangenschaft. Der Großkönig selbst ergriff die Flucht.

Damit setzte der persische Monarch seine Familie der Gefahr von Schmach und Schande aus. Denn die Frauen von Besiegten hatten – nicht nur in der Antike – mit der schlimmsten Behandlung durch den Sieger und seine Soldaten zu rechnen. Ganz anders, so die Überlieferung, verhielt sich Alexander: Didor, der im ersten Jahrhundert v. Chr. lebte, und Arrian berichten von einer Zusammenkunft Alexanders mit der persischen Königsmutter. Dabei soll der

Mazedonier seine Gefangene überaus ehrenhaft behandelt haben. Alexander selbst freilich stritt ab, die Verwandtschaft seines Feindes überhaupt getroffen zu haben: »Von mir wird man feststellen können, daß ich – geschweige, daß ich die Frau des Dareios gesehen oder auch nur den Willen gehabt hätte, sie zu sehen – nicht einmal das Reden der Leute, die von ihrer Schönheit sprechen wollten, geduldet habe.« So jedenfalls übermittelt der griechische Schriftsteller und Philosoph Plutarch einen Brief Alexanders an den mazedonischen Feldherrn Parmenion.

Welche dieser Varianten auch zutreffen mag – vielleicht stimmt keine der beiden – Alexander präsentiert sich als kultivierter Gentleman, in einer ganz unkriegerischen Zurückhaltung. Damit hätte er sich wohltuend von seinen Gefolgsleuten unterschieden. Die Mazedonier Damon und Timotheos etwa sollen nach ihrem Sieg die Frauen der Verlierer in großer Zahl vergewaltigt haben – ob sich unter ihren Opfern auch die Töchter des Dareios befanden, ist nicht bekannt.

Dreißigjähriger Krieg (1)

Der Dreißigjährige Krieg dauerte 30 Jahre lang

Weniges erscheint so klar wie die Dauer eines Krieges, der nach seiner Dauer benannt ist. Außerdem weiß jedes Schulkind, daß der Dreißigjährige Krieg von 1618 bis 1648 dauerte. Aber geht man nach Holland, wird man erstaunt feststellen, daß derselbe Konflikt dort »der Achtzigjährige Krieg« genannt wird. Die Niederländer fangen bereits 1568 an zu zählen, als mit ihrem Aufstand gegen die spanisch-katholischen Besatzer die Auseinandersetzungen in Europa begannen, in denen es vordergründig um Religion, in Wirklichkeit aber um die Neuaufteilung des Kontinents unter den aufblühenden, zunehmend zentralisierten Nationalstaaten ging. Und die niederländische Betrachtungsweise hat durchaus ihre Berechtigung. Der Zeitpunkt 1618 als Beginn des Großen Kriegs ist eine Konvention, auf die man sich nun einmal geeinigt hat, die aber (wie jeder andere denkbare Zeitpunkt auch) recht willkürlich gewählt ist. Zum einen gab es in Europa bereits vor 1618 – neben dem niederländischen

Aufstand – diverse weitere Konflikte um Territorien und Religionszugehörigkeiten wie z.B. den Jülich-Kleveschen Erbfolgestreit (1609–1614), den Kampf um die Ostsee-Herrschaft (Rußland, Schweden und Dänemark führten zwischen 1563 und 1621 mehrere Kriege), den Spanisch-Englischen Krieg von 1587–1604 etc. Und andererseits war auch die Zeit nach 1618 keine Auseinandersetzung, die 1618 feierlich eröffnet wurde und dann ununterbrochene Kämpfe zwischen denselben Gegnern sah, sondern es gab auch in dieser Periode ruhigere Phasen ohne viele Kämpfe. Mit der Bezeichnung »Dreißigjähriger Krieg« werden also letztlich mehrere Einzelkriege (Böhmisch-Pfälzischer Krieg 1618–1623, Dänisch-Niedersächsischer Krieg 1625–29 etc.) zusammengefaßt – und das könnte man mit derselben Berechtigung auch für einen Zeitraum von 45 oder 60 oder eben 80 Jahren tun.

Dreißigjähriger Krieg (2)

Der Dreißigjährige Krieg war ein Religionskrieg

Fast jeder hat schon vom »Prager Fenstersturz« gehört, mit dem der Dreißigjährige Krieg begann. Nachdem Kaiser Ferdinand II. einen Erlaß zurückgenommen hatte, der den Protestanten in Böhmen Religionsfreiheit zusicherte, zogen am 23. Mai 1618 protestantische Adlige zum Hradschin, der Prager Burg, und warfen nach einer »Gerichtsverhandlung« die kaiserlichen katholischen Statthalter sowie einen Sekretär (der später geadelt wurde und den Namen »von Hohenfall« erhielt) kurzerhand aus einem Fenster des zweiten Stocks. Alle drei überlebten – angeblich, weil sie auf einen Misthaufen fielen. Das »Defenestrieren« war gleichsam die nachdrückliche Variante des Fehdehandschuhs – und damit eine Kriegserklärung an den katholischen Kaiser. Es leitete den Aufstand der böhmischen Protestanten ein; der Prager Fenstersturz wird daher als Beginn des Dreißigjährigen Krieges bezeichnet. (Insgesamt gab es übrigens drei Prager Fensterstürze, von denen der geschilderte der bekannteste sein dürfte.)

Der Krieg begann also tatsächlich mit einem Aufstand von Protestanten gegen den katholischen Kaiser. Aber er entwickelte sich rasch zu einem politischen Ringen um die Vorherrschaft in Europa; hinter dem Bekenntnis zu einer Seite standen meist handfeste Interessen. So forderte Herzog Maximilian I. von Bayern vom Kaiser für ein Eingreifen bayerischer Truppen in Böhmen die Oberpfalz, den Ersatz der Kriegskosten und die Übertragung der kurpfälzischen Kurwürde auf Bayern. Auch die skandinavischen Staaten beteiligten sich am Krieg – die Schweden konnten kurzfristig sogar weit nach Süddeutschland vordringen und München besetzen. Gustav II. Adolf fiel jedoch 1632 in der Schlacht bei Lützen gegen kaiserliche Truppen unter dem Kommando Albrecht von Wallensteins. 1635 griff auch noch das katholische Frankreich auf Seite der (protestantischen) Schweden in den Konflikt ein.

Die Hauptlinie des Konflikts verlief zwischen dem habsburgischen Österreich und Spanien auf der einen sowie Schweden, den Niederlanden, Dänemark und Frankreich auf der anderen Seite. Deutlich zu erkennen ist aus historischer Sicht der Kampf gegen die Hegemonie der Habsburger. Je länger der Krieg andauerte, desto mehr rückte der religiöse Aspekt in den Hintergrund.

Der Westfälische Frieden von Münster und Osnabrück beendete das Ringen um die Vorherrschaft – die Habsburger verloren empfindlich, Frankreich wurde das mächtigste Land Europas, und – das nachhaltigste Ergebnis – in der Abspaltung von den großen Reichen kamen die europäischen Nationalstaaten zum Vorschein. Mit der Formel »cuius regio, eius religio« (sinngemäß: Wer das Land beherrscht, bestimmt den Glauben.) wurde die Existenz des Protestantismus offiziell anerkannt, vor allem aber das Prinzip der territorialen Souveränität und eine Art ideologisch-religiöser Pragmatismus zwischen den Staaten begründet.

Dubarry

Die Gräfin Dubarry war eine ausgemachte Schlampe

Trotz ihrer zweifelhaften Herkunft gelang Marie Jeanne Bécu im alten Frankreich eine phantastische Karriere: als Tochter einer Näherin und eines Kapuziners zur Welt gekommen, arbeitete sie als Modistin und gelangte so in den Dunstkreis des königlichen Hofes.

Eines Tages geschah das Unwahrscheinliche: dem Monarchen fiel die junge Frau auf, und im Alter von 26 Jahren wurde Marie Jeanne 1764 die Geliebte des 54jährigen Königs Ludwig XV. Damit alles seine gute Ordnung hatte und die Angelegenheit in der Familie blieb, wurde Marie Jeanne mit dem Bruder des Königs verheiratet, dem Grafen du Barry.

So war das einfache Mädchen Nachfolgerin der glamourösen Madame de Pompadour geworden. Aber im Gegensatz zur Pompadour war die Gräfin Dubarry völlig unpolitisch. Wer sie kannte, schilderte sie als ausgesprochen angenehme Person: anspruchslos, gütig, umgänglich und wohltätig. Nach dem Tode Ludwigs im Jahre 1774 zog sie sich in ein Landhaus nach Louveciennes zurück, wo sie viel Gutes für die dortige Bevölkerung bewirkte.

Aber weder ihre liebenswürdige Persönlichkeit noch ihr zurückhaltender Stil haben verhindern können, daß sie von allen Seiten Gegenwind bekam: der Adel nahm dem König übel, daß er eine Geliebte aus ungewissen Verhältnissen am Hofe etablierte. Kübelweise wurde die Dubarry mit Unrat übergossen, bösartige Gerüchte machten die Runde. Bis heute steht sie in dem Ruf, eine ausgemachte Schlampe gewesen zu sein.

Freilich: mit den Verleumdungen einer düpierten, eifersüchtigen Clique ließ sich leben. Aber auch dem »Volk« – oder denjenigen, die sich dafür ausgaben – war die Karriere der Marie Jeanne Bécu ein Dorn im Auge. Während der Französischen Revolution erinnerte man sich der älteren Dame, die es aus der Mitte der Nation bis an die Spitze der Aristokratie geschafft hatte und die Früchte einer lange zurückliegenen Liebschaft in ländlicher Abgeschiedenheit verzehrte. Von dort schaffte man die Gräfin Dubarry nach Paris, wo sie am 8. Dezember 1793 als »Kurtisane des Tyrannen« abgeurteilt und aufs Schafott geschickt wurde.

Dürer

Albrecht Dürer rettete sein Leben durch Reisen

Im Europa des Mittelalters und der frühen Neuzeit forderte die Pest immer wieder zahlreiche Menschenleben – allein im Gefolge der zwischen 1347 und 1351 wütenden Epidemie starben rund 25 Millionen.

Die Furcht vor der insbesondere durch Ratten verbreiteten Krankheit begleitete die Menschen ihr Leben lang. Der Nürnberger Maler und Zeichner Albrecht Dürer hat ihr in einem Holzschnitt bleibenden Ausdruck verliehen. Seine *Apokalyptischen Reiter* (1498) illustrieren Massensterben, Hungersnot, Krieg und Pest. Manch einer sann nach Möglichkeiten, ihr zu entkommen. Dürer verfiel auf eine besondere Idee: Er versuchte, sein Leben durch Reisen zu retten.

Als die Krankheit im Herbst 1494 umlief, fuhr Dürer nach Italien: nach Venedig, dessen Gesundheitssystem als vorbildlich galt, sowie nach Bologna und Rom. Erst wenige Monate zuvor hatte er sich mit Agnes Frey verheiratet, was ihn freilich nicht daran hinderte, seine Frau in Nürnberg zurückzulassen. Zwar hat Dürer selbst später von einer »Bildungsreise« gesprochen – nicht zu Unrecht, wie zahlreiche bedeutende Landschaftsaquarelle aus jener Zeit beweisen –, aber das Motiv seiner Unternehmung war die Angst vor der Krankheit. Denn erst nach dem Ende der Epidemie, im Frühjahr 1495, kehrte er zu seiner Frau zurück.

Die Situation wiederholte sich im Spätsommer 1505 – wieder reiste Dürer nach Italien, wieder ließ er seine Frau in Nürnberg. Dieses Mal kam er erst nach anderthalb Jahren nach Hause, Studien zur Proportionslehre im Gepäck.

1520 unternahm Dürer eine dritte Reise, gemeinsam mit seiner Frau, und zwar in die Niederlande. Wiederum konnte er der Pest ausweichen, aber dennoch kehrte er als kranker Mann nach Nürnberg zurück. Schon unterwegs hatte er von »Fieber mit großer Schwäche, Unlust und Hauptweh« berichtet. Nach seiner Rückkehr hielt er fest, er leide an einer »wunderlichen Krankheit« mit Fieberanfällen. Davon hat sich Albrecht Dürer nie erholt, Schwächeanfälle und Erschöpfungszustände begleiteten seine letzen Jahre. Mit 57 ist er gestorben, möglicherweise an einer unterwegs zugezogenen Malariainfektion. Die Reise, die sein Leben retten sollte, wurde sein Verhängnis.

E

Eduard III.

prägte das Motto »Honi soit qui mal y pense«

»Ein Schuft, wer Böses dabei denkt« lautet die Devise des Hosenbandordens – »The Most Noble Order of the Garter« –, des höchsten britischen Ordens. Diesen stiftete König Eduard III. im Jahre 1348. Angeblich geht das Motto auf den Hundertjährigen Krieg zwischen England und Frankreich (1339–1453) sowie die Schlacht bei Crécy im Jahre 1346 zurück, als Eduard sein eigenes Knieband zum Heereszeichen machte.

In einer pikanteren Variante ist davon die Rede, daß Eduard wenige Jahre darauf der Gräfin von Salisbury, die ihr Strumpfband verloren hatte, dieses zurückreichte mit den Worten »Honi soit qui mal y pense«.

Beide Überlieferungen belegen zwar, daß der englische Adel Französisch sprach. Den Ursprung der Redewendung aber klären sie keineswegs auf. Als Sprichwort war sie in Frankreich nämlich schon vor dem 14. Jahrhundert gebräuchlich.

Eiserner Kanzler

Otto von Bismarck war unerschütterlich

Nicht nur durch diplomatisches Geschick, sondern auch durch das Führen dreier Kriege – 1864 mit Österreich gegen Dänemark, 1866 gegen Österreich und 1870/71 gegen Frankreich – hatte Otto von Bismarck 1871 die Gründung des Deutschen Reiches durchgesetzt. Kein Wunder, daß er bis heute als stets kühler und nüchtern berechnender Staatenlenker gilt, zumal er in seinem neuen Amt als Reichskanzler ein raffiniertes Bündnissystem schmiedete, das das Reich in Europa verankerte und außenpolitisch absicherte. Im Inneren ging er gegen jede Opposition rigoros vor, ob es sich um Sozialisten, Liberale oder Katholiken handelte. Ein kaltblütiger »eiserner Kanzler« also?

Nun ja – tatsächlich war der so Bezeichnete nicht nur hochgradig nervös, sondern auch ausgesprochen abergläubisch, was er allerdings nur im Privaten zeigte.

So etwa am Vorabend der Feier seines 66. Geburtstages im Frühjahr 1881. Freunde wurden erwartet, aber nicht alle kamen, denn sie kannten ihren Otto: Die Baronin Hildegard von Spitzemberg etwa, eine enge Vertraute der Familie, beklagte einen Trauerfall im eigenen Hause und erschien deshalb nicht: »Ich war gestern schon drüben, Glück zu wünschen, da sie abergläubisch genug sind, in Trauer gekleidete Freunde nicht gern an solchen Tagen zu sehen«, so vertraute sie am 1. April 1881 ihrem Tagebuch an.

Wie angebracht solche Rücksichtnahme war, erwies sich auch im Frühjahr 1887. Die Kaiserkronen (*Fritillaria imperalis*, ein Liliengewächs) im Garten des Kanzlers waren zwar voller Blätter, wollten aber partout keine Blüten bilden. Dies versetzte Bismarck in große Unruhe, denn er erblickte darin, wie seine Frau erzählte, ein »bekümmerndes böses Vorzeichen«. Und sie fuhr fort: »Jeden Tag geht mein Mann vorüber und schaut, ob nicht eine Knospe kommen will.«

Und in der Tat: im folgenden Jahr, dem »Dreikaiserjahr«, schien sich ein böses Omen zu erfüllen. Es starb nicht nur Kaiser Wilhelm I., dem Bismarck viele Jahrzehnte gedient hatte, sondern auch – erst 56jährig – dessen Sohn und Nachfolger, Kaiser Friedrich III. Diesem folgte der letzte deutsche Kaiser Wilhelm II. auf den Thron. Schlechte Zeiten brachen an. Der junge Herrscher entließ Bismarck im März 1890 und zerstörte in den folgenden 24 Jahren Bismarcks Lebenswerk, nämlich die Einbindung Deutschlands in ein stabiles europäisches Mächtesystem. Ob der verzagte »Eiserne« all das voraussah, als er sich so sehr um seine Blumen sorgte?

Eisenbart
Doktor Eisenbart war ein Quacksalber

»Ich bin der Doktor Eisenbart,
kurier' die Leut' nach meiner Art,
kann machen, daß die Blinden geh'n
und daß die Lahmen wieder seh'n«

So lautet der Text eines alten Volksliedes. Es erinnert an einen Mann, der tatsächlich gelebt hat: Johann Andreas Eysenbarth stammte aus dem oberpfälzischen Oberviechtach, besuchte das Gymnasium in Regensburg und erlernte in Bamberg den Beruf des Augenarztes – »Okultist«, wie man damals sagte. 1686 gewährte ihm der Fürst von Sachsen-Altenburg-Gotha einen Freibrief mit dem Vorrecht, als Okultist, Stein- und Bruchschneider tätig zu werden. Eysenbarth übte seinen Beruf aus wie zu jenen Zeiten üblich: Er zog durch die Lande und behandelte seine Patienten auf der Durchreise, überwiegend auf Jahrmärkten.

Diese äußeren Umstände haben ihn möglicherweise im Nachhinein zum Inbegriff eines Quacksalbers werden lassen. Das Lied vom Doktor Eisenbart kam nämlich erst rund hundert Jahre nach seinem Tode auf, als sich die ärztliche Tätigkeit zu verändern begann. Zu seinen Lebzeiten stand Eysenbarth »wegen seiner an allen Plätzen glücklich verrichteten wunderbaren Curen in großem Ansehn«, wie eine Ankündigung seines Auftretens in Pommern 1716 behauptete. Tatsächlich führte er Bruch-, Blasenstein- und Staroperationen erfolgreich durch. Er arbeitete also, wie wir heute sagen würden, als Chirurg. Dabei bediente Eysenbarth sich ausgesprochen fortschrittlicher Methoden. So machte er sein Operationsbesteck durch Ausglühen keimfrei und erfand eine spezielle Nadel zum Starstechen.

Bis ins 19. Jahrhundert hinein bildeten Ärzte mit akademischer Ausbildung, wie wir sie heute kennen, eine Minderheit. Die Universität lehrte vor allem Theorie; ihre Absolventen konzentrierten sich auf die Behandlung innerer Erkrankungen. Die praktische Chirurgie hingegen galt lange als Handwerk. Im Mittelalter wurde es von Badern und Barbieren ausgeübt, die ohnehin im Umgang mit dem

Messer geübt waren. Neben diesen beiden Gruppen gab es schließlich die Wundärzte. Diese waren zwar nicht akademisch gebildet, verfügten aber immerhin über eine einschlägige Ausbildung. Ihre handwerklich-medizinischen Dienste – Starstechen, Zahnoperationen, Richten von Brüchen – boten sie über Land reisend an: so wie Eysenbarth.

Dieser übte seine Profession mithin auf der Höhe seiner Zeit aus. Zum Opfer eines Spottliedes hat ihn eine menschliche Schwäche gemacht: Eysenbarth verband die notgedrungen marktschreierische Werbung für seine Dienste mit einer Vorliebe für möglichst pompöse Titel. Dem ersten Freibrief folgten viele ähnliche Papiere, und schließlich kaufte er sich den Titel eines preußischen Hofrats. Sein Grabstein im Chor der Kirche St. Aegidii in Hannoversch Münden führt alle seine Würden ausführlich auf – nur einen hatte Eysenbarth so wenig aufzuweisen wie seine Kollegen. Und also fehlt in der Reihe ein »Dr. med.«.

Eiserner Vorhang

Churchill prägte diese Metapher

Das Bild vom »eisernen Vorhang« war nach dem Zweiten Weltkrieg die meistbenutzte Metapher für die Teilung Europas in Ost und West. Es soll auf den britischen Premier Winston Churchill zurückgehen. Churchill habe es geprägt, als er im März 1946 im amerikanischen Fulton sagte: »Von Stettin an der Ostsee bis nach Triest an der Adria senkt sich ein eiserner Vorhang durch Europa.«

Tatsächlich aber ist dieses Bild nicht von Churchill erfunden worden. So hat der Nazi-Propagandaminister Joseph Goebbels im Februar 1945 davon gesprochen, ein »eiserner Vorhang« werde Europa künftig teilen, da nach der deutschen Kapitulation die Sowjetunion weite Teile Mittel- und Südosteuropas besetzen werde. Aber auch Goebbels hat die Redewendung nicht geprägt:

Mitte der 20er Jahre stellte der britische Botschafter in Berlin Überlegungen zur Sicherheit im nach dem Ersten Weltkrieg tief zerstrittenen Europa an. Er meinte, »daß der beste Schutz sowohl für Frankreich wie für Deutschland der ›Eiserne Vorhang‹ wäre, das heißt der Gedanke einer neutralisierten Zone, die nicht überschritten werden darf«.

Und bereits 1918 hatte der russische Philosoph und Schriftsteller Wassilij Rosanow in seinem Buch *Die Apokalypse unserer Zeit* die Situation des nachrevolutionären Rußland mit dem Bild des eisernen Vorhangs beschrieben, der durch den Sieg der Bolschewisten auf die russische Geschichte falle.

Wenn man noch weiter zurückgeht, trifft man auf die belgische Königin Elisabeth, eine Tochter des Herzogs Karl Theodor in Bayern, die nach der Besetzung Belgiens durch deutsche Truppen im August 1914 feststellte, zwischen Deutschland und ihr sei »für immer ein eiserner Vorhang niedergegangen«.

Der »eiserne Vorhang« wurde also nicht erst seit Churchill immer wieder in der Sphäre der Politik bemüht. Theaterleute wissen, daß der Begriff aber keineswegs diesem Bereich entstammt, sondern einen speziellen Vorhang zwischen Bühne und Zuschauerraum bezeichnet, der dem Brandschutz dient.

Elektrizität

Die Elektrizität wurde im 18. Jahrhundert entdeckt

Gemeinhin gilt Luigi Galvani, ein Anatomieprofessor aus Bologna, als Entdecker der Elektrizität. Bei Experimenten mit Froschschenkeln habe Galvani festgestellt, daß deren Muskeln sich bei Funkenschlag zusammenziehen und zucken, wenn sie mit zwei unterschiedlichen Metallen in Berührung kommen. Seither widmete der Professor sich der Erforschung der Elektrizität.

Dieser war man freilich bereits um 1600 auf die Spur gekommen, als man festgestellt hatte, daß Bernstein (griech. »Elektro«), ein gelber Harzstein, leichte Körper anzog, nachdem man ihn gerieben hatte. Seither war die »Reibungselektrizität« bekannt.

Aber man weiß, daß die Kenntnis der Elektrizität noch viel weiter, bis in die Antike, zurückreicht. Schon die Parther hatten Batterien benutzt. Das Reich dieses iranischen Stammes erstreckte sich im zweiten Jahrhundert v. Chr. von Persien bis Indien und China. 141 v. Chr. hatten die Parther Mesopotamien erobert, das Zweistromland, in dessen Gebiet sich heutzutage Syrien und der Irak befinden.

Dort erforschte der österreichische Archäologe Wilhelm König im Jahre 1936 den Ruinenhügel von Chujut Rabuah, eine bei Bagdad gelegene parthische Siedlung. Seine Grabungen am Tigris – später in Seleukia, 60 Kilometer nördlich von Bagdad und in der parthischen Hauptstadt Ctesiphon 40 Kilometer südöstlich fortgesetzt – brachten merkwürdige Apparate zutage: Terrakottavasen mit einem Kupferzylinder, der einen oxydierten Eisenstab mit Bitumen- und Bleiresten barg. Damit waren sämtliche zur Stromerzeugung notwendigen Teile beisammen.

Schon König hatte die Idee, es könne sich dabei um Batterien gehandelt haben. Rund 20 Jahre nach seinen Forschungen, 1957, wurden bei dem amerikanischen Stromkonzern General Electric praktische Versuche unternommen, die bewiesen, daß die antiken Batterien tatsächlich Strom erzeugen konnten. Wahrscheinlich wurden sie von den Parthern, die mit dem Zwischenhandel zwischen China und Indien sowie Rom und dem Fernen Osten reich geworden waren, zum Vergolden edler Gegenstände benutzt.

Emser Depesche

Der Krieg 1870/71 wurde mit Hilfe einer Fälschung vom Zaun gebrochen

Deutschland drängte in der zweiten Hälfte des 19. Jahrhunderts zur Einheit und zum Eintritt in die Reihe der europäischen Großmächte, und an die Spitze stellten sich Preußen und sein Ministerpräsident Otto von Bismarck. Den Aufstieg der deutschen Vormacht sah die europäische Kontinentalmacht Frankreich mit Unbehagen und wollte ihn bremsen.

Eine Möglichkeit schien gegeben, als der spanische Thron vakant wurde. Auf ihn hätte der Hohenzollernprinz Leopold von Hohenzollern-Sigmaringen, ein Verwandter des preußischen Königs, Anspruch erheben können. »Hätte«, wohlgemerkt – er tat es nicht.

Dennoch bestand der französische Kaiser Napoleon III. auf einer förmlichen Verzichtserklärung. Im Sommer 1870 wurden darüber

Verhandlungen zwischen dem preußischen König Wilhelm und dem französischen Gesandten Graf Vincent Benedetti im hessischen Bad Ems geführt. Über deren Fortgang hielt sich auch Ministerpräsident Otto von Bismarck auf dem Laufenden.

Am 13. Juli erhielt er zu diesem Zweck eine Depesche von Heinrich Abeken, Vortragender Rat im preußischen Außenministerium, in der die Antwort König Wilhelms an den französischen Gesandten wiedergegeben wurde. Bismarck kam eine Idee, um seine Ziele gewaltsam durchzusetzen: er fälschte die Depesche und übertrieb dabei die französischen Forderungen so maßlos, daß sie völlig unannehmbar erschienen. Die gefälschte Depesche veröffentlichte er dann eigenmächtig, um die Kriegsstimmung in Deutschland anzuheizen. Soweit die verbreitete Vorstellung.

Aber ganz so war es nicht. Zum einen ist Bismarck geschickter vorgegangen, als die Überlieferung glauben machen will. Es war gar nicht nötig, dem Schreiben etwas hinzuzufügen oder eine Formulierung daraus zu verfälschen. Eine geschickte Kürzung, nämlich das Weglassen des ersten Absatzes, in dem der König den Verlauf seiner Unterredung mit dem Botschafter wiedergab, tat schon ihr Werk. Bismarck selbst erzählt in seinen Erinnerungen, er habe seinen Mitarbeitern die ungekürzte wie die gekürzte Fassung der Depesche vorgelesen. Daraufhin habe General Moltke gemeint, »vorher klang es wie eine Chamade« – also das mit Trommel oder Trompete gegebene Zeichen der Kapitulation, – »jetzt wie eine Fanfare in Antwort auf eine Herausforderung«.

Außerdem hat Bismarck die Angelegenheit auch nicht aus eigenem Ermessen an die Öffentlichkeit gebracht, sondern auf Vorschlag des Königs selbst an alle preußischen Gesandtschaften und an die Presse weitergeleitet. Und schließlich waren es nicht so sehr die verschärft dargestellten französischen Forderungen, die die deutsche Öffentlichkeit empören sollten – viel stärker zielte die redigierte Depesche auf die *französische* Öffentlichkeit. Die Antwort des preußischen Königs erhielt durch die Kürzungen einen so schroffen Klang (»*Seine Majestät der König hat es darauf abgelehnt, den französischen Botschafter nochmals zu empfangen und demselben durch den Adjutanten vom Dienst sagen zu lassen, daß Seine Majestät dem Botschafter nichts weiter mitzuteilen habe*«), daß

Frankreich dies nicht ohne Gesichtsverlust hätte ignorieren können.

In der Tat begann der Deutsch-Französische Krieg nur wenige Tage nach der Veröffentlichung: Die französische Kriegserklärung erfolgte am 19. Juli. Die süddeutschen Staaten stellten sich gleich auf die Seite des von Preußen geführten Norddeutschen Bundes – das hatte Frankreich nicht erwartet. Gegen einen unerwartet starken Gegner erlitt Napoleon eine vernichtende Niederlage. Der Krieg endete – im Januar 1871 – mit der Gründung des Deutschen Reiches. Bismarck war am Ziel und wurde Reichskanzler.

Energie

Nach der Ölkrise 1973 sank der Energieverbrauch

Am 17. Oktober 1973, während des Jom-Kippur-Krieges der arabischen Staaten gegen Israel, beschloss die Gemeinschaft arabischer erdölfördernder Staaten (OAPEC), die monatliche Fördermenge um 5% zu drosseln. Gegen die USA und die Niederlande wurde ein Lieferboykott verhängt. Außerdem sollten die Ölpreise bis zum Rückzug Israels aus den besetzten Gebieten des Sechs-Tage-Krieges von 1967 erhöht werden. Am 5. November fuhren die OAPEC-Staaten ihre Förderung um weitere 25% zurück. Die unmittelbare Folge: Der Preis für ein Barrel Öl stieg auf dem Weltmarkt von 2,70 auf 11,60 US-Dollar.

Die europäische und die deutsche Wirtschaft traf das völlig unvorbereitet. Die große Abhängigkeit der Bundesrepublik von Öl aus dem Nahen und Mittleren Osten – der Anteil des Erdöls am Gesamtenergieverbrauch lag bei ca. 55%, davon ca. drei Viertel aus den arabischen OPEC-Staaten – löste die erste schwere Wirtschaftskrise der Republik aus. Das Bruttosozialprodukt stagnierte 1974 bei 0,4% und rutschte 1975 um 3,4% ins Minus; die Arbeitslosenquote stieg bis 1975 von 1,3% auf 4,7%.

Der Bundestag setzte daraufhin zur Überwindung der Krise auch auf Energiesparmaßnahmen – die allerdings nicht wirklich griffen. Anstatt den Energieverbrauch zu drosseln, folgten riesige Investitionen in die Kohle- und Atomenergie, um den Ausfall des

Erdöls zu substituieren. Mit dem Vierten Atomprogramm für die Jahre 1973 bis 1976 beschloss das Bundeskabinett am 5. Dezember 1973 Investitionen in die Kernenergie und Kernforschung in Höhe von umgerechnet 6,1 Milliarden Euro. Am 5. November 1974 veranlaßte die Regierung den unverzüglichen Baubeginn des Kraftwerks Wyhl am Oberrhein, trotz zahlreicher Proteste. Die Uranversorgung der Kraftwerke wurde über Verträge mit (ausgerechnet) der UdSSR gesichert.

Bis in die neunziger Jahre stieg der Energieverbrauch sowohl in Haushalten wie auch im Gewerbe deutlich an. Erst danach begannen Stagnation und leichte Rückgänge. So verbrauchte ein durchschnittlicher privater Stromkunde 1975 2419 Kilowattstunden (kwh), 1980 2753 kwh Strom; der durchschnittliche Gewerbestromkunde 1975 6463 kwh, 1980 8323 kwh. Fazit: nach der Ölkrise sank der Energieverbrauch nicht. Es wurde lediglich auf andere Energiequellen umgesattelt.

Entnazifizierung

In der BRD wurden die alten Nazis systematisch kaltgestellt

Nach dem Ende des Zweiten Weltkriegs stellten die alliierten Sieger die überlebenden Vertreter des NS-Regimes vor Gericht: vom 20. November 1945 bis zum 1. Oktober 1946 fand auf Grundlage des Viermächteabkommens in Nürnberg der »Hauptkriegsverbrecherprozeß« statt. Angeklagt waren allerdings ausschließlich Größen wie Göring, Ribbentrop, Streicher, Frank oder Keitel.

Für die »unteren Ebenen« setzte man Spruchkammern ein. Im Februar 1946 wurde die Entnazifizierung deutschen Stellen übergeben. Jeder Deutsche über 18 Jahren hatte einen Meldebogen zur politischen Überprüfung auszufüllen. Durch deren Auswertung sollte das gesamte Volk klassifiziert werden, sollten »Hauptschuldige« unterschieden werden von »Belasteten«, »Minderbelasteten«, »Mitläufern« oder »Entlasteten«. Aber eine systematische Entfernung der Nazis aus dem öffentlichen Leben erfolgte dennoch nicht. Denn das NS-System hatte alle Bevölkerungsschichten erfasst, von der HJ über das NSKK (Nationalsozialistisches Kraftfahrerkorps) bis zur Reichsschrifttumskammer und dem NS-Richterbund. Daher waren kaum »Entlastete« für den Wiederaufbau und die neue (alte) Verwaltung zu finden. So galten die Spruchkammern bald als »Mitläuferfabriken«. Vielen sehr wohl verstrickten Personen gelang es zudem, durch Entlastungsschreiben (»Persilscheine«) von Zeugen ihre schmutzige Weste reinzuwaschen – das Entnazifizierungsverfahren vor den Spruchkammern geriet zunehmend zur Farce. Als im Jahre 1950 alle Besatzungsmächte die Entnazifizierung für beendet erklärten, waren von ca. sechs Millionen in den Spruchkammern erfaßten Personen nur rund 1700 als »Hauptschuldige« ausgemacht worden, 23 000 galten als »Belastete«. In fast vier Millionen Fällen wurden die Beschuldigten amnestiert.

Von einer systematischen Entnazifizierung kann also keine Rede sein. Aber diese war wohl auch nicht im Interesse der Alliierten, die in der jungen Bundesrepublik ein Bollwerk gegen den Kommunismus sahen. Und so machte mancher eine glänzende Karriere, der es bereits im Dritten Reich weit gebracht hatte. Zum Beispiel beim Aufbau des Bundesnachrichtendienstes: der zunächst als »Organisation Gehlen« begründete Dienst wurde bis 1968 von Reinhard Gehlen geführt, im Krieg Leiter der Abteilung »Fremde Heere Ost« im Generalstab des Heeres. Zahlreiche Mitglieder von SS und SD fanden hier neue Verwendung, und auch westliche Geheimdienste heuerten Altnazis an.

Außerhalb dieses Milieus, selbst an der Regierungsspitze, sah es nicht besser aus. Konrad Adenauer, selbst als Kölner OB von den Nazis kaltgestellt, machte Hans Globke, den Kommentator der berüchtigten Nürnberger Rassengesetze, im Jahre 1953 zum Staatssekretär und Chef des Bundeskanzleramtes.

Erhard
war der Vater der Sozialen Marktwirtschaft

Als »Vater der Sozialen Marktwirtschaft« gilt bis heute Ludwig Erhard, Wirtschaftsminister in allen Kabinetten Adenauers von 1949 bis 1963, danach dessen Nachfolger als Bundeskanzler. (In diesem Amt war er allerdings wenig erfolgreich: schon 1966 mußte er Kurt

Georg Kiesinger und der Großen Koalition weichen. »Der Erhard schafft dat nich« hatte Adenauer in einer Mischung aus Prognose und Programm schon 1963 angekündigt.)

Tatsächlich hatte die CDU sich 1949 in den »Düsseldorfer Leitsätzen« auf Betreiben Erhards zum Konzept der »Sozialen Marktwirtschaft« bekannt – einer Wirtschaftsform, die zwar den freien Wettbewerb betont, gleichzeitig aber für eine staatlich gelenkte Sozialpolitik steht, um allzu große soziale Spannungen zu verhindern. Dahinter stand die Erkenntnis, daß eine rein kapitalistische Wirtschaftsform dies nicht zu leisten vermöge und der Staat als regulierendes Element notwendig sei. Die Plakatierung des Slogans »Soziale Marktwirtschaft«, die oft in Verbindung mit Konterfei und Namen Erhards erfolgte, sowie sein 1957 erschienenes Buch »Wohlstand für alle« sorgten dafür, daß der Minister als Vater der sozialen Marktwirtschaft galt.

Zweifelsfrei gehört er zu ihren stärksten Promotoren. Aber Vater der Sozialen Marktwirtschaft in dem Sinne, daß er diesen Begriff geprägt und systematisch entwickelt hätte, war Ludwig Erhard nicht. Dieses Verdienst gebührt dem Kölner Wirtschaftsprofessor Alfred Müller-Armack, seit 1952 Leiter der Abteilung I (Wirtschaftspolitik) im Bundeswirtschaftsministerium. Er faßte die Grundzüge der Sozialen Marktwirtschaft zusammen in seinem 1974 veröffentlichten Buch über die *Genealogie der Sozialen Marktwirtschaft*.

Erster Weltkrieg (1)

Der Erste Weltkrieg war der erste Weltkrieg

Der erste Weltkrieg, so steht es in den Geschichtsbüchern, begann 1914 und endete 1918. Ein Blick auf die Historie könnte allerdings durchaus zu der Ansicht führen, die Geschichtsschreiber beherrschten die Anfangsgründe des Zählens nicht. Denn wenn unter einem »Weltkrieg« eine bewaffnete Auseinandersetzung auf mehreren Kontinenten verstanden wird, dann wird man »Weltkriege« schon lange vor dem »Ersten« ausmachen müssen.

Man wird etwa auf den Krieg der Liga von Augsburg stoßen, der von 1686 und 1697 dauerte (in USA heißt er »King William's War«, nach dem englischem König Wilhelm III.). In Europa spielte er sich als Konflikt Frankreichs gegen die Mächte ab, die sich in der Augsburger Liga zusammengefunden hatten. Zunächst waren dies der deutsche Kaiser, Bayern sowie die oberrheinischen und fränkischen Kreisstände. Später kam Kurmainz hinzu und schließlich auch Mächte außerhalb Deutschlands, nämlich Spanien und Schweden. Ihnen ging es darum, die vom französischen König Ludwig XIV. angestrebte Ausdehnung seines Landes bis zum Rhein zu verhindern. Als die Franzosen auch ihre Gegenspieler in der Neuen Welt herausforderten und die englischen Kolonien in Neuengland und New York überfielen, war aus einer Auseinandersetzung über das linke Rheinufer ein globaler Konflikt geworden.

Die Expansionspolitik Ludwigs XIV. lag auch dem schon bald folgenden Spanischen Erbfolgekrieg (1701–13) zugrunde, der im englischsprachigen Raum nach der englischen Königin Anna als »Queen Anne's War« bezeichnet wird. Ludwig beanspruchte nach dem Tod des letzten spanischen Habsburgers den iberischen Thron für seinen Enkel Philipp von Anjou. Das brachte eine antifranzösische Koalition unter Führung des englischen Königs Wilhelm III. zusammen, die nach dessen Tod von seiner Nachfolgerin Anna geleitet wurde. Auch dieses Mal schwappte die Auseinandersetzung von Europa nach Nordamerika, als die Franzosen sich Neufundlands bemächtigten. Ihr Gewinn war freilich nicht von langer Dauer: der Friedensvertrag von Utrecht 1713 zwang sie zum Rückzug.

Etwa eine Generation später, 1740 bis 1748, kam es zum Österreichischen Erbfolgekrieg (oder nach dem englischen König George II. »King George's War«). In Europa rangen die Franzosen mit Österreich um die Niederlande sowie um Gebiete in Norditalien und Bayern. Die Österreicher standen zudem gegen Preußen im Kampf um Schlesien, während die Franzosen zur gleichen Zeit versuchten, den Engländern die Herrschaft über Neuengland und New York zu entwinden.

Bekannter als diese Auseinandersetzungen ist der zwischen 1754 und 1763 ausgetragene Siebenjährige Krieg, der tatsächlich manchmal auch als »erster Weltkrieg« bezeichnet wird. Transkontinentale Kriege sind demnach keine Entwicklung des 20. Jahrhunderts, sondern sie haben sich als Folge kolonialer Verflechtungen ausgebreitet, als eine Art unerfreulicher Vorbote der Globalisierung. Der Erste Weltkrieg war also keineswegs der erste Weltkrieg.

Erster Weltkrieg (2)

Die Großmächte sind »hineingeschliddert«

Die Meinung, Europa sei in die Katastrophe des Ersten Weltkrieges »hineingeschliddert« und niemand habe eine echte Absicht zum Krieg gehabt, war nach Kriegsende weit verbreitet – auch und gerade unter den handelnden Politikern. So vertrat z.B. David Lloyd George, britischer Premier von 1916 bis 1918, diese Ansicht. Zu banal wirkte im Rückblick der Auslöser dieses gesamteuropäischen Krieges, nämlich die Ermordung des österreich-ungarischen Thronfolgers 1914 in Sarajevo und das daraus folgende Ultimatum der Donaumonarchie an Serbien.

Aber bei aller möglicherweise unglücklichen Entwicklung: tatsächlich kennzeichnet das Bild vom »Pulverfaß Europa« die Situation des Jahres 1914 sehr viel besser als die Vorstellung eines Krieges aus heiterem Himmel, in den arglose Politiker hineinschlidderten. Was sich da entlud, waren lange und systematisch aufgestaute Konflikte – wie zum Beispiel der britisch-deutsche Flottenkonflikt, alte deutsch-französische Rechnungen aus dem Krieg von 1870/71 und die russisch-österreichische Konkurrenz auf dem Balkan, um nur drei zu nennen.

Und: von weiten Teilen der Gesellschaft wurde der Krieg als »reinigendes Gewitter« regelrecht begrüßt. Deutschland, Großbritannien und Österreich-Ungarn waren 1914 dabei, massiv aufzurüsten. Zudem sprachen auf allen Seiten handfeste Gründe für einen Krieg. In Deutschland dachte man zum Beispiel an:

1. die Annexion weiterer Kolonien
2. das Aufbrechen der »Einkreisung« durch die Entente-Mächte Frankreich, Rußland und England, die sich 1904 zusammengeschlossen hatten, womit Bismarcks mühsam gezimmertes europäisches Mächtegleichgewicht dahin war
3. das Zurückdrängen der britischen Übermacht zur See

4. das Halten Österreich-Ungarns als Verbündeten. Seit der Zerstörung des Bismarckschen Gleichgewichtssystems war die Donaumonarchie der einzige Verbündete des Deutschen Reiches, den man nicht aufs Spiel setzen wollte – daher die bedingungslose Unterstützung des deutschen Kaisers für das österreichische Vorgehen gegen Serbien, mit zackigen Parolen gewürzt (»Jetzt oder nie ... mit den Serben muß aufgeräumt werden.«)
5. die Furcht vor einer baldigen russischen Militärübermacht – die kriegerische Auseinandersetzung mit Rußland schien den deutschen Planern langfristig ohnehin unausweichlich, also schien es besser, den Krieg sozusagen als Präventivschlag zu führen, solange Rußland militärisch noch schwach sei.

Aber auch die anderen Großmächte hatten ihre Pläne: Sowohl Rußland als auch Österreich-Ungarn wollten auf dem Balkan expandieren; zu den Kriegszielen Frankreichs gehörte die Rückgewinnung von Elsaß-Lothringen. So gab es überall Machtpolitiker, die den Krieg ins Werk setzen wollten.

Zudem hatte es deutliche Vorboten gegeben – wie die Marokko-Krisen von von 1905/06 und 1911. Zur Kriegsbereitschaft trug bei, daß in weiten Kreisen der Gesellschaft, der politischen Führung wie auch des Militärs, noch in den Maßstäben des 19. Jahrhunderts gedacht wurde. Ein Krieg erschien danach als rein militärische Angelegenheit auf dem Schlachtfeld, zeitlich und personell beschränkt und mit klar definierten Siegern. Die Realität des »totalen Krieges« im 20. Jahrhundert sah freilich anders aus; und mit dem Ersten Weltkrieg begann die Selbstzerstörung der Weltmacht Europa.

Euler

Leonard Euler opferte der Mathematik sein Augenlicht

Der Schweizer Mathematiker Leonard Euler gehört zu den berühmtesten seines Faches. Euler ist nicht nur einer der Begründer der Hydrodynamik – nach ihm wurden Gleichungen für Kreiselbewegungen benannt –, er hat auch wichtige Beiträge zu Zahlentheorie, zur Geometrie und zur Theorie der Differentialgleichungen geliefert.

Seinem unermüdlichen Eifer soll Euler sogar seine Gesundheit geopfert haben. So jedenfalls berichtet es Nikolaus Fuß, der mit einer Enkelin des Wissenschaftlers verheiratet war. Fuß, seit 1776 Gehilfe Eulers, erzählt, dieser habe sich 1766 an die Berechnung einer Mittagsverbesserungstafel gemacht. Diese ungeheure astronomische Rechnung nahm üblicherweise mehrere Monate in Anspruch. Euler, so sein Assistent, habe sie unter Aufbietung aller Kräfte in nur drei Tagen ausgeführt. So konnte er der Petersburger Akademie, deren mathematischer Klasse er vorstand, das Ergebnis zwar zum vereinbarten Termin vorlegen. Aber die Überanstrengung forderte ihren Preis. Euler, so Fuß weiter, sei unmittelbar danach erkrankt, habe das Licht des rechten Auges verloren und es nie wieder erlangt.

Tatsächlich ist Euler in der fraglichen Zeit krank gewesen. Zur Erklärung dessen taugt sein enormes Rechentempo freilich nicht: Euler verwendete nämlich eine neu entwickelte Formel, die den konventionellen Rechenweg abkürzte. Seine Erblindung muß also andere Ursachen haben.

Ewiges Leben

Der alte Fritz gönnte es seinen jungen Soldaten nicht

»Ihr verfluchten Kerls, wollt ihr denn ewig leben?« lautet eines der verbreitetsten Zitate Friedrich des Großens überhaupt. Aber ausgerechnet dieser Ausspruch ist nicht belegt. Die beiden bekanntesten Varianten der Überlieferung verlegen ihn in die Zeit des Siebenjährigen Krieges. So soll Friedrich am 18. Juni 1757 in der Schlacht von Kolin in Mittelböhmen versucht haben, seine Soldaten mit diesem Ausruf von der Flucht abzuhalten, als sich die preußische Niederlage gegen die Österreicher unter Feldmarschall Leopold Graf von Daun abzeichnete.

Auch die Schlacht von Kunersdorf östlich von Frankfurt/Oder am 12. August 1759 ist zum Hintergrund für Friedrichs strenge Ermahnung gemacht worden. Damals erlitt der König eine seiner schwersten Niederlagen überhaupt, gegen den österreichischen General Ernst Gideon Freiherr von Laudon und den russischen Befehlshaber Graf Peter Ssaltykow.

Aber wie gesagt: nachgewiesen ist das Zitat Friedrichs nicht. Ebensowenig übrigens wie die Antwort eines Soldaten: »Fritz, für acht Groschen ist's heute genug.«

F

Fließband

Die Fließbandproduktion wurde von Henry Ford erfunden

Das Fließband gilt als Sinnbild der industriellen Produktion, ja, es hat diese durch den damit verbundenen enormen Produktivitätsfortschritt überhaupt erst ermöglicht. Sein bahnbrechendes Prinzip beruht darauf, daß sich nicht der Arbeiter, sondern das Werkstück bewegt.

Dieses, so heißt es, habe Henry Ford erdacht, der 1903 in Detroit die Ford Motor Co. gegründet hatte. 1908 begann er mit der Herstellung des Modells »T«, das ein beispielloser Erfolg wurde: bis 1927 fanden 15 Millionen Exemplare einen Käufer. Voraussetzung dafür war eine massenhafte Produktion, die Ford ermöglichte, indem er mit dem Fließband das Prinzip des bewegten Werkstücks zu ihrer Grundlage machte.

Allerdings: den Erfinderruhm dafür hat Ford zu Unrecht erhalten. Dieser gebührt seinem Konkurrenten Ransom E. Olds, der bereits 1899 eine Autofabrik gegründet hatte. Für die Produktion des drei PS starken »Oldsmobile« verwendete man dort bereits 1902 Holzgestelle, auf denen die Autos von einer Fertigungsstation zur nächsten gezogen wurden. Olds brachte es mit seiner Methode schon bald auf eine Jahresproduktion von 2500 Fahrzeugen, die bis 1904 verdoppelt werden konnte. Das Oldsmobile, und nicht der Ford T, war mithin das erste kommerziell erfolgreiche Auto. Und Ford war nicht der erste, der seine Produktion industriell organisierte, nicht einmal der erste Automobilhersteller. Sein Verdienst besteht lediglich in der Verbesserung des von Olds erfundenen Prinzips: statt eines Holzgestells verwendete er ein Band zum Transport der unfertigen Autos.

Folter

Maria Theresia schaffte vor lauter Rührung die Folter ab

Am 2. Januar 1776 schaffte Maria Theresia von Österreich in ihrem Reich die Folter ab – gerührt durch einen Vortrag des Professors Josef von Sonnenfels, wie es heißt. Sonnenfels sei während seiner Rede vor der Kaiserin auf die Knie gefallen. Maria Theresia, sichtlich bewegt: »Knie Er sich näher und lege Er seine Schriften mir auf den Schoß«. Sonnenfels kommt dem Ansinnen nach, fährt in seiner Rede »wie ein Feuerstrom« fort und rührt die Monarchin zu Tränen. In diesem Moment springt Sonnenfels auf: »Wenn Europa diese Tränen in den Augen der größten Monarchin unserer Zeit gesehen hätte, so würde es keinen Augenblick zweifeln, daß die Tortur in Österreich sogleich abgeschafft wird«. Und in der Tat antwortet die Kaiserin: »Laß er's gut sein, die Tortur wird abgeschafft«.

Tatsächlich plädierte Sonnenfels, seit 1763 Professor der Polizei- und Kameralwissenschaften, lediglich für die Einhaltung gewisser Regeln auch bei der Polizei, keineswegs aber grundsätzlich für ein Verbot der Folter. Im Gegenteil: Verbrecher etwa, die ihre Mittäter nicht nennen wollten, sollten nach wie vor mit Gewalt zum Reden gebracht werden. Die knieende Haltung, die er während seines Vortrages eingenommen hatte, schuldete sich nicht etwa seinem dramatischen Kalkül. Vielmehr schrieb das Hofzeremoniell vor, daß der Kaiserin in dieser unterwürfigen Haltung zu berichten war.

Maria Theresia wiederum folgte mit der Abschaffung der Folter nicht einem Herzensanliegen, sondern lediglich einer Tendenz ihrer Zeit. Dabei hatte sie es keineswegs besonders eilig: Ihr ewiger Rivale, der Preußenkönig Friedrich II., der »Große«, hatte die Folter bereits Jahrzehnte zuvor verboten.

Französische Revolution

»Liberté, Egalité, Fraternité« war eine französische Parole

Wer denkt bei »Freiheit, Gleichheit, Brüderlichkeit« nicht an die Französische Revolution? Als Motto jenes welthistorischen Umsturzes ist diese Losung in das allgemeine Bewußtsein eingegangen.

Erstmals verwendet wurde sie tatsächlich im Juni 1791 im Jakobinerclub der Cordeliers. Aber erst zwei Generationen danach, in der Zweiten Republik (1848–1852), kam das Motto zu staatstragenden Ehren, als die Verfassung »Freiheit, Gleichheit, Brüderlichkeit« zum »Grundsatz der Republik« erklärte.

Weniges auf der Welt, das scheint jedenfalls ausgemacht, ist so französisch wie »Liberté, Egalité, Fraternité« – »Freiheit, Gleichheit, Brüderlichkeit« eben. Als Grundsatz aber ist das Motto keineswegs während der Französischen Revolution formuliert worden, ja, nicht einmal in Frankreich. Dieses Verdienst kommt vielmehr den englischen Kolonien Nordamerikas zu, die sich 1776 für unabhängig erklärt und im Nordamerikanischen Unabhängigkeitskrieg (1775–1783) gegen England ihre Souveränität erkämpft hatten. In ihrer Verfassung ist dieser Grundsatz bereits verankert.

Ohne dieses Vorbild aus der Neuen Welt ist die Französische Revolution nicht denkbar. Wie nun gelangte es nach Europa? Dabei ist ein Pendler über den Ozean von entscheidender Bedeutung: Joseph Lafayette, der französische General und Politiker. Lafayette, der am Unabhängigkeitskrieg teilgenommen hatte, war 1787 Mitglied der französischen Notablenversammlung geworden und saß 1789 als Vertreter des Adels in den Generalständen. Er war es, auf den die »Declaration des droits de l'homme et du citoyen« zurückging, und bei ihrem Entwurf wiederum ließ Lafayette sich von den Prinzipien der amerikanischenVerfassung von 1787 leiten. So kommt es, daß ausgerechnet die heutzutage so peinlich auf kulturelle Identität bedachte Republik sozusagen als US-Import nach Frankreich kam.

Übrigens: Die Verkörperung des Dreiklangs »Liberté, Egalité, Fraternité« ist die »Marianne«, das dem jeweiligen Zeitgeschmack angepaßte Idealbild einer Französin. Ihre Gestalt geht angeblich auf eine junge Pariserin namens Marie-Anne zurück. Diese trug während der revolutionären Unruhen im Februar und Juni 1848 die Trikolore auf die Barrikaden und brachte Verwundete in Sicherheit. Nach ihr nannte sich im Zweiten Kaiserreich (1852–1870) ein Geheimbund zur Wiederherstellung der Republik. Als diese 1870 tatsächlich erfolgte, wurde Marianne mit ihrer Jakobinermütze endgültig zum Sinnbild für »Freiheit, Gleichheit, Brüderlichkeit«. – Eine schöne

Geschichte, die nur einen Haken hat: schon bevor die hübsche Marie-Anne auf die Barrikaden stieg, hat eine Geheimgesellschaft zu Zeiten des Bürgerkönigs Louis-Philippe den Namen »Marianne« geführt.

Friedrich der Eiserne
war ein Gewaltherrscher

Der »Eiserne« lautet der Beiname Friedrichs II., seit 1440 Markgraf und Kurfürst von Brandenburg. An einen rücksichtslosen, gewalttätigen Herrscher denkt man da – und ist erstaunt, auf den ausgesprochen sensiblen Charakter zu treffen, als den Zeitgenossen den Kurfürsten geschildert haben.

Wie kommt's? Der Überlieferung zufolge hat die Erinnerung an seine früh verstorbene erste Braut Hedwig einen Schatten über Friedrichs Leben gelegt. Tatsächlich: es liest sich wie ein Märchen. Hedwig war die Tochter des polnischen Königs Wladislaw II. Jagiello, der ohne männlichen Erben blieb. Zur Sicherung des polnischen Reiches wurde eine Ehe zwischen Friedrich und Hedwig arrangiert, als beide noch Kinder waren. Alles perfekt, wie es schien: Friedrich wuchs am Königshof als Thronerbe heran und wurde gemeinsam mit Hedwig groß.

Aber dann heiratete Wladislaw erneut, und seine Frau, Sophie von Kiew, gebar ihm prompt drei Söhne. Das alte Arrangement war obsolet geworden. Niemand wollte an einen Zufall glauben, als Prinzessin Hedwig plötzlich starb. Natürlich ging sofort das Gerücht um, sie sei von ihrer Stiefmutter vergiftet worden. Kein Wunder, daß Friedrich es für geraten hielt, den Hof zu verlassen.

So wurde es nichts mit der polnischen Königskrone – statt dessen trat Friedrich die Nachfolge seines Vaters in Brandenburg an, und er machte seine Sache gut: Zielstrebig und mit großer Zähigkeit sicherte er das Regiment der Hohenzollern, brachte sowohl die Städte – darunter Berlin und Cölln (1442) – als auch den Adel unter seine Gewalt. Zudem erweiterte er 1454 sein Territorium um die »Neumark« jenseits der Oder.

Friedrich machte seine Arbeit so gründlich, daß er sich durch nichts ablenken lassen wollte – selbst die ihm 1444 doch noch angebotene polnische Krone lehnte er ab, um sich auf Brandenburg zu konzentrieren. Das war es dann auch, was ihm den Beinamen »der Eiserne« beibrachte: Konzentration und Entschlossenheit.

Friedrich der Große (1)
gewann seine erste Schlacht

Der preußische König Friedrich der Große ist als großer Feldherr in die Geschichte eingegangen. Bereits seine erste Schlacht, heißt es, habe der junge König bravourös gewonnen, am 10. April 1741 bei Mollwitz nahe dem schlesischen Breslau gegen Österreich.

Was war der Anlaß dieses Waffengangs? Das von den österreichischen Habsburgern regierte Schlesien verfügte über außerordentlich reiche Bodenschätze und grenzte zudem an Preußen – kein Wunder, daß der ehrgeizige Neuling auf dem Thron sich vornahm, sein Land um diese lukrative Region zu vergrößern. Kurzerhand ließ Friedrich seine Truppen im Dezember 1740 in Schlesien einmarschieren. Da sie auf keinerlei Widerstand stießen, hatten die Preußen Schlesien bereits im Januar 1741 vollständig besetzt. Es dauerte einige Zeit, bis die Österreicher reagierten – erst im April rückten ihre Truppen unter Marschall Graf Wilhelm Reinhard von Neipperg von Süden her nach Schlesien ein. Bei Mollwitz standen sich die feindlichen Lager dann erstmals direkt gegenüber.

Und dabei stellte Friedrich sein militärisches Genie unter Beweis? – Weit gefehlt! Zwar siegten die Preußen tatsächlich, aber in den entscheidenden Momenten war der 29jährige König überhaupt nicht zugegen. Was also geschah?

Als die Österreicher anrückten, ließ Friedrich seine Soldaten die genaue Schlachtordnung einnehmen, anstatt sofort anzugreifen. Das gab den Österreichern, die überrascht waren, bereits zu diesem Zeitpunkt auf den Feind zu treffen, Gelegenheit, ihrerseits zügig in die Offensive zu gehen. Es folgte eine vierstündige Schlacht, während der König Friedrich sein erstes Kommando führte. Das Ergebnis war fatal. In der preußischen Truppe machte sich Verwirrung über den Verlauf der Schlacht breit. Als immer mehr seiner

Soldaten begannen, sich abzusetzen, verlor auch Friedrich die Nerven und gab die Schlacht verloren. Ja, er folgte sogar der Aufforderung seines Feldmarschalls Kurd Christoph von Schwerin zum persönlichen Rückzug – mit der wahrscheinlich dankbar in Anspruch genommenen Begründung, das Schlimmste, nämlich die Gefangennahme des Königs, müsse abgewendet werden.

Dabei hatte Schwerin wohl einen ganz anderen Effekt im Sinn: Kaum, daß Friedrich sich entfernt und sein erfahrener Feldherr die Leitung der Schlacht übernommen hatte, gelang es Schwerin, die preußischen Truppen zu ordnen. So konnte er das Blatt wenden und den Sieg über die Österreicher in die Wege leiten. Nun ließ der Feldmarschall dem König nachsetzen. Aber Friedrich blieb zehn Stunden lang unauffindbar! Erst, als schon der nächste Morgen graute, kehrte der König zu seiner Truppe zurück, die ohne ihn siegreich gewesen war. – Immerhin muß man festhalten, daß Friedrich aus der Schmach von Mollwitz gelernt hat: seither ist er grundsätzlich ohne Zögern zum Angriff übergegangen und hat mit zahlreichen Siegen seinen Ruf als großer Feldherr begründet.

Friedrich der Große (2)
beugte sich dem Recht

Berühmt ist die vorbildliche Gerechtigkeit des Preußenkönigs Friedrich II., des »Großen«. Besonders populär ist in diesem Zusammenhang die Geschichte der »Mühle von Sanssouci«: In den Jahren 1745–47 ließ der Herrscher in Potsdam nach eigenen Entwürfen von Georg Wenzelaus von Knobelsdorff ein Sommerschloß erbauen, das den Namen »Sanssouci« (»Ohne Sorge«) erhielt. Gleichzeitig wurde ein großzügiger Park angelegt.

Nun befand sich unweit des Schlosses, so die Legende, eine Windmühle, die der Parkanlage im Wege stand. Die Lösung schien auf der Hand zu liegen: der König forderte den Müller zum Verkauf auf. Neben dem Preis für seine alte bot er ihm eine neue, bessere Mühle sowie die Befreiung von allen Abgaben. Bei so einem großzügigen Angebot sollte der Sache nichts mehr im Wege stehen – außer dem Starrsinn des Müllers. Dieser weigerte sich nämlich, seine Mühle zu räumen – er wollte, was er geerbt hatte, an seine Kinder weitergeben. Verärgert ließ Friedrich den Unbotmäßigen zu sich kommen: »Weiß Er wohl, daß ich Ihm Seine Mühle nehmen kann, ohne einen Groschen dafür zu geben?« Die Antwort des Unerschrockenen wurde zum geflügelten Wort: »Ja, Majestät, wenn das Kammergericht in Berlin nicht wäre.«

Vor dem Gesetz, so wollte der Müller seinem Herrscher wohl bedeuten, seien alle gleich. Selbst der König zähle nicht mehr als seine Untertanen. Dieses offenbar unerschütterliche Vertrauen gründete sich allerdings auf die Herrschaftsauffassung ebendieses Königs, der sich im Gefolge des Philosophen Voltaire als »premier serviteur de l'Etat«, als »erster Diener des Staates« verstand. Konsequenterweise gab er denn auch klein bei, änderte seine Pläne, und die Mühle blieb erhalten. – So weit die Legende.

Tatsächlich aber war die Integration der Mühle bei der Planung des Parks von Anfang an vorgesehen. Schließlich wurde die Anlage nach englischem Vorbild realisiert – und da war die Ausstattung mit griechischem Tempelchen, chinesischem Pavillon und eben einer Windmühle geradezu obligatorisch. Zu diesem Zwecke wurde der Müller tatsächlich von allen Abgaben befreit, als lebendes Inventar des Parks, sozusagen.

Interessanterweise zeigt eine Geschichte mit den gleichen Elementen – Mühle, Müller, Kammergericht – , daß Friedrich durchaus zur Willkür in der Lage war, wenn auch mit vergleichsweise sympathischen Motiven. Im Jahre 1779 legte der Landrat von Gersdorf, Graf Schmettau, in seinem Park einen Karpfenteich an. Das Wasser dafür entnahm er einem kleinen Fluß, ein wenig oberhalb der Wassermühle des Müllers Arnold. Dieser saß, bis der Teich gefüllt war, für kurze Zeit im Wortsinne auf dem Trockenen, doch schon bald lief alles wieder wie gehabt.

Der listige Arnold jedoch erkannte die Gelegenheit, sich ein für alle Mal von seinen Abgaben zu befreien: er klagte, sein Betrieb sei dauerhaft gestört, er könne die Pacht nicht mehr entrichten. Das Gericht durchschaute dieses Spiel und verurteilte ihn zur Zahlung. Arnold weigerte sich standhaft, bis die Zwangsversteigerung seiner Mühle angeordnet wurde. Da wandte der Müller sich schließlich an den König. Nicht ohne Erfolg: Friedrich hatte den Eindruck, das Gericht habe den adligen Grundherrn bevorzugt und überwies den Vorgang zur Untersuchung an das Berliner Kammergericht. Obwohl dieses feststellte, das Verfahren sei ordnungsgemäß abgelaufen, kassierte Friedrich das Gutachten kurzerhand. Mehr noch: Arnold bekam die Mühle zurück, der Landrat mußte seinen Teich wieder zuschütten, und – die beteiligten Mitglieder des Kammergerichts kamen für ein Jahr in Festungshaft. Ironie der Geschichte: nach dem Tode Friedrichs wurde das Verfahren erneut aufgenommen – und dieses Mal das Urteil des Kammergerichts bestätigt.

Friedrich der Große (3)
war ein populärer Komponist

Der preußische König Friedrich II., umgab sich mit der Aura eines musischen Intellektuellen. Er sammelte an seinem Hof in Sanssouci Persönlichkeiten wie den Philosophen Voltaire um sich, aber auch Komponisten und Musiker wie Carl Philipp Emanuel Bach, der seit 1741 als Cembalist in Diensten des Königs stand.

Auch Friedrich selbst betätigte sich als Tonsetzer, komponierte vier Flötenkonzerte sowie 121 Flötensonaten, daneben Märsche wie den *Marsch in Es* oder den *Mollwitzer Marsch* (1741, benannt nach dem Städtchen Mollwitz südlich von Breslau, wo die Preußen die erste Schlacht des Ersten Schlesischen Krieges gewannen).

Der im 19. Jahrhundert sehr populäre *Hohenfriedberger Marsch* – nach dem niederschlesischen Ort, in dem Friedrich im Juni 1745 einen weiteren Sieg gegen Österreich errang – geht der Legende nach ebenfalls auf den König zurück. Er habe, so heißt es, aus Dankbarkeit einen von ihm komponierten Marsch dem Dragonerregiment Bayreuth gewidmet. In Wirklichkeit wurde das Regiment lediglich befugt, den Marsch zu verwenden. Die Urheberschaft des Königs hingegen ist zweifelhaft.

Der ihm ebenfalls zugeschriebene *Torgauer Marsch* stammt definitiv nicht aus der Feder Friedrichs II. Es handelt sich um eine Komposition aus dem frühen 19. Jahrhundert, der Zeit der Freiheitskriege (1813–15) gegen Napoleon. Der *Torgauer Marsch* ertönte, als am 18. Januar 1871 das Deutsche Reich gegründet wurde.

Friedrich der Große (4)
zog erst nach kühler Berechnung in den Siebenjährigen Krieg

Im Jahre 1756 begann die europäische Phase des sogenannten Siebenjährigen Kriegs (vgl. dort), in dem Österreich den Versuch unternahm, Preußen die Vorherrschaft über das 1740–45 verlorene Schlesien wieder zu entreißen. Schon zu dessen Anfang soll der preußische König Friedrich der Große lakonisch festgestellt haben: »Derjenige wird siegen, der den letzten Taler in der Tasche hat«.

Tatsächlich hat er diese Einsicht in den Primat der Ökonomie aber erst später formuliert. 1762 schreibt er in einem Brief, er werde gegen die österreichische Kaiserin Maria Theresia so lange Krieg führen, bis sie auf dem Trockenen sitze. Später, 1778, erörtert er die Kosten des Heeres in einem Schreiben an seinen Bruder Heinrich und betont, wie wichtig es sei, hauszuhalten: im Moment des Friedensschlusses noch liquide zu sein sei fast ebenso wichtig wie der militärische Sieg.

Und in der Tat: Preußen war als einziger Staat mit einigermaßen geordneten Staatsfinanzen aus dem langen, aufreibenden Siebenjährigen Krieg hervorgegangen – und die Herrschaft über Schlesien hatte es obendrein bewahren können.

Friedrich der Große (5)
war homosexuell

Schon früh kam das Gerücht auf, der preußische König Friedrich der Große habe sich nicht sonderlich für Frauen interessiert.

Gewiß scheint, daß er sich nicht für seine Ehefrau interessierte. Als Thronfolger hatte Friedrich 1733 Elisabeth Christine von Braunschweig-Bevern, eine Nichte des Kaisers Karl VI., geheiratet. Allerdings mußte der ständig in Geldverlegenheiten befindliche Jungfürst vom Wiener Hof mit einer Jahrespension von 2500 Dukaten zu diesem Schritt gelockt werden – Geld, das die Österreicher investierten, um Preußen politisch an ihrer Seite zu haben.

Aus Sicht der Geldgeber war das ein Fehlschlag, wie die beiden Schlesischen Kriege (1740–42 und 1744/45) sowie der sogenannte

Siebenjährige Krieg später zeigten. Aber nicht nur politisch benahm sich Friedrich, wie es ihm paßte. Auch seine Frau mußte sich ausgesucht unhöfliche Behandlung gefallen lassen – einmal wurde die Königin von ihrem Mann gar als seine »alte Kuh« vorgestellt. Kein Wunder, daß die »Ehe« kinderlos blieb, zumal das Paar bereits seit 1744 getrennt lebte. Elisabeth verbrachte ihre Tage fortan im Berliner Schloß und in Schloß Schönhausen. Sanssouci hat sie nie betreten.

Und Friedrich? Als junger Kronprinz hatte er sich am Hof Augusts des Starken in Dresden zwar ersten Liebschaften hingegeben – am preußischen Hof freilich nahm er sich, anders als in seinen Kreisen üblich, keine Dauermätresse, sondern zog es vor, sich vor allem mit engen Freunden zu umgeben.

Aber welche Rolle soll dann die 1743 anhebende Liaison mit der italienischen Tänzerin Barberina Campanini gespielt haben? Deren Engagement an der Berliner Oper begann spektakulär damit, daß Friedrich sie in Venedig aus den Armen ihres Liebhabers James Mackenzie entführen und nach Berlin schaffen ließ. Dort bezog sie das Dreifache eines Ministergehalts und eine Wohnung, in der der König sie regelmäßig besuchte. Als einziger Frau wurde ihr Zugang in Sanssouci gewährt. Nach einigen Jahren freilich heiratete sie den Sohn des preußischen Großkanzlers Samuel von Cocceji. Eifersüchtig schickte Friedrich das Paar in die Provinz – in das schlesische Glogau. (Die Campanini jedenfalls wußte sich auch dort Abwechslung zu verschaffen, ließ sich scheiden, heiratete erneut, bekam Kinder und starb viele Jahre später als Gräfin Campanini und Oberin eines adeligen Damenstifts.)

Aus der Tatsache, daß Friedrich – wie viele fürstliche Leidensgenossen auch – die ihm zugeteilte Gattin offenbar nicht liebte, kann wohl kaum auf eine homosexuelle Veranlagung geschlossen werden.

Fugger

Anton Fugger verbrannte die Schuldbriefe des Kaisers

Ein Gemälde des Berliner Historienmalers Karl Ludwig Becker zeigt Kaiser Karl V. zusammen mit Anton Fugger. Dieser hatte 1525 von seinem Onkel Jakob die Leitung der Fugger'schen Handelsunternehmungen übernommen, die dem Kaiser eng verbunden waren.

Jakob Fugger war seit 1485 Leiter der Fugger'schen Faktorei in Innsbruck gewesen, einem Unternehmen, das Bergbau und Metallhandel betrieb. Er unterstützte Erzherzog Maximilian, den späteren Kaiser Maximilian I., 1490 bei der Übernahme Tirols und legte so die Grundlage für die engen Beziehungen seines Hauses zu den Habsburgern. Als kaiserliche Bankiers hatten die Fugger bei der Wahl Karls V. im Jahre 1519 die Bestechungsgelder garantiert, die an die Kurfürsten – die Mitglieder des Wahlgremiums also – geflossen waren. Darüber hinaus finanzierten sie die Kriegszüge des Kaisers.

Beckers Gemälde nun bildet den Kaiser und seinen Bankier gemeinsam am Kamin ab: Fugger hat Schuldverschreibungen des Herrschers ergriffen und wirft sie ins Feuer. Sagenhafter Reichtum macht es ihm möglich, seinen kaiserlichen Herrn im Handstreich von allen Schulden zu befreien, so scheint es jedenfalls.

Ganz so war es aber nicht. Abgesehen davon, daß die Szene am Kamin wohl der Phantasie des Malers entstammt (jedenfalls gibt es für den Vorgang keine historische Quelle): Sollte sich ähnliches tatsächlich ereignet haben, dann nur zur Abwehr weiterer Geldforderungen des Kaisers. Jakob Fugger hatte entsprechenden Ansinnen noch offen widersprochen. Anton hingegen wagte einen solch prekären Schritt nicht. Auch nicht, als das komplexe Finanzsystem seiner Familie in eine kritische Lage geriet und die Fugger selbst nur mit äußerster Anstrengung die Zinsen ihrer eigenen Verschuldung aufbringen konnten. In dieser Situation galt es, dem Kaiser zu demonstrieren, daß seine Wechsel nichts wert waren für die Fugger und er deshalb keinen weiteren Kredit erwarten durfte.

Zwar hatten sie vom Kaiser Adelstitel, Steuervergünstigungen und Pfandrechte erhalten. Aber gerade das letztgenannte Instrument erwies sich als äußerst zweischneidig. Denn die verpfändeten Ländereien oder Bergwerke waren oft heruntergewirtschaftet und erforderten hohe Investitionen. Zudem erwies sich das kaiserliche Haus als säumiger Zahler. Bis 1650 mußten die Fugger Forderungsausfälle in Höhe von mindestens acht Millionen Gulden verbuchen – ganz ohne die Verbrennung von Schuldbriefen.

Fürst Pückler
hat das gleichnamige Eis kreiert

Seit jeher erfreut sich das »Fürst-Pückler-Eis« besonderer Beliebtheit: eine Kreation aus Erdbeer-, Vanille- und Schokoladeneis, die mit Kirsch- und Rosenlikör verfeinert wird. Als ihr Erfinder gilt Hermann Fürst von Pückler-Muskau, ein Grandseigneur und Diplomat. Im 19. Jahrhundert war er vor allem als Reisender und Schriftsteller bekannt. Aufsehen erregten seine *Briefe eines Verstorbenen* (1830–32). Aber auch die Berichte von seinen Expeditionen, etwa zwischen 1835 und 1839 im Mittelmeerraum und im Nahen Osten, fanden zahlreiche Leser. Pücklers *Orientalische Reisen* etwa werden bis heute immer wieder aufgelegt.

So dürfte der umtriebige Fürst, mit der Tochter des preußischen Staatskanzlers Karl August Fürst von Hardenberg verheiratet, wohl kaum dazu gekommen sein, sich der Entwicklung von Süßspeisen hinzugeben. Das »Fürst-Pückler-Eis« ist denn auch nicht nach seinem Erfinder benannt worden. Die Kreation hat sich nämlich der Lausitzer Konditor Schulz ausgedacht. Er war es auch, der Pückler bat, seinen Namen dafür zu geben (ein »Schulz-Eis« hätte vielleicht weniger attraktiv gewirkt ...). Jedenfalls willigte Pückler ein. Offenbar war er ohnehin bestrebt, sich als Freund ausgesuchter Gaumenfreuden bekannt zu machen – Torten, aber auch Kartoffeln und Schinken trugen seinen Namen. Und auf kulinarische Ambitionen deutet auch der Titel eines 1834 erschienen Buches Pücklers hin: *Tutti frutti.*

G

Galileo Galilei
trotzte: »Und sie bewegt sich doch!«

Als unbeugsamer »Märtyrer der Wissenschaft« im Kerker schmachtend, so ist der Mathematiker und Physiker Galileo Galilei in die Geschichte eingegangen – obwohl ihm niemand auch nur ein Haar gekrümmt hat, selbst die berüchtigte Inquisition nicht.

Im Gegenteil: zu Lebzeiten erfreute sich Galilei großen Ansehens, seit 1589 als Mathematikprofessor in Pisa, seit 1592 in Padua. 1610 erreichte ihn der Ruf des Florentiner Herrschers Cosimo II. di Medici, an dessen Hof Galilei den Titel eines »Ersten Mathematikers und Philosophen« führte.

Sein entscheidendes Verdienst bestand darin, das Experiment als Erkenntnisquelle einzusetzen. Besonders bekannt geworden sind Galileis Versuche über Fall und Fallgeschwindigkeit am Schiefen Turm von Pisa. Sie begründeten seinen Ruhm als Pionier der experimentellen Naturforschung. Weithin berühmt wurde Galilei, nachdem er 1610 ein Fernrohr zur Erforschung der Himmelskörper gebaut und vier Monde des Jupiter sowie die Phasen von Venus und Mars entdeckt hatte. Daraus ließ sich schließen, daß die Planeten sich um die Sonne bewegten. Und aus der Beobachtung der Sonnenflecken leitete Galilei ab, daß diese sich um ihre eigene Achse drehe.

Das schien ihm die Bestätigung des heliozentrischen Weltbildes von Nikolaus Kopernikus zu sein, das die Sonne im Mittelpunkt des Planetensystems sah – eine Erkenntnis, die ihn freilich in Gegensatz zur Kirche brachte. Diese hielt daran fest, daß die Erde im Zentrum des Universums stehe.

Kein Wunder, daß sich sogar der Heilige Stuhl für die Entdeckungen des Florentiners interessierte: bereits 1611 wurde Galilei von Papst Paul V. zur Audienz geladen. Der Jesuitenorden zeichnete Galilei gar für seine wissenschaftlichen Verdienste aus. Als Arbeitshypothese hatte man – typisch katholisch-pragmatisch – gegen seine Annahme überhaupt keine Einwände. Nur als bewiesenes System könne die Kirche sie nicht akzeptieren, da sie »unseren heiligen Glauben beleidigt, indem sie der Schrift widerspricht«, wie Roberto Bellarmino, ein wichtiger Kardinal, schrieb und wie es in einem Dekret im Jahre 1616 festgehalten wurde.

So konnte Galilei sich unbehelligt seinen Forschungen widmen – bis sein Temperament mit ihm durchging und er 1632 alle, die am alten Weltbild festhielten, für »stumpfsinnige Mondkälber«, die heliozentrische Lehre hingegen für »bewiesen« erklärte.

Das mußte die Kirche auf den Plan rufen, die nun ihrerseits die Lehren des Galilei für »falsch und in allen Punkten der Heiligen Lehre widersprechend« erklärte. Persönlich allerdings wurde der berühmte Gelehrte zunächst nicht belangt. Erst als er weiter auf der Richtigkeit seiner Lehre beharrte, erreichte ihn im Oktober 1632 die Vorladung des Inquisitionsgerichts.

Dieses hatte Untersuchungen zur Reinhaltung des Glaubens durchzuführen und auch Strafmaßnahmen zu beschließen. So waren gegen den Naturphilosophen Giordano Bruno wegen seiner Lehre von der Unendlichkeit der Welt zunächst sieben Jahre Haft verhängt worden, bevor Bruno im Jahre 1600 wegen Ketzerei verbrannt wurde.

Galileis Verfahren nun fand 1633 statt, wobei der Beschuldigte keineswegs eingekerkert, schon gar nicht gefoltert wurde, sondern eine komfortable Wohnung im Vatikan zugewiesen bekam, in der er sogar über Bedienstete verfügte.

Allerdings zeigte das Gericht nicht die geringste Neigung, sich die Argumente Galileis anzuhören. Da hat er es womöglich – an Giordano Bruno denkend – mit der Angst zu tun bekommen. Jedenfalls stritt er plötzlich und unaufgefordert seine eigenen Lehren vollständig ab. Diese Taktik brachte das erhoffte Ergebnis: Galilei wurde nicht wegen Ketzerei verurteilt. Zwar wurden einige seiner selbstbewußten Schriften verboten, auch hatte er drei Jahre lang wöchentlich sieben Bußpsalmen zu sprechen. Aber die Kerkerstrafe, die außerdem verhängt wurde, hat Galilei nie antreten müssen.

Und das berühmte Zitat? – Nach der Verhandlung soll Galilei, so ist es überliefert, am 22. Juni 1633 mit dem Fuß aufgestampft und »Eppur si muove!« (»Und sie bewegt sich doch!«) ausgerufen haben. Ein zeitgenössisches Zeugnis dafür gibt es indes nicht, nur ein 130 Jahre nach dem Prozeß, 1761, in Paris erschienenes Traktat, die *Querelles littéraires* des Augustin Simon Jrailh.

Warum auch hätte Galilei den glimpflichen Ausgang seines Verfahrens auf diese Weise gefährden sollen? Er hatte sich auf einen aussichtslosen Machtkampf eingelassen und dessen Vergeblichkeit schließlich einsehen müssen. Seine Forschungen indes konnte er auch nach dem Verfahren unbehelligt weiterführen – unterstützt aus öffentliche Mittel und durch private Gönner.

Gandhi

Der Mahatma war ein furchtloser Mann

Indien in der ersten Hälfte des 20. Jahrhunderts: Großbritannien regiert den Subkontinent. Verwaltung, Rechtsprechung und Gesetzgebung des riesigen Landes werden vom fernen London aus bestimmt. Ein Anachronismus ohnegleichen, den erst Mohandas Karamchand Gandhi beendet: Er führt die Inder an der Spitze einer gewaltigen Bewegung mit großem persönlichen Mut in die Unabhängigkeit.

Kaum vorstellbar, aber wahr: Noch als junger Erwachsener war Gandhi ausgesprochen gehemmt. »Bücher und Lektionen waren meine einzigen Gefährten«, schrieb er über seine Jugend. Selbst im Gespräch brachte er kaum fünf Sätze heraus. Den ersten Fall, den er nach seiner Ausbildung zum Rechtsanwalt übernahm, mußte er abgeben, weil er vor Gericht zu schüchtern war, den Mund aufzumachen.

Danach floh Gandhi geradezu, nach Südafrika. Dort regierten die Buren, Nachfahren niederländischer und deutscher Siedler. Die überwiegend schwarze Bevölkerung war ebenso rechtlos wie die zahlreichen indischen Einwanderer. Hier hatte Gandhi während einer Bahnfahrt das Erlebnis, das sein Leben änderte. Obwohl er eine Fahrkarte erster Klasse vorweisen konnte, warfen ihn zwei

Beamte aus dem Zug. Der Grund: die Anwesenheit des Inders hatte einen weißen Mitreisenden gestört. Das war 1893. Nur wenige Tage danach fand eine Versammlung der Inder von Pretoria statt – mit dem ersten Auftritt des Schüchternen als Redner. Zorn und Leidenschaft hatten den Gehemmten verwandelt. Der Kampf für die Rechte der Unterdrückten wurde zum Thema seines Lebens. Gandhi begründete die Bewegung »Satyagraha« (»Festhalten an der Wahrheit«): gewaltloser Widerstand sollte die Mächtigen zum Erkennen der »Wahrheit« führen.

1914 kehrte er nach Indien zurück und erhielt den Beinamen »Mahatma« (»dessen Seele groß ist«). Auch hier setzte Gandhi sich für die Schwachen und Rechtlosen ein, so die »Unberührbaren«, die in völliger Rechtlosigkeit außerhalb der strengen Ordnung indischer Kasten leben mußten. Das entscheidende Prinzip seines Kampfes war Gewaltlosigkeit, sein wichtigstes Mittel der »zivile Ungehorsam« gegen die Kolonialmacht.

Dabei lebte Gandhi – im hinduistischen Glauben stark verwurzelt – ausgesprochen asketisch. Zahlreiche Bilder zeigen ihn im einfachen Lendenschurz der indischen Bauern. Seine Waffen waren ganz eigener Art: er fastete, organisierte Protestmärsche und Massenversammlungen, wanderte durch das ganze Land, um für seine Ideen zu werben. Das brachte ihm Gefängnis ein. Es machte ihn aber auch zum Führer seines Landes. Gandhi verhandelte mit den britischen Behörden und vermittelte in den blutigen Auseinandersetzungen zwischen Hindus und Moslems, die den Kampf um die Unabhängigkeit begleiteten. Aus dem schüchternen Jungjuristen war der wichtigste Führer der indischen Nationalbewegung geworden.

1947 führte er Indien in die Unabhängigkeit; 1948 ist er nach einem Attentat gestorben, das ein radikaler Hindu verübt hatte.

Giftgas
wurde erstmals im Ersten Weltkrieg eingesetzt

Fast jeder hat sie schon einmal gesehen – alte Schwarz-Weiß-Fotos, auf denen Soldaten im Gänsemarsch zu sehen sind, gesenkten Hauptes, die Augen verbunden und einen Arm auf der Schulter des

Vordermannes. Solche Bilder zeigen zumeist augengeschädigte Teilnehmer des Ersten Weltkrieges, Opfer des »Gaskrieges«, des Einsatzes chemischer Waffen.

In ihren unterschiedlichen Formen wirken diese auf Lungen, Haut, Nerven und Sinnesorgane. Manche sind tödlich, andere setzen die Betroffenen nur außer Gefecht. Da sie im Ersten Weltkrieg erstmals in großem Umfang eingesetzt wurden, hat sich die Annahme verbreitet, Giftgas sei erst vor dessen Beginn entwickelt worden. Dabei haben die Chinesen schon lange zuvor, im vierten Jahrhundert, zu ähnlichen Waffen gegriffen. Mit Gebläsen trieben sie Rauch aus Senfgas auf ihre Feinde zu. Das stechend riechende, sehr gefährliche Hautgift glich jenem Kampfstoff, der im Ersten Weltkrieg Tausende von Soldaten das Augenlicht kostete. In der von den Chinesen verwendeten Konzentration, so wird berichtet, habe es die feindlichen Soldaten »nur« in Ohnmacht versetzt.

Auch in Europa kam Gas schon lange vor dem Ersten Weltkrieg zum Einsatz, als nämlich die Mongolen im 13. Jahrhundert über Rußland nach Westen vordrangen. Dabei trafen sie auf das Heilige Römische Reich Deutscher Nation, das sich nach Osten aufgemacht hatte, um Polen und andere Gebiete zu kolonialisieren. Im Jahre 1241 prallten ihre Heere westlich von Breslau aufeinander. Heinrich II. von Schlesien unterlag mit seinem polnisch-deutschen Ritterheer einem Vorstoß der Mongolen unter ihrem Führer Orda, der »dampfausstoßende Kriegsmaschinen« eingesetzt hatte.

Aus der jüngeren Zeit ist der Einsatz von Giftgas im Vietnamkrieg im Gedächtnis geblieben. Dort hatten die Amerikaner Napalm, ein Gemisch aus Aluminiumsalzen, Naphthensäuren und Fettsäuren, als Gel in Brandbomben gefüllt. Diese entzündeten sich beim Aufschlag und entwickelten extrem hohe Temperaturen mit verheerenden Wirkungen.

Seit 1997 verbietet eine internationale Konvention die Entwicklung, Herstellung und Lagerung chemischer Waffen – und ein Optimist ist, wer glaubt, daß diese nach mehr als 1500 Jahren wirklich von der Erde verschwinden.

Gladiatoren
wurden zwangsverpflichtet

Seit 105 v. Chr. fanden in Rom Kampfspiele zur Unterhaltung des Volkes statt. Zunächst wurden sie von den Magistraten – den vom Volk gewählten Führern der Amtsgeschäfte – veranstaltet, später von den Kaisern. Bis heute sind die Spiele berüchtigt, da sie für die Unterlegenen oft mit dem Tode endeten. Wer hätte nicht das Bild des Imperators vor Augen, der in seiner Loge den Daumen hebt oder senkt, um zu signalisieren, ob der Verlierer weiterleben darf oder sterben muß?

Die Teilnehmer werden als *Gladiatoren* bezeichnet, nach dem lateinischen Wort *gladius* für Schwert. Die »Sandalenfilme« aus Hollywood haben die Vorstellung verbreitet, neben eigens für die Kämpfe Angeworbenen hätten vor allem zwangsverpflichtete Sklaven, Verbrecher und Kriegsgefangene in der Arena gestanden. Dies ist jedoch falsch. Man mußte ein gut ausgebildeter und hochqualifizierter Sportler und Artist sein, um den Anforderungen der Veranstalter zu genügen. Im Laufe der Zeit wurden regelrechte Gladiatorenschulen eingerichtet, schließlich steigerte das Aufeinandertreffen raffinierter Spitzenkämpfer den Nervenkitzel der Zuschauer. In diesen Schulen wurde auch der Kampf gegen wilde Tiere gelehrt, der sich der besonderen Gunst des Publikums erfreute. Wer ihn bestand, konnte zum umjubelten Star aufsteigen, Ruhm und Reichtum erwerben.

Diese Aussicht reizte natürlich nicht nur Unterprivilegierte. Auch Angehörige hoher und höchster Kreise wurden von den glänzenden Möglichkeiten, sich öffentlich auszuzeichnen, angelockt und stiegen in die Arena. Der prominenteste von ihnen war der spätere Kaiser Commodus, der Sohn des Kaisers Mark Aurel. Commodus soll es auf 1000 Kämpfe gebracht haben. Als Gladiator konnte er nicht nur seine schier unüberwindliche Kraft unter Beweis stellen. Auch seinen andauernden Geldnöten ließ sich so abhelfen. Schließlich kassierte er für einen einzigen Sieg eine Prämie von nicht weniger als 500 000 Sesterzen!

Allein diese Beträge zeigen, daß die Vorstellung von Kriegsgefangenen als Zwangs-Gladiatoren etwa so abwegig ist wie es der Vorschlag wäre, Sozialhilfeempfänger zum Mitspielen in Mannschaften der Ersten Fußball-Bundesliga zu verpflichten.

Gobelin
erfand den Gobelin

Jean Jilles Gobelin betrieb im 17. Jahrhundert eine Weberei und Färberei in Paris. Zunächst konzentrierte er sich auf eine spezielle Methode des Rot-Färbens, aus der das berühmte »Gobelinscharlach« hervorging. Später befaßte Gobelin sich vor allem mit Teppichweberei und entwickelte dazu mehr als 50 Farbtöne. Nun war er in der Lage, die Fasern nach Künstlerentwürfen zu Bildern zusammenzufügen, die meist mythologische und historische Motive hatten: Gobelin flocht in Farbe und Länge bereits auf das Muster abgestimmte Schußfäden aus Wolle oder Seide in farblose Kettfäden ein.

Im Jahre 1662 übernahm König Ludwig XIV. die von Gobelin gegründete Fabrik von dessen Familie. Bis heute existiert die »Manufacture nationale des Gobelins«, und ihre Produkte werden mit den alten Siglen als Originale ausgewiesen.

Eine seit mehr als einem halben Jahrtausend anhaltende Erfolgsgeschichte also. Allerdings: Gobelin hat die Technik der Herstellung farbiger Wandbespannungsstoffe nicht erfunden. Bereits im Mittelalter gab es bedeutende Teppichwerkstätten, die in Flandern angesiedelt waren. Und sogar die Griechen der Antike kannten Wandteppiche mit Bildmotiven. Womöglich geht die Geschichte der »Gobelins« sogar ins alte Ägypten zurück: dort wurden sie nämlich schon um 1400 v. Chr. angefertigt.

Goethe (1)
Johann Wolfgang von Goethe wurde von seinen Verlegern schlecht bezahlt

Johann Wolfgang von Goethe, so meint man zu wissen, sei von seinen Verlegern außerordentlich schlecht bezahlt worden: »Die Buchhändler«, so grimmte der Meister im Jahre 1829, »sind alle des Teufels, für sie muß es eine eigene Hölle geben«. Aber was immer den Zorn des Großschriftstellers hervorgerufen haben mag – die Höhe seiner Honorare kann es nicht gewesen sein.

Denn bereits als junger Mann hat Goethe geschickt verhandelt und hohe Geldforderungen durchgesetzt. Zudem verkaufte er seine Manuskripte, seit er 26 war, grundsätzlich nur, ohne vorher Einblick gewährt zu haben. Später erlangte er neben künstlerischem Ruhm als Minister des Großherzogs Karl August von Sachsen-Weimar auch politischen Einfluß. Und den nutzte Goethe im Sinne seiner Interessen als Autor. So gelang es ihm, für sein Werk im gesamten Deutschen Bund einen bis 35 Jahre nach seinem Tode gültigen Urheberschutz zu erwirken – in einer Zeit, in der die Rechte von Urhebern noch überhaupt nicht geregelt waren.

Die von Goethe durchgesetzte individuelle Regelung ermöglichte es ihm, mit seinem Verleger in harte Verhandlungen einzutreten. Schließlich mußte dieser, Johann Friedrich Freiherr Cotta von Cottendorf, Rekordvergütungen versprechen. Insgesamt hat Goethe von Cotta, der ihn seit 1806 verlegte, rund 156 000 Taler – die in Nord- und Mitteldeutschland verbreitete Silberwährung – kassiert. Das entsprach mehr als 50 Jahresgehältern, wie er sie als Minister bezog. Zum Vergleich: Der Jahressold eines einfachen Infanteriesoldaten betrug etwa 24 Taler, und selbst ein Rittmeister mußte mit etwa 600 Talern auskommen. Allein die 60bändige »Ausgabe letzter Hand«, 40 Bände hat Goethe zwischen 1827 und 1832 noch selbst ediert, kostete Cotta 72 500 Taler Honorar. Goethes Erben bezogen bis 1867, als der von Goethe erwirkte Schutz auslief, weitere 138 000 Taler.

Obwohl Goethe es also zu außerordentlichem Wohlstand brachte, blieb er zeitlebens sehr – nun ja: sparsam. Das bekam selbst sein Vertrauter Johann Peter Eckermann zu spüren, der Autor der *Gespräche mit Goethe in den letzten Jahren seines Lebens* (erschienen 1836–48). Für die Herausgeberschaft von 20 Bänden aus dem Nachlaß bot Goethe ihm ganze 800 Taler an. Seinen Hausangestellten ließ er sogar das Brot abwiegen.

Für sich selbst freilich legte er andere Maßstäbe an – mit vornehmer Begründung: »Es ist nicht genug, daß man Talent habe, es gehört mehr dazu, um gescheit zu werden; man muß in großen Verhältnissen leben«.

Goethe (2)

Johann Wolfgang von Goethe postulierte: »Und Ihr könnt sagen, Ihr seid dabeigewesen!«

Im Frühjahr 1792 begann der Erste Koalitionskrieg Frankreichs gegen Österreich und Preußen. An dessen Ende hatte sich die Französische Revolution nicht nur gegen das alte Regime durchgesetzt, das vertreten wurde von den geflüchteten, mit Leopold II. von Österreich und Friedrich Wilhelm II. von Preußen verbündeten Brüdern König Ludwigs XVI. Darüber hinaus konnte Frankreich auch territoriale Erfolge verbuchen.

Schon frühzeitig hatte sich das Kriegsglück den Franzosen zugeneigt, und zwar im Spätsommer 1792, als sich die feindlichen Truppen in Valmy, einem Dorf zwischen Reims und Verdun, gegenüberstanden.

Johann Wolfgang Goethe war seinem Dienstherrn Herzog Karl August von Sachsen-Weimar an den Kriegsschauplatz gefolgt. Bei der berühmten »Kanonade von Valmy« am 20. September zeigten sich die französischen Truppen nach anfänglichen Schwierigkeiten überlegen: Valmy markierte den Beginn ihres Siegeszuges, in dessen Verlauf sie bis in das Gebiet des Feindes vorrückten. Die Revolutionäre besetzten Belgien und gelangten an den Rhein, nahmen Speyer, Worms und Mainz ein. Dieses Ergebnis will Goethe bereits am Abend der Kanonade von Valmy vorausgesehen und gesagt haben: »Von hier und heute geht eine neue Epoche der Weltgeschichte aus, und Ihr könnt sagen, Ihr seid dabeigewesen«.

Tatsächlich belegt das Zitat aber wohl weniger die treffsicheren Visionen des Großschriftstellers als dessen Hang zur Selbststilisierung. Denn der berühmte Satz ist erst viel später niedergeschrieben worden, wahrscheinlich um 1820, als die Analyse der Vorgänge nicht mehr ganz so schwierig war. In seiner ein Vierteljahrhundert nach den Ereignissen niedergeschriebenen *Kampagne in Frankreich 1792* bezieht Goethe sich zwar auf sein Tagebuch. Dieses allerdings ist dummerweise nicht überliefert – womöglich, weil es nie existiert hat.

Und selbst die rückblickende Erkenntnis der historischen Dimension des Geschehens war keineswegs die originäre Leistung des Dichters. Der Militärtheoretiker Christian Karl August Ludwig von Massenbach hatte bereits zuvor geschrieben: »Der zwanzigste September 1792 mußte Europa eine andere Gestalt geben«. Und Goethe hat Massenbachs 1809 in Amsterdam erschienenes Buch *Memoiren zur Geschichte des preußischen Staates unter der Regierung von Friedrich Wilhelm II. und Friedrich Wilhelm III.*, aus dem dieses Zitat stammt, bei der Niederschrift seiner »Kampagne« benutzt.

Gogol

Nikolai Gogol starb am Morgen des 4. März 1852

Der russische Schriftsteller Nikolai Wassiljewitsch Gogol ist als Autor von Komödien, etwa *Der Revisor* (1836), und vor allem des Romans *Die toten Seelen* (1842) zu Weltruhm gelangt.

Im Laufe seines Lebens wandte sich Gogol, der 1840 eine Pilgerreise ins Heilige Land unternommen hatte, einem Mystizismus zu, der geradezu selbstzerstörerische Züge annahm. Der Autor litt unter der Vorstellung, schuldbeladen zu sein und dafür büßen zu müssen: er aß immer weniger und hinderte sich selbst am Schlafen. Ein Zustand völliger Erschöpfung war die absehbare Folge, dem Gogol im März 1852 erlag – allerdings nicht, ohne zuvor mit letzter Kraft das Manuskript einer Fortsetzung der *Toten Seelen* zu verbrennen.

Wie viele seiner Zeitgenossen hatte Gogol unter der Sorge gelitten, lebendig begraben zu werden. Der deutsche Philosoph Arthur Schopenhauer etwa befestigte aus diesem Grunde allabendlich einen Zettel »Ich bin nur scheintot« am Stuhl neben seinem Bett und hatte zudem verfügt, nach seinem Tode über die übliche Zeit hinaus aufgebahrt zu werden. Gogol hingegen bestattete man schon bald, nachdem er am Vormittag des 4. März 1852 für tot erklärt worden war.

Viele Jahre später ist er exhumiert und sein Sarg geöffnet worden. Dabei stellte sich heraus, daß die Gebeine des Dichters völlig verdreht im Sarg lagen. Daraus wurde geschlossen, daß Gogol am Morgen des 4. März 1852 noch nicht tot war und er somit tatsächlich das befürchtete Schicksal erlitten hatte: lebendig begraben zu werden.

Gold

Galvani erfand die Technik des Galvanisierens

Nach Luigi Galvani, einem Anatomieprofessor aus Bologna, ist eine verbreitete Technik benannt, die vor allem zum Versilbern und Vergolden Anwendung findet. Das Lexikon erklärt, daß Gegenstände leitend gemacht und mit Hilfe elektrischen Stroms durch Elektrolyse – also die chemische Zersetzung von Salzen, Säuren und Laugen – mit Metall überzogen werden. Dieser Vorgang wird unter dem Stichwort »Galvanisieren« beschrieben.

Dabei geht das Verfahren keineswegs auf den Bologneser Professor zurück. Entweder man besinnt sich auf die Antike (vgl. Elektrizität), oder man muß ein halbes Jahrhundert über Galvani hinausgehen: im Jahre 1840 entwickelte der Ingenieur Werner Siemens die Methode. Der vielseitig Begabte nannte sie »eine der größten Freuden meines Lebens«, hielt sich aber nicht allzulange damit auf. 1842 schloß Siemens einen Vertrag mit einem Berliner »Neusilber«-Fabrikanten, dem er eine »Anstalt für Vergoldung und Versilberung« einrichtete. Er selbst arbeitete auf dem Gebiet der Elektrotechnik weiter, entwickelte die Starkstromtechnik, befaßte sich mit der Herstellung und Verlegung von Tiefseekabeln und gründete 1847 die Telegraphenbauanstalt Siemens und Halske, aus der die Keimzelle eines Weltkonzerns werden sollte. Vielleicht also spricht man nur deshalb nicht von »Siemensieren«, weil der Erfinder dieses Verfahrens bis heute in der Welt der Technik ohnehin fast allgegenwärtig ist …

Gordischer Knoten

Alexander der Große löste ihn auf seine Art

333 v. Chr. eroberte Alexander der Große Gordion, die Hauptstadt des Phrygierreiches im nordwestlichen Anatolien. Mit der Stadt hatte es eine besondere Bewandtnis: Sie beherbergte einen Wagen mit einem Joch. Das Orakel sagte, wer beides trenne, werde die ganze Welt beherrschen. Kein Wunder, daß Alexander einen Versuch unternehmen wollte, schließlich ging man in der Antike davon

aus, daß das Orakel die Zukunft vorhersage, und der Ehrgeiz des jungen Herrschers war grenzenlos.

Plutarch berichtet von der verblüffend einfachen Lösung Alexanders: es habe gegolten, einen stark verschlungenen Knoten – den »gordischen Knoten« eben – zu lösen, und Alexander habe dies, anstatt lange herumzuknüppern, schlicht und einfach mit einem gewaltigen Hieb seines Schwertes getan. Auch der römische Schriftsteller Curtius Rufus, der im ersten Jahrhundert n. Chr. eine umfangreiche Geschichte Alexanders des Großen verfasste, überliefert das Geschehen in dieser Weise.

Es gibt aber auch andere Lesarten: Aristoteles, der Lehrer Alexanders (so schreibt wiederum Plutarch), habe berichtet, der Jochriemen sei um einen Spaltnagel an der Spitze der Deichsel geschlagen gewesen. Alexander habe einfach diesen Nagel entfernt und danach den Wagen unter dem Joch hervorziehen können. Und der Historiker Diodor, der im ersten Jahrhundert v. Chr. lebte, erwähnt weder die Anekdote noch den Ort Gordion, obwohl er *Weltgeschichte* verfasste.

Ob mit oder ohne Knoten: Alexander sollte tatsächlich das größte Reich der Welt beherrschen – auch wenn es nicht von langer Dauer war.

Goten

Die plündernden Westgoten verschonten die Bibliotheken Athens

Ähnlich wie die Hunnen haben es die Goten zu außerordentlichem Ruhm als grobianisch veranlagter Menschenschlag gebracht. Ursprünglich in Skandinavien ansässig, zogen sie im zweiten Jahrhundert nach Süden und lösten so die erste Völkerwanderung aus. Während die Ostgoten die Ukraine und Südrußland unsicher machten, wandten sich die Westgoten Richtung Italien, Gallien und Aquitanien. Auch der Balkan und Kleinasien waren vor ihnen nicht sicher. Als der Verfall des Römischen Reiches einsetzte, zogen sie plündernd und brandschatzend die Ägäis entlang.

Im Jahre 257 erreichten sie Athen, wo sie ihr Zerstörungswerk fortsetzten. Als einige von ihnen begannen, einen großen Stapel von

Büchern zu entflammen, konnte ein Athener sie mit einem raffinierten Argument von ihrem Tun abhalten: »Sie sollten solche unnützen Dinge den Athenern lassen, denn die Beschäftigung mit Büchern mache diese unkriegerisch und für die Gothen ungefährlich«. Diese feinsinnige Argumentation, so die antike Überlieferung, habe den Unbelesenen eingeleuchtet, und sie hätten ihr Vorhaben tatsächlich nicht ausgeführt. Schon der Historiker Ferdinand Gregorovius zweifelte in seiner *Geschichte der Stadt Athen* an der Authentizität dieses Berichts. Aber, so Gregorovius, er bezeichne »auch wenn er erfunden ist, daß Verhältniß der Gothen zur attischen Cultur treffend«.

Grundgesetz

Die westdeutschen Länder gaben sich 1949 das Grundgesetz

Das Grundgesetz kam 1949 keineswegs aufgrund eines freiwilligen Akts zustande. Vielmehr hatten die westlichen Militärgouverneure den Ministerpräsidenten der westdeutschen Länder am 1. Juli 1948 die »Frankfurter Dokumente« übergeben, die diese zur Ausarbeitung einer Verfassung aufforderten. Zehn Tage danach beschlossen die Regierungschefs in Koblenz, dem Folge zu leisten – allerdings mit der Einschränkung, es solle sich angesichts der deutschen Teilung um ein Provisorium handeln.

Die Ausarbeitung des Textes erfolgte im Parlamentarischen Rat, der im September 1948 im Bonner Museum König seine Arbeit aufnahm. 65 Delegierte der elf westdeutschen Landtage und fünf Abgeordnete der Westsektoren Berlins ohne Stimmrecht tagten monatelang unter dem Vorsitz Konrad Adenauers (»Keine Zeile stammt von ihm!«, so Theodor Heuss später über das Ergebnis). Ihr erster Entwurf freilich wurde am 2. März 1949 von den westalliierten Militärgouverneuren zurückgewiesen, da er in mehreren Punkten nicht mit einem alliierten Forderungskatalog vom 22. November 1948 übereinstimmte – schon dieser Vorgang macht deutlich, daß die Länder sich das Grundgesetz nicht selbständig »geben« konnten und daß der Spielraum des Parlamentarischen Rats recht eingeschränkt war.

Ein revidierter Text wurde gut zwei Monate später, am 8. Mai 1949, im Parlamentarischen Rat zur Abstimmung vorgelegt. 53 der

65 Delegierten stimmten für den Entwurf, zwölf Abgeordnete lehnten ab – sechs (von acht) aus der CSU, zwei aus dem Zentrum, zwei von der Deutschen Partei und zwei Delegierte der KPD. Das Grundgesetz wurde also überwiegend mit den Stimmen von Adenauers CDU, der SPD (unter Carlo Schmid) und den Liberalen (Theodor Heuss) angenommen.

Am 18. Mai genehmigten die westlichen Militärgouverneure den Entwurf. Am 18., 20. und 21. Mai ratifizierten die Landtage von zehn Ländern das Grundgesetz. Bayern lehnte es als zu zentralistisch ab, beschloß jedoch, seine Rechtsverbindlichkeit anzuerkennen, sofern zwei Drittel der Länder das Grundgesetz ratifizierten. In der Schlußsitzung des Parlamentarischen Rates am 23. Mai 1949 wurde das Grundgesetz ausgefertigt und verkündet (die beiden KPD-Abgeordneten weigerten sich allerdings, zu unterzeichnen).

Die Initiative für das Grundgesetz ging somit von den Westmächten aus; Entwurf, Annahme und Verkündung erfolgten durch den Parlamentarischen Rat. Die Länder durften lediglich ratifizieren; das Nein Bayerns blieb ohne Auswirkungen.

Gustav Adolf
rettete die Protestanten

Um den deutschen Protestantismus zu retten, so heißt es immer wieder, griff der schwedische König Gustav II. Adolf in den Dreißigjährigen Krieg (1618–48) ein.

Jedenfalls war es das religiöse Motiv, das der Monarch selbst immer wieder in den Vordergrund seines Engagements rückte. So führte er nach dem Sieg über die kaiserlich-katholischen Truppen unter ihrem Feldherrn Tilly am 17. September 1631 aus: er wünschte, daß seine Erfolge »dem Evangelischen Wesen mögen zum besten gereichen, weil er keinen anderen Vorteil noch einige Ambition hierin hegte, als die Ehre Gottes«. Er sei, so Gustav Adolf, nicht auf Eroberungen aus und wollte »gern sterben, wenn er nur seine Intention zu Gottes Ehren erhalte«.

Daß er es allerdings für nötig befand, dies in einer Welt allgemeiner Frömmigkeit so ausdrücklich zu betonen, deutet schon darauf hin, daß seine wirklichen Beweggründe viel handfester waren als die Ehre Gottes: Gustav Adolf wollte Schweden zur Großmacht machen, und die Ostsee zum Binnenmeer seines Landes. Dazu führte er Krieg gegen Dänemark (1611–13), Rußland (1614–17) und Polen (1621–29). In diese Reihe gehörte auch sein Eingreifen im Dreißigjährigen Krieg. Die Unterstützung der Protestanten ließ der Schwedenkönig sich angelegen sein, weil die Beherrschung eines protestantischen Deutschland ihm leichter gefallen wäre als die Einflußnahme auf ein katholisches Reich unter Führung der Habsburger. Weder zum einen noch zum anderen ist es gekommen, denn Gustav Adolf fiel am 16. November 1632 auf dem Schlachtfeld bei Lützen.

H

Habsburger (1)

Die Macht der Habsburger beruhte auf ihrer erfolgreichen Heiratspolitik

Bis 1806 waren die Habsburger das dominierende Adelsgeschlecht in Mitteleuropa. In nur wenigen Generationen war ihnen, ohne daß sie langwierige Kriege hätten führen müssen, vom 13. Jahrhundert an der Aufstieg von Regionalherrschern über ein Gebiet von der Größe des heutigen Österreich zu Imperatoren eines Reichs gelungen, »in dem die Sonne niemals untergeht«. Sie erreichten 1452 die de facto erbliche Kaiserwürde, die – mit einer dreijährigen Ausnahme – bis zum Ende des alten Kaisertums 1806 in der Familie gehalten werden konnte. Die Begründung ihres Weltreichs verdankten die Habsburger, so heißt es immer wieder, vor allem einer äußerst geschickten und weitsichtigen Heiratspolitik (»Bella gerant allii! Tu, felix Austria, nube!« – »Kriege führen mögen andere; Du, glückliches Österreich, heirate«).

Dabei gibt es in der Geschichte des Geschlechts vor allem drei bedeutende Heiraten: Durch die Verbindung Maximilians I. mit Maria, der Erbin von Burgund und Tochter Karls des Kühnen, fiel das Gebiet der heutigen Beneluxstaaten an das Haus Habsburg. Der Sproß dieser Ehe war Philipp der Schöne, später Philipp I. von Kastilien. Er heiratete 1496 die spanische Infantin Johanna (auch Johanna die Wahnsinnige). Zugleich ehelichte seine Schwester Margarete den spanischen Thronfolger Juan, Sohn des berühmten katholischen Königspaars Isabella von Kastilien und Ferdinand von Aragón. Da Juan Thronfolger war, spielte die Nachfolgefrage bei dieser Hochzeit zunächst keine Rolle. Doch als er wenig später starb, wurde sein Schwager, der Habsburger Philipp, Thronerbe – damit fiel den Habsburgern das gerade begründete spanische Weltreich sozusagen in den Schoß. Außerdem erwarben die Habsburger durch Eheschließungen auch die böhmische und die ungarische Krone. Diese Erbschaften begründeten aber eine starke Rivalität mit Frankreich, später auch mit der italienischen Unabhängigkeitsbewegung sowie mit Rußland und dem Osmanischen Reich.

Allerdings: Mit dem Ende der Renaissance hatte die dynastische Politik als Mittel zu Ausbau und Sicherung der Herrschaft weitgehend ausgedient. Dennoch regierte das Haus Habsburg in Österreich und Ungarn noch bis 1918 – und zwar durchaus mit Hilfe von Kriegen. Gewaltsame Auseinandersetzungen – im Dreißigjährigen Krieg gegen fast alle europäischen Staaten, mit Frankreich in den Napoleonischen Kriegen, mit Preußen im 19. Jahrhundert, mit den Osmanen über mehrere Jahrhunderte hindurch – wurden die Regel.

Zudem war die dynastische Politik keine Spezialität der Habsburger. Durch Heiraten war der gesamte europäische Hochadel weitläufig miteinander verwandt. Daß der deutsche Kaiser Wilhelm II. und Zar Nikolaus von Rußland Vettern waren und Wilhelm den russischen Fürsten mit »lieber Nicky« ansprach, daß die englische Königin Victoria zudem Wilhelms Großmutter war – das rettete das alte Europa indes nicht vor dem Untergang im Ersten Weltkrieg.

Habsburger (2)

Die Habsburger waren seit jeher ein kaiserlich privilegiertes Geschlecht

Kaiser Karl IV., der der Dynastie der Luxemburger entstammte, traf weitreichende Vorkehrungen, um für Stabilität und Rechtssicherheit in seinem Reich zu sorgen. Dazu gehörte die Festlegung der Privilegien der deutschen Kurfürsten. Diese wurden deutlich von anderen Fürsten abgehoben, insbesondere, da es ihnen vorbehalten war, den König zu wählen. Ihre Privilegien wurden in einem der berühmtesten Dokumente der deutschen Geschichte festgehalten, der »Goldenen Bulle« aus dem Jahre 1356.

Insgesamt gab es sieben Kurfürsten: die Erzbischöfe von Mainz, Köln und Trier; den Pfalzgrafen bei Rhein, den Herzog von Sachsen, den Markgrafen von Brandenburg und schließlich den König von Böhmen. Unter denen, die sich übergangen fühlten, waren die Habsburger.

Plötzlich kamen Schriftstücke ans Licht, die ihre herausragende Position dokumentierten. Darunter war 1358/59 das »Privilegium maius«. Als dessen wahrer Autor entpuppte sich später der zu diesem Zeitpunkt 19jährige Herzog Rudolf IV. von Habsburg. Darüber hinaus ließ Rudolf eine Urkunde Friedrich Barbarossas aus dem Jahre 1156, das »Privilegium minus«, fälschen. Aus den Papieren ergab sich, daß den Habsburgern Vorrechte zustanden, die teilweise sogar über diejenigen der Kurfürsten hinausgingen.

Aber beraten von dem italienischen Humanisten Francesco Petrarca, der in philologischer Kleinarbeit zu der Ansicht gekommen war, die Urkunden seien gefälscht, erkannte Kaiser Karl IV. die Dokumente nicht an. Er schickte sie zurück ins Archiv der Habsburger.

Dennoch: die Fälschungen Rudolfs waren insofern erfolgreich, als sie den Anspruch der Habsburger auf die Kurfürstenwürde »auf die Tagesordnung« gebracht hatten. Allerdings mußten die Habsburger noch fast ein ganzes Jahrhundert abwarten. Im Jahre 1444 bestätigte König Friedrich III. schließlich doch noch die Echtheit ihrer Privilegien – kein Wunder; war er doch selbst Habsburger und stärkte so seine Hausmacht.

Auf der Basis einer der berühmtesten Fälschungen des Mittelalters also wurde die weitgehende Unabhängigkeit Österreichs vom Reich entwickelt und ausgebaut – was weit mehr wert war als eine Kurfürstenwürde für das Haus Österreich.

Hannibal (1)
bettelte um Frieden

Nur wenigen gelang es, die Weltmacht der Antike, das Römische Reich, in ernsthafte Bedrängnis zu bringen. Und kaum jemand wurde von den Römern so gefürchtet wie Hannibal, der karthagische Feldherr.

Nach Siegeszügen in den römischen Provinzen, in Spanien, Sardinien und Süditalien, schlug Hannibal die römische Armee im Jahre 216 v. Chr. nahe dem apulischen Cannae vernichtend. Fünf Jahre darauf marschierte er gar auf Rom selbst – »Hannibal ante portas«, der von Cicero überlieferte Warnruf der Römer, hat ihrer Angst ewigen Ausdruck verliehen.

Aber das Blatt wendete sich: im Jahre 210 v. Chr. übernahm Publius Cornelius Scipio das militärische Oberkommando in Spanien, dem Hauptschauplatz der Kämpfe zwischen Römern und Karthagern. Nachdem er den Siegeszug Hannibals dort gestoppt hatte, wurde Scipio 205 v. Chr. zum Konsul gewählt. Drei Jahre darauf standen sich seine Truppen und diejenigen Hannibals in Nordafrika, bei Zama, zur Entscheidungsschlacht gegenüber.

Der römische Dichter Ennius berichtet, Hannibal habe in dieser Situation der Mut verlassen: er sei am Vorabend des Waffenganges in Scipios Hauptquartier erschienen, um Frieden zu erbitten. Die von Scipio gestellten Bedingungen aber seien so hart gewesen, daß es doch zur Schlacht gekommen sei. – Man darf sich wundern: Hannibal, der Schrecken Roms, soll um Frieden gebettelt haben? Kann das denn wirklich sein?

Nun ist Ennius die einzige Quelle für diesen Vorgang. Zudem war er ein persönlicher Freund Scipios. Das legt die Vermutung nahe, der furchtsame Karthager sei der Vorstellung des Autors entsprungen. Tatsächlich könnte Ennius das Geschehen nach dem Vorbild Herodots gestaltet haben. Der griechische »Vater der Geschichtsschreibung« bemühte sich in seinen Werken ja stets darum, dem Historischen einen Sinn zu verleihen. Das Geschehene war Herodots Auffassung nach einer göttlichen Macht unterworfen, das Sich-Erheben einzelner wurde als Überheblichkeit bestraft.

Eine literarische Aufnahme dieses Motivs vom gestürzten Helden durch Ennius wird auch durch den tatsächlichen Gang der Dinge wahrscheinlich gemacht: Hannibal wurde bei Zama vernichtend geschlagen. Von da an war der Karthager für Rom keine Bedrohung mehr – und die angebliche Bitte um einen Friedensschluß erniedrigte ihn über die Niederlage hinaus. In modernen Zusammenhängen hätte man für die Überlieferung des Ennius eine schlichte Bezeichnung: »Propaganda«.

Hannibal (2)
mußte schon als Kind Feind der Römer sein

Die Erziehung der Antike war streng, wie viele Berichte bezeugen. Zu den bekanntesten gehört die Geschichte von Hannibal, dem Sohn des karthagischen Flottenkommandanten Hamilkar Barkas: der Junge kam in den Genuß außerordentlich soldatischen Drills. Schon als er noch ein Kind war, nahm sein Vater ihn 237 v. Chr. auf einen Kriegszug gegen die Römer nach Spanien mit. Vor dem Aufbruch mußte der noch nicht Zehnjährige, an einem Altar kniend, den Römern unverbrüchliche Feindschaft schwören. So war Hannibal, der spätere Feldherr, schon als Junge in sein Lebensthema hineingestoßen worden: das Ringen des nordafrikanischen Karthago mit Rom um die Vormachtstellung im Mittelmeerraum – wenn der Bericht vom Eid des Kindes denn zutreffend ist.

Das ist mit wachsender Entfernung vom Geschehen immer deutlicher angezweifelt worden. Schon der griechische Geschichtsschreiber Appian, der im 2. Jh. n. Chr. lebte, hielt die Überlieferung vom Schwur des Knaben für frei erfunden. Der römische Historiker Livius überlieferte eine Variante: Hannibal habe geschworen, er werde Feind der Römer sein, sobald er es könne. Polybios hingegen meinte, die Quelle der Überlieferung zu kennen. Bei ihm läßt sich nachlesen, Hannibal selbst habe dem seleukidischen König Antiochos III. davon erzählt.

Sollte es tatsächlich so gewesen sein, dann würde es sich um einen Beleg für die politische Begabung des karthagischen Feldherrn handeln, denn dieser hätte Antiochos mit einer einfachen Geschichte seiner Loyalität für jede gegen Rom gerichtete Aktivität versichert. Denn auch Antiochos, der einer hellenistischen Herrscherdynastie aus Kleinasien entstammte, führte Krieg gegen die Römer. Hannibal könnte den Plan verfolgt haben, die Römer gemeinsam – Antiochos aus Osten und er selbst von Westen her – in die Zange zu nehmen. Daß Hannibal sich an einer Koalition versuchte, ist sicher. Mit Philipp V. von Makedonien schloß er 215 v. Chr. sogar ein formelles Bündnis.

Genutzt haben ihm freilich weder unverbrüchliche Feindschaft noch politische Ränke: die Auseinandersetzung mit Rom endete im Jahre 146 v. Chr. mit der völligen Zerstörung Karthagos.

Hauptmann von Köpenick
Wilhelm Voigt war zeitlebens ein armer Schlucker

»Es lacht die bewohnte Erde« schrieb die *National-Zeitung* im Oktober 1906: der deutsche Militarismus war auf eine Weise bloßgestellt worden, die seinen bittersten Gegnern nicht eingefallen wäre. Einem einzigen Mann war dies auf unglaubliche Art gelungen. Der Ex-Sträfling Wilhelm Voigt hatte in Berlin-Köpenick zehn Soldaten unter seinen Befehl gebracht, mit diesen das Rathaus besetzt und war schließlich mit der Stadtkasse, immerhin rund 4000 Mark, entkommen. Seinen Erfolg verdankte Voigt der alten Offiziersuniform, die er trug. Diese hatte so gewaltigen Eindruck gemacht, daß Voigt sein dreistes Werk ungehindert vollenden konnte – »Vor der Uniform liegen alle auf dem Bauch« stellte das *Berliner Tageblatt* zutreffend fest.

Wer war dieser Wilhelm Voigt, der als »Hauptmann von Köpenick« plötzliche Berühmtheit erlangte? Als Sohn eines Schuhmachers in Tilsit zur Welt gekommen, war er mit 14 zu Hause ausgerissen. Ein Diebstahl hatte ihm einen kurzen Gefängnisaufenthalt und damit – viel schlimmer – eine Vorstrafe eingebracht.

Es folgte eine Karriere, die in ihrer Konsequenz ein bezeichnendes Licht auf die wihelminische Strafjustiz wirft: Voigt wird der Schule verwiesen, geht bei seinem Vater in die Lehre und begibt sich auf Wanderschaft. Unterwegs erschwindelt er sich mit gefälschten Postanweisungen rund 200 Taler – zwölf Jahre Zuchthaus sind die Quittung! Voigt sitzt sie in Berlin-Moabit und dem rund 60 Kilometer östlich der Stadt gelegenen Sonnenburg ab.

Bei seiner Entlassung ist er 30 Jahre alt und hat fast die Hälfte seines Lebens hinter Gittern verbracht. Voigt absolviert eine Ausbildung als Maschinist, aber als Ex-Zuchthäusler hat er es in Deutschland schwer. So verläßt er das Land, lebt in Böhmen, auf dem Balkan, im Baltikum. Zehn Jahre geht das gut – dann wird er in Posen eines kleineren Diebstahls bezichtigt. Obwohl er die Tat bestreitet, schickt ein Gericht ihn erneut hinter Gitter, dieses Mal für ein Jahr.

Im Gefängnis lernt Voigt den Kumpanen kennen, mit dem er nach seiner Freilassung versucht, in die Gerichtskasse von Wongrowitz nordöstlich von Posen einzubrechen. Die beiden werden in flagranti erwischt: Fünfzehn Jahre Zuchthaus lautet das Urteil dieses Mal.

Im Februar 1906 wird Wilhelm Voigt, mittlerweile 57 Jahre alt, entlassen. Er zieht zu seiner Schwester Berta, die in Rixdorf lebt, wird dort aber nach einiger Zeit als Gefahr für die öffentliche Sicherheit des Ortes verwiesen.

Da ersteht er eine ausgemusterte Offiziersuniform, bringt am 16. Oktober als »Hauptmann des Ersten Garderegiments« zehn Soldaten unter sein Kommando, besetzt das Rathaus von Köpenick, verhaftet den Bürgermeister Dr. Langerhans und beschlagnahmt die Stadtkasse. Erst nachdem Voigt entkommen ist, fliegt er auf: die Berliner Kommandantur, Offizier vom Tagesdienst ist Prinz Joachim von Preußen, läßt nachfragen, was es mit der Verhaftung des Köpenicker Bürgermeisters auf sich habe. Die Rekonstruktion des Geschehens deckt die Hintergründe auf; die Blamage aller beteiligten Stellen ist beispiellos. Nach zehn Tagen wird Voigt gefaßt und wegen unbefugten Tragens einer Uniform, Urkundenfälschung und Freiheitsberaubung zu vier Jahren Gefängnis verurteilt.

Damit freilich beginnt ein unverhoffter Aufstieg. Die mit einem Kaufhaus-Erben verheiratete Schriftstellerin Truth setzt dem »Hauptmann von Köpenick« eine lebenslängliche Rente aus, und bereits nach 20 Monaten wird Wilhelm Voigt von Kaiser Wilhelm II. begnadigt – dieser war vom Gehorsam der Opfer von Voigts Husarenstück ganz unironisch begeistert gewesen (»Das macht uns kein Volk der Erde nach!«) und hatte das Blamable an der ganzen Geschichte nie erkannt.

Noch am Abend seiner Haftentlassung, am 16. August 1908, gibt Wilhelm Voigt ein erstes Zeitungsinterview, zahlreiche weitere Artikel folgen. Die Sammlung, die eine Berliner Zeitung für ihn veranstaltet, bringt nicht weniger als 2000 Mark ein; ein Kieler Varieté bringt die Köpenickiade mit großem Erfolg auf die Bühne.

Es folgen öffentliche Auftritte Voigts in ganz Deutschland, die dieser mit dem einträglichen Verkauf von Autogrammkarten verbindet. 1910 ist Carl Zuckmayer unter den Zuschauern, der spätere Autor des Dramas *Der Hauptmann von Köpenick* (1931). Sogar in Amerika tritt der mittlerweile zu einer Art Showstar Avancierte auf, bevor er sich 1912 nach Luxemburg zurückzieht, wo er ein Haus erwirbt.

Am 3. Januar 1922 ist Wilhelm Voigt, der den »Kadavergehorsam« (so die Zeitschrift *Germania* im Jahre 1906) der Deutschen entlarvt hatte, dort gestorben – als wohlhabender Mann.

Heinrich IV.
schwor seinem Glauben ab, um sein Leben zu retten

Mitte des 16. Jahrhunderts gelangte die Reformation nach Frankreich. 1559 formulierten die französischen Protestanten, die Hugenotten, ihr Glaubensbekenntnis, die *Confessio Gallicana*. Drei Jahre später begannen die »Hugenottenkriege«, für die Anhänger der Reformation acht Jahre schwerer Verfolgungen. Einen Höhepunkt erreichten sie in der »Bartholomäusnacht«: Die starke Gestalt der französischen Politik, Katharina von Medici – Witwe Heinrichs II. und Mutter des minderjährigen Königs Karl IX. –, beschloß, sich der Protestanten zu entledigen, indem sie sie schlicht und einfach aus der Welt schaffte.

Während der Hochzeitsfeierlichkeiten ihrer Tochter Margarete von Valois mit dem Bourbonenprinzen Heinrich von Navarra, dem späteren König Heinrich IV., richtete sie am 24. August 1572 ein Blutbad unter den Protestanten an. Als »Bartholomäusnacht« ist es in die Geschichte eingegangen. Rund 13 000 Menschen fielen ihm zum Opfer. Auch der Bräutigam, ein Hugenotte, sollte dazugehören. Nur durch Abschwören von seinem Glauben, so ist überliefert, habe Heinrich sich retten können.

Die Wirklichkeit sieht anders aus: nicht, um sein nacktes Leben zu retten, trat Heinrich zum Katholizismus über, und er tat es auch nicht in der Mordnacht des Jahres 1572. Heinrich, bis 1576 Gefangener des Hofes, war seit 1581 sogar einer der wichtigsten Anführer der Hugenotten. Und er tat seinen Schritt auch keineswegs in blanker Not, sondern aus politischem Kalkül.

1589 nämlich erhob er Anspruch auf die Krone Frankreichs, nachdem mit Heinrich III. auch der letzte Sohn Katharinas von Medici gestorben war. Um seine Herrschaft zu sichern, konvertierte er im Jahre 1593, angeblich mit dem lakonischen Kommentar »Paris ist eine Messe wert!« Im Jahr darauf wurde er nach langen Auseinandersetzungen gekrönt. Und Heinrich IV. war es dann auch, der 1598 das berühmte Edikt von Nantes erließ, das die Hugenottenkriege formell beendete und den Hugenotten die Ausübung ihres Glaubens gestattete (bis es 1629 und 1685 wieder rückgängig gemacht wurde, was die meisten Hugenotten zur Auswanderung trieb).

Heinrich der Löwe
war ein deutscher Held

Ein deutscher Held par exellence: Heinrich der Löwe, Welfe, Vetter Friedrich Barbarossas, Herzog von Bayern und Sachsen und somit einer der mächtigsten Herren seiner Zeit. Er dehnt Sachsen bis an die Ostsee aus, begründet Bistümer und Städte, darunter Lübeck, Braunschweig und München. In der Sage avanciert Heinrich gar zum Drachentöter: ehrgeizig, mutig, tatkräftig, blond und blauäugig.

Tatsächlich freilich war Heinrich Sproß italienischer Vorfahren. Sein Ahnherr, Welf IV., seit 1070 Herzog von Bayern, war nämlich ein Sohn der Welfin Kunigunde und des italienischen Markgrafen Azzo II. von Este. Zeitgenossen beschreiben Heinrich denn auch als schwarzhaarig mit dunklen Augen. Und auch das Heldentum des Welfen will sich nicht ganz ungebrochen präsentieren: 1176 überwarf er sich mit Friedrich Barbarossa, 1179 wurde die Acht über ihn verhängt. 1180 werden seine Lehen Bayern und Sachsen neu vergeben. Der seiner Macht Beraubte muß klein beigeben und 1181 kapitulieren. Es folgt eine lange Zeit der Verbannung, die Heinrich im fernen England zubringt. Erst kurz vor seinem Tod, 1194, wird dem strahlenden Sieger von einst die Rückkehr auf seine Güter in Braunschweig gestattet.

Heinrich der Seefahrer
war ein Seefahrer

Der portugiesische Prinz Heinrich der Seefahrer ist niemals zur See gefahren. Dennoch trägt er seinen Beinamen nicht völlig zu Unrecht – wie das?

Heinrich, jüngster Sohn König Johanns I., versuchte nicht nur, eine Art nautisches Zentrum in Lissabon zu etablieren, indem er Fachleute für Seefahrt um sich scharte und das Wissen seiner Zeit über die arabische Welt und Afrika sammelte. Er engagierte sich auch handfester und wirkte als Mäzen der Seeleute seines Landes. Aus seinem persönlichen Vermögen und mit Mitteln des Christusordens, dem er seit 1420 vorstand, finanzierte Prinz Heinrich ihre Fahrten.

Und das nicht ohne Erfolg: 1419 erreichten portugiesische Expeditionen Madeira und 1427 sogar die Azoren. Um den Seeweg nach Indien zu finden, ließ der Prinz die Umsegelung Afrikas unternehmen: 1434 umfuhr Gil Eanes das westafrikanische Kap Bojador südlich der Kanarischen Inseln, zehn Jahre danach gelangten die Portugiesen bis Kap Verde auf der Höhe des heutigen Senegal. Aber erst nach dem Tod Heinrich des Seefahrers, 1488, gelang Bartolomeu Dias die Umsegelung der Südspitze Afrikas, des Kaps der Guten Hoffnung.

Allerdings: Die Mannen Heinrichs waren bei weitem nicht die ersten in jenen Gewässern. Schon im dritten Jahrtausend v. Chr. hatten die alten Ägypter Seefahrt getrieben; zu Zeiten des Königs Necho II. soll ihnen die Umschiffung Afrikas gelungen sein. Seit etwa 1100 v. Chr. hatten zudem die im östlichen Mittelmeerraum heimischen Phönizier rege Handelsaktivitäten entwickelt. Dabei waren sie sowohl nach Madeira als auch auf die Azoren gelangt und hatten mit den Ureinwohnern der Kanarischen Inseln Handel getrieben.

Selbst wenn Heinrichs Fahrten nichts wirklich Neues zu Wege brachten und er selbst nie dabei gewesen ist: die präzise Vorbereitung von Entdeckungsfahrten geht auf sein Konto. Sie gab das Muster ab, nach dem alle späteren Expeditionen im Auftrag europäischer Könige durchgeführt wurden. Und deshalb heißt er nicht zu Unrecht »der Seefahrer«, auch wenn er keiner war.

Heinrich der Vogler
war ein Freizeit-Fürst

Der Legende nach hat der deutsche König Konrad I. den Herzog von Sachsen, Heinrich, bei seinem Tode 918 zum Nachfolger bestimmt. Dieser freilich habe sich gar nicht nach der Krone gedrängt. Heinrich habe sich viel lieber einem Hobby gewidmet, das er intensiv betrieb und dem er auch seinen Beinamen verdankt: der Zucht von Jagdvögeln, *dem* adeligen Freizeitvergnügen seiner Zeit.

In Wirklichkeit war der vorgebliche Freizeit-Fürst jedoch ein umtriebiger Charakter, und es bedurfte auch durchaus energischer Aktivitäten, um an die Spitze des Reiches zu gelangen – stand Heinrich doch im Gegensatz zu Konrad und zum mächtigen Erzbischof Hatto von Mainz. Die Zustimmung der süddeutschen Stämme (Schwaben 919, Bayern 921) zu seiner Königswahl mußte er gar mit militärischen Drohungen erzwingen.

Aber auch nachdem die Krone sicher war, blieb Heinrich wenig Zeit für sein Hobby. Zunächst bannte er 926 die Ungarngefahr an der Ostgrenze des Reiches, indem er gegen Tributzahlungen einen Waffenstillstand erwirkte. Nach dessen Aufkündigung besiegte er die Ungarn in der Schlacht von Riade 933. Dazu hatte er ein Heer aus allen deutschen Stämmen zusammengebracht – eine außerordentliche Einigungsleistung.

Expansive Kriegszüge gegen die westslawischen Volksstämme zwischen Elbe und Saale sowie Oder und Neiße und gegen die Böhmen machten Heinrich darüber hinaus zum Kolonisator des Ostens, wo er tributpflichtige Trabantenstaaten errichtete. Im Westen eroberte er 935 Lothringen, das Teil des Reiches wurde.

Also wahrhaftig kein beschauliches Dasein, und so kann es kaum verwundern, daß seine Zeitgenossen nicht auf die Idee kamen, den Sachsen für einen Hobby-Herrscher zu halten. Als »Vogler« jedenfalls wurde Heinrich erst Jahrhunderte nach seinem Tod von dem Geschichtsschreiber Gottfried von Viterbo stilisiert.

Heinrich der Zänker
war ein unverbesserlicher Streithansel

Ein Bayer, Herzog Heinrich II., ist als »Zänker« in die Geschiche eingangen – »typisch«, könnten Lästermäuler sagen. Und in der Tat machte der Neffe Kaiser Ottos I. und Vater Kaiser Heinrichs II. seinem Namen zunächst alle Ehre: Im Jahre 974 versuchte er, seinen Vetter, Kaiser Otto II., zu stürzen. Aber als sein Komplott aufflog, ließ Otto den Verschwörer verhaften und in Ingelheim festsetzen. Im Jahre 976 brach Heinrich aus der Haft aus, floh nach Böhmen und führte 977 den »Aufstand der drei Heinriche« (er selbst, Heinrich von Kärnten und Bischof Heinrich von Augsburg) an. Nach dessen Niederschlagung entkam der Unruhestifter der drohenden Hinrichtung nur auf Wunsch seines kaiserlichen Vetters, dem er sich unter Aufgabe seines Herzogtums unterwarf. Sicherheitshalber sperrte man ihn 978 in Utrecht hinter Gefängnismauern.

Im Jahre 983 erweiterte der Zänker sein Sündenregister: Kaiser Otto war gestorben, und Heinrich reklamierte die Vormundschaft über den bereits im Alter von drei Jahren gekrönten Nachfolger Otto III. – schließlich sei dieser sein Großneffe. Von Utrecht aus begab Heinrich sich gemeinsam mit dem sächsischen Grafen Ekbert dem Einäugigen nach Köln, von wo er den jungen König nach Sachsen verschleppte. Zudem setzte er die ältere Schwester Ottos, die siebenjährige Adelheid, »zur Erziehung« auf Ekberts Burg fest.

Im selben Jahre griff Heinrich nach der Krone, die ja bereits der kleine Otto III. trug – in Quedlinburg ließ Heinrich sich zum deutschen König wählen.

Im Jahre 983/984 legte Heinrich sogar Hand an die Grenzen des Reiches: die Mutter Adelheids und Ottos, Kaiserin Theophano, versammelte den sächsischen Adel und Erzbischof Willigis von Mainz gegen Heinrich. Dieser versuchte, die Unterstützung des französischen Königs Lothar zu erhalten und versprach dafür die Abtretung Lothringens. Daraus wurde freilich nichts, da sich die anderen deutschen Fürsten der Kaiserin anschlossen und Heinrich der Übermacht nachgab.

Das scheint einen Sinneswandel des »Zänkers« ausgelöst zu haben, denn fortan war er lammfromm. 984 verzichtete er auf die angemaßte Königswürde und übergab Otto der Obhut seiner Mutter. Damit nicht genug: 985 unterwarf der Bayer sich auf dem Reichstag zu Frankfurt der Kaiserin.

Die verbleibenden zehn Jahre verwandte er auf die Konsolidierung seines Kernlandes. Durch einen Sieg über die Ungarn sicherte er 991 Bayerns Grenzen und führte im Inneren ein Regiment, das ihm sogar den Beinamen »der Gütige« eingebracht hat. 44jährig ist er 995 gestorben. Das Resümee: »Zänker« zeitweise, »unverbesserlich« wohl nicht, dafür erstaunlich wandlungsfähig – aber das soll in der Politik ja vorkommen, nicht nur in Bayern ...

Heinrich VIII.
war ein ungehobelter Rohling

Auch wer mit englischer Geschichte nicht sonderlich vertraut ist, hat in der Regel von König Heinrich VIII. gehört, vielleicht sogar dessen Portrait vor Augen. Geläufig ist den meisten, daß Heinrich zahlreiche Frauen ehelichte – und hat er diese nicht einfach hinrichten lassen, wenn es ihm nach einer neuen gelüstete?

Dabei hätte er eigentlich nicht einmal König werden sollen. Als zweiter Sohn Heinrichs VII. war er für eine Laufbahn in der Kirche und ein hohes geistliches Amt vorgesehen. Dafür erhielt er eine exzellente Ausbildung bei herausragenden Gelehrten, und er zeigte sich als überaus gelehriger Schüler. Selbstverständlich beherrschte Heinrich neben seiner Muttersprache Englisch auch das Lateinische; daß Französisch und Italienisch hinzukamen, war schon eher bemerkenswert. Die Erziehung des Prinzen oblag für einige Zeit dem berühmten Humanisten und Theologen Erasmus von Rotterdam. Der große Gelehrte lernte den späteren König kennen, als dieser neun war, und war geradezu begeistert von dessen außerordentlicher Fähigkeit, sich im Lateinischen mündlich und schriftlich auszudrücken. Auch der Philosoph Thomas More – als Lordkanzler später einer der wichtigsten Berater Heinrichs – zeigte sich vom Können des Knaben beeindruckt.

Auch als Heinrichs älterer Bruder Arthur starb und der Thron plötzlich auf den Jüngeren zulief, wurde dessen Ausbildung fortgesetzt. Sie erhielt freilich zusätzliche Akzente, die auf weltliche Fähigkeiten zielten: im Rahmen von Turnieren hatte Heinrich seine körperliche Geschicklichkeit zu beweisen, zudem standen auch kultiviertere Künste wie die Beherrschung mehrerer Musikinstrumente auf dem neuen Stundenplan des Thronfolgers.

Bitter fiel die Enttäuschung aus, als Heinrich 1509 zur Regierung gelangte und sich keineswegs als der Erneuerer erwies, auf den die Humanisten gehofft hatten. Im Gegenteil: der neue König führte die

Geschäfte ausgesprochen konservativ; gemeinsam mit seinem leitenden Minister, Lordkanzler Thomas Wolsey, stärkte er die königliche Zentralgewalt. Nach deren Beginn ergriff er energisch Partei gegen die Reformation, verfaßte sogar eigenhändig eine gegen Martin Luther gerichtete theologische Abhandlung. Dies trug ihm vom Papst den Titel »Defensor Fidei« (»Verteidiger des Glaubens«) ein, der die englischen Monarchen bis heute schmückt.

Ironie der Geschichte: ausgerechnet der »Verteidiger des Glaubens« betrieb bald darauf, im Jahre 1527, die Abspaltung der englischen Kirche von Rom. Der Grund war recht persönlicher Natur: die katholische Kirche weigerte sich, die Ehe des Königs mit Katharina von Aragon zu scheiden.

So schuf Heinrich seine eigene – anglikanische – Staatskirche, mit deren Hilfe er seine privaten Verhältnisse immer wieder entschlossen neu ordnete. Eine Aufzählung liest sich wie folgt:

1. Heirat 1509 mit Katharina von Aragon, Scheidung beantragt 1527
2. Heirat 1533 mit Anne Boleyn, hingerichtet 1536
3. Heirat 1536 mit Jane Seymour, gestorben im Kindbett 1537
4. Heirat 1540 mit Anna von Cleve, geschieden nach 6 Monaten
5. Heirat 1540 mit Katharina Howard, hingerichtet 1542
6. Heirat 1543 mit Katharina Parr

Für die Statistik: sechs Ehen, zwei Scheidungen, ein natürlicher Tod, zwei Hinrichtungen (»nur«, gemessen an der Zahl der Ehen). Die Ehefrau Nummer 6 überlebte Heinrich (wenn auch nur für kurze Zeit).

Fazit: Selten hat ein Herrscher die in ihn gesetzten Hoffnungen so gründlich enttäuscht. Und dies ist um so bemerkenswerter, weil Heinrich eben *kein* ungehobelter Rohling war, sondern so umfassend ausgebildet wie wenige Prinzen sonst.

Hemingway

Ernest Hemingway war schon als Junge ein Rebell

Der Schriftsteller Ernest Hemingway, so heißt es, habe sich schon frühzeitig gegen Elternhaus und Schule aufgelehnt. Zum Image des virilen Autors will eine rebellische Jugend eben gut passen – auch wenn es in Wahrheit wohl anders war.

Tatsächlich ist der Sohn eines Arztes von zu Hause weggelaufen, sogar zwei Mal. Aber beide Male kehrte er zurück – warum auch nicht? Hemingway war ein sehr guter Schüler und vielseitiger Sportler: er boxte, spielte Fußball, war ein Leichtathletik-As und guter Schwimmer. Er engagierte sich als Redakteur der Schülerzeitung und wurde zum Klassensprecher gewählt. Als die USA 1917 in den Ersten Weltkrieg eintraten, wollte Hemingway sofort einrücken. Sein Vater hingegen bestand darauf, daß er erst die Schule abschloß, was der angebliche Rebell denn auch brav tat. Aber noch 1918 reiste er als Freiwilliger des Roten Kreuzes an die italienische Front, wo er verwundet und ausgezeichnet wurde. Es war freilich kaum ein rebellischer Geist, der den erfolgreichen jungen Mann von zu Hause fortgeführt hatte. Schlichte Neugier reicht als Motiv dafür gemeinhin aus.

Herodes
war ein Kinder-Killer

Auch wenn die Quelle dieser Überlieferung höchste Autorität beansprucht: der in der Bibel geschilderte Kindermord zu Bethlehem hat nie stattgefunden. Wie kann das sein?

Historiker kennen Herodes I. – sein Name geht auf das griechische Heroides, »Heldensproß«, zurück – als strengen, aber fähigen und erfolgreichen König von Judäa. In festem Bündnis mit der römischen Großmacht vereinte er Palästina und bescherte dem Land eine dreißigjährige Periode des Friedens und Wohlstands. Sogar den Beinamen »der Große« erwarb er dadurch. Warum also hätte Herodes, der ja offenbar bei klarem Verstande war, einen Mordbefehl an Kleinkindern überhaupt erteilen sollen? Doch wohl kaum, weil der greise König, gestützt auf das Bündnis mit der einzigen Weltmacht seiner Zeit, seine Herrschaft durch ein Neugeborenes bedroht sah. Zudem war Herodes kein unumschränkter Herrscher, sondern dem Willen seiner Schutzherren unterworfen. Grundlegende Entscheidungen konnten nicht ohne Zustimmung Roms zustande kommen.

Dies galt auch für die Vollstreckung von Todesurteilen. Der römische Kaiser Augustus aber hätte seine Zustimmung zu einem Massenmord an Kleinkindern nie erteilt, schon weil er große Unruhe in eine befriedete Region gebracht hätte. Augustus also hätte Herodes für einen so grausamen und unsinnigen Akt mit Sicherheit zur Rechenschaft gezogen.

Daß die Römer der Entwicklung in Palästina nicht tatenlos zusahen, erwies sich nach dem Tod des Herodes im Jahre 4 v. Chr.: das Land drohte, vollends auseinanderzufallen. Um das zu verhindern, machte Rom das zuvor formal eigenständige Palästina kurzerhand zu seiner Provinz. Schon bald darauf setzten die Römer – es geht eben doch immer um das liebe Geld – eine Steuerschätzung an. Diese fand im Jahre 6 statt: die in der Bibel geschilderte Volkszählung!

Aber da war Herodes schon elf Jahre tot. Also kann die biblische Überlieferung nicht stimmen, denn – wir erinnern uns – ihr zufolge kam Jesus ja auf die Welt, als seine Eltern auf dem Weg in ihre Heimat waren, um sich schätzen zu lassen.

Nun war der Jünger Jesu, auf den der biblische Bericht von Volkszählung und Kindermord zurückgeht, ja auch kein Historiker. Matthäus wollte vielmehr seinen Glauben bekennen. So nimmt es nicht wunder, daß der Kindermord des Herodes von keiner zweiten Quelle bestätigt wird, auch nicht von dem in Rom lebenden jüdischen Geschichtsschreiber Flavius Josephus, der die Zeit des Herodes in seinen *Antiquitates Judaicae* und dem umfangreichen *De Bello Judaico* ausführlich geschildert hat.

Der von der Wissenschaft auf das letzte Viertel des ersten Jahrhunderts datierten Überlieferung des Matthäus liegt wohl ein dramaturgisches Motiv zugrunde. Die Bedrohung Jesu durch den Kindermord wird benötigt, um zum Entscheidenden zu kommen: der wundersamen Errettung des Heilands aus großer Gefahr. Diese weist das Neugeborene als den erhofften Erlöser aus. Schon in der Bibel selbst begegnet uns dieses Motiv ein zweites Mal, nämlich in der Erzählung von Moses, dem Retter der Israeliten aus ägyptischer Gefangenschaft. Als Moses zur Welt kommt, befiehlt der Pharao die Tötung aller Neugeborenen der Israeliten. Moses entgeht der Mordbrennerei, wie wir wissen, und kann sein Volk aus der Knechtschaft erlösen.

Die literarische Erfindung des Kindermords wurde vor allem von mittelalterlichen Dichtern aufgenommen und später in Deutschland etwa von Hans Sachs oder in Spanien von Pedro Calderón fortgeführt. So wurde sie Gemeingut und ist bis heute verbreitet – auch wenn sie reine Fiktion ist.

Hexen

Die Hexenverfolgung war ein Phänomen des finsteren Mittelalters

Hexenverfolgungen, so glauben viele, hätten vor allem im Mittelalter stattgefunden – als Produkt hysterischer Hexen- und Geisterfurcht in einem unaufgeklärten, finsteren Zeitalter.

Tatsächlich jedoch setzte sich der Glaube an eine Welt von Dämonen erst am Ausgang des Mittelalters durch, nachdem Gelehrte ihre Existenz »bewiesen« hatten. Diese »Scholastiker« genannten Wissenschaftler waren der Kirche verbunden und versuchten, Theologie mit philosophischen und naturwissenschaftlichen Erkenntnissen zu vereinbaren. Sie glaubten, die Wahrheit liege bereits in der Heiligen Schrift und anderen Überlieferungen vor und müsse nur noch rational begründet, gedeutet und systematisiert werden.

Nun befanden sich unter den Scholastikern auch ausgesprochen frauenfeindliche Denker, die meinten, Frauen neigten zur geschlechtlichen Verbindung mit dem Teufel, zur »Teufelsbuhlschaft«. Das wiederum wurde von päpstlichen Ketzergerichten aufgenommen und verbreitet, die jeden Ungehorsam gegen die Kirche verfolgten und mit dem Feuertod bedrohten. Damit war jene Mischung geschaffen, die Tausende das Leben kosten sollte.

Als Straftatbestand wurde die Hexerei erstmals im *Sachsenspiegel* erwähnt, einer bedeutenden, zwischen 1224 und 1231 angelegten Sammlung sächsischen Rechts. Schon damals wurde Hexen die Verbrennung angedroht. Aber erst rund 200 Jahre später war »hexerey« ausdrücklich Gegenstand eines Prozesses, 1419 in Luzern. Und während sich das Konzil zu Basel (1431–39) mit dieser Frage beschäftigte, ergoß sich eine regelrechte Welle von Hexenprozessen nicht nur über Deutschland.

Zu den bekanntesten Opfern gehörte die später zur französischen Nationalheiligen aufgestiegene Jeanne d'Arc, die 1431 in Rouen verbrannt wurde. Im Hundertjährigen Krieg hatte sie, so die Überlieferung, in Männerkleidern gegen die Engländer gekämpft, hatte 1429 Orleans befreit und mit dem glänzenden Sieg von Patay die Krönung Karls VII. im selben Jahr in Reims ermöglicht. Aber bald darauf geriet Jeanne in die Hände der Engländer, die ihr den Prozeß machten und sich dazu des Vorwurfs der Zauberei und Hexerei bedienten. In Deutschland ist aus jener Zeit besonders die 1435 in Straubing ertränkte Agnes Bernauer in Erinnerung geblieben. Friedrich Hebbel und Carl Orff haben die Bernauerin später zur literarischen Figur gemacht.

Eine regelrechte Hysterie traten die Dominikanermönche Heinrich Institoris und Jakob Sprenger im Jahre 1487 los. Ihr Buch *Malleus Maleficarum* (»Hexenhammer«) faßte alle Formen des Hexenglaubens und der Zaubereidelikte zusammen. Mit der Einführung von perfiden Verfahren zur Hexenprobe weitete es den Kreis der Fälle aus. Zu den bekanntesten Experimenten gehörte die »Wasserprobe«: ertrank das Opfer, war seine Unschuld bewiesen, hielt es sich über Wasser, galt es als der Hexerei überführt. Zudem begann ein Prozeß nun ohne weitere Prüfung bereits mit einer Denunziation; die Erhebung einer Anklage wurde nicht einmal mehr geprüft! Zur Beweiserhebung war fortan auch die Folter zulässig – für die Betroffenen also kaum ein Entrinnen möglich.

Einer ersten, etwa zwischen 1430 und 1540 anhaltenden Welle von Hexenverfolgungen folgten zwischen 1590 und 1630 in ganz Europa weitere Schübe. Deutschland und Skandinavien waren ebenso betroffen wie England, Frankreich, Italien und Rußland. Der Jesuit und Dichter Friedrich von Spee schrieb: »Es raucht ... in Deutschland überall. Und dies Rösten, Sengen und Brennen hat in unserm lieben Vaterland so überhand genommen«.

Bis 1669 erlebte der »Hexenhammer« nicht weniger als 30 Auflagen. Das macht auch deutlich, daß der Hexenwahn keineswegs Produkt des finsteren Mittelalters war. Die fortdauernde Wirkung des Buches verweist darauf, wie sehr die Zeit der Renaissance, des Humanismus und der Reformation, des Aufbruchs mithin, auch eine Epoche tiefer Verunsicherung und des Rückgriffs auf irrationale Vorstellungen war.

Darüber hinaus macht sie deutlich, daß die Hexenverfolgungen nicht von stumpfsinnigen, abergläubischen Fanatikern ins Werk gesetzt wurden, sondern von gut ausgebildeten Juristen, Wissenschaftlern und Theologen. Der Dekan der Universität zu Köln etwa hielt ausdrücklich fest, der *Hexenhammer* stehe nicht im Widerspruch zum katholischen Glauben. Johannes Trithemius, ein auch als Verfasser historischer Werke hervorgetretener Würzburger Abt, wurde von Kaiser Maximilian I. um sein Urteil gebeten. Er schrieb, die Zahl der Hexen sei »in jedem Landesteil sehr groß, und selbst im kleinsten Ort findet man noch eine Hexe«. Die Reformatoren waren nicht besser als die katholische Kirche: Martin Luther rief ausdrücklich dazu auf, Hexen gegenüber »keine Barmherzigkeit« walten zu lassen. In Genf wurden Hexenverbrennungen erst nach Beginn der Herrschaft des Reformators Johannes Calvin im Jahre 1536 zum häufig geübten Ritual.

Eine weitere Legende besagt, ausschließlich Frauen seien Opfer jener Verfolgungen geworden. Richtig ist, daß sie die weitaus größte Zahl der Opfer stellten. Aber auch Männer und sogar Kinder wurden umgebracht. So zählt ein Bamberger Flugblatt aus dem Jahre 1659 auf: »Kanzler von Dr. Haar, des Kanzlers Sohn, sein Weib und zwei Töchter, auch viele vornehme Herren …, die mit dem Bischof an der Tafel gesessen, sind alle gerichtet und zu Asche verbrannt worden … Es sind auch etliche katholische Geistliche darunter gewesen, die so große Zauberei und Teufelskunst getrieben, daß nicht alles zu beschreiben ist, wie sie in ihrer Pein bekannten, daß sie viele Kinder in Teufels Namen getauft haben … Es sind etliche Mägdlein von sieben, acht, neun und zehn Jahren … verbrannt worden«.

Insgesamt, so hat man geschätzt, hat der Hexenwahn 300 000 bis 500 000 Opfer gefordert. Und das bis weit in die Neuzeit hinein: die 1782 in Glarus als letzte »Hexe« geköpfte Anna Göldi war erst 1740 geboren worden!

Hindenburg
war vertrottelt und ernannte deshalb Hitler

Bevor Adolf Hitler die Macht »ergreifen« konnte, mußte sie ihm, damit der Schein der Legitimität gewahrt blieb, vom Reichspräsidenten verliehen werden. Dieses Amt bekleidete im Januar 1933 Paul von Beneckendorff und von Hindenburg. Der ehemalige Chef des deutschen Generalstabs, Reichspräsident seit 1925, war erst 1932, auch mit Unterstützung von SPD und Zentrum, wiedergewählt worden. Seine Gegenkandidaten hießen Ernst Thälmann (KPD) und: Adolf Hitler. Am 30. Januar 1933 nun ernannte der alte Herr, dessen Wahl ein politisches Amt Hitlers hatte verhindern sollen, eben jenen zum Kanzler des Deutschen Reiches. Und das, obwohl er ihn zuvor stets nur verächtlich »den böhmischen Gefreiten« genannt hatte – Hitler hatte es im Ersten Weltkrieg lediglich bis zum Mannschaftsdienstgrad eines Gefreiten gebracht; und Hindenburg verwechselte seinen oberösterreichischen Geburtsort Braunau (am Inn) mit der gleichnamigen Stadt in Böhmen.

Der auf den ersten Blick verblüffende Sinneswandel ist häufig der Senilität des 85jährigen zugeschrieben worden. Es wurde aber auch gemutmaßt, Hindenburgs Sohn Oskar habe staatliche Zuwendungen im Zusammenhang mit den ostelbischen Gütern der Familie illegal verwendet. Hindenburg sei mithin erpressbar gewesen, was die Nazis gewußt hätten. Ein regelrechter Nachweis für diese These ist zwar nicht zu führen. Immerhin aber sind staatliche Zuwendungen an die Familie des Reichspräsidenten bekannt. Hindenburg bekam das Gut »Neudeck« in Ostpreußen, auf dem er 1934 auch verstarb, zu seinem 80. Geburtstag am 2. Oktober 1927 als »Geschenk des deutschen Volkes«. Ermöglicht wurde diese Gabe durch Elard von Oldenburg-Januschau, selbst ostpreußischer Grundbesitzer, nach der Schenkung Gutsnachbar Hindenburgs und der »Hofkamarilla«, dem engsten Kreis um Hindenburg, zugehörig. Dieser gehörte auch Otto Meissner an, der unter Ebert, Hindenburg und Hitler Staatssekretär war, sowie Oskar von Hindenburg, der »in der Verfassung nicht vorgesehene Sohn« des Reichspräsidenten, wie ein verbreiteter Spott ihn titulierte.

Die ostelbischen Großagrarier verwandten sich zunehmend für

Hitler – Hindenburg stammte aus Ostpreußen und war einer der ihren. Zudem wirkte Franz von Papen auf Hindenburg ein. Dieser war Vorgänger des Reichskanzlers Kurt von Schleicher gewesen. In der Ernennung zum Vizekanzler in einem Kabinett Hitler sah Papen seine Chance zur Rückkehr an die Macht. Und schließlich war Oskar von Hindenburg massiv an der Einsetzung Hitlers und dem Sturz Schleichers beteiligt. Diese Konstellation verwundert, denn Schleicher und der jüngere Hindenburg kannten sich bereits seit ihrer Jugendzeit aus der Hauptkadettenanstalt Lichterfelde bei Berlin, die sie um die Jahrhundertwende gemeinsam besucht hatten. Zudem hatte Schleicher eine Zeitlang zu den »Einflüsterern« Hindenburgs gehört. Offenbar glaubte Paul von Hindenburg seinem Sohn, daß die Ernennung Hitlers zum Reichskanzler durch den »gleichberechtigten« Vizekanzler von Papen und andere nationalkonservative Kräfte »eingerahmt« und abgefangen werden könne.

Fazit: Für die Vermutung der Bestechlichkeit gibt es keine handfesten Belege, sie ist aber nicht ganz abwegig – eine Industriellenspende zur Finanzierung der Schenkung eines Gutes, die Absetzung des mit Oskar von Hindenburg befreundeten Schleicher. Einen »Anfangsverdacht« darf man also festhalten. Für eine fortgeschrittene Senilität Hindenburgs bereits Anfang 1933 – es ist bekannt, daß er letzten Endes verwirrt starb – gibt es hingegen keine Anzeichen. Wenn es also einen in der Person Hindenburgs liegenden Grund für die Ernennung Hitlers gab, dann nicht Vertrottelung, sondern das überraschende Vorgehen seines Sohnes, dessen Motive allemal weitere Nachforschung wert wären.

Hitler

Adolf Hitler war ein lausiger Maler

Bis zu seinem 30. Lebensjahr gab Adolf Hitler »Kunstmaler« als Beruf an, obwohl seine Bewerbung an der Wiener Akademie der Bildenden Künste im September 1907 gescheitert war. Bereits im ersten Durchgang wurden seine Arbeitsproben als ungenügend zurückgewiesen. Ein zweiter Versuch im Jahr darauf war nicht erfolgreicher. Dennoch fanden Postkarten, die Hitler nach Wiener Motiven anfertigte, hin und wieder Käufer. Sogar Aufträge für die Anfertigung von Reklameplakaten erhielt der junge Mann gelegentlich. Vielleicht hätte es also bei der »Kunstmalerei« bleiben können. Zumal die Nachwuchskraft, anders, als das verbreitete Urteil es will, in diesem Fach womöglich mehr war als ein Dilettant. Der amerikanische Kritiker Doug Harvey hält die Ergebnisse der Bemühungen des späteren Diktators für durchaus präsentabel: penible, perspektivisch sichere Architekturstudien, Kirchen und Plätze mit zart aquarelliertem Hintergrund. Der US-Publizist bescheinigt ihrem Urheber gar die Voraussetzungen einer erfolgreichen Karriere im Kunstgeschäft. Doch statt diese anzustreben, beschloß der junge Mann, »Politiker zu werden«. Die Folgen sind bekannt.

Homer

Homer verfaßte Ilias und Odyssee

Sichere Nachrichten aus dem Leben des griechischen Schriftstellers Homer, des sagenumwobenen Verfassers von *Ilias* und *Odyssee*, sind spärlich. Vermutlich lebte Homer zwischen 750–650 v. Chr. als Erzähler an verschiedenen Fürstenhöfen. Wahrscheinlich stammte der Erblindete aus Smyrna in Kleinasien, dem heutigen Izmir. Von dort gelangte er auf die vor der nahen Küste gelegene griechische Insel Chios; gestorben ist Homer auf Ios, südlich davon.

So vermutet man jedenfalls. Aber: War Homer überhaupt eine historische Person? Und fehlte ihm tatsächlich das Augenlicht, wie der athenische Geschichtsschreiber Thukydides überliefert? Und woher stammte Homer tatsächlich? Um den Ruhm als Heimat des Dichters streiten sich neben Smyrna das auf dem Peloponnes gelegene Argos, Athen, Chios, Ios, die westgriechische Insel Ithaka, das in der Antike südlich von Smyrna gelegene Kolophon, Kyme an der türkischen Ägäisküste, Pylos, Rhodos sowie Salamis auf Zypern.

Nicht weniger als sieben Biographien des Sängers haben sich aus der Antike überliefert, was die Sicherheit der Quellen nicht erhöht. Am bekanntesten ist die *Legende von Homer, dem fahrenden Sänger*. Ihr zufolge kam er in Smyrna zur Welt und trug den Namen Melesigenes (nach dem dortigem Fluß Meles). Seine Mutter sorgte für eine gute Ausbildung ihres Sohnes. Melesigenes wurde Reisebegleiter des Händlers Mentes und gelangte mit ihm bis zur iberischen Halbinsel, wo er erblindete.

Aus Melesigenes wurde Homer (nach »Homeroi«: »Blinde«), der Bettelsänger. Dieser bereiste die Ägäis. Längere Zeit hielt Homer sich in Chios auf, wo er eine Dichterschule leitete. Er heiratete, bekam zwei Kinder, schrieb bzw. diktierte seine Hauptwerke. Beide behandeln den Trojanischen Krieg und sind zu griechischen Nationalepen geworden. Während die *Ilias* die entscheidenden Tage der Belagerung Trojas beschreibt, schildert die *Odyssee* die zehnjährige Irrfahrt des Odysseus im Anschluß an den Trojanischen Krieg. Homers Schriften sorgten für das Einkommen der Familie; der Autor bereiste ganz Griechenland: Samos, Chalkis, Athen, Korinth, Argos, Delos. Hochbetagt ist er auf Ios gestorben.

War es so? Der deutsche Altphilologe Friedrich August Wolf formulierte bereits 1795 eine Theorie, die sich bis heute hält. Der Hallenser Professor schrieb in seinem Buch *Prolegomena ad Homerum*, Homer sei keine einzelne Person, *Ilias* und *Odyssee* hätten verschiedene Autoren. Vermutlich handele es sich um Zusammenfassungen mehrerer Einzelepen, die im späten sechsten Jahrhundert v. Chr. verfaßt wurden. Mittlerweile scheint immerhin sicher, daß die Ilias von einem einzigen Autor stammt. Die Odyssee hat andere oder einen anderen Verfasser und ist etwa eine Generation später entstanden. – Mithin: Homer ist nicht der Autor von *Ilias* und *Odyssee*.

Hugenotten

Karl IX. schwärmte: »Der Geruch eines [toten] Feindes ist sehr gut«

Die katholische französische Königsfamilie um den jungen Monarchen Karl IX. hatte die Hochzeit des Hugenotten Heinrich von Navarra, des späteren Königs Heinrich IV., mit Margarete von Valois, der Schwester Karls, genutzt, um in der »Bartholomäusnacht« am 23./24. August 1572 ein Massaker unter den zur Feier angereisten Hugenotten anzurichten. Diesem fiel auch der hugenottische Admiral Gaspard de Coligny zum Opfer. Nach vollbrachter Tat, so die Überlieferung, habe der König die Überreste des Schlachtens besichtigt und angesichts des toten Coligny, während seine Begleiter den Verwesungsgeruch beklagten, gesagt: »L'odeur d'un ennemie est très bon«.

Schon einer seiner Vorgänger, Ludwig XI., soll sich bei entsprechender Gelegenheit dieser Sentenz bedient haben. So erzählt es jedenfalls der schottische Schriftsteller Walter Scott in seinem historischen Roman *Quentin Durward* aus dem Jahre 1823.

Aber dem angeblichen Ausspruch des einen oder des anderen französischen Königs liegt wohl eine seit der Antike auf immer neue Begebenheiten übertragene Wanderanekdote zugrunde. Sueton berichtet von Vitellius, einem der vier römischen Kaiser des Bürgerkriegsjahres 69, dieser habe auf dem Schlachtfeld von Bedriacum angesichts des Verwesungsgeruches zahlloser Leichen gemeint, »ein erschlagener Feind rieche sehr gut, ein erschlagener Mitbürger noch besser«. Ob der letztlich siegreiche Vespasian, der 69 für immerhin zehn Jahre Kaiser wurde, den Leichnam des am 20. Dezember dieses Jahres getöteten Vitellius persönlich in Augenschein genommen und mit einem herben Kommentar verabschiedet hat, ist hingegen nicht überliefert.

Hundertjähriger Krieg

Der Hundertjährige Krieg dauerte hundert Jahre

Im 14. Jahrhundert herrschte zwischen England und Frankreich Streit um die französische Krone. 1339 eskalierte er zu einem Krieg, der der »Hundertjährige« werden sollte.

Die Vorgeschichte ist ein wenig verzwickt: Als 1328 mit Karl IV. von Frankreich der letzte Sohn Philipps IV., des »Schönen«, gestorben war, erhob sich die Frage, wer die Krone erben solle. Anspruch erhob der englische König Eduard III., weil seine Mutter Isabella eine Schwester Karls IV. war. Zudem besaß England Territorien in Frankreich, und seit 1337 führte Eduard neben seinem englischen Titel auch denjenigen eines Königs von Frankreich. Dieser freilich war bereits vergeben, denn der französische Adel hatte schon 1328 einen Sohn Karls von Valois – der seinerseits ein Bruder Philipps IV. gewesen war – als König Philipp VI. zum Herrscher gewählt.

Eduard begann im Jahre 1337, auf dem Kontinent nach Bündnispartnern gegen Frankreich zu suchen: in den Niederlanden und im Deutschen Reich. Bis zum offenen Ausbruch von Kämpfen gingen aber zwei weitere Jahre ins Land. England besaß unter anderem das zwischen Bordeaux und Bayonne gelegene Guyenne, und die Einmischung der französischen Verwaltung in diesen Besitz führte 1339 zum Krieg.

Zunächst war der Erfolg auf Seiten der Engländer: 1346 und 1356 errangen sie dank ihrer überlegenen Waffen bei Crécy und Maupertuis große Siege. So brachte der Krieg den Engländern in seiner ersten Phase – bis etwa 1360 – einen Wirtschaftsaufschwung. Und da er überwiegend auf heute französischem Terrain geführt wurde, blieben sie von den Begleiterscheinungen eines Krieges, der Verwüstung ihres Landes und dem Verlust von Haus und Hof, verschont.

1360 wurde in Brétigny bei Chartres Frieden geschlossen. Eduard verzichtete zwar auf den französischen Thron, England erhielt aber umfangreiche Gebiete in Frankreich, darunter Poitou, Gascogne, Guines und Calais. Das konnte den Franzosen auf die Dauer nicht gefallen, und so flammte der Krieg 1369 wieder auf.

Erfolge und Landnahmen gingen hin und her: Während die Franzosen 1372 und 1375 siegten, waren die Engländer 1415 und 1419 erfolgreich, 1429 wiederum konnten sich die Franzosen durchsetzen. 1444 wurde in Tours ein Waffenstillstand vereinbart, der freilich nicht hielt. Erst die Schlacht im Jahre 1453 bei Castillon (heute im Department Gironde gelegen) brachte die endgültige Entscheidung: England verlor – bis auf Calais – sämtliche Besitzungen auf dem Festland.

Aufmerksame Leser werden feststellen, daß vom Kriegsausbruch im Jahre 1339 bis zur Entscheidung 1453 nicht weniger als 114 Jahre vergangen waren. Wesentlich kürzer war allerdings der Zeitraum, in dem tatsächlich gekämpft wurde, da die Auseinandersetzung von langen Unterbrechungen gekennzeichnet war. Andererseits waren es bis zum offiziellen Friedensschluß, der erst 1475 in Picquigny bei Amiens erfolgte, sogar 136 Jahre. – Wie auch immer man rechnet: hundert Jahre hat der »Hundertjährige« Krieg nicht gedauert. Die Bezeichnung ist wohl eher als Metapher für »ewig« zu verstehen.

I

Indianer
waren primitiv

Als die Europäer den amerikanischen Kontinent »entdeckten«, war dieser bereits seit Zehntausenden von Jahren bewohnt. Die erste Besiedlung Amerikas fand nämlich schon zwischen 70 000 und 12 000 v. Chr. statt, so daß die Weißen in der »Neuen Welt« auf uralte Kulturen trafen.

Die Indianer im Waldland des nordamerikanischen Ostens etwa verfügten über fortgeschrittene Techniken, die den Europäern unbekannt waren. Das reichte vom gezielten Einsatz von Pflanzen zur Schmerzlinderung bis zur Herstellung wasserdichter Körbe.

Das Zusammentreffen der Kulturen blieb nicht ohne Folgen, vor allem für die Indianer. Sie fingen an, mit den Siedlern – Holländern, Franzosen, Engländern – Handel zu treiben: Mais, Fische, Biberpelze. Da die Indianer sich auf das Jagen und Fallenstellen besser verstanden als die Europäer, begannen sie, sich darauf zu spezialisieren. Darüber verkümmerten ihre hergebrachten Fähigkeiten – warum stundenlang einen wasserdichten Korb flechten, wenn in einem Zehntel der Zeit genug Biberfallen aufgestellt werden konnten, um mit deren Beute einen Kessel einzutauschen? Auch die indianische Landwirtschaft – deren Methoden die Europäer übernahmen – verkümmerte. Es war einfacher, Nahrungsmittel im Handel zu erwerben, als sie anzubauen. (Übrigens: mehr als die Hälfte aller heute weltweit für Nahrungsmittel verwendeten Getreidesorten sind von den Indianern Nord- und Südamerikas kultiviert worden!) Viele Indianer erwiesen sich als außerordentlich sprachbegabt und sprachen bald zwei europäische und zwei indianische Sprachen. Die

Briten bedienten sich sogar indianischer Übersetzer, wenn sie mit Spaniern oder Franzosen verhandelten.

Die Eingeborenen fanden auch schnell heraus, daß europäische Gewehre effizienter waren als Pfeil und Bogen. So vermischten sich Elemente beider Kulturen, der indianischen und der europäischen. Die Irokesen kombinierten bereits im 17. Jahrhundert europäische Gewehre mit indianischer Kriegstaktik und unterjochten so im Jahre 1648 die Huronen. Indianer lernten, Kugeln zu gießen, Gewehre zu reparieren, starke Forts anzulegen und bis zur Vernichtung zu kämpfen. Die Europäer wiederum stellten fest, daß Handel sich einsetzen ließ, um Bündnisse mit indianischen Nationen zu begründen.

Um den Herausforderungen dieses Zusammentreffens zu begegnen und weil die Weißen für die Kommunikation Strukturen benötigten, die ihren eigenen entsprachen, stärkten viele Indianerstämme ihre Regierungen. Die Häuptlinge wurden mächtig wie nie zuvor. Sie regierten zudem immer größere Landstriche. Kriege und Epidemien hatten kleinere Stämme entweder ausgerottet oder gezwungen, sich unter den Schutz der größeren zu begeben. Diese wurden zu regelrechten Schmelztiegeln, die auch Weiße und Schwarze aufnahmen. Neue Nationen entstanden, wie die Creek, Lumbees und Seminolen im Südosten der heutigen USA. Die Rolle der Männer wurde zudem stärker, nicht nur in Imitation der Europäer, sondern auch, weil Kriegführung und die damit verbundenen Fähigkeiten immer wichtiger wurden.

Und all dies galt nicht nur für die Indianer Nordamerikas: Als der spanische Konquistador Hernan Cortez 1519 in Mittelamerika ankam, fand er mit der Hauptstadt des Aztekenreichs, Tenochtitlan (heute Mexico City), eine Stadt von über 100 000 Einwohnern vor! Sie war das Zentrum einer differenzierten Gesellschaft, einer Hochkultur mit großartigen Tempelbauten. Aufwendigen Schmuck kannten die Azteken ebenso wie fortschrittliche Keramik. Ihre Bilderhandschriften bezeugen den hohen Stand ihrer Kultur noch heute. Cortez' Begleiter Bernal Diaz notierte, der Markt von Tenochtitlan sei so laut, »daß man ihn in mehr als vier Meilen Entfernung hören konnte«. Von »Primitivität« also keine Spur. Primitiv war es aus heutiger Sicht allenfalls, daß die Europäer diese Zivilisationen ausrotteten, um an ihre Reichtümer zu kommen – und weil ihre Schamanen, katholische und calvinistische Priester, es ihnen sagten.

»Industriekapitäne« ermöglichten Hitlers Aufstieg

Die »Machtergreifung« der Nationalsozialisten sei von der Industrie finanziert und mithin ermöglicht worden, so eine vor allem von links immer wieder vorgebrachte These. Und die Spenderliste der Partei liest sich in der Tat wie ein »Who-is-who« der deutschen Wirtschaft: von Bechstein (Klavierfabrik) über Borsig (Maschinenbau) Bruckmann (Druck und Verlag) und Flick (Stahlwerke) bis zu Hugenberg (Presse), Kirdorf (Bergbau) und Schacht (Banken). Viele von ihnen gaben Geld, weil sie hofften, die Nazis würden nicht nur den Einfluß der Gewerkschaften brechen, sondern auch für lukrative Rüstungsaufträge sorgen. Auch im Ausland wurde so gedacht. So gehörte etwa der Generaldirektor der Royal Dutch Shell, Henri Deterding, zu Hitlers Geldgebern.

Kein Wunder, daß die Propaganda der Nazis tönte, ihr Führer erfreue sich der ungebrochenen Sympathie der »Industriekapitäne«. Diese habe ihm spätestens sein – nachgerade berühmter – Auftritt vor dem Düsseldorfer Industrieclub am 26. Januar 1932 eingetragen. In diesem Punkte freilich war die Wirklichkeit anders: zwar sprach der aufstrebende Parteichef vor überfülltem Saal, von den Wirtschaftsgewaltigen zeigte sich allerdings allein Fritz Thyssen überzeugt, der seit 1931 ohnehin ein Parteigenosse Hitlers war. Der an jenem Abend anwesende Vorstandsvorsitzende der Vereinigten Stahlwerke, Albert Vögler, warnte in den folgenden Tagen hingegen »auf Eindringlichste« vor den Nazis. Andere weigerten sich sogar, mit dem Redner zusammenzutreffen und waren nicht erschienen, darunter Peter Klöckner, der 1917 die Klöckner-Werke gegründet und zu einem führenden Unternehmen der Schwerindustrie gemacht hatte, Gustav Krupp von Bohlen und Halbach, Paul Reusch von der Gutehoffnungshütte oder Franz Springorum von Hoesch, dem Eisen- und Stahlwerk.

Viele Konzernchefs entdeckten ihre Sympathie für die Nazis erst, nachdem diese an die Macht gelangt waren – um deren (und infolgedessen indirekt auch ihre eigenen) Kassen dann allerdings um so reichlicher zu füllen. Widerstand aus ihren Kreisen mußten die Nazis nicht befürchten, auch nicht, als sie die Unternehmerschaft über das »Führerprinzip« in ihre Strukturen integrierten. Nur einer brach offen mit der Diktatur und emigrierte schließlich sogar: Fritz Thyssen ging 1939 in die Schweiz.

Ius primae noctis
hatten früher alle Herrscher

Die Grundherren des Mittelalters, so heißt es, hatten das Recht auf die »erste Nacht« mit allen Bräuten ihrer Bediensteten. (In anderen Varianten heißt es sogar: mit den Bräuten aller abhängigen Bauern ihres Lehens). Ohne die Gewährung dieses auch als »Droit de Seigneur« (»Herrenrecht«) bekannten Vorrechts des Grundherrn zur Vergewaltigung der Frau in der Hochzeitsnacht gab es keine Hochzeitserlaubnis für das Gesinde.

Allerdings wird erst im 17. Jahrhundert von diesem angeblich altertümlichen Recht berichtet. Aber bis heute wird das damit verbundene Bild der unumschränkten Macht mittelalterlicher Feudalherren und der Rechtlosigkeit ihrer Untertanen verbreitet (beispielsweise in Mozarts »Hochzeit des Figaro« oder dem Hollywood-Streifen »Braveheart«).

Die tatsächliche Existenz des Ius primae noctis darf aufgrund fehlender schriftlicher Quellen bezweifelt werden. Zwar meint Jörg Wettlaufer, das Herrenrecht habe als tatsächliches Recht und »Zeichen der Herrschaft« existiert; es sei allerdings üblich gewesen, die Frauen mit Geld oder Naturalien freizukaufen. In seiner erweiterten Bibliographie führt er auf, schon der babylonische Großkönig Gilgamesch habe für sich das Ius primae noctis gefordert, und auch die jüdische Mythologie gebe Hinweise auf dessen tatsächliche Existenz.

Vielen Historikern aber gilt es als Mythos. Sie glauben, dieses Recht habe es so nie gegeben. Der Ursprung dieses Mythos liegt wohl in der französischen Aufklärung, die ihn gegen den Adel und das Ancien Régime instrumentalisierte. Damit ergibt sich ein kurioses Paradoxon: Nach Immanuel Kant bedeutet Aufklärung ja den »Ausgang des Menschen aus seiner selbst verschuldeten Unmündigkeit«. In diesem Falle aber (und wohl nicht nur in diesem ...) leisteten die Vertreter der Aufklärung einer Legendenbildung Vorschub.

J

Jefferson
Thomas Jefferson kämpfte für die Menschenrechte

Thomas Jefferson ist einer der Gründerväter der USA: 1779–81 Gouverneur von Virginia, 1785–89 Gesandter in Paris, 1789–93 Außenminister und schließlich 1801–09 dritter Präsident. Vielleicht noch vor alledem ist Jefferson als Verfasser der berühmtesten Passage der amerikanischen Unabhängigkeitserklärung vom 4. Juli 1776 unsterblich geworden. Sie spricht allen Menschen das gleiche Recht auf »Life, Liberty and the Pursuit of Happiness« zu, also auf die Unversehrtheit ihres Lebens, auf Freiheit und auf das Streben nach Glück.

Das war im 18. Jahrhundert wahrhaft revolutionär. So wundert es kaum, daß der Autor dieser Zeilen als einer gilt, der die Gleichheit der Menschen unerbittlich verfocht. Indes: während er das universale Glücksversprechen formulierte, besaß Jefferson eine Plantage in Virginia, auf der er nicht weniger als 175 Sklaven hielt – und die Zahl stieg bis 1822 auf 267! Jeffersons Fürsprecher halten freilich eine Lösung bereit, die von der inneren Zerissenheit Jeffersons handelt, davon, daß er persönlich von der Sklaverei gequält und gegen ihre Ausweitung gewesen sei.

Tatsächlich jedoch sprach Jefferson sich 1820 für die Etablierung der Sklaverei auch im amerikanischen Westen aus. Er zerriss weniger sich selbst als die Familien seiner Leibeigenen, indem er Sklaven in den tiefen Süden verkaufte, um andere gefügig zu machen. Nicht einmal den Standards seiner Zeit vermochte Jefferson zu folgen. Es war nämlich nicht unüblich, seine Sklaven wenigstens testamentarisch freizulassen, wie es George Washington (Präsident 1789–97) getan hatte. Kein Gedanke daran für Jefferson: während seines ganzen Lebens hat er nur drei Sklaven freigelassen, weitere fünf erst mit seinem Tode – ausschließlich Blutsverwandte. Jefferson hatte nämlich über Jahrzehnte eine eheähnliche Beziehung mit einer seiner Sklavinnen geführt, der mehrere Kinder entstammten. Ob er sie jemals nach ihrer Vorstellung von »Life, Liberty and the Pursuit of Happiness« befragt hat, darf bezweifelt werden.

Jesus
war der Sohn Gottes, geboren von der Jungfrau Maria

Mit der Person Jesu verbindet sich eine Reihe von Vorstellungen und Motiven, die teils als Konstrukte erkennbar, teils auch weniger einmalig sind, als sie zunächst scheinen. Einige davon seien hier kurz erwähnt:

1. Jesus war der Sohn Gottes
Schon von Alexander dem Großen von Mazedonien hieß es, er sei angeblich nicht das Kind König Philipps II., sondern gezeugt von Zeus, dem höchsten Gott der Griechen. Dieser hellenistische Mythos hat auch die christliche Vorstellung vom Sohn Gottes geprägt. In der hebräischen Überlieferung galt Jesus zunächst nur als auserwählt, als von Gott adoptiert. Der Glaube, Jesus sei Gottes Sohn, setzte sich erst lange nach seinem Kreuzestod durch.

2. Jesus war ein Nachkomme König Davids
David war der erste König Israels und Begründer der judäischen Dynastie. Die Vorstellung, er sei im genealogischen Sinne ein Vorfahr Jesu gewesen, ist ebenfalls ein Konstrukt. Es geht auf zwei Evangelien zurück: Matthäus (zwischen 75 und 90 n. Chr. verfaßt, aber wohl nicht von Matthäus) und Lukas (entstanden zwischen 80 und 90 n. Chr.). Beide konstruieren zum Beleg ihrer These Stammbäume. Diese beziehen sogar Abraham ein, einen der Urahnen aller semitischen Völker. Und beide wollen auch Joseph in der Ahnenreihe des Erlösers sehen (obwohl dieser ja gar nicht Jesu Vater ist, vgl. 1. und 4.).

3. Jesus kam in Bethlehem zur Welt

Lukas und Matthäus nennen Bethlehem als Geburtsort. Aber es gibt auch eine andere Version, nämlich diejenige der Evangelien nach Markus (als Vorbild der anderen Evangelien um 70 n. Chr. entstanden) und Johannes (vor 150 n. Chr. niedergeschrieben). Markus nennt Jesus einen »Nazarener«. Das Johannesevangelium (übrigens nicht vom gleichnamigem Jünger Jesu verfaßt) weist die Vorstellung, Jesus sei in Bethlehem geboren, sogar ausdrücklich zurück und tut es statt dessen Markus gleich: Nazareth. Heutzutage wird in der Behauptung Bethlehems als Geburtsort der Versuch gesehen, die Vorgänge um Jesu Geburt in Übereinstimmung mit dem Alten Testament zu bringen, denn Bethlehem war ja immerhin die »Stadt Davids« (vgl. 2.).

4. Maria war Jungfrau

Der alttestamentarische Prophet Jesaia lebte im 8. Jahrhundert v. Chr., predigte die Heiligkeit Jahwes und weissagte angeblich: »eine Jungfrau ist schwanger und wird einen Sohn gebären«. Dieses Motiv nahm Matthäus auf, indem er den Heiligen Geist als Urheber der Schwangerschaft Marias ausmachte. Jahrhunderte danach hielt sich auch Martin Luther an die Version von der »Jungfrau«, als er die Bibel ins Deutsche übertrug. Nur: bei Jesaia ist davon keineswegs die Rede, sondern lediglich von einem »jungen Weib« (Jes. 7, 14)! Die Vorstellung der Jungfrauengeburt war zu Zeiten Jesu noch unbekannt – Matthäus und Lukas schreiben etwa 50 bis 70 Jahre nach seinem Tod. Markus, der älter ist, erwähnt den Umstand nicht, ebensowenig wie Johannes.

Nun ist durchaus vorstellbar, daß der Aspekt der Jungfräulichkeit der Überlieferung absichtlich hinzugefügt wurde, um die Einmaligkeit Jesu besonders zu betonen. Das Motiv der Jungfrauengeburt ist in der Mythologie nämlich gar nicht so selten. Die älteste Variante handelt von dem assyrischen König Sargon I. Die von dem persischen Propheten Zarathustra, der in der ersten Hälfte des ersten Jahrtausends v. Chr. wirkte, begründete persische Religion des Parsismus erwartete die Erlösung vom Saoschjant, der von einer Jungfrau geboren werde. Ähnlich wird die Geschichte des indischen Gottes Krishna erzählt und die des altpersischen Herrschers Kyros I. Der griechische Mythos von Perseus, des Sohnes von Zeus und Danae, weist das Motiv der jungfräulichen Geburt des Göttersohnes schließlich ebenso auf wie die Geschichte von Romulus, des Begründers der Stadt Rom. Seine Mutter, die Vestalin Rhea Silvia, gebar den Sohn des Gottes Mars.

Johann Cicero
war ein Gelehrter auf dem Thron

Johann, seit 1486 Kurfüst der Mark Brandenburg, ist als »Johann Cicero« in die Annalen eingegangen – mit einem Beinamen also, der auf den römischen Staatsmann, Rhetor und Philosophen Cicero verweist. Ein Gelehrter auf dem Thron? Tatsächlich wurden humanistische Bildung und Sprachkenntnisse Johanns gerühmt, der sich in großem Stil um die Gelehrsamkeit verdient gemacht und sogar eine Universität (in Frankfurt/Oder) gegründet haben soll.

So jedenfalls geht die Legende, seit der deutsche Humanist und Reformator Philipp Melanchton sie in die Welt setzte. Melanchton ist der Urheber des Berichts von einer großen Rede, die den Ruf des Brandenburgers begründete. Um die Könige von Böhmen und Ungarn zu versöhnen, habe Johann mit außergewöhnlicher Eloquenz eine lange lateinische Rede gehalten, woraufhin die Zuhörer ausgerufen hätten, er sei »ein wahrer Cicero«. Nur: der Kurfürst hat eine solche Rede nie gehalten. Auch die ihm zugeschriebene Gründung der Frankfurter Universität geht nicht auf Johann zurück. Sie erfolgte erst 1506 auf Geheiß von Johanns Sohn Joachim I.

Johann, ein massiger, kräftiger Mann, wurde zu Lebzeiten »Magnus« genannt, was nicht nur der »Große«, sondern auch der »Starke« bedeutet. Dieser Beiname kennzeichnet den Fürsten und sein Walten besser. Johann hatte sich – wie die meisten Regenten seiner Zeit – nämlich mit sehr handfesten Problemen auseinanderzusetzen. Zwei Themen bestimmten seine Herrschaft. Da waren zum einen die Raubritter, die sich ihm widersetzten. Zum zweiten konnte er die Steuern nur mit Gewalt eintreiben. 1488 hatte Johann als erster deutscher Fürst den Versuch unternommen, eine indirekte Steuer zu erheben, die »Bierziese«. Nun wollten aber die Städte der Altmark, darunter Stendal, ihr Brauereiwesen nicht belasten und verweigerten die Entrichtung der Steuer in Höhe von acht Pfennigen pro Tonne Bier. Das ließ der Fürst sich nicht bieten: um die Steuer einzutreiben, ließ er die ganze Stadt stürmen. Für Gelehrsamkeit blieb angesichts so robuster Aktivitäten wenig Zeit.

Johann der Gute
war ein guter König

Johann II. von Frankreich führt den Beinamen »der Gute«, obwohl das Gegenteil angezeigt wäre. Freilich trat er seine Herrschaft unter einem schlechten Stern an: vorausgegangen war eine große Pestepidemie. Die französische Bevölkerung ging drastisch zurück und die Wirtschaft brach zusammen. Die Versorgung der Überlebenden war nicht mehr gesichert.

Dieser dramatischen Situation zeigte sich der neue König in keiner Hinsicht gewachsen: unfähig zu persönlichem Regiment, war er auch nicht in der Lage, sich mit geeigneten Beratern zu umgeben. Während das Land darbte, entfaltete der Hof verschwenderische Pracht. Luxuriöse Feste und große Turniere verschlangen Unsummen. Die erforderlichen Mittel erkaufte Johann sich, indem er den Provinzen politische Zugeständnisse machte. So konnten diese die Unfähigkeit des Königs zur Ausweitung ihres Einflusses nutzen, während die Stellung der Monarchie erschüttert wurde.

Wie im Innern, so versagte Johann auch nach außen auf ganzer Linie. Sein Land befand sich bereits im Hundertjährigen Krieg (vgl. dort) mit England (1339–1453), als Johanns Regentschaft begann. Die Briten, die über Land an der (heute französischen) Antlantikküste verfügten, erhoben Ansprüche auf den französischen Thron. Es gelang ihnen, Johann eine schmachvolle Niederlage beizubringen: 1356 konnten sie den französischen König nach der Schlacht bei Maupertuis ergreifen und in eine vierjährige Gefangenschaft führen – obwohl dieser gewarnt worden war!

Nun hatte das Volk endgültig genug vom »guten« Johann. Es kam zu Aufständen gegen den König und seine Verwaltung, und erst Johanns Sohn Karl wurde wieder Herr der Lage. 1358 konnte er

Paris zurückerobern, 1360 den Frieden von Brétigny schließen. Darin verzichtete England auf seinen Thronanspruch, allerdings mußten die Franzosen das Poitou, die Gascogne, Guines und Calais räumen. König Johann kam wieder frei – wenn auch erst nach Zahlung eines immensen Lösegeldes.

Politisch war Johann also wirklich ein Versager auf der ganzen Linie. Trotzdem gibt es Chronisten, die ihn preisen. Sie loben vor allem das Rittertum des Königs. In der Tat: zu seinen (überschaubaren) Verdiensten gehört die Gründung des Sternenordens, der das versinkende ritterliche Ideal pflegen sollte. Eine wohlwollende Sicht auf Johann kann in ihm also einen seiner Zeit entrückten Träumer erblicken, einen Träumer großen Zuschnitts und lauterer Motive bestenfalls.

Darin ist er einem Zweiten ähnlich, der sich Jahrhunderte später ebenfalls ins Imaginäre flüchtete, während sein Land politisch verlor: Ludwig II., der berühmte »Kini« der Bayern, der ebenfalls einen positiven Nachruhm genießt. Was dem einen das untergehende Rittertum, waren dem anderen die vergangene Größe der Monarchie und der Glanz der Kunst.

Johann Ohneland
war ein König ohne Land

Als »Johann Ohneland« ist der 1167 geborene dritte Sohn des englischen Königs Heinrich II., der England von 1199 bis 1216 regierte, berühmt geworden. Dieser Beiname rührt daher, daß er als jüngster Sohn des Monarchen keine Land-Apanage erhielt. Auch der Versuch, ihn als König von Irland zu etablieren, scheiterte.

So schien es, daß Johann mit Fug und Recht »ohne Land« genannt wurde, als sein Vater 1189 starb. Johanns älterer Bruder Richard Löwenherz gelangte auf den Thron. Zehn Jahre darauf aber starb auch Richard, und da Heinrichs zweiter Sohn Gottfried bereits 1186 umgekommen war, wurde Johann König von England. Und nicht nur das: wie sein Vater herrschte er als Herzog der Normandie auch über einen Großteil Frankreichs. Aus Johann ohne Land wurde also ein König mit sehr viel Land.

Allzu glücklich freilich ist er damit nicht geworden: die Normandie büßte Johann bereits 1204 wieder ein. Damit aber waren die Auseinandersetzungen mit Frankreich und seinem König Philipp II. August keineswegs ausgestanden. Als gar eine französische Invasion bevorstand, flüchtete sich Johann in ein Bündnis mit Papst Innozenz III. Im Jahre 1213 unterwarf er sich der Kirche, und der Papst untersagte daraufhin den französischen Angriff. Im Gegenzug war aus dem englischen König ein Lehnsmann des Papstes geworden, dessen Außenpolitik von Rom aus bestimmt wurde.

Nur kurze Zeit später mußte Johann auch im Inneren eine erhebliche Einschränkung seiner Macht hinnehmen. Denn die Magna Charta, die er im Jahre 1215 zugestehen mußte, stellte dem König ein Gremium von 25 Baronen zur Seite, das den Monarchen kontrollierte und als Vorläufer des englischen Parlaments gilt.

So hätte der unglückliche König auch als »Johann ohne Macht« in die Geschichte eingehen können, und diesen Beinamen hätte er vielleicht mit noch mehr Berechtigung getragen als »Johann ohne Land«.

Judenverfolgung

Die Menschen in Deutschland wußten von nichts

»Wir haben das alles nicht gewußt«, sagten Zeitzeugen häufig, wenn man sie auf die Ausgrenzung, Verschleppung und Ermordung der Juden im Dritten Reich ansprach. Bei aller Zurückhaltung, die die Nachgeborenen sich auferlegen sollten: Historisch scheint diese Aussage nicht haltbar. Schließlich war die »Vernichtung der jüdischen Rasse in Europa« offen dargelegter Teil der NS-Ideologie. Bereits in *Mein Kampf*, erschienen 1925 und im Dritten Reich massenhaft verbreitet, hatte Hitler das Ziel eines »rassisch gereinigten Führerstaates« formuliert. Fanatischen Antisemitismus stellten die Nazis immer wieder in den Mittelpunkt ihrer Propaganda: »Die Juden sind unser Unglück«, hieß es allerorten. Die antisemitische Hetzschrift *Der Stürmer* hing in Zehntausenden von Schaukästen aus. Die Existenz von Konzentrationslagern wurde seit 1933 durch Presse und Rundfunk zur Abschreckung allgemein bekanntgemacht. Jüdische Geschäfte wurden (öffentlich sichtbar) boykottiert. Seit 1935 galten die (ausgiebig veröffentlichten) Nürnberger Rassengesetze. Für jedermann gut erkennbare Schilder in deutscher Sprache verboten Juden den Kauf von Weißbrot und Kuchen, das Sitzen auf Parkbänken, die Benutzung von Schwimmbädern, ja den Zutritt zu ganzen Ortschaften, um nur einige wenige der unzähligen Schikanen zu nennen, die das allgemeine Anstandsgefühl der nichtjüdischen Deutschen doch massiv verletzt haben müssen. In der »Kristallnacht« 1938 wurden (für jedermann unübersehbar) Synagogen und jüdisches Eigentum zerstört. Seit 1941 war das Tragen des Judensterns vorgeschrieben – er mußte gut erkennbar getragen werden. Alles nicht gesehen und nicht gewußt?

Und auch die »Endlösung« ließ sich nicht geheimhalten: in den großen Städten gab es öffentlich plakatierte Aufrufe an die Juden, sich zum Abtransport zu stellen, sowie Polizeiaktionen zur Verhaftung sämtlicher Juden in einem Gebiet (etwa im März 1943 in Berlin). Hunderttausende von Soldaten berichteten während ihres Heimaturlaubs vom mörderischen Treiben der SS-Einsatzgruppen in Osteuropa. Ihnen wurde erzählt, es gehe um die Bekämpfung von Partisanen, aber wieso nur waren soviele – vorwiegend jüdische – Mütter, Greise und Kleinkinder unter den Toten, wenn die SS durch eine von der Wehrmacht eroberte polnische oder ukrainische Ortschaft gezogen war?

Im September 1944 lebten nur noch knapp 15 000 Juden in Deutschland. Das spurlose Verschwinden Hunderttausender allein im Reichsgebiet »am helllichten Tag« konnte und mußte jeder bemerken. Und es wurde auch bemerkt – und ausgenutzt: Wie aus den Akten der Finanzämter hervorgeht, meldeten sich oft schon am Tag nach dem Verschwinden einer jüdischen Familie deren nichtjüdische Nachbarn bei den Behörden, weil sie die Möbel oder gleich die ganzen Wohnung haben wollten. Begründung: Die Familie XY sei ja jetzt »weggekommen«. Das belegt: Die Deutschen bemerkten nicht nur, daß die Juden verschleppt wurden, sondern sie wußten auch ganz genau, daß sie nicht wiederkommen würden, daß es also nicht nur um einen temporären »Arbeitseinsatz« ging, von dem die Propaganda sprach.

Die große Lebenslüge der Nachkriegsjahre – »Wir haben davon

nichts gewußt!« – ist wohl aus Scham über das eigene Wegsehen und Versagen entstanden. Plausibilität erhielt sie dadurch, daß wahrscheinlich wirklich nur wenige Deutsche über die grauenhaften Details der Todesfabriken Bescheid wußten. Und dieses Nichtwissen, das die Deutschen sich nach dem Krieg gegenseitig bescheinigten, erstreckte sich allmählich auf immer mehr Bereiche, so daß man sich schließlich einredete, man habe von »all dem« nichts mitbekommen.

Die neuere Forschung ist jedenfalls zu der Ansicht gelangt, die deutsche Bevölkerung habe dem offensichtlichen Wüten der Verbrecher schweigend zugesehen, sofern sie nicht sogar durch gezielte Denunziation daran Anteil hatte. Und sicher hatte man auch Angst – jegliche Selbstgerechtigkeit der Nachgeborenen über das Verhalten der Menschen in einer Diktatur verbietet sich. Aber es gibt doch zu denken, daß die Ermordung von Geisteskranken (»Euthanasie«) wegen des Unmuts der Bevölkerung beendet werden mußte, ein ähnliches Aufbegehren gegen die Judenverfolgung aber nicht bekannt ist.

K

Kaiserschnitt

Der Kaiserschnitt wird seit der Antike praktiziert

Manchen Überlieferungen zufolge ist die »Kaiserschnitt« genannte Operationstechnik, bei der das Kind direkt aus dem Mutterleib entbunden wird, schon seit der Antike gebräuchlich. Als erster soll Caesar, der spätere Alleinherrscher des Römischen Reiches, so zur Welt gekommen sein. Das jedenfalls meinte der römische Historiker Plinius d.Ä. Er war der Ansicht, »Caesar« bedeute »der aus dem Mutterleib Geschnittene«, und leitet seine Interpretation von dem lateinischen Verb »caedere« her, das zu deutsch »aufschneiden« bedeutet.

Aber es ist ausgeschlossen, daß Caesar anders als auf natürlichem Wege zu Welt kam. Seine Mutter Aurelia nämlich hat die Geburt ihres Sohnes überlebt. Angesichts der medizinischen und hygienischen Kenntnisse ihrer Zeit aber wäre sie einer Operation wie dem Kaiserschnitt mit Sicherheit zum Opfer gefallen.

Dennoch kennt auch das mittelalterliche Latein den Begriff der »sectio caesarea«, der »Schnittentbindung«. Dieser geht womöglich auf die »lex caesarea« zurück, derzufolge verstorbenen Frauen ihr ungeborenes Kind entnommen wurde. Da dieses in aller Regel nicht zu retten war, muß das Motiv der Maßnahme ein anderes gewesen sein. Vermutlich sollte das Ungeborene getrennt von der Mutter beerdigt werden, weil es nicht getauft war und somit nicht in geweihter Erde ruhen sollte.

Die ersten historisch bezeugten Kaiserschnitte wurden erst um 1500 vorgenommen. So soll ein Schweizer aus dem Kanton Thurgau seine eigene Frau per Kaiserschnitt entbunden haben. Der erste

Kaiserschnitt in Deutschland wurde um 1610 aus Wittenberg bezeugt.

Karl der Dicke
war dick

Zu den traurigen Gestalten der europäischen Geschichte gehört Karl der Dicke, und dies, obwohl sich in ihm die Machtfülle Karls des Großen noch einmal zu vereinen schien.

Nachdem sein Vater, Ludwig II., der »Deutsche«, gestorben war, wurde dessen Reich aufgeteilt und Karl Herrscher des ostfränkischen (des »deutschen«) Teils. Mit dem Tode seiner Brüder Karlmann und Ludwig III. fiel ihm die ungeteilte Macht des Vaters zu: 881 wurde er Kaiser, 885 König der Westfranken.

Aber Karl zeigte nicht die Energie, die seinen Vorfahren zu eigen gewesen war. So versuchte er immer wieder, sich mit den Hauptfeinden seines Reiches, den Normannen, zu arrangieren, statt ihnen entschieden entgegenzutreten. 882 ließ er bei Elsloo nahe Roermond eingeschlossene Normannen sogar gegen Tributzahlungen abziehen, mehr noch: er bewilligte ihnen Land. Und als sie 886 Paris belagerten, erkaufte er ihren Abzug abermals mit Geld. Damit handelte er nicht nach dem Geschmack seiner Zeitgenossen, die ihn der Feigheit und Ängstlichkeit bezichtigten. Auch manche Vorgänge bei Hofe trugen nicht dazu bei, Karls Ehre wieder herzustellen. Als seine Frau Richardis einer Beziehung zu Kanzler Luitward und somit des Ehebruchs beschuldigt wurde, bot die Kaiserin vor dem Reichstag an, den Nachweis »unverletzter Jungfräulichkeit« anzutreten – welche Blamage für Karl, mit dem sie seit mehreren Jahren verheiratet war! Womöglich, so hat man aus diesem Vorfall abgeleitet, war der Arme impotent, vielleicht hat er gar bereits als Kind unter epileptischen Anfällen gelitten.

Eine Fettleibigkeit des Kaisers hingegen ist von Zeitgenossen nicht bezeugt. Als »Carolus Crassus« erscheint er erst rund 300 Jahre nach seinem Tod in einer sächsischen Chronik. Vielleicht war deren Verfasser der Ansicht, im Bild des Dicken das Phlegma seines Handelns am besten ins Bild zu bringen.

So oder so: im Jahre 887 soll Karl sogar am Kopf operiert worden sein, um ihn auf Trab zu bringen. Als auch das nichts fruchtete, gaben seine Zeitgenossen auf und setzten ihn kurzerhand ab. Bereits im Jahr darauf ist Karl, »der Dicke«, gestorben.

Karl der Einfältige
war einfältig

Dem westfränkischen König Karl III., dem »Einfältigen«, läßt sich übergroßer Erfolg sicher nicht nachsagen. Der Sohn Ludwigs des Stammlers konnte sich nicht einmal im eigenen Reich durchsetzen. Wirkliche Macht besaß er nur in seinen Krondomänen, nicht aber in den Territorien des Adels. Dennoch war er von historisch herausragender Wirkung.

911 hatte Karl nämlich einen entscheidenden Sieg über die Normannen errungen und mit deren Fürsten Rollo einen Vertrag nach der Devise »Land gegen Frieden« geschlossen. Darin wurde anerkannt, daß das zuvor wüst liegende Land, mit dessen Besiedlung die friedlosen Rauhbeine etwa 20 Jahre zuvor begonnen hatten, diesen nunmehr rechtmäßig gehören sollte. Und das Land hieß von da an folgerichtig: die Normandie.

Seine Landsleute dankten Karl diesen Schritt schlecht: 922 erhob der Adel einen Gegenkönig – Robert von Franzien, der die Krone als Robert I. trug. Zwar kam Robert 923 im Kampf ums Leben. Dennoch gelangte Karl nicht auf den Thron zurück. Dort konnte sich statt dessen Roberts Schwiegersohn Rudolf von Burgund etablieren. Karl hingegen wurde wegen Verrats festgenommen. Sein Leben endete im Jahre 929 im Verlies.

Auch wenn er ein trauriges Ende nahm: einfältig ist Karl ganz und gar nicht gewesen. Im Gegenteil, die weise Idee, der unruhigen Normannen durch Ansiedlung am Atlantik Herr zu werden, geht auf ihn persönlich zurück.

Karl der Große (1)
sitzt und wartet

Karl der Große war seit 768 König der Franken, seit 774 der norditalienischen Langobarden und seit 800 Kaiser. Im volkstümlichen Bewußtsein hat er noch als Greis die Geschicke seines Reiches gelenkt, das das heutige Deutschland, die Beneluxstaaten, Frankreich und Norditalien umfaßte.

Der Herrscher starb am 28. Januar 814, nachdem er sich beim Bad erkältet hatte und Versuche, sich selbst zu heilen, fehlgeschlagen waren. Seine Ärzte konsultierte Karl mit Rücksicht auf seinen Seelenfrieden grundsätzlich nicht mehr: der Kaiser hatte sich deren Mahnungen nicht länger anhören wollen, beim Essen Maß zu halten.

Noch am Tag seines Todes wurde Karl ausgesprochen hastig in einer von ihm errichteten Kapelle, der Marienkirche, in Aachen zu Grabe getragen (obwohl er die Abteikirche St. Denis in Paris als Grabstätte bestimmt hatte). Bis heute gibt es für diesen Umstand keine zufriedenstellende Erklärung.

Zur Ruhe sollte Karl freilich erst rund 400 Jahre nach seinem Tod kommen. Im Jahre 1000 wurde sein Grab durch Otto III. heimlich geöffnet. Der einbalsamierte Karl soll gut erhalten auf einem goldenen Thron gesessen haben, gekrönt und ein Zepter in der Hand. Das freilich kann nicht sein, denn wenn er noch am Todestag beigesetzt wurde, kann man ihn zuvor nicht einbalsamiert haben. Dazu gab es in Aachen wohl auch weder Mittel noch Kenntnisse. Auch ist eine Beisetzung in sitzender Haltung – üblich für byzantinische Bischöfe – und in vollem Ornat schon aufgrund der hastigen Beerdigung unwahrscheinlich. Was immer Otto auch wirklich gesehen haben mag: Mit gebeugtem Knie brachte er seine Verehrung dar, ehe die Grabstätte wieder geschlossen wurde.

Herrschaftliches Gepräge erhielt die letzte Ruhe Karls erst nach weiteren Jahrhunderten, als Kaiser Friedrich Barbarossa seine Heiligsprechung veranlaßte und die Überreste Karls am 29. Dezember 1165 feierlich aus dem Grab erheben ließ. Er gab einen prächtigen goldenen Schrein in Auftrag, den Karlsschrein. Dessen Herstellung erfolgte zwischen 1182 und 1209. Im Jahre 1215 dann wurden die

Gebeine des fränkischen Kaisers in den Karlsschrein umgebettet, den Kaiser Friedrich II. persönlich verschloß.

Trotz dieses Verschlusses von höchster Hand: noch Jahrhunderte hielt sich die Legende, daß Karl sozusagen auf dem Ansitz hocke und auf Wiederkehr warte – wahlweise im Desenberg, im Gudensberg in Hessen oder im Untersberg bei Salzburg.

Karl der Große (2)
war der Sachsenschlächter

Im Reich des fränkischen Königs und Kaisers Karls des Großen siedelten zahlreiche eigenwillige Stämme. Der Herrscher hatte seine Macht immer wieder gegen aufmüpfige Regionalfürsten durchzusetzen. Mehr als andere stellten sich ihm im Norden des Reiches die heidnischen Sachsen entgegen.

Ein um's andere Mal zog Karl gegen sie ins Feld, und immer ging es darum, die Sachsen zu unterwerfen und Christenmenschen aus ihnen zu machen. So war es 772 im ersten Zug gegen die Sachsen, der Karl – sozusagen als willkommener Nebeneffekt – große Goldbeute bescherte. 775 bis 780 standen sich die Gegner wieder gegenüber. 782 schließlich hatten die Sachsen in Widukind einen Anführer gefunden, der erneut den Aufstand gegen den König wagte. Der Schlacht am Süntel folgte, so die Legende, das Blutbad von Verden an der Aller: Karl veranstaltete regelrechte Massenhinrichtungen, ließ 4000 gefangene Sachsen zugleich köpfen, um Gefolgschaft zu erzwingen.

Kaum eine seiner Maßnahmen hat den Nachruhm des Königs mehr befleckt als jene Grausamkeit. Dabei hat ein simpler Lesefehler aus dem großen Karl einen großen Schlächter gemacht. Als Quelle für die Vorgänge in Verden dienen die um 1100 – also nach rund 300 Jahren – niedergeschriebenen Aufzeichnungen des Erzbischofs Jean Turpin aus Reims. Schon der zeitliche Abstand dürfte für einen gewissen Übertreibungseffekt verantwortlich sein. Entscheidender ist aber folgendes: beim Abschreiben des Textes unterlief ein Fehler, der sich fortan immer weiter übermittelte. Aus »delocati« – »umgesiedelt« – machte ein Kopist im Mittelalter »decollati« – »hingerichtet«. Und schon war ein Massenmord geworden aus Umsiedlungsaktionen, wie sie schon die Römer durchgeführt hatten und wie sie heute noch durch Ortsnamen wie Sachsenhausen (Frankfurt/M), Sachsen (Ansbach) oder Sachsenkam (Oberbayern) bezeugt werden.

Zur Befriedung dieses unruhigen Volksstammes haben übrigens auch die Umsiedlungen wenig beigetragen: schon 783 bis 785 mußte sich Karl erneut mit den Sachsen befassen. Dem folgten allein in seiner Regierungszeit noch eine Welle von Aufständen zwischen 792 und 799 sowie – im Jahre 804 – ein letzter Sachsenfeldzug.

Karl der Große (3)
war treu und solide

Wie gut, daß manche Dinge sich wohl nie ändern. Dazu gehört die Vorstellung, diejenigen, die früher die Geschicke der Völker lenkten (und dabei noch fromme Christen waren), hätten ihre Tage in strenger Ernsthaftigkeit verbracht. Dabei ist es natürlich ganz anders.

Karl der Große zum Beispiel war das, was man heute einen »Womanizer« nennt, und auch das Treiben seines Hofstaats würde das einschlägig interessierte Publikum heute mit immer neuen Sensationen und Yellow-Press-Schlagzeilen versorgen.

Beginnen wir mit dem Kaiser selbst, gestützt auf die *Vita Caroli magni* des Einhard, die Neuausgabe dieses Werkes durch Walahfrid Strabo sowie die *Visio Wettini* (um 830). Demnach hat sich Karl 763 zunächst mit Himiltrud verbunden. Dieser Beziehung entstammte sein Sohn Pippin, der »Bucklige«, auch wenn wohl kein Bund fürs Leben geschlossen wurde. In der Folgezeit brachte der Herrscher es auf vier Ehen: 770 mit einer Tochter des Desiderius, deren Name nicht sicher überliefert ist, er könnte Desiderata gelautet haben. 771 heiratete Karl dann Hildegard, die Mutter seiner Söhne Karl, Pippin und Ludwig sowie von drei Töchtern. 783 nahm der Kaiser schließlich Fastrada zur Frau und 794 zum guten Schluß noch Liutgard.

Damit nicht genug: die Annalen überliefern auch die Namen von fünf Konkubinen des Herrschers, nämlich Adelind, Gerswinda, Himmeltrud, Madelgard, Regina. Wir dürfen wohl davon ausgehen, daß die Aufzählung nicht vollständig ist, zumal es schon in der Übermittlung der Namen der Gattinnen Unsicherheiten gibt: genannt werden nämlich über die bereits bekannten hinaus auch Galiena und Sibylle.

Das ausschweifende Liebesleben Karls hat jedenfalls auch auf die Sagenwelt außerordentlich befruchtend gewirkt. Man denke etwa an die nordische Karlamagnus-Saga, derzufolge Karl ein Verhältnis mit seiner Schwester hatte, dessen Ergebnis niemand anderer als Roland war. Der deutschen Karlmeinet-Überlieferung zufolge hat Karl eine verstorbene Frau geliebt. Als ein Bischof aus deren Mund einen Zauberstein entfernte, wurde er selbst zum Objekt der Begierde Karls. Um sich der Nachstellungen des Herrschers zu erwehren, habe der Gottesmann den Stein in eine Quelle bei Aachen geworfen, die daraufhin zu Karls Lieblingsaufenthalt wurde.

Ehefrau Nummer 1, Hildegard, soll übrigens auch von einem Bruder Karls, Taland, begehrt worden sein, den sie freilich abgewiesen habe. Taland rächte sich, indem er Hildegard ausgerechnet eines ehebrecherischen Lebenswandels beschuldigte. Karl, mit sich selbst offenbar nachsichtiger als mit seiner Frau, habe Hildegard daraufhin verstoßen, worauf diese sich nach Rom zurückgezogen habe. Dort wirkte sie als Nonne Wunder, darunter die Heilung des von ihr nicht erkannten aussätzigen Taland. Das klingt nicht nur unwahrscheinlich, es ist es auch: Der einzige Bruder Karls, von dem wir wissen, war Karlmann, und Hildegard ist nicht verstoßen worden, sondern im Jahre 783 nach einer Geburt gestorben.

Aus der Ehe mit ihr gingen drei der insgesamt acht Töchter Karls des Großen hervor; fünf weitere Mädchen entstammten illegitimen Verbindungen. Überliefert sind die Namen von Berta, Rotrud und Gisela. Ihr Vater, heißt es, konnte ohne ihre Gesellschaft nicht sein und wollte sie immer um sich haben. Er verbot ihnen sogar die Ehe, und als sie sich auch ohne Trauschein mit Männern verbanden, verschloß er sich Gerüchten über ihren wenig soliden Lebenswandel.

Nur selten griff der Kaiser ein: So soll Berta ein Verhältnis mit Angilbert gehabt haben, einem Freund Einhards, des Verfassers der *Vita Caroli magni*. Diesem Werk läßt sich entnehmen, daß Angilbert eines Nachts Berta in ihrer Kammer aufgesucht hatte. Bevor er sich auf den Rückweg in sein eigenes Gemach machte, bemerkte er, daß

Spuren im frischen Schnee ihn verraten würden. Daraufhin nahm die offenbar praktisch denkende Berta ihren Galan auf die Schulter und trug ihn über den Hof. Karl freilich hatte diese Szene beobachtet und ordnete die Hochzeit der beiden an. (Über das *Chronicon Laurishamense* aus dem 12. Jahrhundert fand diese Legende dann ihren Weg in die *Deutschen Sagen* der Gebrüder Grimm). So oder so: alle Töchter Karls des Großen lebten am Hof und in wechselnden eheähnlichen Verbindungen, denen auch Kinder entstammten. Das Leben bei Hofe war also überaus fidel.

Karl V. (1)
wurde Mönch

Eine Karriere vom mächtigsten Mann der Welt zum einfachen Klosterbruder hat angeblich Kaiser Karl V. gemacht. Nach seiner Abdankung im Jahre 1556 trat er in das Kloster San Geronimo de Yuste unweit von Toledo ein. Er soll dort mit dem Ausruf eingetroffen sein: »Ich grüße Dich, oh gemeinsame Mutter; nackt kam ich aus dem Mutterschoß, um die Schätze der Erde zu empfangen; nackt kehre ich jetzt zum Busen der Allmutter zurück«. Solche Demut würde freilich einen erstaunlichen Gesinnungswandel aus dem Munde eines Herrschers bezeugen, dessen Reich nicht nur Spanien und das Heilige Römische Reich Deutscher Nation umfaßte, sondern auch Italien und die Niederlande. Da wundert es nicht, daß es für dieses angebliche Zitat keine Belege gibt.

Es war auch keineswegs so, daß Karl seinen Gang ganz allein angetreten hätte. Der Ex-Kaiser brachte ein Gefolge mit, von dem ein Biograph berichtete, es habe immerhin zwölf Personen umfaßt (William Robertson, *The History of the Reign of Emperor Charles V*, London 1769; dt. Braunschweig 1770) – in Wirklichkeit waren es über 50, vom Vorleser bis zum Leibarzt.

Zwar bevorzugte Karl in seinen letzten Lebensjahren einfache schwarze Kleidung. Eine simple Mönchskutte aber hat er trotz klösterlicher Umgebung nie angelegt, auch wenn der italienische Maler Tizian, der den Kaiser mehrfach abbildete, ihn darin gemalt hat.

Festzuhalten bleibt auch, daß Karl sich keineswegs hinter Klostermauern zurückzog. Er richtete sich vielmehr in einem eigens errichteten Palast nahe des Klosters ein. Zu sehen ist davon leider nicht mehr viel. Kloster, Kirche und Palast in San Yuste wurden 1809 bei Kämpfen gegen den französischen Kaiser Napoleon größtenteils zerstört.

Hätte Karl V. bei seiner Umsiedlung nach San Yuste also tatsächlich davon gesprochen, seinen Lebensweg nackt vollenden zu wollen – man dürfte ihm (sozusagen in Umkehrung des Motivs von des Kaisers neuen Kleidern) einen außerordentlich komfortablen, einen sozusagen kaiserlichen Begriff der Nacktheit attestieren.

Karl V. (2)
inszenierte seine eigene Trauerfeier

Kaiser Karl V. erkrankte so schwer an Gicht, daß er fast bewegungsunfähig wurde. Im Jahre 1556 zog er sich in eine Villa zurück, die er nach eigenen Plänen neben dem Kloster San Geronimo de Yuste unweit von Toledo hatte errichten lassen (s.o.). Am 31. August 1558 soll der Kaiser in der Kapelle des Klosters seiner eigenen Trauerfeier beigewohnt haben.

Karls Biograph William Robertson beschreibt die Zeremonie. Das kaiserliche Gefolge hatte Trauerkleider angelegt, Mönche in Kutten folgten einem schwarzen Katafalk, bevor die Trauergemeinde den dunkel ausgeschlagenen Kirchenraum betrat. Gebete und Fürbitten wurden gesprochen. »Karl, in einen dunklen Mantel gehüllt, mit einer brennenden Kerze in der Hand, stand als Zuschauer seiner eigenen Obsequien mitten unter seinem Gefolge, und die wehmütige Zeremonie schloß damit, daß der Kaiser die Kerze in die Hände der Priester gab als Zeichen dafür, daß er seine Seele dem Allmächtigen zurückgebe.« (*The History of the Reign of Emperor Charles V.*, London 1769, dt. Braunschweig 1770). Anderen Berichten zufolge legte der Kaiser sich sogar in seinen Sarg, zur Probe sozusagen (Victor Duhamel, *Histoire constitutionelle de la monarchie espagnole*, Paris 1845).

Nicht nur daran allerdings sind Zweifel angebracht. Eine Aufbahrung zu Lebzeiten war ohnehin als Gotteslästerung verboten. Und diejenigen, die es hätten wissen müssen – der Majordomus, der dem Haushalt des Kaisers vorstand, sein Sekretär, sein Leibarzt, der Flame Dr. Mathys –, sie alle erwähnen diese Bestattungsfeier für einen Lebenden nicht. Hingegen ist überliefert, daß Karl schon am 15. August so schwach war, daß er zum Gottesdienst getragen wurde. Am 21. September 1558 ist er dann in der Tat gestorben – womöglich fiel er der Malaria zum Opfer, boten die Sümpfe der Yuste doch eine ideale Heimstatt für Malariamücken.

Man bestattete den hohen Toten im Hauptaltar der Klosterkirche. Erst 16 Jahre später veranlaßte Karls Sohn Philipp II. die Überführung seines Vaters in den 1563 erbauten Escorial. Die Kirche der 1584 endgültig beendeten Klosteranlage nordwestlich von Madrid ist bis heute die Grablege der spanischen Könige.

Kaspar Hauser
war ein Fürstenkind

Um das Schicksal Kaspar Hausers ranken sich Gerüchte und Legenden wie um kaum ein zweites. Ganze Bücher sind dazu verfaßt worden, deshalb hier nur ein kurzer Abriß:

Am 26. Mai 1828, einem Pfingstsonntag, wird ein unbeholfener, verwirrter Junge in Nürnberg aufgegriffen. Trotz seiner etwa 16 Jahre – man hat als Geburtsdatum später den 30. April 1812 vermutet – benimmt der Knabe sich wie ein kleines Kind: er spielt mit Holzpferdchen, stammelt »Reute wän« und »woas nit«. Immerhin kann er seinen Namen mit »Kaspar Hauser« angeben und erzählen, er habe sein ganzes bisheriges Leben in einem dunklen Raum verbracht.

Eine Klärung seiner Herkunft und seines Geschicks gelingt nicht, auch wenn der mysteriöse Knabe schon bald das Interesse der besseren Kreise erregt. Der Präsident des Ansbacher Appellationsgerichts, Paul Johann Anselm Feuerbach, vermittelt Kaspar eine Pflegestelle. 1831 erklärt sich der Earl of Stanhope bereit, den Jungen zu adoptieren, auch wenn dessen Entwicklung wenig versprechend verläuft: Kaspar sei intellektuell nicht sonderlich begabt, heißt es. Er wird als unaufrichtig und eitel geschildert. So muß Kaspar Hauser sich mit dem vergleichsweise unbedeutenden Posten eines Schreibers am Appellationsgericht in Ansbach begnügen.

Trotzdem bleibt der Junge ein Lieblingsthema der Salons, der gesellschaftlichen Zirkel der Zeit, zumal Unbekannte ihm am 17. Oktober 1829 eine Schnittwunde beibringen. Das gibt neuen Spekulationen Auftrieb. Diese reißen nicht mehr ab, erst recht nicht, nachdem Kaspar am 14. Dezember 1833 mit einer schweren Stichwunde aufgefunden wird, deren Folgen er am 17. Dezember erliegt.

Nach seinem Tode haben sich vor allem zwei Auffassungen halten können: die eine meint, Kaspar sei der Erbprinz von Baden gewesen, aus dem Weg geräumt von der zweiten Frau des Großherzogs Karl Friedrich, Gräfin Luise von Hochberg, die um das Erbe ihrer eigenen Kinder fürchtete. Einer anderen Ansicht zufolge war Kaspar Hauser nichts weiter als ein betrügerischer Bube aus dem Bayerischen Wald, der sich seine Verletzungen selbst beigebracht hat, um Interesse zu erwecken.

Aber wie dem auch sei: Als historischen Kasus kann man die Kaspar-Hauser-Geschichte ohnehin nicht mehr behandeln. Sie ist vielmehr ein frühes Beispiel medialer Hysterie, in deren Zuge mittlerweile so viele Nebelkerzen geworfen, Spuren verwischt und Verschwörungstheorien lanciert wurden, daß man nur eines sagen kann: Kaspar Hauser ist für alle Zeiten um seine Existenz als normales Findelkind betrogen worden.

Karthago
versenkte die römische Flotte mit Brennspiegeln

Zu den erbittertsten Auseinandersetzungen der Antike gehören die drei Punischen Kriege zwischen Rom und dem in Nordafrika gelegenen Karthago um die Vormacht im Mittelmeerraum. Sie begannen 264 v. Chr. und zogen sich fast 120 Jahre lang hin. Erst 146 v. Chr. endeten sie mit der Zerstörung Karthagos durch die Römer.

Zu den strategisch wichtigen und besonders umkämpften Orten gehörte die sizilianische Stadt Syrakus, die mehrfach die Seiten wechselte. Im zweiten Punischen Krieg (218–201 v. Chr.) gelang es ihr lange Zeit, sich der anstürmenden Römer zu erwehren. Dabei halfen ihren Bewohnern raffinierte Kriegsmaschinen, die ihr Mitbürger Archimedes entwickelt hatte. Der Historiker Plutarch berichtet beispielsweise von Felsbrocken, die gegen die römische Flotte geschleudert wurden, und von Kränen, die die Schiffe der Römer versenkten, indem sie entweder schwere Lasten auf sie niederfallen ließen oder sie hochhoben: »ein grausiger Anblick, wenn ein Schiff, hoch aus der See gehoben, hin und her baumelte und da hing, bis die Mannschaft abgerüttelt oder weggeschleudert war und es leer gegen die Mauern prallte oder [...] abstürzte«. Besonders bekannt ist die Verwendung riesiger Brennspiegel, mit deren Hilfe Archimedes schließlich die vor der Küste liegenden römischen Schiffe entzündet habe – die gesamte Flotte von 60 Fahrzeugen sei Opfer der Flammen geworden, heißt es.

In der Tat war das Prinzip des Brennspiegels zu Archimedes' Zeiten bereits bekannt. Allerdings fanden diese Geräte nur für kleine, gut fixierbare und leicht zu entzündende Gegenstände Verwendung. Die römische Flotte hingegen war groß, beweglich und weit weg. Kein Wunder, daß Plutarch die Verwendung – oder gar den Erfolg – von Brennspiegeln nicht bezeugt. Auch die antiken Historiker Polybios und Livius, die beide von den Geschehnissen in Syrakus berichten, erwähnen die Brennspiegel nicht. Die Quellen liefern also keinen Beleg. In der Neuzeit unternommene praktische Versuche, wenigstens die hypothetischen Möglichkeiten solcher Brennspiegel zu belegen, verliefen ebenfalls wenig erfolgreich. Selbst wenn sie zum Einsatz gekommen sein sollten – genutzt haben sie den Bewohnern von Syrakus nicht. Nachdem sie zwei Jahre widerstanden hatten, mußten sie sich im Jahre 212 v. Chr. der römischen Übermacht ergeben.

Kennedy (1)

Es gibt ein Interesse an der Aufklärung des Attentats auf John F. Kennedy

Am Freitag, den 22. November 1963, mittags um 12.30 Uhr, wurde der 35. Präsident der USA, John F. Kennedy, während einer Autofahrt durch Dallas erschossen. Bis heute, so glauben viele, ist dieses bekannteste Attentat der jüngeren Geschichte nicht zweifelsfrei aufgeklärt worden – oder sollte es nicht aufgeklärt werden?

Dabei sah zunächst alles nach einem schnellen Erfolg der Polizei aus: Sofort nach der Tat hatten sich Zeugen gemeldet, die den Schützen gesehen hatten. Bereits eine Viertelstunde später wurde nach einem weißen, etwa dreißigjährigen Mann gefahndet, schlank, 1,78 Meter groß, Gewicht 75 Kilo. Eine Dreiviertelstunde nach der Ermordung Kennedys wurde dann auf offener Straße ein Polizist erschossen. Als Täter wurde in diesem Fall ein »weißer Mann, etwa dreißig Jahre, 1,73, schwarzes Haar, schlank, weiße Jacke, weißes Hemd, dunkle Hose« gesucht. Und keine 90 Minuten nach den Schüssen auf den Präsidenten wurde der 24jährige Lee Harvey Oswald festgenommen. Oswald führte einen Revolver mit sich, und tatsächlich war der Polizist, wie sich später herausstellte, mit dieser Waffe erschossen worden. Oswald bestritt den Mord freilich ebenso wie das Attentat auf den Präsidenten, wurde aber nach ausgiebigen Verhören beider Taten angeklagt.

Daher sollte er am späten Vormittag des 24. November, eines Sonntags, vom Polizeihauptquartier in das Kreisgefängnis überführt werden, ein Ereignis, von dem zahlreiche Journalisten und TV-Reporter berichten wollten. Vor laufenden Kameras trat der Barbesitzer Jack Ruby auf Oswald zu und erschoß den Verdächtigen. Ruby wurde im März 1964 des Mordes an Oswald für schuldig befunden und zum Tode verurteilt (er starb 1967 in Dallas).

Seither sind über den Hergang der Tat und ihre Hintergründe zahlreiche Theorien aufgestellt worden – keine freilich wurde je als gültig anerkannt. Zunächst zum Geschehen selbst: am 22. November, so ergaben die Ermittlungen, wurde um 12:30 Uhr aus dem sechsten Stock eines Lagerhauses zwei Mal auf das zu diesem Zeitpunkt 63 Meter entfernte Auto des Präsidenten geschossen. Aber: die Art der Verwundungen Kennedys waren mit diesem Tathergang nicht in Deckung zu bringen. Zudem tauchte nach einiger Zeit ein Amateurfilm von der Fahrt des Präsidenten auf, der die Treffer in einer Reihenfolge und einem zeitlichen Abstand festhielt, die nicht mit dem Autopsiebericht übereinstimmten. So stellte sich die Frage, ob die tödlichen Schüsse überhaupt vom gleichen Ort aus abgegeben worden sein können. Es verfestigte sich eine Theorie, der zufolge

Kennedy dem Kreuzfeuer mehrerer Schützen zum Opfer gefallen sei. Diese wurde dadurch erhärtet, daß widersprüchliche Aussagen zur Bekleidung Oswalds auftauchten. Nicht Oswald, sondern ein nach der Tat geflohener Doppelgänger habe den Präsidenten ermordet, meinten daraufhin die Anhänger dieser Verschwörungstheorie: Der Verdacht sei bewußt auf den ahnungslosen Oswald gelenkt worden, um die Hintergründe der Tat zu verschleiern.

Diese freilich sind ebenso nebulös wie der Tathergang. Oswald selbst, so wird angenommen, habe kein überzeugendes Motiv gehabt, zudem stritt er die Tat stets ab. Das gab zu so vielen Spekulationen Anlaß, daß hier nur ein spärlicher Auszug aus den im Angebot befindlichen Mutmaßungen gegeben werden kann:

1. Entsprechende Kontakte Rubys führten zu der Annahme, Kennedy sei einer Abrechnung der Unterwelt zum Opfer gefallen.

2. Einer anderen Ansicht zufolge waren die Täter Rassenfanatiker, deren Haß der Präsident wegen seines Eintretens für die Gleichberechtigung der Rassen auf sich gezogen hatte. Diese Theorie erhielt Auftrieb durch eine Anzeige in der Dallas Morning News vom 22. November 1963 (»Willkommen in Dallas, Mr. Kennedy«), die schwarzumrandet gehässige Fragen an den Präsidenten stellte.

3. Der US-Geheimdienst steckte dahinter – gemeinsam mit der Armee und der Ölindustrie.

4. Es war ein Staatsstreich, der sich vor allem gegen Kennedys Vietnampolitik richtete. Seit 1954 standen sich Südvietnam, von den USA unterstützt, und das kommunistische Nordvietnam gegenüber. Kennedy, so diese Theorie, habe sich aus Sicht der herrschenden Kräfte im US-Verteidigungsministerium und beim Geheimdienst CIA nicht entschieden genug engagiert und sei deshalb aus dem Weg geräumt worden. Die Anhänger dieser Theorie führen ins Feld, daß Kennedys Nachfolger Lyndon B. Johnson sofort zu einer härteren Gangart gefunden habe.

5. Die Täter handelten auf Befehl des kommunistischen Staatsoberhaupts von Kuba, Fidel Castro.

6. Der sowjetische Geheimdienst stiftete den Mord an – Oswald sei ein Spitzel des Federal Bureau of Investigation, der amerikanischen Bundeskriminalpolizei FBI, gewesen. Der Geheimdienst der UdSSR habe ihn »umgedreht« und zum Mord gedungen, um die

Versuche Kennedys zu torpedieren, die Beziehungen zur Sowjetunion unter Nikita Chruschtschow zu entspannen.

So weit die – ausgesprochen knappe – Wiedergabe einiger der populäreren Theorien. Kennedys Nachfolger im Amt, Lyndon B. Johnson, setzte eine Woche nach der Tat eine Kommission zur Klärung des Attentats ein, die »President's Commission on the Assassination of President Kennedy« –, nach ihrem Vorsitzenden, dem Obersten Richter Earl Warren, kurz als Warren-Kommission bezeichnet. Ihr gehörten sieben hochrangige Mitglieder beider Parteien an, darunter der spätere Präsident Gerald Ford. Die Warren-Kommission legte ihren Bericht im September 1964 vor: 900 Seiten mit 26 Materialbänden, in denen über 27 000 Vernehmungen ausgewertet wurden. Ihr Ergebnis: Lee Harvey Oswald hat Kennedy erschossen, und er war ein Einzeltäter.

Das war freilich nicht geeignet, Spekulationen Einhalt zu gebieten. Die Kommission habe, so die Vorwürfe, nicht alle Spuren verfolgt, sondern sich gleich auf Oswald konzentriert. Die Auswahl und Glaubwürdigkeit der Zeugen wurde ebenso angezweifelt wie die Bewertung ihrer Aussagen, die Erhebung der Beweismittel, die Lückenlosigkeit und Bewertung der Indizien sowie die Vollständigkeit der Befragungen und des Ergebnisses. Es habe, so der Kernpunkt der Kritik, ein politisches Interesse an der Einzeltäter-Theorie gegeben, das Bemühen, die Öffentlichkeit mit einem schnellen Resultat zu beruhigen. Auch Prominente stimmten in den Chor der Zweifler ein, so der englische Philosoph Bertrand Russell, der von dem Bericht als einem »schändlichen Machwerk« sprach.

Jedenfalls kam es kaum zu einer sachlichen Diskussion. Auch erneute Untersuchungen, die in den 70er Jahren der Ermordung des Bürgerrechtlers Martin Luther King und dem Watergate-Skandal des Jahres 1972 folgten, brachten in der Substanz nichts Neues.

Allein in den USA erschienen Hunderte von Büchern zur Ermordung Kennedys, so daß sich fast eine weitere Theorie aufdrängt: der Präsident wurde ein Opfer der Medien, die in der Ermordung des Staatschefs ein Mega-Thema schufen, mit dem sich immer wieder viele Dollars machen ließen. An der Aufklärung des Attentats haben sie mithin ebensowenig ein Interesse wie die zahllosen Verschwörungstheoretiker oder gar der oder die wahre(n) Täter.

Kennedy (2)
John F. Kennedy war »ein Berliner«

Am 13. August 1961 errichteten die Machthaber der DDR eine Mauer, die Berlin und ganz Deutschland für immer teilen sollte. Die Politiker des Westens reagierten zutiefst besorgt: der junge amerikanische Präsident John F. Kennedy eilte zum Brennpunkt des Geschehens, um das Bauwerk persönlich in Augenschein zu nehmen. Eine große Rede sollte den bedrängten Berlinern die Solidarität der USA demonstrieren. Als der Präsident die Mauer erblickte, wurde ihm klar, daß die vorbereitete Ansprache den Anforderungen der Stunde nicht genügte. Spontan zerriß er sein Manuskript, improvisierte und sprach dabei seine wohl berühmtesten Worte: »Ich bin ein Berliner.« – Soweit die Legende.

In Wirklichkeit ließ Kennedy sich nach Errichtung der Grenzanlagen fast zwei Jahre Zeit, bis er im Juni 1963 nach Berlin kam – und er sprach seinen Satz auch nicht an der Mauer, sondern vor dem Schöneberger Rathaus, dem Sitz der westlichen Stadtregierung. Weit weniger erschüttert, als die Legende will, sprach er: »Vor 2000 Jahren war der stolzeste Satz, den ein Mensch sagen konnte: ›Ich bin ein Bürger Roms‹. Heute ist der stolzeste Satz, den jemand in der freien Welt sagen kann: ›Ich bin ein Berliner‹«. Die letzten vier Worte sprach er auf Deutsch – den Rest hatte im Trubel der Hunderttausenden von Berlinern wohl niemand verstanden.

Anders als häufig überliefert, hat Kennedy also keineswegs von sich selbst gesagt, er sei ein Berliner. Und spontan ist die Äußerung auch nicht erfolgt. Im Gegenteil: es handelte sich um eine wohlkalkulierte Formulierung, die Ted Sorensen, ein Redenschreiber des Staatschefs, ersonnen hatte. Kennedy ging die Sache ausgesprochen locker an. Der damalige Berliner Regierende Bürgermeister, Willy Brandt, erinnert sich: »Den Augenblick vor der Kundgebung, da er lachend in meinem Amtszimmer die berühmten vier Worte – ›Ich bin ein Berliner!‹ – einübte, werde ich nie vergessen.«

Kepler
Johannes Kepler stellte exakte Horoskope

Unter »Astronomie« versteht man heutzutage die Lehre von den Himmelskörpern, eine exakte Naturwissenschaft. Das läßt sich von der »Astrologie« nicht behaupten, die Vergangenheit und Zukunft deuten möchte, indem sie einen Zusammenhang zwischen dem Schicksal der Menschen und der Stellung der Gestirne herstellt.

Anders als heute waren beide Bereiche bis in die Neuzeit hinein nicht getrennt. So mußte der bedeutende deutsche Astronom Johannes Kepler – seit 1600 in Prag am Hof Rudolf II. – seinem Herrn und anderen Würdenträgern am Hofe regelmäßig Horoskope stellen. Besonders bekannt ist das Horoskop geworden, das Kepler 1608 für den damals 25jährigen Albrecht von Wallenstein stellte. Wallenstein, als überragender Feldherr des Dreißigjährigen Krieges in die Geschichte eingegangen, stand seit 1604 in habsburgischen Diensten und war zu dieser Zeit Kämmerer des Kaiserbruders Erzherzog Matthias von Habsburg.

Angeblich als Ergebnis seiner Befragung der Sterne beurteilte Kepler zunächst den Charakter Wallensteins. Er bescheinigte diesem ein »wachendes, aufgemunttertes, embsiges, unruhiges Gemueth«, machte aber zugleich eine Vielzahl wenig anziehender Eigenschaften des jungen Mannes aus. Wallenstein sei »unbarmhertzig«, schrieb Kepler, »niemandt achtend, nur sich selbst und seinen Wollüsten ergeben, hart über die Untertanen, an sich ziehend, geizig, betrüglich, ungleich im Verhalten, meist stillschweigend, oft ungestüm, auch streitbar«. »Ehrendurst und Streben nach zeitlichen Dignitäten und Macht« seien der Antrieb seines Handelns. Auf dieser Basis blickte er in Wallensteins Zukunft, sagte voraus, dieser werde zu »stattlicher Heurath« gelangen und »eine große Menge Volkes an sich ziehen, oder sich etwa einmahl von einer Rott, so malcontent, zu einem Haupt- und Räddelführer aufwerffen lassen«.

Die Genauigkeit dieser Prognosen verblüfft zunächst: Im Jahre 1609 brachte Wallenstein sich durch seine Heirat mit Lukrezia von Witschkow in den Besitz umfangreicher Ländereien in Mähren und gelangte zu großem Reichtum. Und die von Kepler vorhergesagte Rebellion scheint gar das Leben Wallensteins vollendet zu haben.

Denn im Dreißigjährigen Krieg vertraute der Kaiser Wallenstein, der zum Katholizismus konvertiert war, den Oberbefehl über seine Truppen an. Und Wallenstein war überaus erfolgreich: Er vertrieb die Dänen aus dem Norden des Reiches (1627) und die Schweden aus dem Süden (1632). Aber zugleich streckte er Friedensfühler aus, was seinem Herrn überhaupt nicht gefiel. Am Hof in Wien begegnete man dem obersten Soldaten mit immer größerem Mißtrauen. 1633 erhob der Kaiser gar den Vorwurf des Hochverrats. 1634 wurde Wallenstein ermordet.

All das scheint Kepler vorhergesagt zu haben. An die Macht der Sterne hat sich der große Astronom dabei freilich nicht gehalten. Liest man sein Horoskop nämlich genauer, stellt man fest, daß es sich um ein ausgesprochen vage gehaltenes Dokument handelt. So sind Ehrgeiz und ein wacher Sinn keine Eigenschaften, die einen jungen Mann vor allen anderen auszeichnen. Und vielen Adelssprößlingen waren eine reiche Heirat und ein wie auch immer gearteter rebellischer Geist geradezu in die Wiege gelegt. Kepler wollte sich schlicht und einfach nicht festlegen, und dies ist ihm, wie die scheinbare Genauigkeit seiner »Vorhersagen« belegt, ausgezeichnet gelungen.

Präzisere Angaben hat Kepler sogar ausdrücklich verweigert. 1624 suchte Wallenstein erneut um ein Horoskop nach. Der Feldherr erwartete detaillierte Vorhersagen, etwa auf Ereignisse des Jahres, bezüglich seiner Feinde sowie der Art und Umstände seines Todes. Diese, so wies Kepler seinen mächtigen Auftraggeber ausdrücklich zurecht, seien eben nicht »aus dem Himmel vorauszusagen«. Und der Astronom formulierte eine für die ganze Zunft und bis heute gültige Bankrotterklärung der Sternendeuterei: die Menschen fingen »viel aus freier Willkür an, was sie auch wohl hätten unterlassen können und wozu sie vom Himmel nicht gezwungen waren; dadurch aber befördern oder erhindern sie natürliche Zufälle, so daß sie ihre himmlische Zeit, Maß und Particularität nicht erreichen«. Zu deutsch: Nichts Genaues weiß man nicht.

Kirsche

Die Kirsche wurde aus Kerasos ins alte Rom gebracht

Kein Geringerer als der römische Historiker Plinius d. Ä. gibt in seiner *Naturalis Historia* (ein Werk von immerhin 37 Bänden) vor, genau zu wissen, wie die süße Delikatesse auf den Speiseplan der Römer kam: Lucius Licinius Lucullus, als Gourmet nachgerade sprichwörtlich geworden, habe sie aus Kerasos vom Pontius (der anatolischen Schwarzmeerregion) nach Italien gebracht. Das scheint ethymologisch plausibel, und so unwahrscheinlich klingt die Geschichte nicht. Schließlich hatte Lucullus als Politiker, Feldherr und Verwalter der Provinzen Kilikien, Asia und Bithynien immensen Reichtum angehäuft. Dieser erlaubte ihm eine ausgesprochen luxuriöse Lebensführung, zu der seinerzeit eben auch ein »lukullisches Mahl« gehörte. Und der Pontius gehörte tatsächlich zu den von Lucullus verwalteten Gebieten. Plinius' Angaben sind so genau, daß sich das Jahr 74 v. Chr. als Zeitpunkt dieses historischen Imports ermitteln läßt – nur: das macht sie nicht wahrscheinlicher.

Denn keineswegs ist die Frucht nach der Stadt benannt worden. Vielmehr war es umgekehrt. Kerasos verdankte seinen Namen den ausgedehnten Kirschplantagen, die sich dort fanden (lat. cerasus = Kirschbaum). Und es gab sie nicht nur dort, sondern im gesamten Mittelmeerraum, und das auch schon, bevor Lucullus sich daran machte, die Kunst des Feinschmeckens zu erfinden. Allenfalls kann es sein, daß zu den vielen Leckereien, denen er sich hingab, eben auch die süße Kirsche gehörte.

Tatsächlich war die Süßkirsche schon zu prähistorischer Zeit in Europa verbreitet. Die Sauerkirsche hingegen kam erst später. Griechische Händler importierten sie aus dem Nahen Osten. Aber auch das geschah lange vor Lukullus' Zeit.

Kleopatra

war eine schöne Ägypterin

Von geradezu atemberaubender Schönheit, so meint man, war die ägyptische Herrscherin Kleopatra – kein Wunder, daß die mächtigsten Männer der Welt ihr gleich reihenweise verfielen. Wer sich freilich an die Quellen hält, stellt fest, daß Kleopatra weder schön noch Ägypterin war.

Zwar kam die Tochter König Ptolemäus XII. in Alexandria zur Welt, aber die Hauptstadt Ägyptens war zu jener Zeit griechisch geprägt: Ägypten gehörte zum Mazedonischen Reich. Wie die gesamte Führungsschicht des Landes war die Dynastie der Ptolemäer hellenistisch. Ihre Angehörigen sprachen Mazedonisch, einen griechischen Dialekt.

Eine Ägypterin ist Kleopatra also nicht gewesen. Auch mit ihrer Schönheit war es nicht weit her. Antike Quellen berichten, diese sei »weder erstaunlich noch ohnegleichen gewesen«, was erhaltene Münzbilder bestätigen.

Immerhin: die Untertanen des Landes, die waren tatsächlich Ägypter. Nach dem Tode Ptolemäus XII. wurden sie seit 51 v. Chr. von Kleopatra regiert, in nicht immer ganz übersichtlichen Verhältnissen. Zunächst teilte sie sich die Regentschaft mit ihrem Brudergemahl Ptolemäus XIII. Als dieser versuchte, die Macht an sich zu reißen, sprang kein Geringerer als Cäsar der Königin zur Seite und machte dem Unbotmäßigen 47 v. Chr. den Garaus. Statt seiner wurde Kleopatra nun ihr Bruder, Ptolemäus XIV., zur Seite gestellt. Ihm folgte ihr Sohn Ptolemäus XV. als Mitregent nach.

Bewegte Zeiten also – da war es gut, daß Kleopatra sich wenigstens auf sich selbst verlassen konnte. Überliefert ist die außerordentlich profunde Bildung der Regentin. So sprach sie nicht nur Mazedonisch und Ägyptisch, sondern darüber hinaus Hebräisch, Arabisch und Syrisch sowie die Sprachen der Meder, Parther und Äthiopier. Die Verwaltung ihres Landes organisierte Kleopatra überaus versiert, schuf eine effiziente Bürokratie, bekämpfte Hunger und Seuchen. Wie hoch ihr persönlicher Anteil daran war, zeigte sich, als 44/43 v. Chr. eine Hungersnot ausbrach, während die Herrscherin in Rom weilte. Die Nilkanäle waren vernachlässigt worden, Ernteausfälle die Folge. Kaum zurück, machte sich die Königin energisch an die Reorganisation ihrer Verwaltung, sorgte für die Reinigung der Kanäle, was nicht nur den Hunger beseitigte, sondern auch Seuchen bekämpfte. Dafür waren geordnete Finanzen erforderlich, für die Kleopatra durch effektives Eintreiben der Steuern sorgte.

Hier zeigte sich freilich eine Kehrseite der Medaille, denn ständig neue Abgaben bedrückten die Bauern immer mehr.

Intelligent und zielstrebig verfolgte Kleopatra ihr oberstes Ziel: die Wiederherstellung des ptolemäischen Reiches, das Ägypten, Palästina und Syrien umfaßt hatte.

Als ihr Bruder Ptolemäus XIII. Kleopatra im Jahre 48 v. Chr. zu verdrängen versucht hatte, war es dieser ja gelungen, Caesar zur Wiedererrichtung ihrer Herrschaft einzuspannen. Der römische Herrscher landete in Ägypten und besiegte Kleopatras zum Rivalen gewordenen Bruder. Daß sein Einsatz auch private Aspekte gehabt haben mag, liegt nahe, entstammte dem Verhältnis Caesars und Kleopatras doch ein gemeinsamer Sohn, Caesar Ptolemäus, der spätere Ptolemäus XV.

Als Caesar 44 v. Chr. in Rom ermordet wurde, hielt Kleopatra sich an ihre bewährte Strategie: nachdem sich der Konsul und Feldherr Marcus Antonius im Osten des Römischen Reiches durchgesetzt hatte, ging sie eine politische und private Verbindung mit ihm ein und heiratete ihn 37 v. Chr. Der Ehe entstammten nicht nur die Zwillinge Alexander Helios und Kleopatra Selene, sondern auch der Sohn Ptolemäus Philadelphos.

Ihren offenkundigen Erfolg bei den Lenkern der Welt verdankt sich die Legende, Kleopatra sei geradezu männerverschlingend gewesen. Aber abgesehen von Horaz, der sie ein »fatales Monstrum« nennt, ist in der zeitgenössischen Überlieferung davon kaum die Rede. Jedenfalls berichten weder Vergil noch Ovid von einem auffallenden Verschleiß der Herrscherin. Erst der fast zwei Generationen jüngere Plinius d. Ä. weiß von Kleopatra, der »Dirnenkönigin«. Und noch später kam das Gerücht auf, sie habe eigens einen Tempel bauen lassen, in dem sie einen Harem junger Männer gehalten habe. Bis zu 100 sollen ihr in einer einzigen Nacht gefügig gewesen sein.

So oder so: mit der – wenn nicht schönen, so doch außerordentlich begabten – Kleopatra nahm es ein trauriges Ende: im Jahre 32 v. Chr. brach zwischen Marcus Antonius und seinem Rivalen Octavian (der den Westteil des Reiches beherrschte und als Augustus in die Geschichte eingehen sollte) ein offener Kampf um die Macht aus. Antonius verlor die Seeschlacht bei Actium im folgenden Jahr, und der Geschlagene sah keinen anderen Ausweg, als sich nach der Niederlage umzubringen.

Kleopatra folgte ihrem Mann in den Tod. Der siegreiche Octavian ließ die drei Söhne Kleopatras umbringen und besiegelte so das Ende der ptolemäischen Dynastie. Ägypten wurde römische Provinz.

Kohl

Helmut Kohl war der Vater der Einheit

Helmut Kohl, der Bundeskanzler der Jahre 1982 bis 1998, wird vielfach als »Vater der deutschen Einheit« apostrophiert. Sein Zehn-Punkte-Plan zur Wiedervereinigung der beiden deutschen Staaten vom November 1989, die Verhandlungen, die er mit dem sowjetischen Parteichef Michail Gorbatschow führte, und der Zwei-plus-vier-Vertrag zwischen den Siegermächten des Zweiten Weltkriegs und den beiden deutschen Staaten hätten die Vereinigung ermöglicht. Das alles als persönliches Verdienst des Kanzlers zu verbuchen, geht an den Realitäten allerdings vorbei.

Zum einen stammte der entscheidende Entwurf zum Zehn-Punkte-Plan von Kanzlerberater Horst Teltschik. Zum zweiten waren es vor allem die Demonstranten in der DDR, die die Einheit herbeiführten. Ihre Parole bei den Demonstrationen nach dem 40. Jahrestag der DDR 1989 lautete zunächst »Wir sind das Volk«, in Anspielung auf die Verfassung der DDR, die dem Volk die Souveränitätsrechte zuschrieb. Bald darauf hieß es jedoch »Wir sind *ein* Volk« und »Deutschland einig Vaterland« als Forderung nach Vereinigung der deutschen Staaten – wohlgemerkt schon vor Formulierung des Zehn-Punkte-Plans. Nach dem Mauerfall drohten die Demonstranten dann mit massenhafter Ausreise, freilich nicht aus politischen Idealismus. Es ging um Handfesteres : »Kommt die D-Mark, bleiben wir, kommt sie nicht, gehn wir zu ihr.«

Schließlich wäre die Einheit unmöglich gewesen ohne das Einverständnis Gorbatschows. Der seit 1985 amtierende Generalsekretär, der für das neue sowjetische Modell von Glasnost und Perestroika stand, stimmte bei einem Treffen im Kaukasus 1990 der

Vereinigung und der Westintegration Gesamtdeutschlands zu. An die in der DDR stationierten Truppen der Roten Armee war – anders als in ähnlichen Situationen früherer Jahrzehnte (Ungarn 1956, Tschechoslowakei 1968) – schon im bewegten Herbst 1989 der Befehl ergangen, nicht einzugreifen.

Fazit: Entscheidende Faktoren auf dem Weg zur Einheit waren die Bürger der DDR sowie die Bereitschaft Gorbatschows, die sozialistischen Vasallenstaaten, und damit eben auch die DDR, aus dem Ostblock zu entlassen. Diese Wendung der sowjetischen Position wurde scherzhaft auch als »Sinatra-Doktrin« bezeichnet (»I did it my way«) – sie löste die Breschnew-Doktrin ab, die besagt hatte, Moskau habe die abschließende Entscheidungsbefugnis in allen Angelegenheiten der Ostblockstaaten.

Helmut Kohl war weniger Vater als Nutznießer der Einheit. 1989 war er an einem politischem Tiefpunkt angelangt. Nach der Einheit erreichte er den Zenit seiner Karriere. Kohls Wahlerfolge von 1990 und 1994 waren nicht unwesentlich auf die Ereignisse des Jahres 1989 zurückzuführen.

Kolonien (1)

Die Europäer erfanden im 16. Jahrhundert das Kolonialwesen

Einer weit verbreiteten Auffassung zufolge kam es zur Gründung von Kolonien erst seit dem 16. Jahrhundert, als Spanier, Portugiesen, Engländer und Franzosen die Welt unter sich aufteilten. Aber stimmt das wirklich? Das Lexikon definiert als Kolonie jedes von einer fremden Macht abhängige Gebiet oder Land bzw. jede außerhalb der Heimat gegründete Niederlassung.

Demnach hat es schon lange vor Beginn der Neuzeit nicht nur Kolonien gegeben, sondern sogar ausgedehnte Kolonialreiche. Zunächst ist das der Ägypter zu nennen. Ihr Kerngebiet lag während des »Neuen Reiches« (1551 – 1070 v. Chr.) im Niltal. Ihre Macht aber reichte viel weiter, nach Syrien, Palästina und Nubien (im Norden des heutigen Sudan), wo abhängige Stadtfürsten herrschten und die Verwaltung von ägyptischen Beamten geleitet wurde.

Über drei Jahrhunderte, vom 6. bis zum 4. Jahrhundert v. Chr., hatte das Kolonialreich der Perser Bestand. Das Herz ihrer Herrschaft lag im Süden des heutigen Iran. Von dort dehnten sie ihre Macht über Medien, Babylonien und Lydien aus. Unter König Dareios I. kamen Indien, Kleinasien, Griechenland und Ägypten hinzu. Insgesamt brachten die Perser es auf nicht weniger als 20 Provinzen. Diesen standen lokale Statthalter vor, die zwar mit politischen, militärischen und wirtschaftlichen Vollmachten ausgestattet wurden, aber sehr hohe Steuern an Persien zu zahlen hatten.

Kurz darauf brachten die Römer für ein halbes Jahrtausend – zwischen dem 2. vorchristlichen und dem 3. Jahrhundert n. Chr. – das relativ gesehen größte Kolonialreich aller Zeiten zusammen: Spanien, Frankreich, Teile Germaniens, der Balkan mit Mazedonien und Griechenland, Nordafrika einschließlich Ägyptens, Kleinasien mit Syrien, Judäa, Zypern – all diese Gebiete waren römische Provinzen, also Kolonien. Das Römische Reich umfaßte beinahe die gesamte damals bekannte Welt. Eine vergleichbare Ausdehnung sollten erst die Briten wieder erreichen, deren Empire freilich mit technischen Hilfsmitteln zustande kam, die den Römern nicht zur Verfügung standen.

Kolonien (2)
wurden wegen ihrer Rohstoffe gegründet

Als die europäischen Mächte im 16. Jahrhundert begannen, sich weite Teile der Welt untertan zu machen, standen hinter den politisch-ideologischen Gründen vor allem wirtschaftliche Motive. So heißt es jedenfalls immer wieder. Einerseits hätten die Kolonien ihren »Mutterländern« Rohstoffe geliefert, andererseits seien die überseeischen Gebiete willkommene Absatzmärkte für die Produkte der europäischen Volkswirtschaften gewesen.

Das hält einer genaueren Betrachtung nicht stand. Denn die Süd-Nord-Handelsströme von Rohstoffen, wie wir sie heute kennen, gab es in der Kolonialzeit überhaupt nicht. Statt dessen prägten Luxusgüter das wirtschaftliche Geschehen zwischen den Kolonialmächten und ihren Besitzungen – Gewürze, Seide und Gold. Die Suche nach dem Edelmetall hatte schon zahlreiche Expeditionen der Spanier nach Mittel- und Südamerika angetrieben. Gewürze wie Ingwer, Kardamom, Muskat, Nelken, Pfeffer oder Zimt galten als so kostbar, daß sie sogar als Zahlungsmittel anerkannt wurden. Der Rohstoffhandel zwischen den Kolonien und ihren Mutterländern erreichte hingegen nie den Umfang, den der innereuropäische Austausch von Rohstoffen besaß, etwa der Holzhandel zwischen Norwegen und England. In vielen Fällen – etwa, was Blei, Eisen, Kupfer angeht – war Europa völlig autark. Kohle wurde sogar exportiert! Rohstoffimporte, vor allem von Öl, nahmen erst nach dem Zweiten Weltkrieg das heutige Ausmaß an.

Auch als Absatzmarkt europäischer Produkte waren die außereuropäischen Gebiete nicht bedeutend: selbst auf dem Höhepunkt der Kolonialreiche, unmittelbar vor dem Ersten Weltkrieg, lebten in den überseeischen Besitzungen der Europäer nur etwa anderthalb mal so viele Menschen wie in den »Mutterländern« selbst. Diese schickten im 19. Jahrhundert nur 8 bis 9% ihrer Exporte in ihre Kolonien. Die einzige Ausnahme bildete England, das immerhin 40% seiner Ausfuhren ins Empire versandte. Aber: die englischen Exporte machten nicht mehr als 5% des Bruttosozialprodukts aus, der Summe aller Güter und Dienstleistungen also, die in England hergestellt wurden.

Die Legende von der wirtschaftlichen Bedeutung der Kolonien wird erst plausibel, wenn man die Perspektive des Südens einnimmt. Bis heute sind in den Augen der ehemaligen Kolonialländer vor allem die Monopole der Importeure erkennbar. Die überschaubare Größe, die der Handel mit dem Süden in der Wirtschaftsbilanz des Nordens insgesamt einnimmt, wird aus dieser Sicht freilich nicht deutlich. Auch ohne Kolonien konnte man es zu Wohlstand bringen: die Mehrzahl der heute wohlhabendsten Länder hat nie zu den großen Kolonialmächten gehört – weder Deutschland noch die Schweiz oder Norwegen und auch nicht Japan und die USA.

Kolumbus (1)
Christoph Kolumbus wurde verkannt und starb verarmt

Christoph Kolumbus ist als Entdecker Amerikas in die Geschichte eingegangen. Vier Fahrten hat er insgesamt über den Atlantik unternommen: 1492/93 nach San Salvador und Haiti; 1493/94 nach Puerto Rico und Jamaika, 1498/1500 nach Südamerika und Trinidad, 1502/04 nach Mittelamerika und Jamaika. Dabei rankt sich um Person und Wirken des Seefahrers eine so große Zahl von Legenden, daß hier nur die bekanntesten zusammengefaßt werden können.

Diese heben schon mit seiner Herkunft an: so hat sich der korsische Ort Calvi gerühmt, in seinem Archiv sei der Geburtsschein des Seefahrers aufgetaucht. Zu dumm nur, daß man erst Mitte des 16. Jahrhunderts mit der Eintragung von Taufen begann – da lag diejenige von Kolumbus schon über hundert Jahre zurück. Auch das Gerücht, Kolumbus sei ein getaufter Jude aus Katalonien gewesen, hat sich nicht erhärten lassen, selbst wenn Cristóbal Colón ein bei Juden auf den Balearen gelegentlich verwendeter Name ist. Am wahrscheinlichsten scheint, daß Kolumbus aus Genua stammt, wo sein Vater Domenico Colombo 1439 das Haus kaufte, in dem Kolumbus zur Welt gekommen sein soll.

Als junger Mann unternahm er ausgedehnte Seereisen, die ihn in nördlicher Richtung bis nach England (und nicht, wie es gelegentlich heißt, bis Island) führten, südlich bis nach Guinea. Mit der Umseglung Afrikas versuchten portugiesische Seefahrer in jener Zeit, Indien zu erreichen. Kolumbus hingegen meinte, dies gelinge schneller, wenn man sich in westliche Richtung wende. Die dort von ihm vermutete direkte Route wollte er selbst als erster befahren. So machte er sich daran, um die zur Ausrüstung einer Flotte erforderlichen Mittel zu werben, und zwar bei König Johann II. von Portugal sowie dem spanischen Königspaar Isabella I. und Ferdinand II.

An beiden Höfen aber, so heißt es, sei er auf taube Ohren gestoßen. Der Grund sei angeblich gewesen, daß die hohen Herrschaften nicht an die Kugelgestalt der Erde glaubten, die der Plan Kolumbus' unterstellte. Nur: daß die Erde eine Kugel ist, war um 1500 bereits Gemeingut der Gebildeten. Dennoch wurde Kolumbus' Vorhaben für undurchführbar gehalten, und zwar zu Recht.

Aber folgen wir der Geschichte Schritt für Schritt: im Jahre 1483 reicht Kolumbus seinen Plan, auf westlichem Weg nach Indien zu reisen, beim portugiesischen König ein. Dieser jedoch lehnt sein Vorhaben ab. Die Gründe:

1. Vermutlich wird die Entfernung für größer gehalten als von Kolumbus geschätzt. Kolumbus nämlich berechnet den Umfang der Erde – gestützt auf den alexandrinischen Astronomen und Mathematiker Ptolemäus – auf rund 28 000 Kilometer. Andere Seefahrer und Kartographen hingegen gehen von 39 000 Kilometern aus (und veranschlagen den Erdumfang somit nur um rund 1000 Kilometer zu gering!).
2. Die portugiesische Krone möchte die Gelder nicht in gewünschter Höhe zur Verfügung stellen.
3. Kolumbus macht persönlich einen ausgesprochen ungünstigen, großsprecherischen Eindruck. Er fordert zudem zehn Prozent aller Gewinne aus seinen Reisen und die Ernennung zum Gouverneur und Vizekönig aller neu entdeckten Gebiete.

Nach der Absage aus Portugal wendet Kolumbus sich nach Spanien und erhält schon bald nach seiner Ankunft eine Audienz bei Hofe in Córdoba. Sein Vorhaben wird 1486 einer von Isabella und Ferdinand eingesetzten Kommission zur Prüfung vorgelegt, Kolumbus während der langen Wartezeit finanziell unterstützt. Aber dann folgt 1490 die Enttäuschung: das Projekt wird abgelehnt, weil die Spanier keine Verwicklungen mit dem rivalisierenden Portugal wünschen und die geforderten Mittel nicht investieren wollen.

Immerhin: im August 1491 darf Kolumbus seinen Plan erneut vorlegen. Aber Anfang 1492 folgt die erneute Ablehnung. Dieses Mal schlicht und ergreifend, weil der verhinderte Entdecker nach wie vor ausgesprochen unbescheiden ist. Er fordert nämlich – wie schon in Portugal – zehn Prozent aller Einnahmen, darüber hinaus die Verleihung des Adels sowie die Erhebung zum Admiral der Ozeanischen Meere, die Ernennung zum Generalgouverneur und Vizekönig der neu entdeckten Länder (dieses erblich!), das Vorschlagsrecht für Beamte in den neuen Gebieten und schließlich die Mitbestimmung aller wirtschaftlichen Maßnahmen. Wie gesagt: das ist zuviel, Kolumbus' Gesuch wird abschlägig beschieden, enttäuscht reist er ab.

Aber er hat sich kaum auf den Weg gemacht, als er plötzlich zurückgerufen wird. Mehr noch: am 17. April 1492 werden alle seine Forderungen überraschenderweise bewilligt! Eine Legende freilich ist es, daß Königin Isabella zu deren Finanzierung ihren Schmuck verpfändet habe. So kann es auf die Reise gehen, deren Verlauf und Folgen ihrerseits zu zahlreichen Spekulationen Anlaß geben:

Anders als überliefert, besteht die Besatzung der drei Schiffe keineswegs aus gedungenem Lumpenpack – im Gegenteil: wer zur See fährt, ist zu jener Zeit außerordentlich angesehen. Auch gibt es während der Reise keine offene Meuterei gegen Kolumbus. Die Mannschaft, so die Überlieferung, habe den Visionen und Fähigkeiten ihres Kommandanten mißtraut. Nach langer Flaute habe sie die Hoffnung verlassen, jemals wieder Land zu sehen, und so hätten die müden und verängstigten Männer die Rückkehr erzwingen wollen. Aber wie gesagt, so war es nicht.

Statt dessen landet Kolumbus in Haiti, wo er in den folgenden Jahren ein ausgesprochen ungeschicktes und grausames Regiment führt. Siedler, die nach seiner ersten Reise folgen, beklagen sich über Willkür und Gewalt des Vizekönigs. Das Königspaar beruft ihn ab und läßt ihn nach Spanien zurückbringen – gegen seinen Willen, aber nicht, wie die Legende will, in Ketten. Folglich sind ihm diese auch nicht ins Grab mitgegeben worden, wie eine weitere Überlieferung wissen will.

Kolumbus stirbt am 20. Mai 1506 in Valladolid. Richtig ist, daß er bis zu seinem Tode meint, in Indien gewesen zu sein (und in Erinnerung daran ist ja auch bis heute von den »Westindischen Inseln« die Rede, wenn die Karibik gemeint ist). Daß sein Leben in Armut endet, stimmt hingegen nicht. Immerhin sind zehn Prozent der Einnahmen aus den neuen Gebieten sein eigen, und auch Kolumbus' Nachkommen dürfen sich soliden Wohlstands erfreuen: sein Sohn Diego wird Gouverneur von »Hispaniola« (der Insel, die heute Haiti und die Dominikanische Republik beherbergt), und nutzt seine Position zur wirtschaftlichen Ausbeutung der Insel.

Kolumbus (2)
erfand das gleichnamige Ei

Wer kennt sie nicht, die Geschichte vom »Ei des Kolumbus«? Nachdem der Weltreisende von seiner ersten Atlantiküberquerung zurückgekehrt war – sie hatte ihn 1492/93 nach San Salvador und Haiti geführt – lud Kardinal Mendoza zum Ehrenmahl für den Seefahrer. Einige der Anwesenden verstiegen sich im Laufe des Abends zu der Behauptung, die Entdeckung der Neuen Welt sei so schwierig gar nicht gewesen. Schließlich habe man sich ja denken können, daß hinter dem Meer wiederum Land liegen müsse. Darauf nahm Kolumbus ein Ei und fragte die Runde, wer es auf den Tisch stellen könne: auf die bekannte Lösung – man schlägt das Ei mit der Oberseite auf Tisch, so daß es auf der dadurch entstehenden ebenen Fläche steht – verfiel außer ihm aber niemand. Womit bewiesen war, daß viele scheinbar unlösbare Aufgaben im Nachhinein leicht aussehen mögen – man muß nur drauf kommen.

Freilich wurde die Anekdote auch schon vor Kolumbus erzählt, wobei vom »Ei des Brunelleschi« die Rede war: der Florentiner Baumeister Filipo Brunelleschi hatte sich 1421 an einem Wettbewerb für die Realisierung der Kuppel des im Bau befindlichen Domes beteiligt. Gegen seinen Plan wurde nun vorgebracht, er sei schlicht und ergreifend nicht durchführbar. In einer Aussprache darüber fragte Brunelleschi seine Kontrahenten, ob sie es für möglich hielten, ein Ei auf eine Tischplatte zu stellen. Es war der Baumeister selbst, der das Problem angesichts der Ideenlosigkeit des Auditoriums auf die oben geschilderte Art und Weise lösen mußte. Auf den daraufhin gemachten Einwand, so hätte man es auch gemacht, erwiderte Brunelleschi, wer seine Methode kenne, werde auch die Kuppel errichten können. Das Argument verfing. Er erhielt den Auftrag zur Ausführung der gigantischen Zweischalenkuppel des Florentiner Doms, deren Form tatsächlich an ein eingedrücktes Ei erinnert.

Erst im 16. Jahrhundert wurde die Anekdote auf Kolumbus übertragen. – Es gibt übrigens auch eine andere Lösung des Problems, die das Ei zudem unversehrt läßt: Man koche das Ei, bis es hart ist. Wenn man es nun auf die Seite legt und schnell genug dreht, richtet es sich senkrecht auf – voilà!

Konzentrationslager (1)
Die KZs wurden von den Nazis erfunden

Die Erinnerung an die nationalsozialistische Gewaltherrschaft verbindet sich untrennbar mit den grauenhaften Bildern riesiger Konzentrationslager, in denen die Nazis ihre Opfer einsperrten und millionenfach ermordeten. Aber die Nazis sind nicht die ersten gewesen, die Konzentrationslager errichteten, und sie waren auch nicht die letzten. Bis heute werden immer wieder solche Lager errichtet, werden Menschen aufgrund ethnischer Zugehörigkeit oder politischer Anschauung ohne Urteil oder Widerspruchsrecht interniert und umgebracht. Das Lexikon spricht von Massenlagern, die Elemente des Arbeits-, Internierungs- und Kriegsgefangenenlagers sowie Züge eines Gefängnisses und Ghettos vereinen.

In den USA etwa wurden im Rahmen des Indian Removal Act erstmals 1838 Cherokee in abgegrenzten Lagern gefangengehalten, bevor sie in Reservate umgesiedelt wurden. Und auch nach der Umsiedlung konnten sie zwar ihre internen Angelegenheiten selbst regeln, unterlagen aber weitgehender Kontrolle durch die Weißen. (Im Vorgehen der weißen Siedler gegen die Indianer – Aushungern und unmäßige Kriegführung – hat Hitler übrigens angeblich ein Modell für seinen Völkermord gesehen).

Die Geschichte des Begriffes »Konzentrationslager« selbst begann im Kubakrieg 1896, als die Spanier anordneten, daß sich alle Bauern, die weder Aufständische waren noch als solche behandelt werden wollten, in sogenannten »campos de concentración« einzufinden hatten. Der englische Begriff »concentration camp« wurde schließlich durch die Briten im Burenkrieg von 1899–1902 geprägt. Der britische General Lord Kitchener ließ sie nach Beginn des burischen Partisanenkampfes gegen die Briten für die burische (afrikanische) Zivilbevölkerung Südafrikas einrichten. Vor allem Frauen und Kinder kamen in die Lager, von 200 000 Inhaftierten starben aufgrund mangelhafter Ernährung und miserabler hygienischer Verhältnisse 25 000.

Die Nazis begannen unmittelbar nach der »Machtergreifung«, bereits im März 1933, mit der Einrichtung politischer Gefängnisse. Zunächst handelte es sich um »wilde Lager« der SS und SA, beispielsweise in Dachau und Oranienburg (anfänglich übrigens nicht KZ, sondern KL genannt). Dort wurden vor allem politische Gegner interniert. Später erfolgten der Ausbau dieser Lager, die Unterteilung in Arbeits- und Vernichtungslager, die Deportation breiter Gruppen wie Juden, Sinti und Roma, Homosexuelle oder Zeugen Jehovas. Nach Beginn des Zweiten Weltkrieges wurden dann vermehrt Arbeitslager eingerichtet, und ab 1941 reine Vernichtungslager.

Im Januar 1945 waren noch über 700 000 Menschen in Konzentrationslagern interniert. Zwischen 5 und 6 Millionen Häftlinge waren ermordet worden, zum ganz überwiegenden Teil Juden. Aber auch dieses unfaßbare Verbrechen hat nicht dazu geführt, daß es keine Konzentrationslager mehr gibt. Ihre Geschichte setzt sich bis heute fort – von den sowjetischen Gulags über die Lager der Roten Khmer in Kambodscha bis hin zu den KZs während der Balkankriege der 90er Jahre. Und auch das US-amerikanische Lager für angebliche Terroristen im kubanischen Guantanamo, wo Hunderte von Menschen für Jahre ohne Urteil und Widerspruchsrecht interniert wurden, steht partiell in dieser unseligen Tradition.

Konzentrationslager (2)
Die Rote Armee befreite die KZs und löste sie auf

Die weitaus meisten Konzentrationslager waren bereits »befreit« bzw. von der SS geräumt, als die Panzer der Roten Armee sie erreichten. Schon bei deren Anrücken setzten die Nazis nämlich zum einen »Todesmärsche« der Häftlinge ins Reichsinnere, zu noch bestehenden KZs, in Gang. In Auschwitz begann die Verlegung der Häftlinge bereits im August 1944; ab Ende 1944 wurden die Vergasungen in den polnischen Vernichtungslagern Auschwitz, Majdanek und Treblinka eingestellt. Beim Eintreffen der Roten Armee befanden sich noch etwa 7500 Häftlinge in Auschwitz, in Sachsenhausen waren es ungefähr 3000.

Auf persönliche Anweisung Heinrich Himmlers räumte die SS zudem die meisten KZs und Vernichtungslager möglichst vollständig – die NS-Schergen wußten, was ihnen von Seiten der Russen widerfahren wäre und setzten sich ab. Kein einziges KZ wurde von den Wachmannschaften der SS »verteidigt«. In Mauthausen räumte die SS das Lager und übertrug die Bewachung einer Wiener Feuerwehreinheit. In der Regel versuchten die Nazis aber vor allem, Spuren zu verwischen. So sprengten sie, soweit möglich, Vergasungsanlagen und Krematorien.

Die Rote Armee löste auch keineswegs alle Lager auf. Einige der KZs betrieb sie in der sowjetischen Besatzungszone sogar weiter, so die ehemaligen KZs Buchenwald bei Weimar (Speziallager Nr. 2, 1945–1950) und Sachsenhausen (Speziallager Nr. 7, 1945–1950). Diese wurden vom sowjetischen Geheimdienst NKWD (»Volkskommissariat für Innere Angelegenheiten«) zur Internierung von NS-Funktionären, Wehrmachts- und SS-Angehörigen, aber auch von willkürlich denunzierten und verhafteten Personen eingerichtet. In Buchenwald waren es etwa 28 000 Männer und Frauen, rund 7000 von ihnen starben in Folge der Haftbedingungen. In Sachsenhausen wurden 60 000 Personen interniert, von denen 12 000 umkamen.

In der Geschichtsdarstellung der DDR wurde diese Zeit regelmäßig übergangen. Erst seit der Wende in Ostdeutschland wird in den KZ-Gedenkstätten auch an die Opfer der sowjetischen »Speziallager« erinnert.

Kopernikus
behielt sein Wissen aus Angst für sich

Nikolaus Kopernikus lebte als Domherr im ostpreußischen Frauenburg. Der Forscher, als Astronom zu unsterblichem Ruhm gelangt, verbrachte seine Tage in einer klosterähnlichen Gemeinschaft; er war Angehöriger des Domkapitels und somit Teil der bischöflichen Regierung, der zum Beispiel die Bischofswahl oblag. Kopernikus verdankte der Kirche Wohnsitz, Pfründe und Ämter – seine ganze Existenz.

Seine Forschungen führten ihn zur Lektüre der Schriften des Astronomen Aristarchos von Samos. Dieser hatte schon mehr als anderthalb Jahrtausende zuvor behauptet, die Erde rotiere um sich selbst und um die Sonne. Darüber hinaus bestimmte Aristarch das

Sonnenjahr genauer. Kopernikus hatte sich eigentlich an das Studium des antiken Gelehrten gemacht, um das zu seiner Zeit vorherrschende Weltbild des alexandrinischen Astronomen Ptolemäus weiterzuentwickeln. Ptolemäus zufolge bildete die Erde die Mitte des Planetensystems. Aber durch die Lektüre Aristarchs war Kopernikus nun davon überzeugt, die Erde kreise um die Sonne. Demnach war diese der Mittelpunkt des Planetensystems. So baute er statt des »geozentrischen« das »heliozentrische« Weltbild aus, als er seine Erkenntnisse 1507 in seiner Schrift *De revolutionibus orbium coelestium* (Über die Umdrehungen der Himmelskörper, dt. erst 1879 [!]) niederlegte. Freilich veröffentlichte Kopernikus sein Werk nicht – angeblich aus Angst vor seinen kirchlichen Vorgesetzen. Tatsächlich fürchtete er sich jedoch, auf die Ablehnung der Gelehrten zu stoßen, denn sein Buch war keineswegs frei von magischen und mystischen Elementen.

Es war auch nicht die Kirche, die das Werk ihres Dieners bedrohte. Im Gegenteil: als der Astronom seine Schrift 1543 schließlich doch veröffentlichte, geschah dies sogar auf ausdrückliche Ermunterung der Kirche. Seit vielen Jahren schon hatte sich selbst Papst Clemens VII. ausgesprochen interessiert gezeigt. Sein Vertrauter, Kardinal Schönberg, wandte sich bereits 1536 an Kopernikus mit der Bitte, seine Entdeckung, daß die Erde sich um die Sonne drehe, »der gelehrten Welt zugänglich zu machen«. Erst als Greis kam Kopernikus dem nach. Er widmete das Buch sogar dem Papst, mittlerweile Paul III. Noch im Jahr der Veröffentlichung ist Kopernikus im Alter von 70 Jahren gestorben.

Die zögerliche Haltung des Autors hat wohl auch einen inhaltlichen Grund. Kopernikus verfügte nämlich über keinerlei Beweis für die Bewegung der Planeten. Sein Buch war ein philosophisches und kein experimentelles Werk. Und seine Thesen stießen trotz höchster Bewilligung auch auf fortdauernden Widerstand. Seine umstürzende Wirkung entfaltete Kopernikus' Werk denn auch erst, nachdem die Richtigkeit seiner Schlußfolgerungen durch Beobachtung belegt werden konnte. Das war etwa 70 Jahre nach seinem Erscheinen, als Galileo Galilei dank der Entwicklung des Fernrohres Planetenbeobachtungen durchführen und die Thesen des Frauenburger Domherren bestätigen konnte. Da allerdings war die Kirche nicht mehr so aufgeschlossen für diese Art von – jetzt wissenschaftlicher – Tatsachenbehauptung (vgl. Galilei).

Kreuzigung

Jesus wurde ans Kreuz geschlagen

Die Evangelien der Bibel bezeugen, Jesus sei gekreuzigt worden (Matt. 27, 35; Markus 15, 24; Lukas 23, 33; Johannes 19, 18). Allerdings wird der Vorgang selbst nicht präzise beschrieben. Dennoch ist das Bild des mit einem Lendenschurz bekleideten Gottessohnes – mit Nägeln durch Hände und Füße an ein Holzkreuz geschlagen – die zentrale Ikone der Christenheit.

»Und dann kreuzigten sie ihn«, heißt es in der Bibel. Wurde die Kreuzigung tatsächlich so ausgeführt, wie das Bild sie überliefert? In der Regel fixierten die Römer einen Verurteilten am Kreuz, indem sie seine Arme am Querbalken festbanden. Somit war der Delinquent dort aufgehängt. Zirkulationsstauungen, Krämpfe und eine durch die Sauerstoffnot ausgelöste Überanstrengung des Herzens waren die Folgen. Ein Blutstau in der Lunge löste Erstickungsängste aus, der Blutdruck sank. Nach etwa einer Viertelstunde brach der Kreislauf des Gekreuzigten zusammen, der Tod trat durch Erschöpfung oder Kreislaufkollaps ein. Er ließ sich verzögern, wenn das Opfer sich – mit den Füßen oder dem Gesäß – abstützen konnte oder wenn ihm Wasser zugeführt, es »getränkt« wurde.

Das Annageln ist hingegen nur vereinzelt überliefert. Und sollte Jesus tatsächlich ans Kreuz genagelt worden sein, dann auf jeden Fall nicht in der überlieferten Weise. Durch die Hände getriebene Nägel nämlich hätten das Gewicht des Körpers gar nicht halten können. Daher schlugen die Römer sie in solchen Ausnahmefällen durch die Unterarme.

Auch das Bild des Kreuzweges Jesu, der sein übermannsgroßes Kreuz zur Richtstatt tragen muß, deckt sich nicht mit dem historischen Befund. Auf dem Weg zur Hinrichtung wurden die Opfer nur mit dem Querbalken beladen. Die – lediglich mannshohen – senkrechten Pfähle standen schon dort.

Kuchen
Marie Antoinette empfahl den Armen als Brotersatz Kuchen

»Qu'ils mangent de la brioche« – »Dann sollen sie doch Kuchen essen«: Im allgemeinen wird dieser Satz der französischen Königin Marie Antoinette zugeschrieben als angeblicher Kommentar zu den Klagen hungernder Pariser, sie hätten kein Brot.

Wäre es denn so gesagt worden: Geradezu himmelschreiende Ignoranz hätte ihren Ausdruck gefunden, trugen doch steigende Lebensmittelpreise und die Knappheit des Grundnahrungsmittels Brot immer mehr dazu bei, die Massen zu politisieren. 1789 schließlich war der Boden für die Französische Revolution bereitet. Der sogenannte »Sturm auf die Bastille« am 14. Juli und die von den Marktweibern erzwungene Übersiedlung der königlichen Familie von Versailles nach Paris am 5. Oktober waren Vorboten der Stürme, in denen die Monarchie untergehen sollte.

Und scheint der Satz vom Kuchen nicht als idealer Beleg dafür, wie egoistisch und vergnügungssüchtig die seit 1770 mit Ludwig XVI. verheiratete Tochter der österreichischen Kaiserin Maria Theresia war, wie korrupt und verrottet die ganze feudale Gesellschaft? Und weil das so ist, nimmt es kaum Wunder, daß die Sentenz literarisch geprägt wurde. Weder Marie Antoinette noch sonst jemand hat sie wirklich verwendet. Die Urheberschaft darf vielmehr der Philosoph und Schriftsteller Jean-Jaques Rousseau für sich beanspruchen. Bereits 1760, also Jahrzehnte vor der Revolution, läßt der Autor eine »große Fürstin« in seinen *Confessions* sagen: »Qu'ils mangent de la brioche«. Marie Antoinette freilich hat es nichts genutzt, daß sie sich dieser Torheit nicht schuldig gemacht hat: am 16. Oktober 1793 wurde sie in Paris unter das Fallbeil gelegt, ein Dreivierteljahr nach ihrem Mann, dem König.

Kyffhäuser
Der König, der im Kyffhäuser wartet, ist Friedrich Barbarossa

Natürlich sitzt kein mittelalterlicher König in einem Thüringer Berg und wartet auf seinen Einsatz – geschenkt. Weniger bekannt allerdings ist, daß dieser alte Volksglaube im Laufe der Zeit den Protagonisten gewechselt hat:

Kaiser Friedrich Barbarossa war einer der volkstümlichsten Herrscher des Mittelalters. Während des dritten Kreuzzuges (1189–92) ertrank er in Kleinasien am 10. Juni 1190 im Fluß Salef. Der Überlieferung nach ist er uralt geworden. In Wirklichkeit erreichte er immerhin 68 Jahre.

Die Nachricht vom Ableben des populären Kaisers wurde ungläubig aufgenommen. Und so sei die Legende von seiner Entrückung und Wiederkehr entstanden: in einer Höhle warte Friedrich schlafend auf die Zeit, zu der er erwachen und das deutsche Reich wieder zu Kraft und Größe führen werde.

Nur: diese Sage hat sich zunächst gar nicht auf Friedrich Barbarossa bezogen. Sie galt vielmehr seinem Enkel Friedrich II. Dieser, 1220 zum Kaiser gekrönt, verlieh dem Kaisertum noch einmal Glanz: Er setzte sich gegen Widersacher ebenso durch wie gegen den Papst, führte eine fortschrittliche Verwaltung ein, krönte sich – verheiratet mit der Erbtochter des Königs von Jerusalem, Isabella – 1229 zum König von Jerusalem. So kam es, daß schon seine Zeitgenossen Friedrich II. rühmten, da er »die Welt in Erstaunen versetzt«, der »Stupor mundi« sei.

Der Niedergang des Kaisertums unter seinen Nachfolgern ließ Friedrich dann zur Lichtgestalt werden, von der man die Wiederkehr der guten, alten Zeit erhoffte. So überstand die Sage vom guten Kaiser Friedrich Jahrhunderte. 1421 wurde sie von Johannes Rothe in seiner *Thüringischen Chronik* am Kyffhäuser, einer 477 Meter hohen Erhebung im nördlichen Thüringen, lokalisiert.

Aber Friedrich II. war sein Leben lang auf Sizilien zu Hause. Deutsches Land hat er nur auf wenigen Reisen besucht. Als Person war sein Großvater hierzulande wesentlich populärer. So scheint es nur logisch, daß die Kyffhäusersage eines Tages auf diesen überging. Im 16. Jahrhundert (*Volksbuch von Friedrich Barbarossa,* 1519) wurde die Legende auf Barbarossa übertragen und hatte damit die Gestalt gefunden, in der sie bis heute überliefert ist.

L

»Leidenschaft«
ist ein altes deutsches Wort

»Leidenschaft«: schwingt da nicht Gefühl mit und Hingabe? Urdeutsche Eigenschaften, wie man häufig meint. So sollte denn auch diese Bezeichnung eines Seelenzustands tief im heimischen Wortschatz verankert sein, womöglich auf Martin Luther zurückgehen, den gewaltigen Sprachgestalter, der mit seiner Bibelübersetzung eines der bedeutendsten Werke deutscher Sprache schuf. Oder prägte Johann Jakob Christoffel von Grimmelshausen den Begriff, dessen *Abenteuerlicher Simplicissimus Teutsch,* das bedeutendste literarische Dokument der Barockzeit, für die deutsche Sprache seiner Zeit stilbildend war?

Weit gefehlt – in vor 1650 entstandenen Texten findet sich überhaupt keine »Leidenschaft«. Statt dessen ist von »Passion« die Rede. »Leidenschaft« und »leidenschaftlich« sind reine Kunstwörter, Mitte des 17. Jahrhunderts von Philipp von Zesen geschaffen. Sie gehören mithin in eine Reihe von Germanisierungen wie »Ausübung« (Praxis), »Selbstigkeit« (Egoismus), »Stülper« (Pullover) oder der notorische »Gesichtserker« (Nase). Nur: im Unterschied zu diesen hat sich die Leidenschaft durchgesetzt ...

Leonardo
Leonardo da Vinci war *die* Persönlichkeit der Renaissance

Leonardo da Vinci gilt als eine der universellsten Begabungen, die je gelebt haben: als Baumeister war er Gestalter gewaltiger Entwürfe, als Bildhauer und Maler schuf er großartige Kunstwerke wie die »Mona Lisa«, als präzise und anschaulich arbeitender Zeichner widmete er sich der Anatomie und Botanik ebenso wie der Mechanik und Optik. Als Naturforscher und Techniker beobachtete er nicht nur, sondern setzte auch als Erfinder Maßstäbe: Brennspiegel, Fallschirme, Kräne, Maschinen zur Tuchherstellung und Pumpen hat er erdacht – kurzum: in Leonardo präsentiert sich eines der größten Genies, die je gelebt haben. Ein wahrer Geistesriese, der die Möglichkeiten des Humanen in sich vereint.

Dem scheint zu entsprechen, daß Leonardo sich auch um das Kleinste bekümmerte, daß der Vegetarier sogar gefangene Vögel kaufte, um sie freizulassen. Weniger sympathisch scheint freilich, daß er, der den Krieg verdammte, sein Genie in den Dienst des Fürsten Cesare Borgia stellte und Angriffswaffen für den Grausamen entwickelte.

Zudem hatte das liebe Geld es dem Genie über die Maßen angetan: so ersann er eine Methode zum Versenken ganzer Flotten (was ja an sich schon nicht unbedingt gefallen muß). Bevor er aber zu einer genauen Ausarbeitung schritt, sann Leonardo über seine eigene Beteiligung an der zu erwartenden Beute nach. Die Lösung: der Feind solle nicht bei erster Gelegenheit ins nasse Grab geschickt werden. Ein Ultimatum solle Leonardo jeweils Zeit verschaffen, seinen Auftraggeber zu verpflichten, ihm die Hälfte der Beute (»und zwar ohne Abzüge«) zu überlassen. Erst danach will er seine Kunst zur Anwendung bringen und den Gegner mit Mann und Maus vernichten.

Solche moralische Flexibilität will ebensowenig zur heutigen Vorstellung von einer bedeutenden Persönlichkeit passen wie ein gewisser Krämergeist: Leonardo war ausgesprochen mißtrauisch. So hielt er seine Aufzeichnungen in Spiegelschrift fest und benutzte dabei zahlreiche Dialektwörter und ungebräuchliche Abkürzungen. Das alles, um seine Einfälle vor dem Zugriff Dritter zu schützen, die ihn um Ruhm und finanzielle Früchte seines Schaffens bringen könnten. Um ganz sicher zu gehen, achtete er genau darauf, daß die Begabung seiner Helfer ein gewisses Mittelmaß nie überschritt.

Wen wundert's, daß Leonardo seine Mitmenschen nicht wirklich liebte, sondern vielmehr postulierte, es gebe »keine Grenzen für ihre

Bosheit«. Ein angenehmer Zeitgenosse scheint das große Genie also nicht gewesen zu sein. Eigentlich ja ganz beruhigend, daß es auch Schatten gibt, wo so viel Licht ist.

Lincoln (1)

Abraham Lincoln wurde von einem fanatischen Anhänger der Sklaverei umgebracht

Abraham Lincoln war der 16. Präsident der USA. Er wurde am 14. April 1865, einem Karfreitag, in Washington während eines Besuchs des Ford-Theaters von John Wilkens Booth erschossen, einem fanatischen Anhänger der Sklaverei, wie es heißt. Zwar waren Booths Schüsse nicht unmittelbar tödlich. Aber am Morgen des 15. April erlag Lincoln einer Kopfwunde.

Gleichzeitig wurde ein Attentat auf Außenminister William H. Seward verübt. Lewis Paine und David E. Herold wollten den nach einem Unfall Bettlägerigen ermorden – Seward wurde zwar verletzt, aber nicht tödlich. Die Täter konnten fliehen. Und schließlich sollte ein Anschlag auf Vizepräsident Andrew Johnson verübt werden. Dazu kam es aber nicht, denn der Attentäter, George Atzerodt, betrank sich vor Angst dermaßen, daß er zur Ausführung der Tat nicht in der Lage war.

Das Zusammentreffen dieser Mordanschläge hat die Phantasie der Mit- und Nachwelt außerordentlich beschäftigt und zur Annahme einer großen Verschwörung geführt, deren Hintermänner in der Regierung vermutet wurden. Im Zentrum dieser Mutmaßungen steht Kriegsminister Edwin M. Stanton. Unter Umgehung von Vizepräsident Johnson riß Stanton nach den Schüssen auf Lincoln die Initiative an sich und organisierte aus der Pension heraus, in der der sterbende Lincoln untergebracht war, die Verfolgung der Täter. Der Potomac, die Ausfallstraßen und Bahnhöfe wurden von Polizei und Militär abgeriegelt.

Dennoch konnte Booth, der erkannt worden war, aus Washington fliehen. Dabei könnte er mächtige Helfer gehabt haben. Denn es waren trotz Abriegelung zwei Wege nach Maryland offengeblieben (Zu jener Zeit herrschte in den USA ja Bürgerkrieg, und Maryland stand zwar auf Seiten der Union der Nordstaaten, diente zugleich aber vielen konföderierten Partisanen und Lincoln-Gegnern als Rückzugsraum). Auf einem dieser Wege wurde der fliehende Booth kontrolliert und – nachdem er seinen korrekten Namen angegeben hatte – durchgelassen, ebenso David Herold, der Attentäter des Außenministers. Ein den beiden nachsetzender Stallmeister, bei dem sie sich Pferde geliehen, diese aber nicht zurückgegeben hatten, wurde hingegen an der weiteren Verfolgung gehindert. Die Polizei, der der Diebstahl angezeigt worden war, forderte beim Heer Pferde an, um den Flüchtenden auf der Spur zu bleiben – vergeblich. So konnten sie zunächst entkommen.

Dennoch wurde weiter gefahndet, wobei die ausdrückliche Anweisung galt, Booth lebend zu fangen. Aber bei seiner Festnahme am 25. April 125 Kilometer südlich von Washington wurde er erschossen – damit war der Hauptbeteiligte tot und konnte keine Aussagen mehr machen.

Sicher hätte man ihn gefragt, wie er in die Loge des Präsidenten eindringen konnte. Denn eigentlich hätte dort eine bewaffnete Wache stehen müssen. Der mit dem Schutz des Präsidenten betraute Polizist freilich war in eine Bar gegangen und hatte so den Weg für Booth freigemacht. Nun hatte Lincoln seinen Kriegsminister just am Nachmittag des 14. April um den Einsatz eines ihm persönlich bekannten, zuverlässigen Majors gebeten, was Stanton freilich unter einem Vorwand ablehnte. Erfolgte die Ermordung des Präsidenten also vielleicht wirklich auf Geheiß eines seiner Minister?

Anlaß zu Spekulationen gibt es durchaus, denn Stanton und Lincoln waren zutiefst uneins, was die Politik den Konföderierten gegenüber anging. Der Präsident strebte nach dem Ende des Bürgerkriegs eine zügige Normalisierung des Verhältnisses zu den Südstaaten an, hatte noch am Vormittag des 14. April im Rahmen einer Kabinettssitzung von Versöhnung gesprochen. Stanton hingegen verfocht eine harte Linie, wollte den Süden militärisch besetzen und Vergeltung üben.

Was den Präsidentenmörder selbst angeht, John Wilkes Booth, ist ein politisches Tatmotiv wenig wahrscheinlich, eher schon ein psychologisches. An der Sklaverei war Booth, der nicht aus dem Süden, sondern aus Maryland stammte, wirtschaftlich nicht interessiert. Dennoch schloß er sich der Untergrundbewegung der Konföderierten an und plante im Laufe des Jahres 1865 zunächst, Lincoln zu entführen. Erst, nachdem sich das als undurchführbar erwies, entschloß er sich zum Mord. Warum? Booth entstammte einer Schauspielerfamilie und war selbst Schauspieler. Als solcher stand er freilich völlig im Schatten seines Vaters Junius Brutus Booth, Amerikas bedeutendstem Darsteller, der sich vor allem in Shakespeare-Rollen unvergleichlichen Ruhm erspielt hatte. Die Schüsse im Ford-Theater verschafften seinem Sohn endlich einen großen Auftritt, wenn auch nicht auf der Bühne. All das freilich muß Spekulation bleiben, denn Booth selbst konnte zu dem Geschehen ja nicht mehr befragt werden. Vier weitere an der Attentatsserie Beteiligte wurden durch den Strang hingerichtet, so daß es schon bald keine Zeugen mehr gab.

Lincoln (2)

Abraham Lincoln wollte die Sklaven befreien

Abraham Lincoln, von 1861 bis 1865 der 16. Präsident der USA, ging in die Geschichte ein, als seine »Emancipation Proclamation« vom 22. September 1862 alle Sklaven in den amerikanischen Südstaaten für frei erklärte.

Ein Musterbeispiel für Konsequenz in der Politik: Schon zu Beginn seiner Karriere, 1835, hatte Lincoln im Repräsentantenhaus von Illinois als einer von nur fünf Abgeordeten mutig gegen eine Resolution gestimmt, die die Freilassung von Sklaven verurteilt hatte. Und seine entschiedene Position zur Sklaverei sicherte Lincoln die Nominierung zum republikanischen Präsidentschaftskandidaten des Jahres 1860 gegen William Henry Seward, den späteren Außeniminster.

Lincoln war es auch, der Schwarzen im Jahre 1863 Zugang zum Weißen Haus verschaffte. Unter diesen ist insbesondere Frederick Douglass zu nennen, der als Sklave zur Welt gekommen war und nach seiner Flucht einer der wichtigsten Mitstreiter Lincolns wurde.

War Abraham Lincoln also ein von seiner Sache wirklich überzeugter Politiker? Nicht ganz: wie die Mehrheit seiner weißen Zeitgenossen ging auch Lincoln von einer naturgegebenen Unterlegenheit der Schwarzen aus, die er gesprächsweise als »Nigger« titulierte. Am liebsten hätte er sich ihrer möglichst elegant entledigt. Noch als Präsident ließ er Möglichkeiten der »Ansiedlung« der Schwarzen in Afrika oder Lateinamerika prüfen. Aber zu jenem Zeitpunkt fehlte es wohl noch an den Voraussetzungen für solche Lösungen.

Worum es Lincoln tatsächlich ging, schrieb er am 22. August 1862 an die *New York Tribune*: »Wenn ich die Union retten könnte, ohne einen einzigen Sklaven zu befreien, würde ich es tun, wenn ich sie retten könnte, indem ich alle Sklaven befreite, würde ich es tun; und wenn ich sie retten könnte, indem ich einige befreite und andere nicht, würde ich es ebenfalls tun.« Zu diesem Zeitpunkt hatten sich die Südstaaten, in denen in großem Umfang Sklaven gehalten wurden, vom Norden, wo dies nicht der Fall war, losgesagt. Um die Einheit der Nation zu sichern, suchte der Präsident des Nordens, Lincoln, nun die Unterstützung auch von Befürwortern der Sklaverei.

Erst nachdem die Abspaltung der »konföderierten« Südstaaten anders als mit friedlichen Mitteln nicht mehr rückgängig zu machen schien, erließ der Präsident die »Emancipation Proclamation«. Diese erklärte alle Sklaven im Süden ab 1. Januar 1863 für frei. Den Betroffenen freilich half das nicht, da Erlasse des Nord-Präsidenten bei den Konföderierten schlicht und ergreifend nicht anerkannt wurden.

Tatsächlich verfolgte Lincoln mit der »Emancipation Proclamation« ein diplomatisches Ziel: die Isolierung der Südstaaten. England und Frankreich, die die Regierung der Konföderation im Mai 1862 anerkannt hatten, sollten nicht zu deren Gunsten in den Bürgerkrieg eingreifen und den militärischen Sieg des Nordens gefährden können. Daß Lincoln den Bürgerkrieg mit dem Ziel der Sklavenbefreiung geführt habe, gehört in das Reich der Legende. In Wahrheit ging es ihm um die Wiedervereinigung der gespaltenen USA.

Lindbergh

Charles Lindbergh flog als erster über den Atlantik

Am 20. und 21. Mai 1927 flog Charles Lindbergh in 33 ½ Stunden von New York nach Paris – eine Reise, die als erster Flug über den Atlantik gilt. Tatsächlich war Lindbergh zwar der erste, der ihn allein unternahm. Aber ein Flug über den Atlantik war damals keineswegs mehr die Pionierleistung, als die sie überliefert ist.

Als Postpilot war Lindbergh ein ausgesprochener Flug-Profi. Seine Erfahrung hatte er auf der Strecke von St. Louis nach Chicago erworben. Als Geschäftsleute aus St. Louis einen Preis von 25 000 $ für den ersten Nonstop-Alleinflug über den Atlantik auslobten, wollten sie Lindbergh im Cockpit sehen. Damit hatten die Sponsoren einen gewieften Öffentlichkeitsarbeiter für ihr Unternehmen gewonnen. Lindbergh taufte sein Flugzeug brav »Spirit of St. Louis« und bewies so jenen Sinn für PR, der seinen Auftraggebern gefiel und seinen Flug berühmt machen sollte. Zudem war mit Paris ein außerordentlich medienwirksamer Zielort ausgesucht worden. Auch als Lindbergh 1953 in einem Buch, das wie sein Flugzeug »The Spirit of St. Louis« hieß, von seiner Reise berichtete, bewies er eine geschickte Hand – immerhin erhielt er für sein Werk den renommierten Pulitzer-Preis. Kein Wunder also, daß er den Ruhm des Atlantik-Überquerers eingeheimst hat.

Dabei war der erste Flug über den Ozean bereits im Mai 1919 unternommen worden – mit einem Wasserflugzeug, das den wenig attraktiven Namen »Lame Duck« führte, und zwar vom verschlafenen Rockport im US-Bundesstaat New York ins südenglische Plymouth, mit insgesamt sechs Zwischenlandungen. Im Cockpit übrigens: sechs Besatzungsmitglieder, darunter Charles Lindbergh.

Bereits einen Monat danach, im Juni, gelang den Engländern John Alcock und Arthur Whitton der erste Nonstop-Flug, auf der Route von St. Johns in Neufundland nach Clifden in Irland. Und wiederum einen Monat später, im Juli, überquerten nicht weniger als 31 Mann den Atlantik in einem Zeppelin, dem englischen Luftschiff R-34. Ihre Reise führte von Schottland nach New York, also von Ost nach West.

Alles in allem haben 66 Männer den Atlantik vor Charles Lindbergh überquert. Der Alleinflieger war der 67. – eine Tatsache, die der PR-Profi freilich weniger in den Vordergrund stellte.

Lucius Quinctius Cincinnatus
wurde vom Ackerbauern zum Diktator

Die frühen Zeiten der römischen Republik waren ausgesprochen unruhig. So lag Rom 458 v. Chr. mit den Aequern im Krieg, und ein Sieg war nicht in Sicht. In ihrer Verzweiflung verfielen die Römer auf eine abwegig erscheinende Idee: ein betagter Landmann, Lucius Quinctius Cincinnatus, sollte es richten. Vom Pflug weg wurde er zum Diktator gemacht – so jedenfalls berichten es der Geschichtsschreiber Livius und auch der Staatsmann und Philosoph Cicero.

Allerdings: völlig unerfahren im Lenken der Staatsgeschäfte war Lucius keineswegs. Im Jahre 460 v. Chr. war er oberster Beamter der römischen Republik und somit auch ihr Heerführer gewesen. Nach Ablauf seiner Amtszeit hatte er sich dann, wie viele Patrizier, auf seine Landgüter zurückgezogen. Von dort wurde der Pensionär schlicht reaktiviert.

Lucrezia Borgia
war maß- und sittenlos

Als Inbegriff von Sitten- und Maßlosigkeit ist Lucrezia Borgia in die Geschichte eingegangen. Dieser Ruf freilich ist unverdient. Denn Lucrezia Borgia verdankt ihn ihrer Familie, insbesondere ihrem Vater Rodrigo und ihrem Bruder Cesare.

Machtgierige Wüstlinge waren sie beide: Lucrezias Vater stammte aus Spanien. Er brachte es zum Kardinal (schon dieser Umstand sollte ja nachhaltig erstaunen) und 1492 als Papst Alexander VI. sogar zum Oberhaupt der katholischen Kirche.

Cesare Borgia, der Bruder Lucrezias, wurde von seinem Vater bereits in jugendlichem Alter zum Kardinal gemacht. Danach unternahm er den Versuch, das in zahlreiche Fürstentümer zersplitterte Italien (neben dem Kirchenstaat etwa Ferrara, Florenz, Mailand, Neapel, Venedig) zu einen – zum Vorteil seiner eigenen Familie natürlich. Diese hatte ja bereits den Kirchenstaat an sich gerissen und sicherte ihre Macht durch alle zur Verfügung stehenden Mittel – Nepotismus, Bestechung, Ämterkauf.

In diesem Spiel war Lucrezia eine Rolle zugedacht: sie hatte beim Gewinnen von Verbündeten zu helfen. Mehrfach wurde sie verlobt, das erste Mal bereits im Alter von elf Jahren. Das ging freilich nicht immer gut: ihr erster Ehemann Giovanni Sforza – mit dem Lucrezia 1492 verheiratet worden war, um seine Unterstützung gegen den König von Neapel zu erhalten – wollte sich seiner Frau entledigen, da er die Seiten gewechselt hatte. 1497 wurde die Ehe annulliert, nachdem Giovanni seine Frau auf das Wüsteste verleumdet hatte – daß sie Inzest mit ihrem Vater treibe, gehörte noch zu den milderen Unterstellungen.

Mit ihrem zweiten Mann hatte Lucrezia kaum mehr Glück: 1498 war sie mit Alfonso de Aragon verheiratet worden, dem Herzog von Bisceglie, einem unehelichen Sohn König Alfons II. von Neapel. Auch diese Ehe diente politischen Zwecken, und als Alfonso in Widerspruch zu den Plänen des Papstes geriet, ließ Rodrigo Borgia ihn von seinen Häschern im Jahre 1500 umbringen. Natürlich wurde Lucrezia unterstellt, sie sei am Treiben ihres Vaters aktiv beteiligt, auch wenn sie von dessen Mordplänen nichts geahnt hatte.

Erst mit ihrer dritten Ehe fand Lucrezia zu dem ihr gemäßen Dasein: 1501 heiratete sie Alfonso d'Este, den Herzog von Ferrara. Die Verbindung war ausgesprochen glücklich und dauerte 19 Jahre, bis zum Tode Lucrezias. Nicht weniger als acht Kinder entstammten dieser Ehe. Darüber hinaus konnte sich die Herzogin als die kultivierte Frau erweisen, die sie war, und den Hof von Ferrara zur Heimstatt von Dichtern und Gelehrten machen.

In der historischen Überlieferung freilich ist Lucrezia Borgia in den Genuß des üblen Rufes gekommen, den ihr Vater und ihr Bruder verdienten.

Lucullus
war ein Meisterkoch

Ein römischer Feldherr, wie er im Buche steht: Lucius Licinius Lucullus trug maßgeblich zur Festigung der römischen Herrschaft im Osten bei, indem er Mithridates VI. von Pontus (an der südlichen Schwarzmeerküste gelegen) zurückschlug, der Rom seit 89 v. Chr.

nicht weniger als drei Mal attackiert hatte. Erst nach mehr als einem Vierteljahrhundert gelingt es, mit ihm aufzuräumen, und es ist Lucullus, der Mithridates im Jahre 63 v. Chr. ein für alle Mal besiegt und bis zum Tigris – in den heutigen Irak – zurückwirft.

Keine schlechte Bilanz also, die Lucullus eigentlich einen militärhistorischen Nachruhm hätte einbringen sollen. Dennoch spielen sich die Glanztaten, die wir heute mit seinem Namen verbinden, am Herd ab, und nicht auf dem Schlachtfeld. Wie kam es dazu?

Lucullus wurde nach seinem Sieg über Mithridates Verwalter der Provinz Asia. Zu seinen Pflichten gehörte auch, in einem Gebiet vom Westen der heutigen Türkei bis zum Schwarzen Meer die Steuern einzutreiben. Dieser Aufgabe kam er – zumindest in den Augen seiner Vorgesetzten in Rom – weniger gut nach als seinen militärischen Obliegenheiten, weshalb er anderen Befehlshabern unterstellt werden sollte.

Da nahm Lucullus, der für seinen persönlichen Wohlstand offenbar hinreichend gesorgt hatte, seinen Abschied. Der Feldherr bezog eine Villa in Rom und fand ein neues Betätigungsfeld: Lucullus wirkte als Mäzen und legte eine große öffentliche Bibliothek an, zu deren Nutzern Berühmtheiten wie der römische Staatsmann und Schriftsteller Cicero gehörten.

Erst im Alter aber wurde Lucullus zum Schlemmer: »Essen kann jeder, ich verstehe es« lautete sein Motto. Fortan wurden in seinem Hause Köstlichkeiten wie Zunge und Hirn von Flamingos und Nachtigallen aufgetischt oder Blätterteig mit Austern und Trüffeln. Auch die Desserts waren von ausgesuchter Raffinesse. So ließ Lucullus enthäutete, in Schnee gebettete Früchte reichen, »Halbgefrorenes« also. Aber anders als überliefert griff der Meister nicht selbst zum Kochlöffel. Es waren Sklaven aus allen Teilen des römischen Reiches – und das reichte in jener Zeit immerhin von Persien bis Spanien –, die immer neue lukullische Genüsse erdenken mußten.

Ludwig der Fromme
wurde Mönch

Nach dem Tode Karls des Großen fiel sein Reich 814 an seinen Sohn Ludwig, der es bis 840 regierte. Jene Jahre, so sollte man meinen, waren eine gottesfürchtige Zeit, erhielt Ludwig doch den Beinamen »der Fromme«. In Italien kennt man ihn gar als den »Heiligen«.

Zwar ist es richtig, daß Ludwig stets darauf achtete, daß der Kirche nichts abgehe – und daß er mit den wüsten Verhältnissen am Hofe seines Vaters aufräumte. Aber nichts wäre falscher, als daraus Grundsätze seiner Herrschaft abzuleiten. Die Regentschaft des Frommen ist eine Zeit ausgesprochener Unordnung und sittlich bedenklicher Zustände. Das Reich zeigte deutliche Zerfallserscheinungen, derer Ludwig nicht Herr wurde: 829 erhielt sein Sohn aus zweiter Ehe, Karl, das Elsaß und Alemannien zugesprochen. Dagegen rebellierten schon im folgenden Jahr 830 Ludwigs Söhne aus erster Ehe, Lothar, Pippin und Ludwig. Das Trio sah sich durch die Erhebung Karls in seinen seit 817 angestammten Rechten beschränkt. Demnach sollte Lothar gemeinsam mit dem Vater Kaiser sein. Die beiden anderen hingegen waren als Könige mit eigenen Gebieten in Aquitanien (Pippin) und Bayern (Ludwig) ausgestattet worden. Zudem wußten sie ihre Stiefmutter, Kaiserin Judith, am Werke, die im Gegensatz zu ihrem Mann eine starke, sichere Persönlichkeit war. Es hieß, sie führe den Kaiser geradezu am Gängelband und betrüge ihren Mann zudem. Überhaupt sei das Leben bei Hofe in jenen Tagen ausgesprochen fidel gewesen, woran Ludwigs Schwestern, die Töchter Karls des Großen, erheblichen Anteil gehabt hätten. Ja, die Residenz des frommen Ludwig sei geradezu zum Bordell geworden.

Der jedenfalls unternahm nichts (vielleicht hat er sich ein wenig selbst kasteit – der Hang dazu wird ihm jedenfalls nachgesagt). Er trennte sich auch nicht von Judith, als seine Söhne ihn 833 verhafteten, um die alte Ordnung wieder herzustellen. Gegen den Willen ihres Bruders setzten Pippin und Ludwig aber die erneute Thronbesteigung ihres Vaters durch – in erster Linie, um Zeit für den Kampf um die Macht zu gewinnen. Als dessen Ergebnis wurde das Reich nach dem Tode Ludwigs im Vertrag von Verdun 843 geteilt: Judiths

Sohn Karl wurde als Karl II. (der »Kahle«) König des Westfrankenreiches, Ludwig (der »Deutsche«) erhielt den Osten, Lothar behielt die Kaiserkrone. Pippin war 838 gestorben.

Im Ergebnis läßt sich festhalten, das der fromme Ludwig nicht in der Lage war, die Regierung zu führen – in Frankreich hat sich seine Entschlußlosigkeit in dem gnädigen Beinamen »der Gutmütige« niedergeschlagen. Ob der Tatenlose besonders fromm war, ist indes weniger sicher. Mönch jedenfalls ist Ludwig nicht geworden, auch als sein Sohn Lothar ihn 834 zum Rückzug ins Kloster drängte. Statt dessen hat er's noch einmal mit Regieren versucht – Resultat: s.o.

Ludwig der Springer
sprang

Ludwig Graf von Thüringen und Schauenburg ist in die Geschichte eingegangen als der »Springer«. Dazu ist folgende Anekdote überliefert: Ludwig entflammte in Liebe zu der sächsischen Gräfin Adelheid, die ärgerlicherweise bereits mit dem Pfalzgrafen Friedrich III. verehelicht war. Dieses Problem löste der hitzige Thüringer kurzerhand, indem er seinen Rivalen kaltmachte. Das wiederum erboste den Kaiser, Heinrich IV. Er verurteilte den Mörder zum Tode und setzte ihn auf der Feste Giebichenstein an der Saale fest. Nur ein beherzter Sprung über die Burgmauer verhalf Ludwig zur Flucht und rettete sein Leben. – Wenn es so gewesen sein sollte: warum hat der Kaiser dem Flüchtigen nicht nachgesetzt und das Urteil vollstreckt? Und wie konnte Adelheid ihren rabiaten Verehrer erhören und ihn im Jahre 1088 sogar heiraten?

Eine mögliche Lösung: alles war ganz anders. Der »Springer« ist nämlich erst 1114, rund dreißig Jahre nach der Ermordung Friedrichs, verhaftet worden, und auch nicht von Heinrich IV., sondern von Heinrich V. während der Feierlichkeiten zu dessen Hochzeit mit Mathilde von England, und auch nicht wegen des Mordes am sächsischen Pfalzgrafen, sondern weil Ludwig ein notorisch unzuverlässiger Zeitgenosse war, der es einmal mit dem Kaiser hielt und diesem bei nächster Gelegenheit zusammen mit dem sächsischen Adel das Leben schwermachte. Und der historische Sprung? Fehlanzeige

– Ludwig ist nicht behende eine Mauer überwindend entwichen, sondern für drei Jahre ins Verlies gewandert.

Wie ist er dann aber in den Ruf eines »Springers« geraten? Durch die Überlieferung der Nachwelt: der Beiname taucht erstmals in der *Düringischen Chronik* des Johannes Rothe aus dem 15. Jahrhundert auf. Möglicherweise handelt es sich um eine Verballhornung des Wortes »Salius« (der Salier) zu »saliens« (springend). Aber auch das ist keineswegs sicher, denn eine Verwandtschaft Ludwigs mit dem Begründer der salischen Dynastie, Kaiser Konrad II., ist nicht nachweisbar.

Ludwig XIV. (1)
brüskierte das Parlament mit dem Satz: »L'etat c'est moi!«

Dieser angebliche Ausspruch Ludwigs XIV. ist das klassische Zitat zur Kennzeichnung des Absolutismus, der Regierungsform also, in der der König uneingeschränkt herrschte. Diese erreichte im Frankreich Ludwigs XIV. ihre reinste Ausprägung. In allen Bereichen des öffentlichen Lebens fiel die letzte Entscheidung am Hofe in Versailles. Adel und Parlament waren jeder Macht beraubt.

Dennoch ist der Satz – »Der Staat bin ich!« – nicht wie überliefert geprägt worden, nämlich vor dem Parlament, als Antwort des 17jährigen Regenten auf eine Bemerkung des Parlamentspräsidenten, der seinen König auf die Interessen des Staates hinwies.

Jedenfalls findet sich in der Überlieferung der fraglichen Sitzung vom 3. April 1655 kein Hinweis auf die berühmte Wendung des jugendlichen Herrschers. Es gibt sogar Historiker, die bezweifeln, daß Ludwig sie je formuliert haben könnte. Dem allerdings ist entgegenzuhalten, daß der Absolutismus, wie er von Kardinal Richelieu – der die Regierungsgeschäfte zwischen 1624 und 1642 geleitet hatte – entwickelt worden war, erst unter Ludwig XIV. persönliche Züge annahm. Wie man es auch dreht und wendet: gesichert ist das berühmte Zitat nicht.

Ludwig XIV. (2)
war ein Vielfraß

Ludwig XIV., der berühmte französische »Sonnenkönig«, hat nicht nur – seit 1661 – das Schloß Versailles vor den Toren von Paris errichten lassen. Er führte dort auch einen großen Hof, scharte den französischen Adel um sich, führte ein umfangreiches Zeremoniell ein und gab zahlreiche luxuriöse Feste. Könige in ganz Europa nahmen sich den Herrscher zum Vorbild, der sein Land zur wichtigsten Macht des Kontinents machen wollte und immense Summen für militärische Zwecke bereitstellte.

Bescheidenheit war also wirklich nicht die Zier des Königs. Kein Wunder, daß auch sein Appetit als ungeheuer gilt und Ludwig als ausgesprochener Vielfraß in die Geschichte eingegangen ist. Dabei fiel er keineswegs aus dem zeitgenössischen Rahmen – jedenfalls nicht, was seine kulinarischen Gepflogenheiten angeht. Immerhin: sein Hunger darf als gesund gelten.

Das Frühstück fiel bescheiden aus – etwas Weißbrot, dazu allerdings schon ein Weinchen und Wasser, nie hingegen Kaffee, Tee oder Schokolade. Mittags wurde ein dreigängiges Menü mit Dessert und einer Flasche Wein gereicht. So blieb Platz für's Abendessen, beispielsweise vier verschiedene Suppen, ein Fasan, ein Rebhuhn, Salat, Hammelhaschee mit Knoblauch, zwei Scheiben Schinken, Backwerk, Süßspeise, Obst – das war's schon.

Um Bedenken auszuräumen: Ludwig ist dabei keineswegs dick geworden. Kräftig war er schon. Aber er konnte auch im Alter noch auf die Jagd gehen – vielleicht, um persönlich für Nachschub zu sorgen?

Ludwig XV.
war ein Wüstling

Einen denkbar schlechten Ruf – persönlich wie politisch – genießt der Urenkel und Nachfolger Ludwigs XIV., der französische König Ludwig XV. Während seiner Herrschaft mußte Frankreich, das als erste Macht Europas gelten wollte, empfindliche Schwächungen hinnehmen. So verlor die Krone als Ergebnis des Siebenjährigen Krieges (1756–63) überseeische Gebiete in Kanada und Indien. 1772 konnte der König die erste Teilung Polens, das traditionell eng mit Frankreich verbunden war, nicht verhindern. Im Inneren sah es nicht besser aus als jenseits der Grenzen: zwar lief die Wirtschaft zeitweise nicht schlecht, aber eine hohe Inflation belastete die Bevölkerung ganz außerordentlich.

Und was tat der König? Nichts. Er ließ die Regierungsgeschäfte von den Günstlingen seiner Mätressen führen.

Egoistisch, gleichgültig, träge, pervers – das sind die Charakterzüge, die Ludwig zugeschrieben werden. Seine Brutalität ist legendär:

- Während das Volk verarmte, preßte Ludwig es zur Steuer und feierte in Versailles Orgien.
- Er ließ den »Hirschpark« anlegen, der über einen besonderen Reiz verfügte: einen orientalischen Harem, in dem unschuldige Opfer für den geilen König gehalten wurden.
- Bereits als Kind soll er ein Rehkitz, das ihm aus der Hand fraß, erschlagen haben, nur weil es ihm Vergnügen bereitete.
- Angeblich hat er nichts gelernt, da sein Lehrer mit ihm Karten spielte, statt ihn zu unterrichten.
- Er reagierte, heißt es, völlig gefühllos beim Tode der Madame Pompadour 1764, obwohl sie sechs Jahre lang seine Mätresse gewesen war.

Die Wahrheit: die Geschichte mit dem Rehkitz ist frei erfunden; aus den Jahren 1717 bis 1723 haben sich mehrere Bände mit Übersetzungen, Maximen und Aufsätzen Ludwigs erhalten; die tiefe Trauer des Königs um Madame Pompadour ist von seinen Kammerdienern bezeugt.

Lange Zeit wurde Ludwig XV. allein nach den Zeugnissen seiner Gegner beurteilt – verärgerter Diener, entlassener Minister, von Preußen bezahlter Schreiberlinge. Anderen hingegen galt der König als intelligent und tapfer. Die historische Würdigung, etwa durch Pierre Gaxotte, kennt Ludwig XV. als bescheiden und gutmütig, aber auch als gehemmt und wenig durchsetzungsfähig. Ein Zeitgenosse, Emmanuel Herzog von Croy, ließ sich geradezu hymnisch aus: Ludwig sei »der beste Vater, der beste Freund und anständigste Mensch, den es gibt«.

Ein verleumdeter Unschuldiger also? Nicht ganz. Denn es ist auf den »Hirschpark« zurückzukommen. Einen Harem hat es dort wohl nicht gegeben. Aber immerhin unterhielt der König in diesem Versailler Viertel ein Haus, das ihm als »Junggesellenbude« diente. Dort empfing er zweifelhaft beleumdeten Besuch zu sittlich nicht ganz unbedenklichen Zusammenkünften. So ist die weiße Weste Ludwig XV. nicht ganz makellos – aber damit unterscheidet er sich nicht von anderen Königen – in Frankreich oder sonstwo.

Lusitania

Der Passagierdampfer wurde Opfer eines kriegsrechtswidrigen Terrorakts

Am 7. Mai 1915, der Erste Weltkrieg befand sich in seinem ersten Jahr, versenkte ein deutsches U-Boot den englischen Passagierdampfer *Lusitania* in der Nordsee südlich von Irland. Der Untergang der *Lusitania* forderte mehr als 1000 zivile Opfer und ging als ein außerhalb jeden Kriegsrechts stehender Akt des Terrors in die Kriegsgeschichte ein.

Nun war aber die Nordsee sowohl von Deutschland als auch von England zum Seekriegsgebiet erklärt worden. Handelsschiffe beider Seiten mußten also mit feindlichen Angriffen rechnen, wozu erstmals in der Geschichte Unterwasserboote eingesetzt wurden.

Um die See dennoch für den – auch militärischen – Nachschub nutzen zu können, bedienten die Briten sich eines Tricks: alle ihre Schiffe wurden zu verschleierten Einsätzen verpflichtet. Es erfolgte – sofern das Kriegsministerium die Schiffe anforderte – eine falsche Deklaration der Fracht, und zwar auch ohne Wissen der Besatzung. Dies war den Deutschen nicht entgangen. Sie kündigten an, solche Schiffe auch ohne vorherige Warnung anzugreifen.

So war auch die *Lusitania* kein reines Passagierschiff, sondern hatte heimlich Waffen aus den neutralen USA für das kriegführende England an Bord. Außerordentlich heftige Explosionen nach dem Beschuß durch deutsche Torpedos ließen den Schluß zu, es könnte

Dynamit gewesen sein. Jedenfalls handelte es sich aus deutscher Sicht um ein Kriegsschiff, und so entschloß man sich zum unangekündigten Angriff, zumal der deutsche Botschafter in den USA eine ausdrückliche Warnung ausgesprochen hatte, bevor die *Lusitania* in New York ausgelaufen war. Ihre Versenkung war mithin so »terroristisch« wie jeder andere Kriegsakt, der das Leben vieler Zivilisten kostet, aber kein einseitiger Verstoß gegen das Kriegsrecht.

Die langfristigen Folgen des Angriffs waren für die deutsche Führung freilich ausgesprochen mißlich. Die Amerikaner beklagten unter den Opfern des Angriffs 128 Landsleute, und die Stimmung in den formell neutralen USA drehte sich endgültig zuungunsten Deutschlands. Dies erleichterte es der US-Regierung, 1917 auf Seiten Englands in den Krieg einzutreten.

Luther (1)

Martin Luther beteuerte: »Hier stehe ich und kann nicht anders«

Mit diesen Worten soll der unbeugsame Martin Luther den Widerruf seiner Lehren vor Kaiser und Reich verweigert haben, zu dem er aufgefordert worden war. Die Lehre des Reformators bedeutete nämlich nichts Geringeres als eine Absage an den geistlichen Aufbau und die Verfassung der Kirche. Denn schließlich definierte sie die Heilige Schrift, das Wort Gottes, als höchste Instanz. Das war für die geistlichen und weltlichen Herren nicht hinnehmbar.

Um ihn zur Räson zu bringen, hatte die Kirche den ehemaligen Augustinermönch bereits am 5. Januar 1521 gebannt. Nun trat auch die weltliche Macht auf den Plan: Kaiser Karl V. rief die Fürsten des Reiches zusammen. Im Frühjahr versammelten sie sich in Worms zu einem Reichstag, um den Reformator in seine Schranken zu weisen: wenn nicht vor der Kirche, dann vor der weltlichen Macht sollte er umfallen.

Aber Luther trickste die hohe Versammlung rhetorisch aus. Als er am 18. April 1521 das Wort erhielt, berief er sich – seiner eigenen Lehre folgend – auf kein geringeres Zeugnis als die Heilige Schrift: Er weigerte sich, zu widerrufen. »Es sei denn, daß ich durch Zeugnisse der Schrift oder klare Vernunftgründe überwunden werde –

denn ich glaube weder dem Papst noch den Konzilien allein, weil es am Tage ist, daß sie zu mehreren Malen geirrt und sich selbst widersprochen haben –, so bin ich überwunden durch die Stellen der Heiligen Schrift, die ich angeführt habe, und gefangen in meinem Gewissen an dem Wort Gottes. Deshalb kann und will ich nichts widerrufen, weil wider das Gewissen zu handeln beschwerlich, nicht ratsam und gefährlich ist. Gott helfe mir, Amen«

Das war zwar nicht ganz so prägnant formuliert, wie die Überlieferung es will. Luthers Sätze enthielten dennoch Sprengstoff für alle Mächtigen: er machte sein eigenes Gewissen zur Richtschnur seines Tuns und setzte somit der Gewalt der Fürsten Grenzen.

Die hatten das nicht gern und reagierten deutlich: sie verhängten die Reichsacht. Wer immer Luther ergriff, mußte ihn dem Kaiser ausliefern. Aber nicht nur, daß Luther selbst wie ein Schwerverbrecher behandelt wurde. Auch seine Ideen wollte man möglichst gründlich aus der Welt schaffen und befahl die Vernichtung seiner Schriften. Aber Ansichten auf diesem Wege aus der Welt zu schaffen, ist weder vorher noch nachher jemals gelungen, und Luther scheint das gewußt zu haben: Wenn seine Sache »aus Gott« sei, so sein Kommentar, »so werdet Ihr sie nicht dämpfen können.«

So, wie er sein Gewissen zur Richtschnur machte, behielt er auch das letzte Wort in der Sache. So schön auf den Punkt gebracht – »hier stehe ich und kann nicht anders« – wurde es allerdings erst Jahrzehnte nach dem Reichstag zu Worms, nämlich in der Wittenberger Luther-Ausgabe (1539–58).

Luther (2)
Martin Luther war der Sohn eines armen Bergmanns

Der Reformator Martin Luther kam in Eisleben zur Welt, angeblich als Sohn eines armen Bergmannes. Bereits im Alter von fünf Jahren wurde das begabte Kind 1488 auf die Lateinschule geschickt. Mit 14 besuchte Luther die Schule der »Brüder vom gemeinsamen Leben« im Magdeburg, mit 15 die Pfarrschule St. Georgen in Eisenach. Zwei Jahre danach begann er das Studium der freien Künste, der »Artes Liberales«, in Erfurt. 1505 schloß er es als Magister ab.

Nun sollte sich, dem Bildungsgang der Zeit entsprechend, ein Fachstudium anschließen. Luther wollte nämlich Rechtsgelehrter werden. Aber da geschah etwas, das den Lebensweg des jungen Mannes änderte: zwei Monate, nachdem er das Rechtsstudium begonnen hatte, geriet Luther in ein schweres Unwetter. Nahe Stotternheim, nördlich von Erfurt, hätte ihn beinahe der Blitz getroffen. In höchster Not, so heißt es, habe er ein Gelübde abgelegt: »Hilf du, heilige Anna, ich will ein Mönch werden.«

Der Mann hielt Wort. Der Gefahr entronnen, brach er sein Studium ab und trat in das Schwarze Kloster der Augustiner-Eremiten in Erfurt ein. Das geschah am 17. Juli 1505. Dort freilich wurde er seines Daseins nicht recht froh, aber das steht auf einem anderen Blatt. An dieser Stelle festzuhalten bleibt, daß das Elternhaus, das Luther eine so intensive Ausbildung ermöglichte, keineswegs arm war. Zwar war sein Vater Hans tatsächlich in einem Hüttenbetrieb beschäftigt. Allerdings war er zu einigem Wohlstand gelangt, der auch Haus- und Grundbesitz umfaßte. Er gehörte nämlich zu den Eigentümern der Firma ...

Luthergrab

Karl V. sprach: »Ich führe Krieg gegen die Lebenden und nicht gegen die Toten«

Die Reformation hatte Deutschland auch politisch gespalten. Seit 1546 führte Kaiser Karl V. als Haupt der katholischen Partei sogar Krieg gegen die protestantischen Vormächte Sachsen und Hessen. In dessen Verlauf nahmen die Truppen des Kaisers am 19. Mai 1547 die Stadt Wittenberg ein.

Dort befand sich das Grab des im Februar 1546 verstorbenen Martin Luther. Dieser war manchen Katholiken so sehr verhaßt, daß das Ansinnen laut wurde, man solle die Grabstätte des Reformators in der Schloßkirche öffnen und seinen Leichnam an einem Galgen zur Schau stellen. Aber der Kaiser, so wird berichtet, habe dieses abgelehnt mit den Worten »Ich führe Krieg gegen die Lebenden und nicht gegen die Toten«.

Allerdings: das Zitat ist nicht belegt, und daß es sich um eine

Schöpfung Karls V. handelt, scheint wenig wahrscheinlich. Denn bereits die Überlieferung der Antike kennt ähnliche Wendungen: So berichtet der griechische Geschichtsschreiber Didior von dem karthagischen Heerführer Hamilkar Barkas. Dieser habe die Beerdigung seiner Feinde mit der Begründung gestattet, er führe Krieg gegen die Lebenden, mit den Toten sei er ausgesöhnt. Und Hamilkars Sohn Hannibal verhinderte, so Didior, daß die Überreste des römischen Volkstribunen Sempronius Blaesus von karthagischen Truppen geschändet wurden. Man dürfe nämlich, so der Feldherr, sich nicht an einem Körper rächen, der nichts mehr fühlen könne.

Daß die Herrscher ihre den Toten bezeugten Großmut allerdings auch den Lebenden erwiesen hätten, davon ist nichts bekannt.

M

Machtergreifung (1)
Die Nazis ergriffen die Macht

Die Nazis haben die Macht nicht »ergriffen«. Sie wurden in der Hoffnung installiert, daß man sich ihrer rasch wieder werde entledigen können. Seit 1932 hatte es in Deutschland Präsidialkabinette ohne parlamentarische Mehrheiten gegeben, zunächst das »Kabinett der Barone« unter Franz von Papen, gefolgt von der Regierung Kurt von Schleichers. Als dieser am 28. Januar 1933 zurücktrat, war die NSDAP zunächst nicht in der Verfassung, etwas zu »ergreifen«. Zu groß war die Schwächung aufgrund innerer Differenzen mit dem »linken« Parteiflügel der Gebrüder Strasser. Zudem hatte die NSDAP bei den Reichstagswahlen im November 1932 ein Minus von 4,3 % eingefahren und nur noch 33,1 % der Stimmen erreicht.

Daß Hitler trotzdem an die Macht gehievt wurde, ermöglichten Sondierungsgespräche im Januar 1933 durch von Papen und Alfred Hugenberg, an denen auch Oberst Oskar Hindenburg teilnahm, der Sohn des Reichspräsidenten. Sie verfestigten die Hoffnung des bürgerlichen Lagers, mit Hilfe der Reichswehr und der bei der Wahl erstarkten christlich-konservativen Kräfte Hitler in Schach zu halten, ihn als Zugpferd zu benutzen und nach einiger Zeit wieder loszuwerden. Und so war Hitler, als er 1933 Kanzler wurde, zunächst Chef einer Koalitionsregierung bürgerlicher Parteien.

Tatsächlich konnten die Nazis die Macht erst in einem längeren Prozeß sichern. Nach dem vermutlich von ihnen selbst initiierten Reichstagsbrand setzte die »Verordnung zum Schutz von Volk und Staat« die bürgerlichen Grundfreiheiten außer Kraft. Das folgende Ermächtigungsgesetz erlaubte es Hitler, ohne den Reichstag und ohne Beachtung der Weimarer Verfassung zu regieren. Aber es waren immer noch Rücksichten zu nehmen, etwa auf Industrie und Reichswehr. Erst nach dem Tode Hindenburgs 1934 wurde der totale Anspruch des Regimes immer offener formuliert, so in der Formulierung »Führer und Reichskanzler«. Die Nazis »ergriffen« die Macht also nicht, sondern bekamen sie ausgehändigt – und benötigten dann mehrere Jahre zu ihrer Konsolidierung.

Machtergreifung (2)
Niemand hat versucht, Hitler zu verhindern

Die angebliche Unterstützung Hitlers durch die Industrie und weite Kreise der Konservativen, das Ermächtigungsgesetz und (vermeintlich) hohe Stimmenmehrheiten der NSDAP bei den Reichstagswahlen haben zu der Legende geführt, niemand habe versucht, die Übernahme der Macht durch die Nazis zu verhindern.

Dagegen ist in Erinnerung zu rufen, daß Hitler noch im April 1932 bei der Wahl des Reichspräsidenten (diese erfolgte in der Weimarer Republik direkt durch das Volk) gegen Paul von Hindenburg unterlag. Die Reichstagswahlen im Juli 1932 brachten den Nazis 37,4% der Stimmen, bei den erneuten Wahlen im November 1932 rutschten sie auf 33,1% ab. Zwar blieb die NSDAP stärkste Fraktion – vor allem aufgrund der Zersplitterung des bürgerlichen sowie des linken Lagers (zusammen kamen SPD und KPD auf 36,4%). Festzuhalten bleibt, daß bei den letzten freien Wahlen nicht mehr als ein Drittel der Wähler ihre Stimme der NSDAP gaben. Die letzten Reichstagswahlen mit mehreren Parteien am 5. März 1933 waren schon nicht mehr frei. Selbst dabei verfehlten die mittlerweile regierenden Nationalsozialisten mit 44,1% die absolute Mehrheit.

Das bürgerliche Lager wollte Hitler in der Tat nicht verhindern. Aber keineswegs strebte man die NS-Diktatur an. Man wollte Hitler als Mehrheitsbeschaffer und Agitator nutzen, den man später leicht wieder loswerden konnte – ein Kalkül, das nicht aufging (s.o.). Danach blieb nur die Zustimmung zum Ermächtigungsgesetz und damit die eigene Entmachtung.

Aber dieses »Gesetz zur Behebung der Not von Volk und Reich«

wurde im Reichstag keineswegs einstimmig beschlossen. Obwohl Reichstagspräsident Hermann Göring die Sitzung in eine Art Schauprozeß verwandelte, stimmten 94 von 120 SPD-Abgeordneten dagegen. Viele Angehörige der SPD-Fraktion gingen dafür in die Emigration oder ins KZ. Die Kommunisten konnten an dieser Sitzung schon nicht mehr teilnehmen, da die KPD bereits nach dem Reichstagsbrand zerschlagen worden war.

SPD und KPD hatten sich in den letzten Jahren der Weimarer Republik – anstatt sich auf den gemeinsamen Gegner zu konzentrieren – zum Teil bürgerkriegsähnliche Schlachten geliefert und sich gegenseitig gelähmt. Zwar versuchten sie, noch nach der Ernennung Hitlers zum Reichskanzler zu opponieren. Mit dem Ermächtigungsgesetz und dem Ende aller Parteien außer der NSDAP im Juni 1933 aber ging der offizielle Widerstand gegen die Machtübernahme der Nazis zu Ende, und der Kampf in der Illegalität begann.

Magna Charta

König Johann Ohneland unterzeichnete das Verfassungsdokument

Die Magna Charta gilt als Grundlage des englischen Verfassungsrechts und garantierte – so meinen viele – die bürgerlichen Freiheiten. König Johann Ohneland habe sie, so steht es bis heute im Lexikon, am 15. Juni 1215 auf der Wiese von Runnemede zwischen Windsor und Staines unterzeichnet. Daran allerdings stimmt so manches nicht:

1. Die Urkunde wurde dem König von den englischen Baronen als Vertretern des Adels auf einer kleinen Themseinsel in Buckinghamshire überreicht. Diese wird noch heute als »Magna-Charta-Insel« bezeichnet.
2. Die Magna Charta ist nicht unterzeichnet, sondern mit königlichem Siegel am 19. Juni bestätigt worden.
3. Sie verbürgte keineswegs die Freiheit aller Untertanen. Deshalb ist sie aber nicht gering zu schätzen: Der König sollte die Freien unter seinen Untertanen immerhin vor Willkür schützen – ins-

besondere die kleineren Barone vor den großen und die größeren vor den königlichen Sheriffs: »Kein freier Mann soll ergriffen oder gefangengesetzt, seines Landbesitzes, seiner Freiheiten und Gewohnheiten beraubt, geächtet, verbannt oder sonstwie vernichtet werden; noch wollen wir über ihn urteilen oder verurteilen, es sei denn durch gesetzliches Urteil oder durch das Gesetz des Landes. Niemandem wollen wir Recht und Gerechtigkeit verkaufen, verweigern oder verzögern.« Zur Kontrolle ihres Handelns hatte die Krone sich regelmäßig einem Gremium von 25 Baronen zu stellen. Das bedeutete eine Einschränkung der königlichen Macht, wie es sie andernorts nicht gab.

4. Die Magna Charta galt keineswegs schon im Moment ihrer Bestätigung. Sie mußte vielmehr gewaltsam durchgesetzt werden. Johann verstieß immer wieder gegen die Charta, forderte den Papst zu deren Aufhebung auf und setzte sogar ausländische Söldner ein. So kam es 1215 zum Kampf zwischen ihm und den Baronen. Aber bevor dieser sich zum Bürgerkrieg ausweiten konnte, starb Johann. Sein Nachfolger, König Heinrich III., war erst neun Jahre alt. William Marshal Earl of Pembroke, der die Regentschaft bis zur Volljährigkeit Heinrichs übernahm, gab die Charta als Krönungserklärung des jungen Herrschers heraus und verschaffte ihr Geltung. 1217 erhielt sie ihre endgültige Gestalt.

Mann mit der Maske

Der Mann mit der Maske war der Bruder des Königs

Vor der Französischen Revolution war die Bastille, die Stadtfestung von Paris, eine Art Sondergefängnis für Häftlinge aus höchsten Kreisen. Zu ihren geheimisvollsten Insassen gehört der legendäre »Mann mit der eisernen Maske«. Am 18. September 1689 traf er in der Festung ein.

Um die Identität dieses Mannes, dessen Maske übrigens nicht aus Eisen, sondern aus Samt gefertigt war, haben sich zahlreiche Legenden gesponnen. Den italienischen Grafen Ercole Mattioli hat man in ihm ebenso erkennen wollen wie den französischen Nationaldichter Molière. Auch zu einem illegitimen Enkel König Heinrich IV. und seiner Geliebten Gabrielle d'Estrées, der Herzogin von Beaufort, ist er erklärt worden Tatsächlich begründete ja ihr gemeinsamer Sohn César eine bourbonische Seitenlinie. In die gleiche Richtung gehen Vermutungen, der Maskierte könnte der Herzog von Beaufort, François de Vendôme, gewesen sein. Vendôme hatte einen Aufstand gegen den Leiter der französischen Politik, Kardinal Mazarin, angeführt. 1643 war er verhaftet worden, nach sieben Jahren aber entkommen. Als angeblicher Liebhaber der Königinmutter Anne d'Autriche stand Vendôme gar im Verdacht, der leibliche Vater Ludwigs XIV. zu sein. Im Jahre 1669 verlor sich seine Spur, er blieb vermißt – in der Bastille?

Der Philosoph Voltaire wiederum meinte, der Mann mit der Maske sei ein Zwillingsbruder Ludwigs XIV. gewesen. Bereits im Kindesalter habe man ihn von der königlicher Familie getrennt und erst einer Amme, dann dem Gefängnis überantwortet. So hielt es übrigens auch Bastille-Kommandant Saint-Mars in seinem Testament fest. Aber auch die Theorie, es könne sich um einen Sohn Ludwigs XIV. gehandelt haben, hat Anhänger gefunden.

Die tatsächliche Identität des Maskenmannes hat sich freilich nicht zweifelsfrei klären lassen, da er sein Gesicht tatsächlich immer verdeckt hielt und zudem mit niemandem sprach. Am 19. November 1703 ist er in der Bastille plötzlich gestorben – seine Legende lebt bis heute.

Margaret von Henneberg
hatte eine bemerkenswerte Mehrlingsgeburt

Manche Legenden halten sich hartnäckig, auch wenn ihre Unwahrscheinlichkeit offensichtlich ist. Dazu gehört die Geschichte der Gräfin Margaret von Henneberg, die in Loosduinen bei Den Haag eines Tages 365 Kindern das Leben geschenkt habe. Bischof Guido von Utrecht, so die Überlieferung weiter, habe sie getauft – die Jungen auf den Namen Jan, die Mädchen Elisabeth. Bis heute sind die beiden Taufbecken in Loosduinen zu besichtigen. Schon seit Jahrhunderten zieht das »Mirakel von Loosduinen« zahlreiche Besucher an, wie etwa den englischen Schriftsteller Samuel Pepys im Mai 1660.

Die historische Margaret von Henneberg, die 1234 geborene Tochter des Grafen Floris IV. von Holland – seit 1249 verheiratet mit Graf Herman von Henneberg – verbrachte in ihren späten Jahren tatsächlich viel Zeit im Kloster von Loosduinen, wo sie der Legende zufolge im Jahre 1276 zwei Töchter und 363 Söhne gebar. Nach der Taufe sei sie, ebenso wie ihre 365 Kinder, verschieden. Eine andere Variante der Geburtslegende klingt plausibler und berichtet, Margaret habe am vorletzten Tag des Jahres 1276, am 30. Dezember, Zwillinge zur Welt gebracht. Eine Notiz, sie habe so viele Kinder geboren, wie das Jahr (noch) Tage habe, führte zur Legende vom Mirakel.

Die zeitgenössischen Dokumente – überliefert ist der Brief eines ihrer Neffen, der sie während ihrer letzten Tage besuchte – berichten allerdings von überhaupt keiner Geburt, weder einer mirakulösen noch einer konventionelleren. Die Legende von der Wundergeburt kam erst im späten 14. Jahrhundert auf.

Marathonlauf

Die olympische Königsdisziplin geht auf die Schlacht von Marathon zurück

Wer unter Läufern auf sich hält, bringt regelmäßig 42,195 Kilometer hinter sich, die olympische »Königsstrecke«. Ihre Länge entspricht der Entfernung zwischen Marathon und Athen. Gemeinhin wird angenommen, der Marathonlauf gehe zurück auf einen Läufer, der nach der Schlacht von Marathon (490 v. Chr.) nach Athen geeilt sei. Ein Heer der Athener unter Miltiades hatte persische Truppen abgewehrt. Der Läufer brach, kaum am Ziel angelangt, mit dem Ruf »Freut Euch, wir haben gesiegt!« tot zusammen.

Der römische Autor Plutarch übermittelt, freilich mit rund 600 Jahren Abstand, sogar den Namen des Mannes. Aber schon damit heben Zweifel an: sowohl »Thersippos« als auch »Euklees« soll der Tapfere geheißen haben. Bei dem griechischen Historiographen Herodot, immerhin fast noch ein Zeitgenosse, findet sich die Anekdote hingegen gar nicht. Und so laufen die Ausdauersportler von heute wohl eher einem Gerücht nach als einer Heldentat.

Masada

Eleazar Ben Yair war der Mörder von Masada

Aus dem ersten Jahrhundert n. Chr. berichtet der Autor Flavius Josephus von einem Massenmord im Heiligen Land, begangen von Familienvätern an ihren eigenen Frauen und Kindern. Legende, Theorie und historisches Geschehen vermischen sich zur unübersichtlichen Überlieferung eines vermeintlich eindeutigen Vorgangs.

Hintergrund der grausigen Ereignisse war der jüdische Aufstand der Jahre 66 bis 70. Die Besatzungsmacht Judäas, Rom, hatte nicht nur die Steuern immer weiter erhöht, sondern auch die religiösen Gefühle der Bevölkerung mißachtet. Dagegen hatte diese sich erhoben. Nach langen Auseinandersetzungen konnten die Römer die Revolte nur niederwerfen, indem sie Jerusalem im Jahre 70 sechs Monate lang belagerten, nach seiner Eroberung die jüdischen Tempel zerstörten und zahlreiche Juden in die Sklaverei verkauften.

Das wirkliche Finale des Aufstandes spielte sich aber erst drei Jahre später in Masada ab, der auf einem Felsplateau westlich des Toten Meeres gelegenen Festung Herodes' des Großen. Flavius Josephus, selbst Teilnehmer des Aufstandes, berichtet, wie sich tausend Juden dort verschanzt hatten. Sie wollten, so Flavius, lieber in Freiheit sterben als gefangengenommen zu werden. Als ihre Situation ausweglos erschien, vollendeten sie ihr Vorhaben. Zunächst töteten die Männer ihre Frauen und Kinder. Nachdem dies vollbracht war, losten sie unter sich zehn Männer aus. Diese brachten die übrigen um, die sich zu ihren toten Angehörigen gelegt hatten. Danach bestimmten die zehn – wieder per Los – wer die anderen neun töten sollte. Dieser vollendete das grausige Werk, vergewisserte sich, daß niemand das Massaker überlebt hatte, legte Feuer und beging Selbstmord. – So weit die antike Schilderung. Mittlerweile gibt es eine Theorie, wer dieser letzte gewesen sein könnte. Sie stützt sich sogar auf einen archäologischen Befund. In den 1960er Jahren fanden an der Stätte des Tötens Ausgrabungen statt, die neben 25 Skeletten auch kleine Gefäßscherben mit Namen zutage förderten, sogenannte »Ostraka«. Eine trug die Aufschrift »Ben Yair«, was auf den Führer des Aufstandes, Eleazar Ben Yair, hinweisen könnte.

Schon bald tauchte die Vermutung auf, es handele sich um Lose, mit deren Hilfe die Mörder bestimmt worden waren. Der Ausgrabungsleiter, der Archäologe Yigael Yadin von der Hebräischen Universität Jerusalem, wies freilich immer wieder darauf hin, daß damit kein Beweis für die Täterschaft Eleazar Ben Yairs erbracht sei. Dennoch sprach die Presse sofort von einer Sensation und hielt es für sicher, daß der Führer des Aufstandes seine eigenen Leute ermordet habe.

Tatsächlich zeigt ein Blick in die jüngste Geschichte Fälle von verblüffender Ähnlichkeit und verleiht der antiken Schilderung einige Plausibilität. Man denke etwa an Jim Jones. Der amerikanische Sektenführer flüchtete sich 1978 mit rund tausend seiner Anhänger in den Dschungel des südamerikanischen Guayana, wo sie sich in Erwartung des baldigen Weltenendes allesamt vergifteten. Ein anderer Fall ereignete sich 1993 im texanischen Waco. Dort hatten sich Angehörige der »Davidianer«-Sekte, angeführt von Vernon Howell, auf einer Farm verschanzt. Sie drohten damit, sich umzubringen, falls das Gelände erstürmt werde. Tatsächlich steckten sie die Gebäude in Brand, als die Polizei eingriff. 80 Menschen kamen ums Leben.

Weder der archäologische Befund noch die historische Parallelität allerdings sind ein ausgemachter Beweis für das antike Geschehen. Zahlreiche Fragen zu den Vorgängen von Masada bleiben offen: Wäre die wiederholte Auslosung der Täter angesichts der dramatischen Situation nicht viel zu umständlich gewesen? Wäre es tatsächlich möglich gewesen, so viele Menschen umzubringen, zumal sich vermutlich nicht alle widerstandslos in ihr Schicksal fügten? Und ist nicht vielleicht doch ein Teil der Belagerten schlicht und einfach geflohen? Bevor sie nicht beantwortet sind, kann weder der Bericht des Flavius Josephus noch gar die Täterschaft Eleazar Ben Yairs als bewiesen gelten. Die Berichte, die nach den Grabungsfunden anderes beinhalteten, verfälschten eine Theorie zur Tatsachenbehauptung.

Mauer
Schabowski öffnete die Berliner Mauer

Ost-Berlin, 9. November 1989, 18.00 Uhr: Beginn einer internationalen Pressekonferenz mit Günter Schabowski, Mitglied des Politbüros der SED. Es geht um eine Tagung des Zentralkomitees der SED. Das Fernsehen der DDR überträgt live. 18.53 Uhr: auf Frage eines italienischen Journalisten liest Schabowski einen Zettel ab: die Führung der SED habe beschlossen, eine Regelung zu treffen, die »die ständige Ausreise regelt, also das Verlassen der Republik.« Genehmigungen dafür würden kurzfristig erteilt, das langwierige Antragsprozedere solle entfallen. Auf die Frage »Wann tritt das in Kraft?« antwortet Schabowski nach einem Blick auf seine Vorlage: »Sofort, unverzüglich!« 22.00 Uhr: der Ansturm auf die Ost-Berliner Grenzposten am Übergang Bornholmer Strasse wird so massiv, daß der Grenzübergang geöffnet werden muß – zunächst wird noch ein Stempel über das Lichtbild im Paß der Ausreisenden gesetzt, um die Wiedereinreise zu verhindern. Bald entfällt auch das. Weder Grenztruppen noch die Paßkontrolleinheiten (PKE) des Ministeriums für Staatssicherheit (MfS, Stasi) sind informiert worden. Eine gewaltsame Verteidigung der Grenze kommt nicht in Frage. »Wenn die Masse ins Rennen kommt und wir schießen, hängen wir da vorne am Fahnenmast«, so ein DDR-Grenzer. »Die Leute hätten uns überrollt und mit unseren eigenen Gummiknüppeln verhauen«, meint ein anderer im Rückblick.

War es nun wirklich Schabowski, der die Mauer öffnete? Jedenfalls war es nicht seine Absicht. Denn eigentlich sollte die Reiseregelung erst am nächsten Tag herausgegeben werden. Zudem war ausschließlich die einmalige Ausreise gemeint, also die Auswanderung. Niemand in Zentralkomitee oder Politbüro hatte die Absicht, die mehrmalige Aus- und Einreise zu gestatten oder gar die Mauer einzureißen. Es ging um etwas anderes: Die Reiseregelung sollte den Flüchtlingsstrom von Ungarn ablenken, wo sich Tausende DDR-Bürger aufhielten, um von dort aus nach Westen zu gehen. Sie sollten nicht mehr über den sozialistischen Drittstaat, sondern, wenn sie die DDR schon dauerhaft verlassen wollten, direkt über die Grenzübergänge der DDR zur BRD ausreisen.

Das Verdienst, die Mauer geöffnet zu haben, gebührt also zum einen der ungarischen Außenpolitik, die als erste die Grenzen ihres Landes geöffnet hatte. Und es gebührt vor allem den Menschen in der DDR, die durch ihre schiere Masse die Öffnung der Schlagbäume erzwangen.

Der Ursprung der Legende vom freizügigen Parteifunktionär verdankt sich nicht zuletzt Schabowski selbst, der der Ansicht, er habe die Mauer willentlich geöffnet, in der Nachwendezeit nicht gerade entschlossen entgegentrat.

Mayflower

Die Mayflower war das erste Auswanderer-Schiff nach Amerika

Ende 1620 landete das englische Schiff *Mayflower* im Südosten des heutigen Massachusetts, an Bord die aus ihrer Heimat emigrierten »Pilgerväter«. Diese errichteten am Ort ihrer Ankunft die erste feste Siedlung in Neuengland, Plymouth, und taten damit den ersten Schritt zur Gründung der USA. So jedenfalls will es der nationale Mythos Amerikas.

Dabei gab es zu diesem Zeitpunkt bereits Siedlungen englischer Auswanderer in Nordamerika, seit etlichen Jahren sogar. Schon seit 1606 nämlich schickte die London Company, eine Handelsgesellschaft, Auswanderungswillige in die Neue Welt, die den Kontinent wirtschaftlich erschließen sollten. Mit den Schiffen *Discovery, Goodspeed* und *Susan Constant* gelangten sie nach Virginia. Dort gründeten die Kolonisten unter der Führung des Entdeckers John Smith bereits im Jahre 1607 die Stadt Jamestown, der bis 1619 zehn weitere Siedlungen folgten.

Die Gründung der USA nahm also keineswegs von Neuengland aus ihren Weg. Dies wird noch deutlicher, wenn man bedenkt, daß die Virginier auch ihre politische Organisation schon in die Hand genommen hatten, bevor die *Mayflower* eingetroffen war. Bereits 1619 nämlich wurde in Virginia eine repräsentative Versammlung eingerichtet, die Gesandte aus allen Siedlungen umfaßte.

Militärdienst

Der Freiheitskämpfer Barras stand Pate für die Zwangsverpflichtung

Bis heute ist »Barras« ein in der deutschen Umgangssprache häufig benutztes Synonym für »Militär« oder »Armee«. Das kam angeblich so: der aus Südfrankreich stammende Graf Paul François Jean Nicolas de Barras machte in seiner Heimat eine steile Karriere als Soldat, die ihn in bewegten Zeiten bis in höchste Regierungsämter führte. Mehrfach war er am Sturz der Staatsspitze beteiligt gewesen. Als Mitglied des Konvents, des französischen Parlaments der Jahre 1792–94, hatte er während der Revolution für die Hinrichtung König Ludwig XVI. gestimmt. Als Befehlshaber der Pariser Truppen half Barras zwei Jahre darauf, Maximilien de Robespierre zu stürzen, der sich seit 1793 zum Diktator emporgeschwungen hatte. Die Sache der Freiheit stets auf den Lippen, war Barras schließlich 1795 als eines von fünf Mitgliedern in das »Direktorium« berufen worden, die oberste Regierungsbehörde Frankreichs.

Natürlich hatte er auch in dieser Funktion weiter mit militärischen Fragen zu tun und förderte den jungen, ehrgeizigen Napoleon Bonaparte, der schließlich 1804 zum Kaiser der Franzosen aufstieg. Unter seinem Oberbefehl eroberte die französische Armee zu Beginn des 19. Jahrhunderts halb Europa, und überall wurden neue Soldaten geworben.

So auch in Deutschland. Dort warben, nachdem die Franzosen 1807 eingerückt waren, Plakate um Freiwillige. Da sie vom Chefintendanten des französischen Heeres, Barras, unterzeichnet waren, sagten die frisch Angeworbenen, sie gingen zum »Barras« und sprachen den Namen dabei in voller Länge auf deutsch aus. Binnen kurzem wurde so aus dem Namen des französischen Freiheitskämpfers ein deutsches Synonym für »Militär«.

Allerdings ist diese einleuchtend klingende Geschichte nur zum Teil wahr. Im Jahre 1807 lebte der Graf von Barras längst zurückgezogen auf seinen Gütern. Sein Schützling Napoleon nämlich hatte schon im November 1799 einen Staatsstreich unternommen, das Direktorium abgesetzt und Barras aus Paris ausgewiesen. Zum Glück für den Grafen hatte sein Freiheitskampf ihm sozusagen nebenbei ein Millionenvermögen eingetragen, und er konnte – aller Pflichten ledig – seine Tage dem Wohlleben widmen.

Wenn also nicht der Graf von Barras, wer oder was stand dann Pate für den »Barras«? Womöglich ist der Begriff eine Schöpfung des 20. Jahrhunderts. Französische Soldaten, die nach dem Ersten Weltkrieg als Besatzungstruppen in Deutschland standen, sprachen von ihrer eigenen Truppe als »embarras«, »Mühsal« also. Diesen Ausdruck übernahmen die Deutschen und sprachen ihn ohne Vorsilbe so aus, wie es ihnen richtig schien. So kam es, daß »ich muß zum Barras« sagte, wer zum Militär eingezogen wurde.

Milon von Kroton
war ein antikes Sportas

Sport ist keineswegs erst seit kurzem ein allgemeines Lieblingsthema. Schließlich sind schon seit 776 v. Chr. Olympische Spiele bezeugt: fünftägige Veranstaltungen zu Ehren des Göttervaters Zeus, mit gymnastischen Wettbewerben, Läufen über verschiedene Strecken, Wurf- und Sprungübungen. Weitere Disziplinen waren der Faustkampf, Ringen, daneben das »Pankration«, eine Art Mischung aus Ringen und Faustkampf, schließlich Pferde- und Wagenrennen.

Schon damals erfreuten sich die Helden der Arena intensiver Beachtung und Zuwendung – so wie heute. Offiziell gab es in Olympia nur einen Siegerkranz zu gewinnen. Aber wer erfolgreich in die Heimat zurückkehrte, konnte sich zumeist auch über manifestere Gaben freuen: zahlreiche Geschenke und Privilegien machten den Siegern das Leben fortan leichter.

So nimmt es nicht wunder, daß es auch schon im Altertum Spitzensportler gab, die zu Stars wurden. Einer der erfolgreichsten Athleten der Antike war Milon von Kroton, dessen Name auf seine Herkunft aus der griechischen Kolonie Kroton an der Ostküste Kalabriens hinweist. Noch lange nach seinem Tod war Milons Können legendär. Von Generation zu Generation wurde sein Ruf überliefert, von Schriftstellern wie den Griechen Strabon und Pausanias oder dem Römer Plinius.

Milon scheint den ersten von insgesamt sechs Olympiasiegen im Jahre 540 v. Chr. errungen zu haben. Unklar ist freilich, in welcher Disziplin. Zahlreiche Wettbewerbe kommen in Frage, denn der Athlet trainierte ausdauernd und vielseitig, wozu er sich eines Kalbes und – wohl erst als arrivierter Sportsmann – seiner eigenen Bronzestatue bediente, die er täglich zur Altis, zum heiligen Bezirk von Olympia trug. Ob er darüber hinaus speziellen Stärkungsmitteln zusprach, hat sich nicht überliefert.

Milons Körperbeherrschung und sein Geschick wurden Legende. So war er in der Lage, eine um seinen Kopf geschlungene Darmsaite allein dadurch zu sprengen, daß er den Atem anhielt: seine Adern traten dann so stark hervor, daß die Saite riß. Seine Körperbeherrschung war schier grenzenlos, selbst von einer eingeölten Diskusscheibe ließ Milon sich nicht herunterstoßen. Einer seiner Rekordversuche wurde dem Athleten allerdings zum Verhängnis: bei dem Vorhaben, einen Baumstamm, in den Keile getrieben worden waren, mit bloßen Händen gänzlich zu spalten, glitten die Keile ab. Dabei wurden die Hände des Olympioniken im Baumstamm fixiert, und der somit Gefangene fiel wilden Tieren zum Opfer.

Wirklich belegt ist allerdings kein einziger seiner Kraftakte. Man darf sie in den Bereich der Legende verweisen, denn die Berichte davon wurden Jahrhunderte nach dem Tode Milons verfaßt. Sie gehen wohl auf eine Statue zurück, die den Athleten mit einer Binde um den Kopf auf einem Diskus stehend darstellt, einen Apfel in der Hand haltend.

Mozart
hieß mit Vornamen Wolfgang Amadeus

Das wissen nun wirklich alle, selbst die Klassikmuffel: Das musikalische Genie aus Salzburg hieß, wie auf unzähligen Plattenhüllen und Konzertplakaten nachzulesen, Wolfgang Amadeus Mozart. Aber das ist falsch. Der Taufname des berühmten Komponisten lautete vielmehr Johannes Chrysostomus Wolfgangus Theophilus. Auf Johannes Chrisostomus wurde Mozart getauft, weil er am 27. Januar geboren wurde, dem Namenstag des Bischofs von Konstantinopel,

Chrysos-Tomos (im Griechischen allerdings nicht Chrysostomus, sondern –mos). Der Name bedeutet, aus dem Griechischen übersetzt, »Goldmund« – was viele in Bezug auf Mozart als passend erachten.

Der dritte Vorname lautete nicht Wolfgang, sondern Wolfgangus; das griechische »Theophilus« bedeutete zu deutsch »Gottlieb«. Theophilus bzw. die lateinische Variante Amadeus waren im 18. Jahrhundert weitverbreitete Namen. Der Vorname Theophilus aber wurde von Mozart kaum verwendet. Sein Rufname war Wolfgang. Er selbst benutzte meistens das Amadé und nannte sich selbst angeblich nur scherzhaft Amadeus.

Für die Form »Wolfgang Amadeus«, wie wir sie heute kennen, ist der deutsche Schriftsteller der Romantik, Ernst Theodor Amadeus (E.Th.A.) Hoffmann verantwortlich, der eigentlich Ernst Theodor Wilhelm hieß und seinen Namen Mozart zu Ehren in Ernst Theodor Amadeus umwandelte. Erst im 20. Jahrhundert setzten Rundfunkanstalten und Plattenfirmen das »Wolfgang Amadeus« durch ständigen Gebrauch durch.

N

Napoleon (1)
wurde mit Arsen vergiftet

Napoleon Bonaparte war von 1804 bis 1814 sowie kurzzeitig nochmals 1815 französischer Kaiser und dehnte seine Herrschaft zeitweilig – nach der Dreikaiserschlacht von Austerlitz 1805 – über einen Großteil Europas aus. Nach der endgültigen militärischen Niederlage in der Völkerschlacht bei Leipzig 1813 wurde er 1814 auf die Mittelmeerinsel Elba verbannt. Aber 1815 gelangen ihm die Rückkehr und eine weitere Herrschaft von 136 Tagen Dauer. Nach seiner erneuten Niederlage bei Waterloo wurde er, um ihn endgültig zu beseitigen, auf die Insel St. Helena im Südatlantik verbracht, 1900 Kilometer vor Afrika. Dort starb er 1821, wurde auf der Insel beerdigt und erst Jahrzehnte später in den Pariser Invalidendom überführt.

Als Todesursache diagnostzierte man zunächst Magenkrebs. Allerdings wurden einige Locken Napoleons von Bediensteten und Vertrauten abgeschnitten und aufbewahrt. Als man in den 1960er Jahren eine stark erhöhte Arsenkonzentration darin feststellte, erhielt die bereits zuvor formulierte These Auftrieb, der Kaiser sei sukzessive vergiftet worden.

Man vermutete, daß die Briten – traumatisiert duch die Flucht von Elba und den Auftritt in Waterloo – ihren berühmtesten Gefangenen auf dieses Weise gezielt getötet hätten. Bei einer Hinrichtung direkt nach der Niederlage von Waterloo hätte man einen Märtyrer geschaffen. Dank des Einsatzes von Arsen sah es nach einem langsamen, siechenden Tod aus. Allerdings sollen auch mehrere Mitbewohner Napoleons durchaus ein Motiv gehabt haben – so der Comte de Montholon, dessen Ehefrau Napoleon angeblich zugetan war. Ein deutlicher Beleg schien eine CNN-Meldung vom 1. Juni 2001, wonach französische Wissenschaftler in der Locke Napoleons 38 Nanogramm Arsen pro Milligramm Haar festgestellt hätten, was keine natürliche Ursache haben könne. Eine bereits tödliche Dosis schlage sich mit lediglich 1 Nanogramm im Haar nieder.

Damit schienen die Argumente gegen die Vergiftungsthese entkräftet, wonach Napoleon ein frühes Opfer von Umweltgiften geworden sei, die Arsenhaltigkeit der Locke also die Folge von Ausdünstungen sei. Nach dieser Argumentation war Arsen zu Beginn des 19. Jahrhunderts ein üblicher Bestandteil von Konservierungsmitteln. Angesichts der Entfernung St. Helenas zum Festland, von wo aus alle Lebensmittel per Schiff über Wochen herangeschafft und deshalb konserviert werden mußten, dürfte der Kaiser über die Nahrung nicht unerhebliche Mengen Arsen konsumiert haben. Auch in Trinkwasser konnte es enthalten sein. Arsen war zudem in grüner Tapetenfarbe, dem »Scheeles Grün«, in Form des Farbstoffs Kupferarsenit enthalten. Die Wände in Napoleons Zimmer, in dem er sich oft bei geschlossenem Fenster und hoher Luftfeuchtigkeit aufhielt, waren zum Teil mit Scheelem Grün bemalt. All dies hatte gegen eine gezielte Vergiftung gesprochen, schien aber angesichts der enorm hohen Arsenkonzentration nicht aufrechtzuerhalten.

Allerdings gibt es noch eine andere, viel banalere Erklärungsmöglichkeit, die in der Vergiftungshysterie stets unterging: Danach wurde Arsen seinerzeit nicht nur zum Konservieren von Lebensmitteln verwendet. Die Locke selbst sei nach Napoleons Tod zu Konservierungszwecken in eine arsenhaltige Substanz eingelegt worden, wodurch die hohe Konzentration zu erklären sei.

Napoleon (2)
war Franzose

Napoleon brachte Frankreich zu nie gekannter Macht und sich selbst auf den Kaiserthron. Seine einzigartige Karriere begann er als Soldat. Schon als 25jähriger hatte er es zum General gebracht, und 10 Jahre später konnte er sich zum Kaiser der Franzosen krönen. Noch heute zählt er zu den »Unsterblichen« seines Vaterlandes.

Seines Vaterlandes? So klar ist die Lage nicht: Napoleon wurde nämlich in Ajaccio auf Korsika geboren, das erst im Jahr vor seiner Geburt, 1768, an Frankreich fiel. Der spätere Kaiser der Franzosen lernte Französisch als Fremdsprache und beherrschte dessen Orthographie sein Leben lang nur mangelhaft. Sein Geburtsname verrät die ursprüngliche Nationalität des Kaisers: Napoleone Buonaparte. Erst auf den Militärschulen, die er in Brienne und Paris besuchte, wurde der kleine Italiener zum Franzosen.

Naturvölker sind promisk

Das Lexikon definiert »Promiskuität« als *Geschlechtsverkehr*, bei dem der Partner nicht nach bestimmten sozialen Regeln ausgewählt wird. In diesem Sinne könnte Promiskuität als Gegenteil der *Ehe* oder einer eheähnlichen Partnerschaft betrachtet werden. Umgangssprachlich wird der Ausdruck promisk auf eine Person angewandt, die häufig ihren Geschlechtspartner wechselt. Die Vorstellung, Naturvölker seien promisk, beruht auf der Annahme, die Ehe sei keine Urerscheinung, sondern folge als Familienform erst auf eine Phase, bei der alle Männer und Frauen eines Stammes geschlechtlich miteinander verkehrten.

Aber bereits das *Deutsche Kolonial-Lexikon* von 1920 schreibt, Promiskuität komme bei sogenannten Naturvölkern nur selten vor. Statt dessen wird in der Monogamie die älteste Form des Zusammenlebens ausgemacht. Das Argument lautet, Naturvölker könnten erst auf einer gewissen Entwicklungsstufe Promiskuität entwickeln, da auf unteren Stufen die Möglichkeiten der Ernährung nur für Kleinfamilien, nicht aber für große Sippen ausreichten, bei denen die Zugehörigkeit der Kinder nicht geklärt sei.

Zwar, so heißt es weiter, sei in einigen Stämmen den Unverheirateten freier Geschlechtsverkehr gestattet. Die Mehrzahl fordere aber die Unberührtheit der Braut. Zudem gebe es strenge Regeln für die Verheiratung, wie die Festsetzung eines Brautpreises. (Dieser, genannt *lobola,* ist übrigens zum Teil heute noch in subsaharischen afrikanischen Stämmen üblich. Mittlerweile werden Rinder als

Währung zunehmend von Jeeps abgelöst.) Zudem wird zum Beleg der Einehe als ursprünglicher Familienform auf die Übertragung von Verhaltensweisen aus dem Tierreich, die Schutzbedürftigkeit der Kinder, die männliche Eifersucht und die harte Bestrafung des Ehebruchs hingewiesen. »Aus allen diesen Bräuchen« so folgert das Lexikon, » ist weder für die Völker, von denen sie berichtet werden, noch für die gesamte Menschheit auf eine Stufe zu schließen, die der Ehe notwendig vorausging und als Promiskuität zu bezeichnen wäre.«

Nazis (1)

Die Nazis wurden von frustrierten Arbeitern gewählt

Weitverbreitet ist die Vorstellung, die arbeitslosen Proletariermassen der Elendsjahre nach der Weltwirtschaftskrise hätten sich aus Enttäuschung über ihre politischen Vertreter, die KPD und die SPD, 1932 und 1933 millionenfach Adolf Hitler in die Arme geworfen. So wird der »überragende Wahlsieg« der NSDAP im März 1933 bis heute oft erklärt.

Aber die Wähler der Partei entstammten nur zum geringeren Teil der Arbeiterschaft. Bei den schon nicht mehr ganz freien Wahlen vom 5. März 1933 gewann die NSDAP zwar Stimmen (und kam trotzdem nicht auf mehr als rund 44%). Die Zuwächse kamen jedoch aus anderen Quellen. Die kleineren Parteien des bürgerlichen und rechten Lagers wurden zerrieben, vor allem jedoch stimmten – wie schon im Juli 1932 – zahlreiche ehemalige Nichtwähler für Hitler (1932 hatten sechs Millionen Erst- und vorherige Nichtwähler für die NSDAP gestimmt). Diese entstammten ganz überwiegend dem Kleinbürgertum. Die absoluten Stimmen der Arbeiterparteien verringerten sich zwischen 1928 und 1933 nur um eine Million, von 13 auf 12 Millionen. Daß der prozentuale Anteil der Arbeiterparteien deutlich zurückging, lag an der gestiegenen Wahlbeteiligung und nicht am angeblichen Umschwenken der Arbeiter zur NSDAP.

Kein Wunder also, daß die Nazis sich der wirklichen Arbeiterorganisationen so schnell wie möglich entledigen wollten. Bereits am 2. Mai 1933 zerschlugen sie die freien Gewerkschaften, verhafteten ihre Funktionäre, zogen ihr Vermögen und ihre Gebäude ein.

Da nimmt ein weiteres Faktum auch nicht mehr wunder: überrepräsentiert waren Arbeiter im Kampf gegen die Nazis. Mehr als zwei Drittel der im Dritten Reich wegen Widerstands Verfolgten gehörten dieser Gruppe an.

Nazis (2)
Die Nazis waren Sozialisten

In polemischer Absicht wird gelegentlich die Ansicht geäußert, die NSDAP (Nationalsozialistische Deutsche Arbeiterpartei) sei eine sozialistische Partei gewesen. Schon ein kurzer Blick auf die Tatsachen zeigt, wie unsinnig diese Behauptung ist. Zwar gerierte sich die NSDAP gelegentlich als Arbeiterpartei. Adolf Hitler, übrigens ohne jegliche Erfahrung in der industriellen Arbeitswelt, bezeichnete sich vor Arbeitern sogar als »einer von euch«. Das Parteiprogramm wies zudem Punkte auf, die der Partei antikapitalistisches Gepräge verliehen, darunter:

- Abschaffung des arbeitslosen Einkommens
- Verstaatlichung der Trusts
- Gewinnbeteiligung der Arbeiter an Großbetrieben
- Kommunalisierung der Groß-Warenhäuser

Bezeichnenderweise aber ist nicht eine einzige dieser Forderungen nach 1933 verwirklicht worden. Im Gegenteil – kaum an die Macht gelangt, ging man daran, die Gewerkschaften zu zerschlagen, um »dem marxistischen Gesindel seine Hauptwaffe aus der Hand« zu schlagen, so der Führer der »Deutschen Arbeitsfront«, Robert Ley. Zum besonderen Verständnis der Nazis von »Sozialismus« führte er aus, dieser konzentriere sich auf »die Frage: Was nützt Deutschland? Was nützt diesem Volke?« Hermann Göring brachte es in einer Rede auf den Punkt: »Das Primäre ist für uns nicht der einzelne, sondern die Gemeinschaft aller Volksgenossen. Deshalb nennen wir uns Sozialisten.« Da erübrigt sich fast die Feststellung, daß das mit der Tradition der Arbeiterbewegung nichts zu tun hat.

Nelson
starb durch Eitelkeit

Das Jahr 1801 war im Leben des Horatio Nelson besonders wichtig. Ihm wurde nämlich der Titel eines Viscount, eines Grafen also, verliehen – zur Würdigung der großen Verdienste, die er sich um sein englisches Vaterland erworben hatte. Der Graf gehörte schließlich zu den wichtigsten Befehlshabern der britischen Kriegsmarine. Seit 1776, seit dem Krieg gegen die aufständischen Kolonisten in Nordamerika, hatte Nelson sich in immer neuen Verwendungen ausgezeichnet. So auch 1793 in den Koalitionskriegen gegen das revolutionäre Frankreich, dessen Flotte er 1798 vor der ägyptischen Küstenstadt Abukir besiegte.

Einem neuen Höhepunkt strebte seine Karriere zu, als die britische Flotte unter seinem Oberbefehl im Herbst 1805 bei Trafalgar, vor der spanischen Küste südöstlich von Cadiz, auf die verbündeten Flotten Frankreichs und Spaniens traf.

Bevor es zur Seeschlacht kam, so wird berichtet, legte Nelson seine Galauniform mit sämtlichen Orden an. Es kam wie es kommen mußte: die herausgeputzte Gestalt des Admirals erregte die Aufmerksamkeit des Feindes. Dieser nutzte die Gelegenheit und brachte den englischen Befehlshaber mit einem gezielten Schuß ums Leben. Man könnte also meinen, Nelson sei durch Eitelkeit gestorben – wenn es denn so war. Daran darf gezweifelt werden, denn Nelsons Freund und geistlicher Beistand Dr. Scott, immerhin ein Augenzeuge, berichtete, Nelson habe an jenem Tag eine ganz normale Uniform getragen.

So oder so: die ihres Oberbefehlshabers beraubten Briten überwanden ihre Feinde am 21. Oktober 1805 dennoch, versetzten Napoleon einen schweren Schlag und sicherten die englische Vorherrschaft zu See. Nelson siegte also über den Tod hinaus.

Nero (1)
war allseits verhaßt

Nero – der römische Kaiser ist bis heute geradezu Inbegriff eines Monsters, dessen Tagewerk vor allem aus Intrige, Mord und Totschlag bestand. Tatsächlich: die Berichte über die Greueltaten des Lucius Domitius Ahenobarbus Nero Claudius Caesar Augustus Germanicus füllen Bände. Nicht nur seine erste Frau Octavia, auch der Philosoph Seneca und sein Neffe, der Dichter Lucan, fielen ihm zum Opfer, und sogar Neros eigene Mutter Agrippina.

Kein Wunder, daß Gegner des Gewaltherrschers sich zusammenfanden, seine Absetzung betrieben und den Kaiser sogar zum Staatsfeind erklärten. Das trieb den sonst Skrupellosen offenbar in die Enge. Nero zog sich aus Rom zurück und sah schließlich keinen anderen Ausweg, als seinem Leben ein Ende zu setzen: zum Selbstmord zu feige, ließ er sich am 9. Juni 68 von seinem Sekretär Epaphroditus umbringen.

Seine Untertanen fühlten sich ausnahmslos befreit, sollte man meinen. Weit gefehlt! Schon bald nach dem Tod des Gewaltherrschers fanden sich Anhänger, die sein Grab mit Blumen schmückten, Bildnisse wurden aufgestellt. Schließlich machten sich Gerüchte um seine Rückkehr breit. Doppelgänger nutzten die Situation. Einer von ihnen, Terentius Maximus, fand zunächst sogar Anerkennung!

Die Nachwelt fürchtete den Despoten paradoxerweise mehr als viele seiner Zeitgenossen: Über 1000 Jahre nach Neros Tod gab es Römer, die meinten, sein Schatten gehe um. Und so kam eine Legende zur nächsten: denn nur, so der Mythos, um den Geist Neros endgültig zu bannen, sei im Jahre 1099 in der Ewigen Stadt die Kirche Santa Maria del Popolo errichtet worden.

Nero (2)
seufzte: »Welch ein Künstler stirbt mit mir!«

Als zügelloser, grausamer Gewaltherrscher ist der römische Kaiser Nero in die Geschichte eingegangen. Tatsächlich hat sein Walten Aufstände hervorgerufen, den Abfall der Prätorianergarde und schließlich gar die Ächtung des Kaisers durch den Senat, so daß Nero schließlich nur noch den eigenen Tod als Ausweg sah.

Daß der Kaiser in den letzten Jahren seiner Herrschaft vorzugsweise als Schauspieler, Sänger und Wagenlenker auftrat, läßt sich als Zeichen seiner speziellen Geistesverfassung auffassen. Von beispielloser Verblendung des Despoten scheinen auch seine letzten überlieferten Worte – »Welch ein Künstler stirbt mit mir!« – zu zeugen.

Tatsächlich geht der Ausruf allerdings wohl nicht auf Nero selbst zurück, sondern auf den römischen Schriftsteller Sueton. Gaius Suetonius Tranquillus verfaßte Lebensbeschreibungen aller römischen Kaiser von Cäsar bis Domitian. Somit hatte er auch das Wirken Neros zu schildern. Suetons Werke übrigens waren es, die im Mittelalter als Vorbild für Lebensbeschreibungen und Viten von Herrschern dienten.

Newton

Isaac Newton entdeckte die Gravitation

Seit 1661 hatte Isaac Newton in Cambridge Mathematik studiert, wo er 1669 eine Professur erhielt. Als Mathematiker und Physiker wurde Newton unsterblich. Zu seinen bleibenden Werken gehört die *Philosophia naturalis principia mathematica* (1687). In diesem Buch formuliert Newton die Gesetze der Gravitation, denen zufolge die Schwerkraft der Erde Ursache für das Gewicht eines Körpers ist.

Diese Gesetze, so heißt es, habe er schon 1666 gefunden, als er im Garten seines Hauses in Woolsthorpe nahe Cambridge einen Apfel zu Boden fallen sah. Eine Variante dieser Überlieferung berichtet sogar, der Apfel sei Newton auf den Kopf gefallen und so stark aufgeschlagen, daß Newton, von der Wirkung überrascht, auf die Vorstellung einer immer stärker werdenden Beschleunigung gekommen sei. Lange Zeit wurde in Woolsthorpe sogar ein bestimmter Apfelbaum als derjenige Newtons gezeigt. Erst 1820 ist er eingegangen.

Der Wahrheitsgehalt der Geschichte darf allerdings bezweifelt werden, denn ähnliche Anekdoten sind von zahlreichen Forschern und Entdeckern im Umlauf. Newtons Zeitgenossen übrigens war sie noch unbekannt. Wen das nicht überzeugt, der muß zur Kenntnis nehmen, daß die Gesetze des Falles überhaupt nicht auf Newton zurückgehen. Sie wurden bereits 1589 durch den italienischen

Mathematiker und Physiker Galileo Galilei erkannt. Newton hat sie lediglich in der bis heute überlieferten Form festgehalten.

Nordamerika

Der Konflikt zwischen Siedlern und Indianern war unvermeidlich

Es gibt die Ansicht, der Konflikt zwischen Siedlern und Indianern sei von tragischer Unabwendbarkeit gewesen, weil Kultur und Lebensführung der Beteiligten einfach unvereinbar gewesen seien. Dies wird scheinbar illustriert durch eine Episode aus der Geschichte der Cherokee, eines der größten nordamerikanischen Indianerstämme. Sie schickten 1808 eine Delegation zu Präsident Thomas Jefferson, der sie ermutigte, »das Land, das euch gegeben wurde, zu kultivieren, ein warmes Haus darauf zu errichten, es an Frau und Kinder weiterzugeben«. Wären die Indianer also nur seßhafte Bauern geworden, hätten sie ihre Lebensführung der der Weißen nur ein wenig angepaßt – so ließe sich meinen –, dann wäre es nicht zum fatalen Zusammenstoß mit den Siedlern gekommen.

Diese Ansicht besitzt freilich einen Schönheitsfehler: die Cherokee besaßen befestigte Dörfer und betrieben Ackerbau, sie waren also bereits Bauern. In vielen Regionen des Landes – in Mississippi etwa – konnte man nicht erkennen, ob eine Farm von Indianern oder von Siedlern angelegt war, bevor man den Farmer zu Gesicht bekam. Die Cherokee waren zu Jefferson gekommen, damit ihnen ihr Land in einzelne Höfe unterteilt zugewiesen werde und sie das Bürgerrecht erlangten. Weiße Siedler jedoch erblickten darin eine Konkurrenz, und so lehnte Jefferson das Ansinnen der Cherokee ab.

Das ist nicht das Szenario eines unvermeidbaren Konflikts. Das Beispiel zeigt vielmehr, daß die Integration der Indianer in die weiße Gesellschaft mit allen Mitteln unterbunden wurde. In Massachusetts zum Beispiel war es seit 1789 bei Todesstrafe verboten, Indianern Lesen und Schreiben beizubringen. Man kann sogar feststellen, daß diejenigen Stämme, die ihr Leben wie Weiße einrichteten, besonders gefährdet waren. Die größten Begehrlichkeiten weckte, wer in einem festen Haus lebte und eine Farm oder einen Betrieb, etwa ein

Sägewerk, führte (allein in Georgia wurden im Jahre 1825 nicht weniger als 13 Sägewerke und 33 Getreidemühlen von Cherokee unterhalten). Das war auch schon vor der Unabhängigkeit der USA nicht anders gewesen. Der Krieg, den Frankreich und England 1754 bis 1763 um die nordamerikanischen Kolonien ausfochten, kostete viele unbeteiligte Indianer das Leben. Warum? Sie hatten die Nähe der Weißen gesucht, und daher war es ein Leichtes, sich an ihnen schadlos zu halten. Zahlreiche bis dahin friedlich in weißen Städten lebende Susquehannas wurden in Pennsylvania nach Kriegsausbruch skalpiert, da die Behörden Belohnungen auf ihre Kopfhäute ausgesetzt hatten. Nicht besser erging es ein Jahrhundert danach den Wiyot-Indianern, dem am weitesten südlich siedelnden Stamm Nordamerikas: Als 1860 in Kalifornien Viehdiebstähle überhand nahmen, gerieten rasch Indianer in Verdacht. Doch statt die Täter zu suchen, strafte man einfach die, derer man habhaft werden konnte. 185 Wiyots wurden umgebracht, obwohl ihr Stamm mit den Siedlern verbündet war.

Daran gemessen, war es den Cherokee besser gegangen. Zwar hatte Jefferson die Sicherung ihrer Existenz abgelehnt. Die Regierung sah sogar zu, als die Indianer ihrer Farmen beraubt wurden. Aber immerhin ließ man ihnen das nackte Leben, als ihr Stamm 1835 nach Oklahoma deportiert wurde. Als Integrationsmaßnahme freilich kann dieser Akt wohl kaum aufgefaßt werden, und wie man es auch dreht und wendet: der Konflikt zwischen Siedlern und Indianern war nicht unvermeidlich, sondern eine klare Entscheidung christlicher Siedler zur Ausrottung eines Volkes, dessen einziges Verbrechen darin bestand, zuerst dagewesen zu sein.

NSDAP
Die NSDAP war eine Arbeiterpartei

Zu keinem Zeitpunkt haben Industriearbeiter die Mehrzahl der Mitglieder der Nazi-Partei gestellt – geschweige denn, daß Arbeiter sie geführt hätten. Adolf Hitler selbst hatte einen kleinbürgerlichen Hintergrund, sein Vater war Zollbeamter. Einer regelmäßigen Arbeit ist Hitler vor seiner politischen Karriere übrigens nie nachgegangen. Neben ihm oblag die Organisation der Arbeitswelt im Dritten Reich vor allem zwei Männern, die ebenfalls nicht dem Proletariat zugerechnet werden können: Als Arbeitsminister fungierte der Magdeburger Fabrikant Franz Seldte. Der Leiter der »Deutschen Arbeitsfront« (DAF), Robert Ley, auch als »Reichstrunkenbold« zu Ruhm gekommen, war promovierter Chemiker und entstammte einer Bauernfamilie.

Auch unter ihren Gefolgsleuten waren Arbeiter schwach vertreten. Sie standen den Nazis sogar besonders zurückhaltend gegenüber, wie ein Blick auf die Mitgliedschaft der Partei im Vergleich mit der Gesellschaftsstruktur (Stand 1930) zeigt

	Gesellschaft	Partei
Arbeiter	45,9 %	28,1 %
Angestellte	12,0 %	25,6 %
Selbständige	9,0 %	20,7 %
Beamte	5,1 %	8,3 %
Bauern	10,6 %	14,0 %
Sonstige	17,4 %	3,3 %

Arbeiter waren in der NSDAP also deutlich unterrepräsentiert. Daran änderte sich auch nach 1933 nichts Grundlegendes.

So nimmt es nicht wunder, daß die Nazis in Fabriken und Betrieben keinen Erfolg hatten: während im Dezember 1932 sechs Millionen Arbeiter und Angestellte Mitglied der etablierten Gewerkschaften waren, hatte die »Nationalsozialistische Betriebszellen-Organisation« (NSBO) gerade einmal 170 000 Mitglieder – keine 3% der Organisierten also. Und selbst in den bereits vom NS-Terror überschatteten Betriebsratswahlen vom März 1933 konnten der NSDAP angehörende oder ihr nahestehende Kandidaten nicht mehr als 25% der Stimmen erzielen.

O

Ölkrise

Die Ölkrise war die erste Rohstoffkrise

Eine erste »Rohstoffkrise« hatte bereits das antike Griechenland zu verkraften, als Bronze knapp wurde und damit der Rohstoff für die meisten Waffen und Gebrauchsgegenstände.

Über zwei Jahrhunderte zog sich die in England im 16. Jahrhundert anhebende Holzkrise hin. Holz war der wichtigste Rohstoff überhaupt, mit Holz wurde geheizt, es wurden Häuser errichtet und die zahlreichen Schiffe der englischen Flotte gebaut. Der hohe Bedarf führte zu immer vollständigerer Entwaldung der Insel, und als die Vorräte sich neigten, schien das Ende der englischen Volkswirtschaft nahe. Der ständige Anstieg der Holzpreise führte schließlich zur Erhöhung der Kohleförderung, um Ersatz für den überlieferten Brennstoff zu beschaffen und die Produktion aufrechtzuerhalten.

Später führten Kriege immer wieder zu Rohstoffkrisen in den teilnehmenden Staaten. So verlor Deutschland im Verlauf des Ersten Weltkrieges den Zugang zu Kautschuk (Grundlage der Gummiherstellung) und Salpeter (u.a. zur Munitionsherstellung). Hochwertige Metalle wie Wolfram, Nickel, Chrom, Aluminium konnten nur über Importe beschafft werden, ebenso Baumwolle für die Kleiderproduktion. Infolgedessen verschlechterte sich die Qualität der hergestellten Kleidung, für den Heeresbedarf fanden Sammlungen privater Unterkleidung statt. Gegen Ende des Krieges brachen auch die Kohle- und Stahlproduktion ein. Obwohl Rohstoffe bereits seit 1914 durch die Kriegsrohstoffabteilung (KRA) unter der Leitung Walther Rathenaus zwangsbewirtschaftet worden waren, hätte Deutschland die Kriegsproduktion nur noch wenige Monate aufrechterhalten können.

Diese Situation wiederholte sich im Zweiten Weltkrieg. Wieder fehlte es in Deutschland an Kautschuk und Salpeter. Es wurden teure Ersatzprodukte hergestellt, um das fehlende Kautschuk zu substituieren. Als Benzin knapp wurde, begann man mit dem Bau von Fahrzeugen mit Holzvergaser-Motor. Die Besetzung Norwegens erfolgte auch, um die Erzzufuhr aus Schweden für die Kriegsproduktion sicherzustellen.

Die Ölkrise der 1970er Jahre begann, als im Zuge des arabisch-israelischen Krieges 1973 die arabischen Staaten die Förderung von Öl drosselten. Im folgenden Jahr schnellte der Preis, der vorher bei 3 Dollar pro Barrel gelegen hatte, auf über 30 Dollar an. Eine tiefgreifende Wirtschaftskrise mit Kurzarbeit und sprunghaft steigender Arbeitslosigkeit war in vielen westlichen Ländern die Folge. Bis heute erinnert man sich an spektakuläre Energiesparaktionen wie den autofreien Sonntag in Deutschland. Aber die erste Rohstoffkrise war die Ölkrise von 1973 deshalb trotzdem nicht.

P, Q

Papst
Päpste sind ehe- und kinderlos

Immer wieder heiß umstritten ist der Zölibat, dem zufolge katholische Kleriker ehe- und kinderlos zu sein haben. Das gilt natürlich auch für den obersten Kirchenfürsten, den Papst. Interessanterweise gab es diese Regel keineswegs seit den Anfängen der Kirche. Der Ursprung des Zölibats liegt erst in der Synode von Elvira Anfang des 4. Jahrhunderts: Sie bestimmte, die Kleriker hätten sich des ehelichen Verkehrs mit ihren Frauen zu enthalten und keine Kinder mehr zu zeugen. Aber erst auf dem zweiten Laterankonzil 1139 konnte der Zölibat endgültig durchgesetzt werden.

Freilich blieb die Verpflichtung der Priester – und auch des Papstes – zur Enthaltsamkeit oft ein Lippenbekenntnis. Das zeigt die Praxis, insbesondere in Mittelalter und Renaissance: So wurde der in früher Jugend zum Papst gewählte Johannes XII. wegen »Unwürdigkeit« 963 abgesetzt. Er starb 964 – laut klerikalen Quellen einem Schlaganfall erlegen, was bei einem Mittzwanziger freilich relativ selten vorkommt. Fakt ist, daß Johannes neben Simonie (Ämterkauf) und Gotteslästerung auch Ehebruch zur Last gelegt wurde und daß er eines gewaltsamen Todes starb: der Ehemann einer seiner Geliebten erschlug den Nebenbuhler.

Einer seiner Nachfolger, Papst Innozenz (»die Unschuld«) VIII., hinterließ 16 Kinder, weshalb er spöttisch auch »pater patriae« genannt wurde. Alexander VI. Borgia betrieb über zwei seiner vier Kinder, Cesare und Lucrezia, eine aktive Heiratspolitik. Zwei seiner Enkel ernannte er zu Kardinälen, als sie 14 und 16 Jahre alt waren.

Viele der mittelalterlichen und Renaissance-Päpste waren zum

Zeitpunkt ihrer Wahl bereits verheiratet und hatten Kinder. Die Erklärung: Sie waren keine Kleriker, da das Papsttum als Machtposten zwischen den mächtigsten Familien Europas und insbesondere Italiens hin und her geschoben, regelrecht erkämpft und verkauft wurde. Das *Oxford dictionary of popes* zählt acht verheiratete Päpste auf, 14 Päpste, die Kinder von Päpsten oder Priestern waren, und fünf Päpste, die nach dem Laterankonzil von 1139 als Kleriker uneheliche Kinder zeugten.

Übrigens: die Päpste, die bis 1139 amtierten, waren ohnehin fast ausnahmslos verheiratet – auch Petrus, der erste »Papst« (vgl. Matth. 8,14, wo von seiner Schwiegermutter die Rede ist).

Päpstin

Es gab eine Päpstin

Zwischen den Päpsten Leo IV. und Benedikt III., so heißt es gelegentlich, habe eine Frau den Heiligen Stuhl bestiegen: die Päpstin Johanna. Die älteste Überlieferung, die sie erwähnt, stammt aus dem 13. Jahrhundert, aus der Feder des französischen Dominikaners Stephanus de Bellevilla. Stephanus wirkte als Prediger und Inquisitor. Er verfaßte eine Erzählungssammlung, die einzigartige Einsichten in die populäre Kultur des Mittelalters gewährt. Etwa gleichzeitig schrieb der deutsche Dominikaner Martin von Troppau sein *Chronicon*. Dieses Nachschlagewerk der Papst- und Kaisergeschichte wurde rasch zum populärsten Werk seiner Art und in nicht weniger als fünf Volkssprachen übersetzt. Danach stammte Johanna aus Mainz, wurde nach Athen entführt und studierte dort. In Rom habe sie – in Männergewändern – als Lehrer gewirkt, bevor sie an die Spitze der katholischen Kirche gerückt sei. Nach zweieinhalb Jahren aber habe Johanna während einer Prozession, zwischen Kolosseum und der Kirche des Heiligen Clemens, ein Kind geboren und sei unmittelbar danach der Empörung der Menge zum Opfer gefallen.

(Entspräche der Bericht Martin von Troppaus übrigens den Tatsachen, hätte es nicht sieben deutsche Päpste gegeben – Gregor V., Clemens II., Damasus II., Leo IX., Victor II., Stephan IX. und Hadrian VI. – sondern acht.)

Lange hielt man die Überlieferung für historisch. Erst in der zweiten Hälfte des 19. Jahrhunderts wurde sie eindeutig dem Reich der Fabel zugewiesen. 1996 aber rollte die englische Autorin Donna W. Cross mit ihrem Roman *Die Päpstin* den Fall neu auf. Sie wies darauf hin, daß der historische Nachweis der Päpste häufig nur durch die Nennung im *Liber Pontificalis* möglich sei. Es existiere aber nur ein einziges Exemplar dieses Verzeichnisses, in das Johannas Name nachträglich, nämlich im 14. Jahrhundert, eingefügt worden sei. Fälschung oder Verbesserung? – so fragt Cross weiter. Ihre These: die katholische Kirche habe die Existenz Johannas verschleiert, ihre Lebensspuren vernichtet. Die weitere Argumentation konzentriert sich auf das Jahr 855. Tatsächlich habe Benedikt III. in diesem Jahr sein Amt angetreten, dafür spreche eine Münze, die den Papst mit dem 855 verstorbenen Kaiser Lothar zeige, und eine von Benedikt III. unterzeichnete, auf 855 datierte Urkunde. Sollte Leo IV. also vor 855 gestorben sein, so Cross, dann wäre »Zeit für Johanna« gewonnen. Ob es so gewesen ist, bleibt zweifelhaft. Der Verkaufserfolg der Autorin hingegen war manifest.

»Paris ...
... ist eine Messe wert«, sprach Heinrich IV.

Wer einen Beleg für die mangelnde Prinzipientreue der Herrschenden sucht, wird auch bei einer der Lichtgestalten der französischen Geschichte fündig, König Heinrich IV.

Wie das? Mit dem Tode König Heinrichs III. war das Königshaus der Valois ausgestorben. Heinrich von Navarra, der spätere König Heinrich IV., erhob nun Anspruch auf den Thron und beschwor damit eine prekäre Konstellation herauf, hatte er doch zu den Führern der Hugenotten gehört. Und diese waren seit Jahrzehnten von den katholischen Königen Frankreichs mit äußerster Brutalität verfolgt worden. Das katholische Establishment hatte mithin von einem hugenottischen König nichts Gutes zu erwarten und bereitete Heinrich zahlreiche Schwierigkeiten, auch nach dessen Regierungsantritt.

Der neue Herrscher fand eine ausgesprochen pragmatische

Lösung, sich mit den Katholiken zu arrangieren: er trat 1593 schlicht und einfach zum Katholizismus über. Danach machte der nunmehr christkatholische König sich auf den Weg in seine Hauptstadt, und beim Einzug in Paris soll er die Worte gesprochen haben: »Paris vaut une messe« – »Paris ist eine Messe wert.«

In einer Variante der Überlieferung lautet das Zitat »La couronne vaut une messe« – »Die Krone ist eine Messe wert«. Obwohl es keinerlei Belege dafür gibt, daß Heinrich die Sentenz tatsächlich geprägt hat, machte sie Schule: Nach dem Sturz Napoleons gelangten die von der Revolution gestürzten Bourbonen wieder auf den Thron. Nun hatte Frankreich unter Napoleon, der seinen Aufstieg der Französischen Revolution verdankt hatte, eine geschriebene Verfassung gehabt. Eine Verfassung als Grundlage des Staates freilich war für einen Monarchen alten Stils, der seine Herrschaft als gottgegeben auffaßte, ein Unding. Aber die Verfassung ersatzlos abzuschaffen, die Zeit einfach um ein Vierteljahrhundert zurückzustellen, das wäre auch nach dem Scheitern Napoleons unmöglich gewesen. Also behielt Frankreich ein Grundgesetz, und der neue König Ludwig XVIII. nahm – wie Heinrich IV. – diesen Bruch mit seinen Überzeugungen in Kauf, und zwar mit den Worten: »Die Krone ist eine Verfassung wert.«

Parteigenossen

Späte NSDAP-Mitgliedschaft ist ein Indiz für unfreiwilliges Mittun

Nach dem Ende der Nazi-Diktatur versuchten viele Parteimitglieder, sich mit dem Hinweis auf das späte Datum ihres Eintritts zu entlasten. Dies ist jedoch in vielen Fällen ein ganz untaugliches Argument.

Nachdem die Nazis an die Macht gekommen und als stärkste Partei aus den (nicht mehr freien) Wahlen vom März 1933 hervorgegangen waren, setzte ein opportunistischer Ansturm auf die Parteibüros ein. (In ironischer Anspielung an die Toten der Berliner Revolution von 1848 sprach man von den »Märzgefallenen«). Jeder, der sich etwas davon versprach, wollte jetzt Mitglied werden. Binnen weniger Wochen stieg die Mitgliederzahl von ca. 850 000 (Januar 1933) auf 2,5 Millionen (April 1933). Daraufhin verhängte die Partei mit Wirkung vom 2.5.1933 einen Aufnahmestop. (Deshalb übrigens lautet das Eintrittsdatum so vieler gnadenhalber im letzten Moment bzw. rückwirkend aufgenommener Mitglieder »1.5.1933«). Die Aufnahmesperre wurde formal erst 1939 aufgehoben; faktisch wurden vor allem Staatsbedienstete jedoch bereits ab 1937 zum Eintritt in die NSDAP gedrängt. Das Wichtigste jedoch ist: Der Aufnahmestop war nicht total. Besonders verdiente Volksgenossen kamen auch zwischen 1933 und 1937 in die NSDAP. Wer also darauf verweist, er sei doch erst 1936 (und nicht schon 1933) eingetreten, schießt ein klassisches Eigentor, weil er damit unfreiwillig zugibt, ein hundertfünfzigprozentiger Nazi gewesen zu sein.

Pest

Die meisten Opfer der Pest starben an der Pest

Seit es Menschen gibt, haben Krankheiten ihre Geschicke geprägt. Cholera- oder Thyphusepidemien bedrängten die Bevölkerung ganzer Landstriche, waren allerdings immer auf bestimmte Regionen begrenzt. Das änderte sich im 14. Jahrhundert, als sich die Pest von der Krim her über ganz Europa ausbreitete. Sie entwickelte sich zur schlimmsten Katastrophe, die die Menschheit bis dahin befallen hatte: in der kurzen Zeit zwischen 1348 und 1350 starben schätzungsweise 30 % der Bevölkerung des Kontinents!

Dennoch kann man nicht sagen, es sei die Pest gewesen, die Europa entvölkerte. Denn nur ein Teil der Opfer erlag der Seuche. Mindestens ebenso verheerend waren die mentalen Folgen der Epidemie. Die Menschen des Mittelalters nämlich faßten die Pest als Geißel Gottes auf, als Strafe für ihre Sünden. Sie glaubten sich verloren. Und so hörten die Bauern auf, ihre Felder zu bestellen, in den Städten kam es zu Massenpsychosen mit Mord und Totschlag. Die Angst vor dem »Schwarzen Tod« lähmte das Zusammenleben. Wer konnte, ergab sich dem Alkohol.

Völlige Entwurzelung war die Folge. Ihre Auswirkungen ergriffen jeden Lebensbereich. Angst, Schuld und Tod wurden bevorzugte Motive der Kunst. Später hat der Nürnberger Maler und Zeichner Albrecht Dürer ihrem Zusammenspiel wie kaum ein zweiter Ausdruck verliehen. Sein Holzschnitt *Die apokalyptischen Reiter* (1498) wurde zu einem der bekanntesten Werke der Kunstgeschichte überhaupt und illustriert das Massensterben infolge von Pest, Teuerung, Hungersnot und Krieg. Die von ihr ausgelöste soziale und wirtschaftliche Katastrophe hat vermutlich ebenso viele Opfer gefordert wie die Epidemie selbst.

Pestalozzi

Johann Heinrich Pestalozzi war ein erfolgreicher Schulmeister

Als einer der Begründer moderner Pädagogik gilt der Schweizer Johann Heinrich Pestalozzi. Er selbst war Schüler einer renommierten Anstalt gewesen – Pestalozzi hatte das Zürcher Collegium Carolinum besucht, an dem etwa der Literaturkritiker und Schriftsteller Johann Jakob Bodmer oder Johann Jakob Breitinger, der Autor und Philologe, als Lehrer wirkten. Deren Unterrichtsmethoden fand Pestalozzi allerdings ausgesprochen lebensfremd: »Das ging so weit, daß wir uns in Knabenschuhen einbildeten, durch die oberflächlichen Schulkenntnisse vom großen griechischen und römischen Bürgerleben uns solid für das kleine Bürgerleben in einem der schweizerischen Kantone [...] gut vorbereiten zu können.«

So machte er sich selbst an die Formulierung einer Erziehungslehre, deren Grundsätze er in mehreren Büchern veröffentlichte (*Lienhard und Gertrud*, 1781; *Wie Gertrud ihre Kinder lehrt*, 1801). Die Grundlagen intellektueller Erkenntnis – Anschauung, Form, Zahl – sollten im Gesang gelegt werden; einfache Bewegungen die körperliche, mütterliche Umsorgtheit die sittliche Bildung befördern. 1809 faßte Pestalozzi seine Vorstellungen in dem Buch *Über die Idee der Elementarbildung* erneut zusammen.

Zu diesem Zeitpunkt freilich war er in der Praxis bereits gescheitert. 1769 nämlich hatte Pestalozzi eine Erziehungsanstalt für arme Kinder gegründet, Gut Neuhof, und seit 1775 gemeinsam mit seiner Frau Anna betrieben. Es war ihm aber nicht möglich, Gut Neuhof für die Dauer einzurichten. 1779 mußte das Heim geschlossen werden. Seine Vorstellungen in eigener Regie dauerhaft in die Praxis umzusetzen, ist Pestalozzi mithin nicht gelungen.

Peter der Große
war der Kaiser Rußlands

Peter I., der »Große«, verfolgte vor allem ein Ziel: Rußland zu einer europäischen Großmacht zu machen. Um sich darauf vorzubereiten, war er 1697/98 heimlich in die Niederlande und nach England gereist (dies wird in Albert Lortzings Oper »Zar und Zimmermann« thematisiert). Nach deren Vorbild machte er sich an tiefgreifende innere Reformen seines riesigen Reiches: die europäische Zeitrechnung wurde eingeführt, neue Schulen entstanden, Heer und Verwaltung erfuhren eine Umgestaltung. Sogar von ihrer traditionellen Barttracht mußten sich die russischen Männer verabschieden, oftmals unter Androhung von Gewalt. 1712 verlegte Peter zudem seine Hauptstadt vom abgelegenen Moskau in Richtung Westen, nach Petersburg am Finnischen Meerbusen.

Nachdem er sein Reich auch außenpolitisch konsolidiert und es zur beherrschenden Kraft im Ostseeraum gemacht hatte, wollte er schließlich persönlich zu den traditionell Mächtigen seiner Zeit aufschließen: am 22. Oktober 1721 erhob Peter I. sich selbst zum Kaiser, nannte sich fortan »Zar von Moskowien«, »Imperator«, »Vater des Vaterlandes«, »Kaiser aller Reußen« und sogar »der Große«.

Mit dem Kaisertitel schloß der russische Herrscher an eine Traditon an, die sein Land mit dem alten Rom verband. 1453 nämlich war das Oströmische, das Byzantinische Reich nach der Eroberung Konstantinopels durch die Türken untergegangen. Staatssiegel und Kaisertitel des ehemaligen Reiches hatte 1472 Iwan III. übernommen, seit 1462 mit Zoe (Sophie) Palaiologina, der Nichte des letzten oströmischen Kaisers Konstantin XI., verheiratet.

An das »Dritte Rom« Iwans knüpfte Peter nunmehr an. Aber er mußte erfahren, daß in den Augen der gekrönten Häupter seiner Zeit auch diese Tradition seine eigenmächtige Rangerhöhung nicht legitimierte. Weder der Kaiser in Wien noch die Könige von Frankreich, England und Spanien erkannten den russischen Herrscher als »Kaiser« an. Diesen Gefallen tat ihm allein König Friedrich Wilhelm *in* Preußen – der wiederum führte selbst einen nicht ganz unproblematischen Titel.

Philipp II.
büßte aus Hochmut ein Auge ein

Im vierten Jahrhundert v. Chr. kämpften Mazedonien und die griechischen Stadtstaaten um die Vorherrschaft in der Ägäis. König Philipp von Mazedonien errang dabei im Jahre 355 v. Chr. einen wichtigen Sieg: er eroberte den nordgriechischen Küstenort Methone, die letzte griechische Enklave auf mazedonischem Gebiet, deren Eroberung ihm den Zugang zur Ägäis eröffnete.

Während der Belagerung der Stadt soll Philipp ein Auge verloren haben – aus reinem Hochmut, wie der griechische Satiriker Lukian von Samosata überliefert. Aus der Stadt Amphipolis, die Philipp im Jahr zuvor besetzt hatte, sei ein Bogenschütze namens Aster zu Philipp gekommen, um seine Dienste anzubieten. Er könne, so Aster, sogar einen Vogel im Flug treffen. Der König ließ den Meisterschützen abblitzen und beschied ihn hochmütig, er werde auf sein Anerbieten zurückkommen, wenn er gegen die Stare ins Feld ziehe. Daraufhin habe der beleidigte Aster sich nach Methone begeben und einen Pfeil mit der Aufschrift »Dem König Philipp in sein rechtes Auge« angefertigt. Tatsächlich brachte der Kunstfertige es zustande, diesen in das anvisierte Ziel zu lenken. Der schwerverletzte Philipp habe zurückschießen lassen: »König Philipp wird, wenn er Methone erobert hat, den Aster hängen lassen« und ebenfalls Wort gehalten. So weit Lukian.

Die Einäugigkeit des Königs bezeugt auch der griechische Schriftsteller Plutarch, freilich nicht seinen Hochmut. Plutarch verfaßte insgesamt 23 Biographien berühmter Griechen und Römer, um daran die Grundsätze einer sittlichen Lebensführung darzulegen. In seiner Lebensbeschreibung Alexanders des Großen, des Sohnes Philipps, bietet er eine Erklärung für das Gebrechen des Königs an. Philipp, so Plutarch, habe durch einen Türspalt beobachtet, wie Zeus in Gestalt einer Schlange in den Armen seiner (Philipps) Gattin Olympias gelegen habe, was den König das Licht eines Auges kostete. Ob es so gewesen ist, darf bezweifelt werden. Aber tatsächlich war Olympia, die seit 357 mit Philipp verheiratete Mutter Alexanders des Großen, ihrem Gatten fatal: sie beteiligte sich an der Ermordung des Königs, dessen Nachfolge ihr Sohn, Alexander eben, antrat.

Philipp II. von Orléans
ruinierte Frankreich

Als der französische König Ludwig XV. auf den Thron gelangte, war er noch ein Kind. Deshalb führte zunächst Philipp II. von Orléans die Regierungsgeschäfte, und der Überlieferung nach tat er es ausgesprochen schlecht. Mehr noch: Philipp, so will man wissen, sei ein wüster Zocker gewesen, der binnen weniger Jahre die Wirtschaft vollkommen zugrunde richtete.

Landvergaben in den französischen Kolonien am Mississippi habe der Regent mit hochspekulativen Geschäften verknüpft: Philipp gründete die »Bank zur Erschließung der Kolonialgebiete« und gab Obligationen in Massen aus. Deren Käufer spekulierten auf Silberfunde in Lousiana, aber: das Edelmetall gab es dort nicht. Die Situation spitzte sich so zu, daß die Bank ihre Zinsen nicht mehr zahlen konnte – da wollten die Käufer der Wertpapiere wenigstens ihr Geld von der Bank holen. Deren geschrumpfte Barreserven reichten nicht zur Auszahlung. So platzten die Träume nicht nur Philipps, sondern auch der französischen Anleger, und es kam bereits im Jahre 1720 zu einem »Schwarzen Freitag«.

Das alles nur wegen der Spekulationswut des Regenten? – Der Schurke in diesem Stück ist ein anderer: Ludwig XIV., der »Sonnenkönig«, hatte bei seinem Tod am 1. September 1715 einen gigantischen Schuldenberg hinterlassen. Mit rund drei Milliarden Livres stand der Staat in der Kreide. Der ambitionierte Philipp von Orléans wollte diese enormen Verbindlichkeiten möglichst schnell tilgen. Dazu verließ er sich auf den Rat des Schotten John Law. Dieser hatte den Plan entwickelt, die Staatsfinanzen mit Erträgen aus den nordamerikanischen Kolonien zu sanieren.

Pech für Philipp: Laws Plan ging nicht auf – auch wenn er, allerdings auf ungewollte Weise, doch noch zur Sanierung des Staates beitrug: durch den Zusammenbruch der Bank und den dramatischen Wertverlust der Anleihen und Obligationen sowie eine folgende Inflation nämlich halbierten sich die Schulden des Staates – freilich auf Kosten der Anleger.

Law erging es übrigens nicht schlecht dabei: zwar mußte er nach Venedig fliehen. Aber Philipp belohnte seinen zweifelhaften Rat ausgesprochen großzügig und unterstützte den verhinderten Sanierer bis zu seinem Tode im Jahre 1723.

Pickelhaube

Die Pickelhaube war der Helm der deutschen Soldaten im Ersten Weltkrieg

Die Pickelhaube, eine preußische Erfindung der Jahre 1842/43, wurde durch die Niederschlagung der Revolution von 1848 und die Kriege mit Österreich (1866) sowie Frankreich (1870/71) zum Kennzeichen des preußisch-deutschen Militarismus. Nach der Reichsgründung 1871 wurde sie von den anderen deutschen Staaten übernommen, zuletzt (1886) von Bayern und Braunschweig. Zeitweise trugen sogar die Soldaten ausländischer Heere Pickelhauben, so in Rußland und Mexiko.

Die Metallspitze sollte Säbelhiebe von oben seitlich ablenken – was Mitte des 19. Jahrhunderts eine folgerichtige Idee war, taugte für den Ersten Weltkrieg freilich nicht mehr. Die starke Rolle der Artillerie, die Verwendung von Schrapnellen – Artilleriegranaten, die in der Luft detonierten und mit Splittern oder Metallkugeln gefüllt waren – führte zu übermäßig vielen Kopfverletzungen, gegen die die Pickelhaube keinen ausreichenden Schutz mehr bot. Ihr Material wurde von den Granatsplittern durchdrungen.

Weil die technische Entwicklung über sie hinweggegangen war, wurde die Pickelhaube außer Dienst gestellt. Ab 1916, also noch während des Krieges, wurde statt dessen der Stahlhelm eingeführt (der dem Ende 1918 in Magdeburg gegründeten »Bund der Frontsoldaten« seinen Namen gab). Im Februar erhielten ihn zuerst kleine

Truppenteile vor Verdun, später alle Truppen der Westfront, erst danach die Ostfront (was auch damit zusammenhing, daß der russischen Armee bei weitem keine so fortschrittliche Artillerie zur Verfügung stand). Das neue »Modell 1916« war im Schnitt (es gab mehrere Größen) 30 cm tief und wog beachtliche 1300 Gramm. An die Pickelhaube erinnerten nur noch die seitlich angebrachten Nieten zur Befestigung des Kinnriemens. Die Symbolik der Pickelhaube ist trotz Einführung des Stahlhelms bis heute erhalten geblieben: In der Gebärdensprache symbolisiert der ausgestreckte, nach oben zeigende und über die Stirn gehaltene Zeigefinger die Pickelhaube und bedeutet bis heute »deutsch«.

Pilgerväter (1)

Die Pilgerväter kamen aus Versehen nach Neu-England

Einer populären Annahme zufolge sind die Pilgerväter versehentlich in Massachusetts gelandet. Eigentlich, so heißt es, hätten sie nach Virginia gewollt. Dafür scheint zu sprechen, daß es dort bereits eine britische Kolonie gab. – Wie kam es dann dazu, daß sie ihr Ziel verfehlten?

Einer ersten Theorie zufolge lag ein Navigationsirrtum zugrunde, zudem hätten heftige Winde die *Mayflower* vom Kurs abgebracht. Beides ist allerdings nicht plausibel. Ein Irrtum in der Navigation hätte unschwer berichtigt werden können. 1620 waren die Breitengrade – und somit die Entfernung vom Äquator – bereits genau bestimmbar. Auch durch einen Sturm verursachte Kursabweichungen hätten nach dessen Ende korrigiert werden können, zumal es reichlich Nahrungsmittelvorräte an Bord gab.

Einer zweiten Auffassung zufolge wurde der Kapitän der *Mayflower* auf Nordkurs gezwungen, und zwar von Holländern, die verhindern wollten, daß die englischen Siedler sich nahe Neu Amsterdam, dem heutigen New York also, niederließen.

Eine dritte Theorie hingegen legt nahe, daß die Pilgrims – 35 von insgesamt 102 Personen an Bord der *Mayflower* – keineswegs nach Virginia gewollt hätten. Schließlich waren sie ja aus England ausgewandert, um der anglikanischen Kirche zu entkommen. Womöglich haben sie sogar eine Entführung des Schiffes geplant, jedenfalls aber, so heißt es, erörtert, ob das südamerikanische Guyana oder aber Massachusetts ihnen bessere Bedingungen bieten würden. Und mit Sicherheit waren sie über Massachusetts informiert: Ferdinando Gorges von der englischen Plymouth Company war von ortsansässigen Indianern über die Gegebenheiten der Gegend orientiert worden und hat dieses Wissen an die Pilgrims weitergegeben. Zudem existierten seit 1605 Landkarten der Region, die ebenfalls verbreitet wurden: Im Jahre 1614 hatte der englische Entdecker John Smith die Gegend erforscht und ihr den Namen Neu-England gegeben. Smith bot den Pilgrims an, sie zu begleiten, was diese aus Kostengründen ablehnten. Smithş Reisebericht allerdings haben sie auf die Mayflower mitgenommen. Vermutlich also sind die Pilgrims genau dort gelandet, wo sie hinwollten: in Massachusetts.

Pilgerväter (2)

Die Pilgerväter machten die Wildnis urbar

Als die Pilgerväter Ende 1620 ihren Fuß auf nordamerikanischen Boden setzen, geschah dies auf einer Landzunge, die später den Namen Cape Cod erhielt. Die Ankömmlinge nahmen die Gegend, in der sie gelandet waren, von einem Boot aus genauer in Augenschein. Sie stellten fest, daß die Landschaft keineswegs wild, sondern beinahe parkähnlichen Charakters war und entdeckten ansehnliche Maisfelder. Darin zeigte sich das Wirken der indianischen Ureinwohner. Diese hatten nämlich im Süden Neuenglands das Unterholz gerodet und so landwirtschaftliche Aktivitäten ermöglicht.

Die Pilgrims wollten eine Stelle zum Siedeln ausfindig machen und entschieden sich wegen der fruchtbaren Umgebung, eines Hafens und eines Baches für den Ort, an dem sich heute die Stadt Plymouth befindet. Damit legten sie sich in ein gemachtes Nest, denn just an dieser Stelle hatte es bereits eine indianische Siedlung namens Patuxet gegeben. Die Europäer machten daraus »New Plimoth«, nach dem Namen der Plymouth Company, die die Fahrt ihres Schiffes *Mayflower* organisiert hatte.

Aus ihrem Vorgehen wurde ein regelrechtes Muster – immer

wieder errichteten Europäer ihre Niederlassungen inmitten indianischer Siedlungen, auf den Feldern der Indianer. Damit ersparte man sich die Mühsal des Rodens, des Wegräumens von Felsen und andere schwere Arbeiten. Auch Chicago zum Beispiel wurde so errichtet. Das erklärt, warum die Namen vieler der neuenglischen Stadtgründungen jener Zeit – wie Deerfield, Marshfield, Springfield – auf »field« enden.

Den Siedlern selbst war übrigens klar, daß sie keineswegs die Wildnis urbar machten. »Die Bucht, in der wir leben«, heißt es in einer Aufzeichnung aus dem Jahre 1622, »wurde früher von etwa 2000 Indianern bewohnt«.

Pippin der Kleine
war klein

Der Hausmeier der fränkischen Herrscher war ein mächtiger Mann. Immerhin stand er an der Spitze der königlichen Hofhaltung, und somit gab es kaum einen Vorgang, der sich seinem Einfluß entzog. Karl Martell baute das Amt zielstrebig aus, bis er schließlich zum Herrn der gesamten Staatsverwaltung aufgestiegen war und sogar auf die Besetzung des Thrones Einfluß hatte.

Auch Karls Sohn Pippin diente dem Königsgeschlecht der Merowinger als Hausmeier. Sein Ruhm war geradezu legendär. So soll Pippin über enorme Körperkraft verfügt und sie als Krieger und Jäger auch eifrig eingesetzt haben. Bei einer Tierhetze, heißt es, habe Pippin den Kopf eines Löwen, der sich in einen Büffel verbissen hatte, mit einem Hieb so heftig abgeschlagen, daß das Schwert auch noch in den Nacken des Büffels fuhr. Das mag man für unwahrscheinlich halten. Auf jeden Fall aber erwies Pippin sich als außerordentlich fähiger Politiker und brachte schließlich sich selbst auf den Thron.

Dazu setzte er nicht etwa König Childerich III. ab. Die Macht dazu hätte Pippin gehabt, aber er ging geschickter vor. Scheinbar arglos fragte der Hausmeier bei Papst Zacharias an, wer des »Thrones würdiger sei, der, welcher sorglos daheim sitze, oder der, welcher die ganze Sorge und Last des Reiches habe?« Indem Zacharias die erwartete Antwort gab und gegen den Nesthocker entschied, erteilte er Pippin die päpstliche Weihe und damit das »Königsheil«. Erst danach, im Jahre 751, ließ Pippin sich von den Großen des Frankenreichs zum König erheben; Childerich wurde in ein Kloster verbannt.

Das Geschäft zwischen Pippin und Zacharias war freilich eines auf Gegenseitigkeit. Der Papst erhielt nämlich die territoriale Herrschaft über Rom. Die »Pippinische Schenkung«, wohl mit Bezug auf die gefälschte »Konstantinische Schenkung« ausgesprochen, gehört zu den Grundlagen für die Entstehung des Kirchenstaates und erwies sich somit als Gabe von außerordentlicher Dauer.

Wie kann es kommen, daß Pippin – der womöglich mächtigste Herrscher seiner Zeit, dem es augenscheinlich weder an körperlicher noch an geistiger Kraft fehlte – den Beinamen »der Kleine« trägt? Die Erklärung ist banal. In der lateinischen Überlieferung wird er »minus« genannt, was »der Jüngere« bedeutet, und der Verwechslung mit seinem Großvater Pippin dem Mittleren vorbeugen soll. Dieses »minus« ist nun fälschlicherweise als »der Kleine« übersetzt worden, obwohl es keinen Grund zu der Annahme gibt, Pippin sei klein gewesen. An einer einzigen Stelle allerdings wird er eindeutig als »Pippinus parvus« bezeichnet, und von da aus nahmen die Dinge ihren Gang, bis die Phantasie der mittelalterlichen Chronisten sogar bei »nanus« (Zwerg) angelangt war.

Pippins Sohn entging einem ähnlichen Schicksal: Karl, der von 768 bis 814 regierte und sogar die Kaiserkrone errang, wird fast stets mit seinem Beinamen »der Große« genannt.

Platon
war ein attischer Patriot

Zu den bedeutendsten Philosophen der Antike gehört Platon. Um 385 v. Chr. begründete er in Athen eine Akademie, die sich dem Studium erkenntnistheoretischer Probleme widmete. Aber ausgerechnet über Leben und Wirken dieses großen Denkers liegen kaum Erkenntnisse vor. Denn was ein unmittelbares Zeugnis hätte sein können, die Gedenkrede (*Enkomion*) seines Neffen und Nachfolgers in der Akademie, Speusippos, ist nicht erhalten.

Daher konnte eine Überlieferung zur wichtigsten Quelle zum

Leben Platons werden, die mehr als ein halbes Jahrtausend nach dessen Tode zustande kam: ein großes Werk *Über Leben und Meinungen berühmter Philosophen*, von dem Griechen Diogenes Laertios um die Wende vom zweiten zum dritten Jahrhundert n. Chr. niedergeschrieben. Diogenes widmet sich der hellenistischen Tradition der griechischen Hochkultur, beschreibt die Philosophie von der Zeit Alexanders des Großen bis in seine eigene Gegenwart hinein. Seine Schrift ist freilich von Legenden durchsetzt. So haben auch viele Schilderungen Platons offenkundig sagenhaften Charakter.

Selbst zunächst plausibel scheinende Angaben halten einer Überprüfung nicht stand. So heißt es bei Diogenes, Platon sei am Geburtsfest des Gottes Apollon geboren worden, des Gottes, der für Recht, Ordnung und Frieden sorgte. Zweifel daran sind begründet, denn Diogenes kann dafür keine zeitgenössische Quelle benennen. Vielmehr ist dieser Geburtstag erst von späteren Autoren wie dem Römer Apuleius genannt worden.

Auch, daß Platon an den Schlachten von Delion und Korinth teilgenommen haben soll, ist unwahrscheinlich. Die Auseinandersetzungen gehören in die Reihe der Konflikte um die Vorherrschaft in Griechenland und der Ägäis, deren Protagonisten Athen, Sparta, Korinth und das Perserreich waren. 424 v. Chr., im Zuge des Peloponnesischen Krieges (431–404 v. Chr.), verlor die attische Flotte die Schlacht von Delion; 393 v. Chr., während des Korinthischen Krieges (395–386 v. Chr.), kämpften die Athener, mit Korinth verbündet, gegen Sparta. Platon, der angebliche Teilnehmer beider Waffengänge, war – nach allem, was wir wissen – zur Zeit der Schlacht von Delion drei bis vier Jahre alt; während der Schlacht von Korinth hat er sich nicht in Griechenland aufgehalten.

Auch einer der berühmtesten Aussprüche Platons läßt sich als solcher nicht belegen. Es heißt bei Diogenes, der Philosoph habe kurz vor seinem Tode erklärt, er sei den Göttern dankbar, als Mensch und nicht als Tier zur Welt gekommen zu sein, als Mann und nicht als Frau, als Grieche und nicht als Barbar, und schließlich als Bürger Athens zur Zeit des Philosophen Sokrates. Zwar gibt es für dieses Zitat eine größere Anzahl an Überlieferungen. Zu den bekanntesten gehört diejenige Plutarchs, der Platon im Rahmen seiner Biographien berühmter Griechen und Römer schildert. (Dort fehlt übrigens der Dank dafür, als Mann und nicht als Frau zur Welt gekommen zu sein). Aber Diogenes selbst muß Zweifel an der Authentizität seines Berichts gehabt haben, schildert er eine ähnliche Anekdote doch auch von dem Philosophen Thales von Milet.

Selbst daß Platon an seinem Geburtstag gestorben sei, wie Diogenes schreibt, ist keineswegs zweifelsfrei. Auch diese Angabe nämlich geht auf eine Quelle zurück, die erst Jahrhunderte später entstand; sie stammt von dem römischen Dichter und Politiker Seneca.

Sicher scheint nur: Platon kam in Athen zur Welt, und dort ist er auch gestorben.

Pompadour

Madame Pompadour war ein vergnügungssüchtiges Luder

Im 18. Jahrhundert betätigten sich ambitionierte Damen aus besseren Kreisen gerne als Förderinnen von Kunst und Kultur. Oder sie versuchten, Einfluß auf die Entscheidungen von Generälen, Ministern oder sogar Königen zu nehmen. In geradezu idealer Weise ist beides Jeanne Antoinette Poisson, Dame Le Normant d'Etioles, gelungen. Dennoch ist sie vor allem als vergnügungssüchtiges Luder in die Geschichte eingegangen.

Jeanne Antoinette Poisson unterhielt in Paris einen Salon von Künstlern, als sie 1745 König Ludwig XV. vorgestellt wurde. Dieser machte sie schon bald zu seiner Geliebten. Schnell wurde sie im Volke außerordentlich unbeliebt. Die Marquise de Pompadour – diesen Titel hatte der König ihr rasch verliehen – sei vergnügungssüchtig und verschwenderisch, hieß es, und der exorbitant aufwendige Lebensstil Ludwigs gehe auf ihren Einfluß zurück. Dafür werde das Land ausgesaugt. Sogar in die Regierungsgeschäfte mische die frivole Pompadour sich ein – sozusagen vom Bett aus.

Tatsächlich, so bestätigt die Forschung, hat die Marquise durchaus Einfluß gehabt auf Karrieren bei der Regierung, in Militär und Diplomatie. So protegierte sie Francois de Bernis, den Außenminister der Jahre 1757/58, der danach zum Kardinal wurde. Auch dessen Nachfolger im Regierungsamt, Etienne-Francois Herzog von Choiseul-Amboise, galt als Günstling der Pompadour.

Dennoch ist umstritten, wieviel politische Macht sie tatsächlich ausübte. Eindeutiger sind hingegen die Spuren, die die Pompadour in Kunst und Kultur hinterlassen hat. So brachte sie den König zur Anschaffung von Kunstwerken und bestärkte ihn in seiner Bautätigkeit. Vor allem aber protegierte sie Philosophen wie Rousseau, Montesquieu oder Voltaire. So trug sie dazu bei, daß diese ihre epochalen Werke verfassen konnten.

All dem wurden in der Tat enorme Summen geopfert. Allerdings, so ihre Verteidiger, habe die Pompadour sich niemals persönlich bereichert, ihre Ausgaben zudem gewissenhaft kontrolliert. Menschlich kann für sie einnehmen, daß das enge Vertrauensverhältnis, das sie mit dem König verband, die Leidenschaft des Anfangs überdauerte: Ludwigs Geliebte war die Marquise de Pompadour nämlich nur bis 1750. Seine enge Freundin aber blieb sie bis zu ihrem Tode am 15. April 1764.

Ponce de Leon
suchte den Jungbrunnen

Der Spanier Ponce de Leon war, so geht die Legende, auf der Suche nach dem Jungbrunnen, als er – immerhin schon jenseits der 50 – im Jahre 1513 Florida entdeckte.

Die Wirklichkeit ist natürlich handfester. Tatsächlich ging es dem Konquistador um Sklaven. Von Florida aus wollte Leon den Nachschub für die spanische Besitzung auf der Karibikinsel Hispaniola organisieren. Von der Karibik her breitete sich dieses Geschäft in der folgenden Zeit auf dem gesamten amerikanischen Kontinent aus. Auch die ersten schwarzen Sklaven, die 1619 nach Nordamerika kamen, nach Jamestown in Virginia, hatten den Weg über diese Region genommen: Holländische Piraten hatten das Schiff eines Sklavenhändlers in der Karibik gekapert, dabei 20 Afrikaner entführt und sie in Virginia gegen Lebensmittel getauscht.

Sklavenhandel und Sklaverei begannen, die Struktur der Neuen Welt zu prägen. Im Jahre 1712 war ein Viertel aller Einwohner New Yorks versklavt, und davon wiederum ein Viertel waren Indianer. Zum Zentrum der Versklavung sowohl von Indianern als auch von

Schwarzen wurde South Carolina, dessen Wirtschaft sich auf der Basis des Anbaus von Tabak und Baumwolle auf ausgedehnten Plantagen entwickelte. Bereits im Jahre 1708 waren fast 40 % seiner Bevölkerung Sklaven, der überwiegende Teil davon schwarzer Hautfarbe. Auf die Einwohnerstruktur wirkte sich das nachhaltig aus; der Anteil der schwarzen Bevölkerung South Carolinas beträgt heute etwa 30 %.

Der Nachruhm, der Ponce de Leon wirklich zukommt, ist also derjenige eines Begründers des Sklavenhandels in der Neuen Welt. Allerdings: hätte er den Jungbrunnen gesucht und gefunden, wäre er ebenfalls unvergeßlich geworden.

Preußen (1)

Der preußische König war König von Preußen

Am 18. Januar 1701 ließ sich Kurfürst Friedrich III. von Brandenburg mit kaiserlicher Zustimmung zum König krönen. Fortan war er König Friedrich I., aber nicht einfach so – sein Königtum bezog sich nämlich keineswegs auf sein Stammland Brandenburg, sondern nur auf Preußen (zu jener Zeit in etwa mit dem späteren Ostpreußen identisch). Dieses lag, um es weiter zu komplizieren, außerhalb des Heiligen Römischen Reiches Deutscher Nation, über das der Kaiser gebot.

Als Gegenleistung für die kaiserliche Zustimmung zu seiner Krönung schlug sich der neue König politisch und militärisch auf Seiten Kaiser Leopolds I., der mit Frankreich im Krieg lag. Und er befolgte die kaiserliche Weisung, sich nur in Preußen »König« zu nennen, in Brandenburg hingegen nicht. Zur größeren Deutlichkeit lautete sein offizieller Titel »König in Preußen«, und eben nicht König »von« Preußen.

Es kam freilich, wie insgeheim vielleicht erhofft: die Auflage geriet außer Übung, die Bezeichnung »Preußen« wurde auf Brandenburg ausgedehnt, und schon bald war umgangssprachlich vom »König von Preußen« die Rede. Zum offiziellen Titel wurde dies allerdings erst rund 60 Jahre nach dem Tode Friedrichs III., 1772, nach der ersten Teilung Polens, als Friedrich der Große Preußen um Teile zuvor polnischen Gebiets nach Westen erweiterte.

Preußen (2)
war ein Hort der Unbestechlichkeit

Preußen – geradezu der Inbegriff von Pflichtbewußtsein und Unbestechlichkeit. Und mußte dies nicht auch gelten in einem Lande, dessen König sich als »erster Diener des Staates« bezeichnete? In der Tat galt das preußische Beamtentum, seit Friedrich Wilhelm I., der »Soldatenkönig«, es etabliert hatte, als unpolitisch, pflichtbewußt und unbestechlich.

Dabei gab es kaum jemanden in der Umgebung des Königs, der sich nicht kaufen ließ. Das begann beim Verwalter des Schloßhaushaltes, dem Kastellan. Er hatte häufig Gelegenheit zu persönlichen Gesprächen mit Friedrich Wilhelm und leitete deren Inhalt an auswärtige Mächte weiter. Auch der preußische Gesandte in London, Reichenbach, wurde bestochen, und zwar von Österreich. Schließlich nahm die gesamte Ministerriege des Königs Zahlungen fremder Staaten an. Preußens Erster Minister, Graf Friedrich Wilhelm von Grumbkow, stand lange auf der »Gehaltsliste« der französischen Regierung. Als der österreichische Gesandte in Berlin, Friedrich Heinrich Graf von Seckendorff, dies en detail herausfand – sogar die Beträge, die Grumbkow kassierte, waren ihm bekannt –, zeigte er ihn nicht etwa an. Schließlich bediente sich seine Regierung ja selbst ausgiebig der Bestechung, um in Preußen Einfluß zu nehmen. So wirkte Seckendorff auf Kaiser Karl VI. – den Vater Maria Theresias – ein, höhere Summen zu bieten als die Franzosen. Tatsächlich ließ der Erste Minister Preußens sich kaufen. Grumbkow schickte fortan regelrechte Dossiers über die Vorgänge am Berliner Hof nach Wien – als »informeller Mitarbeiter« einer ausländischen Macht sozusagen. Zwar erfuhr Friedrich Wilhelm von der Nebentätigkeit seines Ministers. Der Vorgang blieb dennoch pikant, denn Frankreich und Österreich konkurrierten mit Preußen erbittert im Spiel der europäischen Mächte bis hin zum Krieg.

Aber damit nicht genug: sogar Kronprinz Friedrich – als Friedrich II. mit dem Beinamen »der Große« versehen – erhielt Geld aus Wien. Der Thronfolger hatte bereits als 15jähriger 7000 Taler Schulden gehabt – im wesentlichen für den Aufbau seiner geheimen, 4000 Bände umfassenden Bibliothek. Finanzielle Engpässe begleiteten den Schöngeist auch in den kommenden Jahren. Diesen Umstand wollte Österreich für einen strategischen Erfolg nutzen. Friedrich sollte zur Ehe mit Elisabeth von Braunschweig-Bevern, einer Nichte des Kaisers, bewegt werden. Wien setzte dem preußischen Thronfolger eine Jahrespension von 2500 Dukaten aus, um eine dynastische Verbindung Preußens mit England, wie Friedrichs Mutter sie gewollt hatte, zu verhindern. Das gelang immerhin; 1733 kam die angestrebte Ehe zustande und Friedrich erhielt sein Geld – in Monatsraten, damit die Zahlungen unauffälliger abgewickelt werden konnten. Es fragt sich allerdings, ob die Summe aus Sicht des Geldgebers wirklich gut investiert war. Die gekaufte Verbindung entwickelte sich ausgesprochen unglücklich, Elisabeth blieb ohne jeden Einfluß. Den Aufstieg des preußischen Rivalen zur europäischen Großmacht hat Österreich nicht verhindern können. – Was bleibt?

1. Preußen war kein Hort der Unbestechlichkeit.
2. Bestechung lohnt sich nicht.
3. Geld vermag eben doch nicht alles.

Pyrenäen

Die Pyrenäen wurden vom Sonnenkönig planiert

Daß das Leben oft komplizierter ist, als man denkt, mußten selbst Könige immer wieder erfahren. So ging es der Überlieferung zufolge selbst Ludwig XIV., dessen Enkel, Herzog Philipp von Anjou, im Jahre 1701 König von Spanien wurde. Als der Herzog sich vor der Abreise von seinem Großvater verabschiedete, soll dieser ihm hinterher gerufen haben: »Von nun an gibt es keine Pyrenäen mehr!« Damit wollte Ludwig wohl zum Ausdruck bringen, daß Frankreich und Spanien, künftig von derselben Familie regiert, beinahe wie ein Land seien.

Aber da hatte er die Rechnung ohne die Habsburger gemacht, die Spanien zuvor regiert hatten. Zwar war deren spanische Linie ausgestorben, wodurch der Thron vakant und die Erhebung des Herzogs von Anjou möglich geworden war. Aber nun reklamierte der österreichische Zweig der Habsburger seinen Anspruch. Da man sich mit den Franzosen nicht einigen konnte, suchte man die Lösung auf dem Schlachtfeld; es entspann sich der Spanische Erbfolgekrieg. In diesen schaltete sich schließlich auch noch England ein, das weder Österreich noch Frankreich die Vorherrschaft auf dem europäischen Kontinent gönnte. So hob ein langes Ringen an, das erst im Jahre 1714 nach dem Frieden von Utrecht endete. Philipp durfte Spanien zwar behalten, aber er mußte sich verpflichten, sein Land nicht mit Frankreich zu vereinen.

So kompliziert war das. – Vielleicht hat Ludwig XIV. das bereits 1701 geahnt. Denn den fröhlichen Ausruf hat er nie getan, selbst wenn ihn niemand Geringeres als der französische Schriftsteller und Philosoph Voltaire überliefert. Tatsächlich geht der Satz wohl auf eine Äußerung des spanischen Gesandten zurück, der vor der Abreise gemeint hatte, die Reise werde angenehm und die Pyrenäenwege seien aufgeweicht. Diese Bemerkung ist dann zugespitzt und dem König zugeschrieben worden – für die authentische, doch recht banale Version und ihren unbekannten Urheber hätte sich die Nachwelt wohl kaum interessiert.

Pythagoras
war ein erfolgreicher Guru

Der griechische Philosoph Diogenes Laertios, der im zweiten und dritten Jahrhundert n. Chr. lebte, hat ein umfangreiches Werk hinterlassen: *Über Leben und Meinungen berühmter Philosophen.* Es handelt auch von Pythagoras von Samos, dem Begründer der Geometrie.

Wenn man Diogenes Laertios glauben darf, war Pythagoras eine Art kommunistischer Guru: Nach ausgedehnten Studienreisen sei Pythagoras nach Kroton gezogen, das heutige Crotone in Unteritalien – das war um 532/31 v. Chr. Dort gründete er eine geheime religiös-philosophische Gemeinschaft, die »Pythagoreer«. Als deren Meister verkündete er, so Diogenes Laertios, »daß unter Freunden alles gemeinsam und daß Freundschaft Gleichheit sei. So legten denn seine Schüler ihr Vermögen zu gemeinsamem Besitz zusammen. Fünf Jahre lang mußten sie schweigen und ausschließlich den Lehrvorträgen folgen, ohne den Pythagoras zu Gesicht zu bekommen, bis sie sich hinreichend bewährt hatten. Von da ab gehörten sie zu seinem Haus und durften ihn sehen«. So streng waren die Sitten.

Anderen Quellen zufolge allerdings fand Pythagoras nur einen einzigen Hörer für seine mathematischen Vorträge. Diesen mußte er zudem bezahlen, damit er überhaupt blieb. Wie immer es auch war – ein gewisses Mißtrauen könnte Pythagoras durchaus zu eigen gewesen sein, legte er seine Erkenntnisse doch niemals schriftlich nieder. Vielleicht, um die Weitergabe an Fremde zu verhindern?

Qualität

»Made in Germany« ist als Qualitätssiegel eingeführt worden

Die heutzutage begehrte Kennzeichnung »Made in Germany« war zunächst keineswegs ein Qualitätssiegel. Im Gegenteil: sie geht zurück auf den britischen »Merchandise Marks Act« von 1887 – alle ausländischen Waren mußten deutliche Herkunftsbezeichnungen führen, um von einheimischen Qualitätsprodukten unterscheidbar zu sein.

Schließlich war England damals das Land des Fortschritts, verfügte über moderne Maschinen und Fertigungsmethoden. Deutschland hingegen war weniger industrialisiert, die Qualität seiner Produkte oft minderwertig. Auch in Deutschland selbst war man sich dessen bewußt. So schrieb Franz Reuleaux, der Direktor der Berliner Gewerbeakademie, anläßlich der Weltausstellung 1876, fast alles, was aus Deutschland komme, sei »billig und schlecht«.

Die Deutschen, die zunächst versucht hatten, das englische Freihandelssystem zu nutzen und vor allem mit billigen Kopien englischer Produkte zu reüssieren, starteten nun eine regelrechte Qualitätsoffensive. Zwischen 1886 und 1900 patentierten die sechs größten deutschen Unternehmen in Großbritannien 948 Erfindungen, britische Unternehmen nur 86. In der Farbindustrie erarbeiteten sich die Deutschen geradezu ein Monopol, während England sich auf Kohlenteer beschränkte, Primär- und Zwischenprodukte nach Deutschland ausführte und teure, veredelte Farbstoffe von dort zurückerhielt. Auch auf anderen Gebieten eilten die Deutschen davon: der Beitritt Hamburgs und Bremens zum Deutschen Zollverein 1888 führte zum Aufschwung im Schiffsbau. Schließlich wurden im Hamburger Hafen mehr Waren umgeschlagen als in London oder Liverpool. Deutschland wurde zur führenden Handelsmacht und erarbeitete sich einen Spitzenplatz in Elektrotechnik und chemischer Industrie.

Im Ersten Weltkrieg sollten es die Kennungen »Made in Germany« und »Made in Austria/Hungary« den britischen Bürgern vor allem leichter machen, die Waren des Gegners zu boykottieren. Aber mittlerweile war »Made in Germany« zu dem Qualitätssiegel geworden, als das es mittlerweile galt. Dabei soll es bleiben: als die EU-Kommission 2003 versuchte, ein »Made in EU«-Siegel anstatt der Länderkennung vorzuschreiben, stieß sie auf so heftigen Widerstand, daß sie von ihren Plänen Abstand nahm und statt dessen eine freiwillige Regelung favorisierte.

R

Rattenfänger

Der Rattenfänger von Hameln war ein Kindesentführer

Es ist schon oft erzählt worden: vor vielen Jahrhunderten herrschte eine Rattenplage in Hameln, derer die Bewohner der Stadt nicht Herr wurden. Da erbot sich ein Fremder, sie von den lästigen Nagern zu befreien. In seiner Not stimmte der Magistrat zu, obwohl der Mann eine stattliche Summe für seine Dienste verlangte. Daraufhin machte dieser sich ans Werk, lockte die Quälgeister mit einer Pfeife zu sich, führte sie aus der Stadt und in einen Fluß. In dessen Fluten ertranken die Nager – die Stadt war befreit.

Als nun aber die Bürger sich weigerten, dem Rattenfänger den vereinbarten Lohn zu zahlen, nahm er ihnen das Wertvollste, das sie hatten. Der Rattenfänger lockte nämlich die Kinder mit einer Pfeife zu sich, führte sie aus der Stadt, und die ganze Schar, 130 Jungen und Mädchen, ward nie wieder gesehen. Das geschah am 26. Juli 1284.

So weit die Legende, deren älteste bekannte Überlieferung aus einer Lüneburger Handschrift des 15. Jahrhunderts stammt. Diese berichtet von einem eleganten jungen Herrn, mit dem die Kinder verschwunden seien. Allerdings wird weder deren Tod angedeutet noch ist von Ratten die Rede. Was soll man nun also für den historischen Kern dieses Berichts halten?

Eine mögliche Erklärung könnte sich auf die Schlacht von Sedemünde am 28. Juli 1259 beziehen. Damals zog die Hamelner Jugend – geführt von einem bunt gewandeten Hauptmann – gegen den Bischof von Minden ins Feld und kehrte nicht zurück. Andere Deutungsversuche erblicken in der Geschichte des Rattenfängers

Berichte von Auswanderungswellen – nach Pommern, das seit 1181 Teil des Deutschen Reiches war, oder nach Siebenbürgen, das seinerzeit zu Ungarn gehörte. (In einer optimistischeren Variante der Rattenfängersage verschwinden die Kinder von Hameln denn auch in einer Höhle und gelangen in Siebenbürgen wieder ans Tageslicht.) Auch Mähren, damals ebenfalls Teil des Reiches, ist das Ziel von Auswanderern aus Hameln gewesen. Jedenfalls gelangten Werber des Bischofs von Olmütz dorthin, und tatsächlich liegt nahe Brünn das Dorf Hamlingow, dessen Name auf Hameln verweisen könnte. Eine dritte Variante hält die Rattenfänger-Legende für einen Bericht aus dem »Kinderkreuzzug« des Jahres 1212, für den in Frankreich und im Westen des Reiches Jugendliche gelockt wurden. Ihre Mission endete fatal: wer nicht umkam, geriet in die Hände von Sklavenhändlern.

Daneben gibt es eine nicht geringe Zahl weiterer Erklärungsversuche, deren Spektrum von einer Naturkatastrophe bis zum Ritualmord reicht. Vielleicht aber handelte es sich bei diesem denkwürdigen Fall von Menschenraub auch einfach um eine besonders nachdrückliche Brautwerbung: Schließlich bezeichnet das mittelhochdeutsche Wort »Kint« nicht nur Kinder, sondern auch »Jüngling« und eben: »Mädchen«. Dann hätten wir es sozusagen mit einer niederdeutschen Variante des Raubes der Sabinerinnen zu tun – wer weiß?

Reichstagsbrand

Der Reichstagsbrand war entscheidend für das folgende Geschehen

Am 27. Februar 1933, knapp einen Monat nach der Ernennung Adolf Hitlers zum Reichskanzler; brannte in Berlin der Reichstag. Noch am Tatort wurde Marinus van der Lubbe verhaftet, ein junger Holländer und Mitglied der »Räte-Kommunisten«. Van der Lubbe gestand, das Feuer gelegt zu haben. Die NSDAP nutzte die Situation, um den Brand der KPD anzulasten. Das führte zu der Vermutung, das Feuer habe den Nazis so gut ins Konzept gepaßt, daß sie es selbst gelegt hätten. (In einen kurzen Witz gefaßt lautete sie folgendermaßen: Reichstagspräsident Göring erhält die Meldung, der Reichstag brenne. Göring: »Jetzt schon?«). Und dafür schien tatsächlich einiges zu sprechen. Bereits am folgenden Tag, am 28. Februar 1933, trat die Notverordnung »zum Schutz von Volk und Staat«, auch Reichstagsbrandverordnung genannt, in Kraft. Sie setzte die durch die Verfassung der Weimarer Republik garantierten bürgerlichen Freiheiten außer Kraft und erlaubte noch vor den Reichstagswahlen am 5. März die Zerschlagung der KPD und die Lähmung der politischen Opposition durch Versammlungsverbot und willkürliche Verhaftungen.

Aber schon drei Wochen vor dem Brand, am 4. Februar 1933, war die Notverordnung »zum Schutz des deutschen Volkes« erlassen worden, die die bürgerlichen Rechte wie Versammlungs- und Meinungsfreiheit erheblich beschnitt. Die Reichstagsbrandverordnung war also nicht der Beginn eines neuen politischen Stils. Dieser hatte sich schon viel früher abgezeichnet: Der preußische Landtag war gegen seinen Willen aufgelöst worden, Göring hatte einen Erlass über die Bildung einer Hilfspolizei aus SA, SS und Gruppen des Stahlhelms unterzeichnet, die den ganzen Februar über Veranstaltungen der KPD sprengte und mehrere Todesopfer forderte.

Zudem erfolgte die »wirkliche« Konsolidierung der Macht erst nach den Wahlen mit dem vom Reichstag am 23. März verabschiedeten Ermächtigungsgesetz, das einer Selbstentmachtung der legislativen Organe gleichkam. Der *Völkische Beobachter*, Parteiorgan der NSDAP, titelte am 24. März 1933: »Der Reichstag übergibt Adolf Hitler die Herrschaft«.

Der Brand paßte den Nazis somit erstaunlich gut ins Konzept und gab den Vorwand für die Notverordnung »zum Schutz von Volk und Staat« ab. Er war aber nicht Auslöser für das folgende Geschehen.

Renaissance

Die Renaissance gab den entscheidenden Anstoß für den Aufbruch Europas in die Neuzeit

In der idealistischen Geschichtsbetrachtung beginnt die Neuzeit mit der Renaissance und ihrer Fortschreibung in der Aufklärung: Das

Individuum wurde »entdeckt« und die Menschen begannen, sich von der geistigen Diktatur der Kirche zu lösen. Erst auf dieser Basis hätten technischer Fortschritt, industrielle Revolution und die Entwicklung des Kapitalismus die Moderne des 20. Jahrhunderts vorbereiten können.

Diese Konzentration auf die geistige Entwicklung der Renaissance übersieht freilich einen entscheidenden externen Schub, ohne den das Folgende nicht möglich gewesen wäre. Man muß ins 15. und 16. Jahrhundert zurückgehen, in das Zeitalter der Entdeckung und Eroberung Amerikas. Damals haben sich die Europäer – Spanier und Portugiesen voran, Engländer und Franzosen bald darauf – immens bereichert. Sie bauten Handelsflotten auf und waren auch robusteren Formen des Warenaustauschs – der Piraterie – nicht abgeneigt. Der treibende Faktor hinter dieser Entwicklung war: Gold!

Schon Kolumbus fand das Edelmetall während seiner ersten Reise (1492/93) auf Haiti. Weitere Gold- und Silberfunde in Mexiko und den Anden folgten, in den Gebieten der Azteken und Inkas, deren Kultgegenstände aus Gold und Silber die begierige Aufmerksamkeit der Eroberer auf sich zogen.

Zielstrebig wurde die Neue Welt ausgeraubt. Der so erworbene Reichtum half den Europäern nicht nur, kostbare Kunstwerke, goldene Denkmäler und Statuen anzufertigen und auf diese Weise Wohlstand zu verbreiten. Mehr: Gold und Silber aus Amerika wurden – anstelle von Land – zur Basis von Reichtum und Macht. Durch das Vorhandensein dieses mobilen Tauschmittels entwickelten sich die Händler zur herrschenden Klasse. Erst die neue ökonomische Basis der Europäer ermöglichte es ihnen, die bis dahin konkurrierenden islamischen Länder zu überflügeln und in einem frühen Akt der Globalisierung ein weltweites Handels- und Wirtschaftssystem aufzubauen. Als Brücke zwischen Rohstofflieferanten, Produzenten und Konsumenten entstanden in jener Zeit Banken und Handelshäuser und somit wirtschaftliche Strukturen, die das Geschehen zur Zeit der Industriellen Revolution prägten.

Den Anstoß dazu gab die Schaffung einer materiellen Basis, gab das Gold der Neuen Welt.

Rettung
Die Juden hätten zur Rettung ihres Lebens auswandern können

Wieso nur, so fragten nach dem Krieg viele, sind die Juden nicht in viel größerer Zahl ausgewandert? Es war doch lange vor Beginn der systematischen, millionenfachen Morde überdeutlich, daß ihnen unter der Herrschaft der Nazideutschen kein menschenwürdiges Leben vergönnt sein würde.

Der Irrtum, daß eine massenhafte Auswanderung möglich gewesen wäre, wurde möglicherweise begründet durch das Vorbild prominenter Emigranten wie Albert Einstein oder Sigmund Freud. Doch die Auswanderung war unausweichlich an zwei Bedingungen geknüpft: eine Einwanderungserlaubnis des aufnehmenden Staates und sehr viel Geld. Die meisten Juden konnten zumindest eines davon nicht aufbringen. So mißlang es nicht nur den deutschen, sondern der Mehrzahl der europäischen Juden, sich rechtzeitig vor den deutschen Mordkommandos in Sicherheit zu bringen.

Eine Ausreise aus »humanitären Gründen« war nicht möglich; Flüchtlinge ohne Visa wurden an den Grenzen zurückgewiesen. Zahlreiche Staaten hatten ihre Einwanderungsbestimmungen nach dem Krieg 1918 und der Weltwirtschaftskrise 1928/29 verschärft. Sie wollten, so das Argument, ihren Arbeitsmarkt vor der »Überflutung« durch ausländische Arbeitskräfte schützen. Schon bald nach Beginn des (versuchten) jüdischen Exodus aus Deutschland, Mitteleuropa und der UdSSR waren die ohnehin begrenzten Kontingente erschöpft. Weitere Bewilligungen wurden nicht ausgestellt, die meisten Staaten weigerten sich schlicht, mehr Flüchtlinge aufzunehmen. Im November 1937 limitierten die Briten zudem auch die Einwanderung nach Palästina sehr stark.

Es gab zwar im Rahmen des Völkerbundes einige Hilfsorganisationen wie das »Internationale Büro für Flüchtlingsangelegenheiten«, auch Nansen-Büro genannt, oder das Hochkommissariat für Flüchtlinge aus Deutschland in Lausanne. Sie spielten jedoch kaum eine Rolle.

Die Zementierung dieser Blockadepolitik erfolgte auf der Konferenz von Evian-les-Bains im Juli 1938 in Frankreich, die auf Initiative der Vereinigten Staaten stattfand – eigentlich, um Einwanderungsquoten für deutsche Juden zu beschließen. Die Zusammenkunft wurde jedoch entgegen der Absicht der USA durch Staaten bestimmt, die in Einwanderungsfragen restriktiv waren. Das Ergebnis der Konferenz kam einer Katastrophe für Auswanderungswillige gleich: Alle 32 Teilnehmerstaaten erklärten, sie könnten keine weiteren Flüchtlinge aufnehmen. Damit war der Weg nach draußen für die meisten Juden versperrt – und das zu einer Zeit, als die großen Verfolgungen in Europa noch bevorstanden und als Teile der NS-Führung noch vorwiegend auf die Auswanderung und das damit verbundene schamlose Ausrauben der Juden setzten anstatt auf deren physische Vernichtung. Nach Kriegsbeginn dann arbeiteten die besetzten Länder und die französische Regierung in Vichy unter Marschall Henri Philippe Pétain mehr oder weniger gezwungenermaßen mit den deutschen Behörden zusammen. Und selbst die Schweiz hatte nichts besseres zu tun, als die Deutschen erst auf die Idee zu bringen, ein großes »J« in den Paß eines jeden Juden zu stempeln.

Wer sich ein Bild jener Zeit machen möchte, sollte ins Kino gehen und einen Klassiker ansehen: »Casablanca« illustriert zu Beginn des Films sehr eindringlich die Schwierigkeiten, die Auswanderungswillige in den 30er Jahren hatten: Die Sorge um Visa, Transitvisa, Aufenthalts- und Einwanderungserlaubnisse.

Richard Löwenherz
war unüberwindlich

Der englische König Richard I. trägt den Beinamen »Löwenherz«. Dieser, so die Legende, geht darauf zurück, daß der König als Krieger so unangefochten war wie der König der Tiere.

In Wirklichkeit freilich mußte Richard zahlreiche Demütigungen einstecken, ohne Rache nehmen zu können. Sogar in Gefangenschaft ist der »Löwe« geraten: auf dem Rückweg vom Dritten Kreuzzug (1189–92) nach England strandete der König an der Adriaküste nahe Udine. Der Versuch, sich unerkannt zu Fuß in die Heimat durchzuschlagen, schlug fehl: bei Wien wurde der König am 21. Dezember 1192 an einem kostbaren Ring erkannt. Diese einmalige

Chance auf politischen und materiellen Gewinn ließen die Österreicher sich nicht entgehen: Richard wurde gefangengenommen, vom österreichischen Herzog Leopold V. auf der Feste Dürnstein festgehalten und im Februar 1193 an Kaiser Heinrich VI. ausgeliefert.

Erst am 4. Februar 1194 kam der englische König wieder frei, aber nur unter demütigenden Bedingungen: Richard, der mit der Auslieferung an Frankreich bedroht worden war, mußte ein Lösegeld in Höhe von 150 000 Mark Silber aufbringen und – politisch viel weiterreichend – dem Kaiser huldigen.

Die Abenteuerlust des »Löwenherzes« freilich hat diese Schmach nicht gedämpft: kaum in England angelangt, verließ der König sein Land bereits 1194 erneut, um gegen den französischen Herrscher Philipp II. August um Besitzungen auf dem Festland in den Kampf zu ziehen. Aber auch diese Auseinandersetzung ging verloren, was Richard freilich nicht mehr erlebte: erst sein Bruder und Nachfolger Johann Ohneland mußte die englischen Territorien in der Normandie räumen.

Robin Hood
hat wirklich gelebt

Rund 40 Balladen berichten von Leben und Taten Robin Hoods aus Nottingham. Die meisten entstanden zwischen 1450 und 1500; am aufschlußreichsten sind die 1495 gedruckten 456 Strophen der »Lytell Geste of Robin Hoode«. Danach war Robin ein Zeitgenosse des englischen Königs Richard I. »Löwenherz«. Mit einer wagemutigen Schar Getreuer lebt er im Sherwood Forest nahe Nottingham, überfällt reiche Reisende und verteilt die Beute unter den Armen. So wird der geschickte Robin, ein frommer Christ und treuer Untertan des Königs, der ärgste Feind des korrupten Sheriffs von Nottingham und des Abtes von St. Mary's in York. Deren Häschern entkommt er trotz erbitterter Verfolgung immer wieder, aber die Kräfte des Bösen bringen ihn dennoch zur Strecke: auf seine alten Tage benötigt der einstmals stolze Robin Hood ärztliche Hilfe und erbittet diese im Kloster Kirkley. In der Not ist der Helfer der Bedrängten und Entrechteten seinen Feinden im Wortsinne ins

Messer gelaufen: die Priorin läßt Robin Hood zur Ader, bis er verblutet ist.

Politisch kann die Geschichte Robins vor allem unter zwei Aspekten betrachtet werden: zum einen wird er zum Symbol des angelsächsischen Widerstands gegen die Normannen, die England erobert haben. Zum zweiten verkörpert Robin Hood den Zorn gegen Adel und Klerus, die die einfachen, aufrechten Leute bedrängen.

Aber ist seine Geschichte nun historisch oder nicht? – Bis zum Ende des 18. Jahrhunderts hat man ihn tatsächlich als reale Persönlichkeit aufgefaßt, für identisch mit dem Earl of Huntingdon angesehen. Seither hält die Wissenschaft ihn für eine dichterische Erfindung, auch wenn eine Schatzkammerrolle für Yorkshire im Jahre 1230 »Robertus Hood fugitivus« erwähnt. Aber seine Geschichte ist einfach zu schön, um wahr zu sein.

Röhm-Putsch

Die SA suchte 1934 den Machtkampf

Am 30. Juni 1934 stürmte die SS das Kurhotel in Bad Wiessee, in dem sich SA-Führer Ernst Röhm aufhielt. Mit dabei: Reichskanzler Adolf Hitler. Hitler zu Röhm: »Du bist ein Verräter. Du wirst erschossen!«. Zugleich wurden im gesamten Reichsgebiet höhere SA-Chargen verhaftet und liquidiert. Ein Putsch habe verhindert werden müssen, hieß es.

Ernst Röhm war einer der wenigen Duzfreunde Hitlers gewesen. Seine SA (»Sturmabteilung«), bestehend vornehmlich aus Schlägern aus der Unterschicht, hatte in den turbulenten Jahren der Weimarer Repubik als Privatarmee der Nazis, als »Saalschutz« gedient. Weder suchte sie 1934 den Machtkampf, noch wollte Röhm gar einen Putsch anführen. Der Grund für die Enthauptung der Organisation war ein anderer: die SA war für Hitler zum Problem geworden.

Zum einen zeichnete sich eine Konkurrenz zur Reichswehr ab. Röhm wollte die SA bewaffnen und mit der Reichswehr zu einem »Volksheer« unter seinem Kommando vereinen. Das rief heftigen Widerstand der Generalität auf den Plan. Hitler aber benötigte einerseits die innenpolitische Unterstützung der Generäle, andererseits die Professionalität der Reichswehr für den Krieg.

Zum anderen vertrat die SA programmatisch ein »Weiterführen der Revolution«, wie es auch die Gebrüder Strasser vom »linken Flügel« der Partei forderten. Besonders die »sozialistischen« Teile des Parteiprogramms (Enteignungen, Umverteilung) wollte man realisiert sehen. Hitler aber war auf die Industrie und bürgerliche Kreise angewiesen und wollte seine Rolle als Staatsmann nicht gefährden (insbesondere zwischen Anfang 1933 und Hindenburgs Tod im folgenden Jahr war Hitler häufiger im Frack als im Braunhemd zu sehen). Und schließlich war ihm die Homosexualität Röhms und weiter Kreise der SA-Führung ein Dorn im Auge.

In dieser Situation witterte die SS eine Chance, sich von der dominierenden SA zu emanzipieren. Bis dahin war ihr Führer Heinrich Himmler dem »Reichsführer-SA«, also Röhm, unterstellt gewesen. Nunmehr konnte die SS sich als »eherne Garde« Hitlers profilieren (gemäß dem Motto »Meine Ehre heißt Treue«, das z.B. auch auf den Ehrendolchen der SS graviert war). So fraß die Revolution ihre Schläger. Erst, als es wieder äußerster Brutalität bedurfte, tauchte die SA erneut auf: in der »Kristallnacht« im November 1938 und bei den Judenpogromen.

Sandwich
war der Erfinder des Fast-Food

John Montagu, der vierte Earl of Sandwich, ist den meisten nur als Erfinder des nach ihm benannten Sandwichs ein Begriff. Dabei war er an großen historischen Umwälzungen beteiligt: schließlich diente er im Hauptberuf seinem König als Admiral der britischen Flotte. Als solcher trug er dazu bei, daß die USA sich erfolgreich vom Mutterland lossagen konnten. Während des Amerikanischen Unabhängigkeitskriegs (1776–83) nämlich bestand er darauf, den Großteil der mächtigen englischen Flotte nicht gegen die Aufständischen einzusetzen, sondern in Europa zu belassen. Sandwich wollte so gegen einen möglichen Angriff der Franzosen gewappnet sein. Zeitgenossen meinten freilich, die Siedler in der Neuen

Welt hätten ihn bestochen, um diese Entscheidung herbeizuführen.

Dennoch sorgte der von Montagu unterstützte Seefahrer James Cook für dauerhaften Nachruhm des Admirals, indem er 1778 einige bei Hawaii gelegene Eilande »Sandwich Inseln« nannte.

Den größten Ruhm erntete der Earl allerdings infolge seiner Spielleidenschaft, so heißt es wenigstens. Im Jahre 1762 soll er 24 Stunden ohne Unterbrechung am Spieltisch gesessen haben – mit einem Eifer, der ihn daran hinderte, das Spiel auch nur kurz zum Essen zu unterbrechen. Statt dessen ließ er sich ein zwischen zwei Brotscheiben gelegtes Stück Fleisch kommen und wurde so, der Legende nach, zum Erfinder des Imbisses, der fortan seinen Namen trug.

Tatsächlich allerdings war diese Art der Schnellmahlzeit schon den alten Römern bekannt. Und aus dem Mittelalter haben sich sogar »Fast-Food-Rezepte« erhalten, etwa für Fladenbrot mit Schmalz und Leberpastete.

Sarajevo

Der österreichische Thronfolger wurde von der serbischen Regierung ermordet

Am 28. Juni 1914 wurden Erzherzog Franz Ferdinand, österreichungarischer Thronfolger sowie »Generalinspekteur der gesamten bewaffneten Macht« und seine Gattin, die Herzogin Sophie von Hohenberg, in Sarajevo von dem neunzehnjährigen Studenten Gavrilo Princip erschossen. Zuvor war bereits ein Bombenanschlag gescheitert.

Steckten hinter diesem Anschlag wirklich, wie vom Haus Habsburg behauptet, »die Serben« bzw. die serbische Regierung, die mit der Donaumonarchie tief verfeindet war? Ja und nein. Sicher ist: Gavrilo Princip war Mitglied einer nationalistischen Gruppe, die sich in Bosnien formiert hatte: der »Mlada Bosna« oder »Jungbosnier«. Dort hatten sich junge bosnisch-serbische Intellektuelle gegen die Herrschaft der Österreicher vereinigt. Sie pflegte zwar nach Aussagen einiger Historiker engen Kontakt zur serbischen Militärführung, war aber nicht befehlsgebunden oder abhängig.

Obwohl die wahren Hintergründe des Attentats (auch aufgrund des frühen Tuberkulose-Todes von Gavrilo Princip am 28. April 1918 im Gefängnis Theresienstadt) weiterhin im unklaren bleiben, ist eine direkte Urheberschaft der serbischen Regierung mehr als unwahrscheinlich. Der Mörder jedenfalls war ein Untertan der K.u.K.-Monarchie; seine Heimat Bosnien gehörte zu Österreich-Ungarn.

Schlieffen-Plan

Der Schlieffen-Plan brach Deutschland im Ersten Weltkrieg das Genick

Der Erste Weltkrieg begann als Krieg der Mittelmächte Deutschland und Österreich-Ungarn (sowie ihrer Verbündeten) gegen die Entente-Mächte Frankreich und Rußland. Für diese Konstellation eines Zweifrontenkriegs gegen Frankreich und Rußland hatte Alfred Graf von Schlieffen, 1891 bis 1905 Chef des Generalstabes der preußischen Armee, kurz vor seinem Ruhestand eine Denkschrift verfaßt. Die schnelle Niederwerfung Frankreichs, die Truppen für die Ostfront freisetzte, sollte den deutschen Sieg bringen. Schlieffens Nachfolger Helmuth Graf von Moltke überarbeitete den Plan. Demnach sollte Paris durch eine Zangenbewegung von Nord und Süd eingekreist und Frankreich so zur raschen Kapitulation gezwungen werden.

Dazu war ein Einmarsch deutscher Truppen in Nordfrankreich durch Belgien, mithin eine Verletzung der belgischen Neutralität erforderlich. Diese wurde jedoch von Großbritannien garantiert. Der deutsche Einmarsch in Belgien am 3. August 1914 zog tatsächlich die britische Kriegserklärung am folgenden Tag nach sich. Aber brach nun, wie oft behauptet, der Kriegseintritt Englands tatsächlich Deutschland das Genick? Nein, muß die Antwort lauten.

Die Gründe für die deutsche Niederlage waren andere: Zum einen nämlich hatten die Franzosen den deutschen Vormarsch an der Marne allein zum Stehen gebracht. Zum zweiten fielen die deutschen Stellungen erst nach dem Kriegseintritt der USA im April 1917. Im Juni 1917 erhöhte der US-Kongress zudem die Kriegsausgaben drastisch. Unter dem Kommando von General John J. Pershing setzten die Amerikaner nach England über und verstärkten die Truppen der Entente, was das Kräftegleichgewicht zuungunsten Deutschlands verschob. Drittens schließlich konnten die deutschen Linien erst mit Hilfe von Panzern (»tanks«) ab Juli 1918 durchbrochen werden. Und viertens muß man davon ausgehen, daß England auch ohne den deutschen Einmarsch in Belgien früher oder später in den Krieg eingetreten wäre – schließlich war es Teil der Entente, und die explizit gegen England gerichtete deutsche Flottenrüstung läßt den Gedanken einer englischen Neutralität ebenfalls als sehr unrealistisch erscheinen.

Wie dem auch sei: Der Krieg entschied sich erst, nachdem die wirtschaftlichen wie militärischen Reserven der Mittelmächte ab 1917/18 schlichtweg erschöpft waren, und nicht schon dreieinhalb Jahre zuvor mit dem englischen Kriegseintritt.

Semiramis
war nur eine Sagengestalt

Semiramis gilt als die erste große Frauengestalt des alten Orients: stark und erotisch. Aber sie gilt, wiewohl überliefert durch die griechischen Geschichtsschreiber Diodor und Herodot, als Figur aus der Sagenwelt.

Aus den Berichten geht hervor, daß Semiramis, Tochter der assyrischen Fruchtbarkeitsgöttin Atargatis und eines Hirten, als Neugeborenes ausgesetzt wurde. Tauben ernährten sie mit Trauben und Käse, bis Hirten das Mädchen fanden und aufzogen. In Assyrien (im Norden des heutigen Irak) wuchs Semiramis zu einer schönen und intelligenten Frau heran. Sie heiratete den königlichen Beamten Onnes, den sie auf allen Wegen in Gewändern begleitete, die ihr Geschlecht nicht erkennen ließen. So zog Semiramis mit ihrem Gatten auch in den Krieg nach Baktrien, in den Nordosten des heutigen Iran, und zeichnete sich im Kampf gegen die Baktrer durch Mut und Umsicht aus.

Ihre Schönheit und Entschlossenheit weckten die Begehrlichkeit des Königs Ninos. Dieser stellte den zu seinem Statthalter avancierten Onnes vor die Wahl, Semiramis gegen die Prinzessin Sosane einzutauschen oder sich beide Augen ausstechen zu lassen. Onnes verzichtete auf Semiramis, wurde darüber aber wahnsinnig und beging Selbstmord.

Seine Frau war unterdessen Königin des assyrischen Reiches geworden, das sie nach dem Tode Ninos als Regentin für ihren Sohn Ninyas beherrschte. Und sie nahm sich vor, Spuren zu hinterlassen. Assyrien wurde immer mächtiger; Semiramis ließ Städte gründen und Befestigungen anlegen, Prachtbauten, Tempel und Paläste in Babylon und Ekbatana, der Hauptstadt des Mederreiches im heutigen Iran. Mit einem riesigen Heer zog sie sogar nach Indien. Dort aber erlitt sie eine schwere Niederlage und mußte in ihr Stammland, nach Assyrien, flüchten.

Von nun an führte sie ein ausschweifendes Leben mit zahlreichen Liebhabern, die sie töten ließ, sobald sie sie langweilten. Ihr Sohn Ninya versuchte, sich der Mutter zu entledigen und sie umzubringen. Das gelang ihm zwar nicht. Aber Semiramis entsagte dem Thron und wurde in Gestalt einer Taube zu den Göttern entrückt, weshalb die Taube den Assyrern heilig wurde. So weit – kurz zusammengefaßt – die Sage.

Zu Ende des 19. und Anfang des 20. Jahrhunderts nun förderten Ausgrabungen Statuen zu Tage, die der Forschung Beleg für die historische Semiramis waren, deren Existenz ein weiterer Fund bestätigte: Nahe Assur nämlich wurden Stelen gefunden, darunter eine »Säule der Sammamurat, Palastfrau Schamschi-Adads, des Königs von Assur, der Mutter Adadniraris«. Damit war eine Datierung möglich geworden:

826/25 bis 811/10 v. Chr. hatte König Schamschi-Adad V. regiert. 822 v. Chr. war sein Sohn Adadnerari geboren worden, der als Adadnerari III. 806/7 bis 782 v. Chr. König von Assyrien werden sollte. Zuvor, zwischen 811/10 und 806/5 v. Chr. hatte seine Mutter Sammamurat – oder eben Semiramis – die Regentschaft geführt und mit harter Hand regiert. Semiramis, die wahrscheinlich dem babylonischen Königshaus entstammte, sicherte die Herrschaft ihres Sohnes, indem sie nicht weniger als acht Feldzüge gegen Meder und Armenier unternahm.

Diese hatten nördlich von Assyrien ein großes Reich, Urartu, errichtet. Dessen Hauptstadt war Van, am Urmiasee gelegen, im

Westen des heutigen Iran. In Armenien wird die Gründung Vans noch heute Semiramis zugeschrieben, ebenso die Anlage der mittlerweile rund 3000 Jahre alten Wasserleitung der Stadt.

Mithin: eine Sagengestalt ist Semiramis keineswegs, sondern eine der wirkungsmächtigsten Frauen der alten Geschichte. 787 v. Chr. ist Sammamurat – Semiramis – gestorben.

Siebenjähriger Krieg

Der Siebenjährige Krieg dauerte 7 Jahre

Dasselbe, was unter »Dreißigjähriger Krieg (1)« gesagt wurde, gilt auch hier: Kriege nach ihrer Dauer zu benennen, hat seine Tücken: Der »Siebenjährige Krieg« dauerte in Wirklichkeit neun Jahre, denn er begann bereits 1754 in Nordamerika als Auseinandersetzung zwischen den Kolonialmächten Frankreich und Großbritannien und schwappte erst 1756 nach Europa herüber, wo er bis 1763 dauerte.

In Nordamerika stand am Ende der totale britische Triumph und eine schwere Niederlage Frankreichs: bis auf New Orleans erlangten die Briten alle bis dahin französisch gewesenen Besitzungen in Kanada und den späteren USA, dazu kam (zeitweise) das bis dahin spanische Florida. In Europa standen die Franzosen seit 1756 mit Österreich und Rußland in einer Koalition gegen Preußen. Auch hier konnten sie sich jedoch nicht durchsetzen: dem preußischen König Friedrich II., dem »Großen«, gelang es nicht nur, mit englischer Unterstützung die Existenz seines Landes und das umkämpfte Schlesien zu sichern, sondern er etablierte Preußen dadurch als fünfte Großmacht in Europa.

Daß es sich um ein und dieselbe Auseinandersetzung (manche sagen: den ersten Weltkrieg) handelte, belegt ein Wort des damaligen britischen Premierministers William Pitt d.Ä., der die Unterstützung, die er den Preußen gegen Frankreich gab, so begründete: »Kanada wird in Schlesien gewonnen.«

Sieger
Ernest Renan mahnte »Vae victoribus!«

»Wehe den Siegern!« – Mit diesen Worten mahnte der französische Schriftsteller Ernest Renan während des Deutsch-Französischen Krieges von 1870/71 die deutschen Sieger, nachdem die französische Armee am 2. September 1870 kapituliert hatte. Kaiser Napoleon III. war gefangengenommen worden. Zunächst war das Kriegsglück allerdings weiter auf Seiten der Deutschen. Am 19. September 1870 – wenige Tage, nachdem Renans Warnung in der *Revue des deux mondes* erschienen war – standen sie bereits vor Paris.

Wie war es dazu gekommen? Wieder einmal hatte sich ein Streit um die Besetzung des spanischen Thrones entsponnen, dieses Mal zwischen Frankreich und Deutschland und es kam zum Krieg zwischen den Rivalen Deutschland und Frankreich (vgl. »Emser Depesche«). Frankreich erlitt eine rasche und vollständige Niederlage, der das Ende des Zweiten Kaiserreichs folgte. Preußen errang einen großen Sieg. Im Januar 1871 wurde in Versailles das Deutsche Reich gegründet, mit dem preußischen König als Kaiser.

Am Vorabend dieser Ereignisse nun mahnte Renan »Die Sieger von heute sind die Verlierer von morgen«, und versuchte, seinen Landsleuten Mut zuzusprechen: »Die Niederlage ist (...) nicht selten der Garant für einen künftigen Triumph – Vae Victoribus!«

Freilich war es nicht Renan, der diese Wendung geprägt hatte. Der preußische Siegeszug wurde auch von anderer Seite von Warnungen begleitet: In der Schlacht von Königgrätz 1866 hatte Preußen die Auseinandersetzung mit Österreich um die Vormacht in Deutschland für sich entschieden. In der *Wiener Neuen Freien Presse* hieß es nun: »Vae Victoribus! Der Triumph ist ein schlechter Ratgeber, und im Blut, das sie vergießen, pflegen die Nationen auszugleiten (...). Jedem Sieg folgt ein anderer Morgen. Auf Austerlitz folgte Waterloo. Und so rufen auch wir: Wehe den Siegern!« (»Austerlitz« stand für Napoleons im Jahre 1805 errungenen triumphalen Sieg gegen Österreich und Rußland; »Waterloo« bezeichnete die vollständige Niederlage des Kaisers im Juni 1815).

»Vae Victoribus!« ist ein regelrechtes Wanderzitat: Renan hatte die Wendung der Pariser Wochenschrift *Illustration* entnommen, wo es Anfang September 1870 erschien. Diese nahm Bezug auf die *Wiener Neue Freie Presse,* welche es wiederum einem Artikel des Kölner Publizisten Jakob Venedey in der Berliner Zeitung *Die Zukunft* entnommen hatte. So war die Warnung aus der Hauptstadt des Siegers zu den Besiegten gelangt, die sie ja durchaus auch als Verheißung verstehen konnten.

Das Grundmotiv freilich war uralt: »Vae Victoribus!« – »Wehe den Siegern!« drückt schließlich nichts anderes aus als die Umkehrung des antiken »Vae Victis!« – »Wehe den Besiegten«. Das wußten natürlich auch die Zeitgenossen Renans: »Das Rom der Cäsaren mit seinem ›Vae Victis‹ ahnte nicht, wie sehr dies für es selbst gelten würde«, wie die *Wiener Neue Freie Presse* es formulierte.

Skalpieren
war eine Erfindung der Indianer

Das Abschneiden der Kopfhaut eines Feindes, teilweise bei lebendigem Leibe, war ein blutiger Akt des Triumphes. Häufig gilt diese grausame Praxis als genuiner Brauch der Indianer. Tatsächlich aber haben diese das Skalpieren (von engl. »Scalp« Hirnschale, Schädel) vor der Ankunft der Weißen in Amerika überhaupt nicht gekannt, jedenfalls wurde es von Weißen häufiger praktiziert als von Indianern.

Zunächst nur im Osten der USA und in Südamerika bekannt, breitete sich der Brauch auf ganz Nord- und Zentralamerika aus. Als die Siedler Prämien für die Tötung von Indianern aussetzten, erfolgte die Auszahlung erst nach Präsentation des Skalps (daher sollen auch Mexikaner skalpiert worden sein, um in den Genuß der Kopfprämie zu kommen – das Haar der Mexikaner war von dem der Indianer kaum zu unterscheiden).

Aber auch die Siedler hatten diese spezielle Art der Kopfjagd nicht erfunden. So lebten auf Neuguinea Kopfjäger, die mit ihrem Tun mythische Vorstellungen verbanden. Sie meinten nämlich, die Kraft des Getöteten gehe auf sie über, wenn sie ihn skalpierten. Der griechische Geschichtsschreiber Herodot bezeugt das Skalapieren vom Nomadenvolk der Skythen, das in der Antike im heutigen

Rumänien und im Persischen Reich siedelte. Und sogar in der Bibel finden sich Hinweise: Im 2. Buch der Makkabäer, das mit der Beschreibung grausamer Foltermethoden nicht spart, heißt es – ebenfalls mit Verweis auf die Skythen – »Kaum waren sie heiß geworden, ließ er ihrem Sprecher die Zunge abschneiden, ihm nach Skythenart die Kopfhaut abziehen und Nase, Ohren, Hände und Füße stückweise abhacken. Dabei mußten die anderen Brüder und die Mutter zuschauen.« (2. Makkabäer 4,7)

Sokrates
führte ein vorbildliches Leben und schrieb sich ins Gedächtnis der Menschheit ein

Es scheint paradox: Obwohl er kein schriftliches Werk hinterlassen hat, ist der Athener Sokrates als einer der berühmtesten Philosophen aller Zeiten unsterblich geworden.

Nur folgerichtig ist bei dieser Ausgangslage, daß seine Lebensgeschichte sich in zahlreichen Legenden zu verlieren droht. Vieles läßt sich nicht belegen, anderes entbehrt definitiv eines wahren Kerns. Zu letzterem gehört eine von Platon geschilderte Szene von der Belagerung der nordostgriechischen Stadt Poteidaia durch das athenische Heer 430/29 v. Chr. Platon, ein Schüler des Sokrates, schildert, dieser habe im Feldlager einem Gedanken so intensiv nachgehangen, daß er 24 Stunden starr wie eine Statue verharrte. Wer es jemals ausprobiert hat, weiß: selbst, wenn der Geist willig bleibt, ist das Fleisch schwach. Ausdauernde Regungslosigkeit ist physiologisch ein Ding der Unmöglichkeit. Die Schilderung kann mithin nicht authentisch sein, sondern ist als Versuch Platons zu lesen, die Konsequenz und Beharrlichkeit seines Lehrers herauszustellen.

Zur selben Zeit soll sich Sokrates übrigens auch als großer Kriegsheld erwiesen und seinem Zeltkameraden – niemand Geringerer als der athenische Staatsmann und Heerführer Alkibiades – das Leben gerettet haben. Und wie sich das unter Ehrenmännern gehört, revanchierte dieser sich bei nächster Gelegenheit: Fünf Jahre später, in der Schlacht von Delion, rettete nämlich Alkibiades das Leben des Sokrates und zudem seinen Schüler Xenophon, als dieser vom Pferd stürzte. So jedenfalls überliefert es der griechische Schriftsteller Plutarch, freilich mit dem Abstand eines halben Jahrtausends.

Nur wenige Quellen gibt es auch zur äußeren Erscheinung des Meisterdenkers. Zu den bekanntesten gehört eine Äußerung Platons, der Sokrates mit einem Rochen verglich. Der römische Staatsmann und Schriftsteller Cicero erzählt dazu folgende Anekdote: als er zum ersten Mal mit Sokrates zusammentraf, erklärte der Physiognomiker Zopyros den Philosophen aufgrund seiner Erscheinung für dumm, stumpfsinnig und einen Schürzenjäger. In das schadenfrohe Lachen der Anwesenden hinein habe Sokrates geantwortet, dies alles stimme. Er habe seine Mängel jedoch überwunden. Ob die geistreiche Replik allerdings wirklich auf Sokrates zurückgeht oder eine Schöpfung Ciceros ist, läßt sich nicht mehr erhellen.

Bekanntlich verurteilten seine Athener Mitbürger Sokrates zum Tode, da er die Jugend verführt und neue Götter eingeführt habe. Nach seiner Hinrichtung, so heißt es, hätten die Athener die Verurteilung des Philosophen bereut. Sein Feind Anytos sei im süditalienischen Herakleia gesteinigt, seine Ankläger ohne Prozeß getötet worden. So berichtet es jedenfalls der griechische Geschichtsschreiber Diodor rund 500 Jahre nach den Ereignissen. Auch hierfür gibt es keine zuverlässigen Quellen, und daß die Athener dem Sokrates schließlich gar ein Standbild errichtet hätten, läßt sich – wen wundert es noch – ebenfalls nicht belegen. So können wir diese Überlieferung also nur als einen Akt poetischer Gerechtigkeit festhalten. Und müssen uns eingestehen: Alles, was wir über das Leben des Sokrates zu wissen meinen, ist Literatur und nicht Geschichte.

Söldner

Friedrich der Große verlangte Viehzoll für Soldaten

Der Preußenkönig Friedrich der Große gilt als aufgeklärter, moderner Herrscher, der sich in der Verantwortung für seine Untertanen sah. Damit ging er seiner Zeit voran. Viele deutsche Fürsten regierten damals nach Lust und Laune, einzig von ihrem persönlichen

Belieben geleitet. Nicht in allen Fällen war diese Maxime, wie sich denken läßt, moralisch bedenkenlos.

Das sah auch Friedrich der Große so. Besonders soll er sich über einen Handel des Landgrafen Friedrich II. von Hessen-Kassel empört haben: Insgesamt 17 000 Landeskinder aus Hessen und aus Braunschweig waren als Söldner nach Nordamerika verkauft worden. In der britischen Kolonie Neu-England hatte es seit April 1775 Gefechte zwischen britischen Soldaten und Milizen der Siedler gegeben. Die Verstärkung ihrer Truppen durch Söldner, so hofften die Engländer, sollte die aufmüpfigen Untertanen zur Ruhe bringen. (Das Unternehmen schlug übrigens grandios fehl: Am 4. Juli 1776 erklärte sich die Kolonie – bestehend aus den 13 Einzelstaaten Connecticut, Delaware, Georgia, Maryland, Massachusetts, New Hampshire, New Jersey, New York, North Carolina, Pennsylvania, Rhode Island, South Carolina und Virginia – als »Vereinigte Staaten« unabhängig. Der folgende Krieg endete 1781 mit der Kapitulation der Briten.)

Der preußische König nun soll angesichts der Geschäfte seines hessischen Namensvetters am 18. Juni 1776 an den französischen Philosophen Voltaire geschrieben haben, der Landgraf habe seine Untertanen »verkauft, wie man Vieh verkauft, um es auf die Schlachtbank zu schleppen«. Als altes Schlitzohr verstand der Monarch es freilich auch, seiner Empörung gewinnbringend Ausdruck zu verleihen: Es sei doch nur recht, für die Reise der »hessischen nach Amerika verkauften Soldaten« durch preußisches Gebiet Viehzoll zu verlangen, damit dem hessischen Landgrafen klar werde, daß er seine Untertanen wie Vieh verschachere.

Eine durchaus glaubhafte Geschichte – nur hat leider niemand den fraglichen Brief des Königs je gesehen. Und das sollte skeptisch stimmen. Denn es ist ausgerechnet der Schriftsteller und Politiker Benjamin Franklin, der den Inhalt dieses Schreibens als einziger überliefert hat, und zwar im Jahre 1777. Zu diesem Zeitpunkt war Franklin US-Gesandter in Frankreich, und in seiner amerikanischen Heimat wurde der Unabhängigkeitskrieg ausgetragen. Zu Franklins Aufgaben gehörte es, Frankreich in ein Bündnis gegen die englischen Kolonialherren zu ziehen, was 1778 auch gelang. Sogar Spanien ergriff gegen England Partei, das schließlich in Nordamerika auf sich allein gestellt war. Und so muß man die Geschichte von der sarkastisch-humanen Aufwallung des Preußenkönigs wohl als das betrachten, was sie ist: Teil der außerordentlich erfolgreichen antienglischen Propaganda des amerikanischen Gesandten.

Sparta

Die Verfassung Spartas wurde von Lykurg aufgesetzt

Gemeinsam mit Athen herrschte der im Südosten des Peloponnes gelegene Stadtstaat Sparta seit dem 6. Jahrhundert v. Chr. über Griechenland. Geradezu sprichwörtlich ist die harte, kriegerische – eben »spartanische« – Lebensführung seiner Bewohner geworden. Schwache, kränkliche Kleinkinder wurden ausgesetzt und dem Tode preisgegeben, die gesunden Kinder der Bürger hingegen in eigenen Gruppen isoliert und zu Kriegern erzogen. Der Gemeinschaftsgedanke beherrschte auch die politische Ordnung. Nicht einmal der König regierte allein, sondern mußte sich mit dem Ephorat besprechen, einem fünfköpfigen Gremium, das ihn kontrollierte.

Schon die Spartaner selbst haben viele dieser Grundregeln und Gesetze, darunter auch die Ordnung des Kriegswesens und eine Bodenreform, auf einen Mann zurückgeführt: Lykurg. Dieser genoß gottgleiche Verehrung und ist durch Herodot auch in die Literatur eingegangen.

Der griechische Schriftsteller Plutarch hat Jahrhunderte später Details nachgeliefert. Er berichtete, Lykurg sei königlicher Abstammung gewesen. Auf Reisen habe er die politische Verfassung in der Ägäis, auf Kreta und in Ionien kennengelernt, bevor er seiner Vaterstadt mit Hilfe des Orakels von Delphi eine neue Verfassung, die »Große Rhetra«, gestiftet habe.

Ob es wirklich so war, ist lange unklar geblieben. Schon Plutarch war nicht frei von Zweifeln an der Authentizität des von ihm Wiedergegebenen. Ernst Curtius hingegen hat noch im 19. Jahrhundert gemeint, es sei »nicht in Abrede zu stellen, daß in der zweiten Hälfte des neunten Jahrhunderts v. Chr. wirklich ein Mann jenes Namens in Sparta gelebt und gewirkt hat«. Heute kommt die Wissenschaft hingegen zu dem Schluß, Lykurg sei eine

Sagengestalt, eine mythische Gründerfigur ähnlich Romulus und Remus.

So oder so: schon die Alten wußten sich dieses Mythos zu bedienen. Zum Vater der Bodenreform etwa wurde Lykurg gezielt erklärt, um spätere Restaurationsversuche der Könige Agis III. und Kleomenes III. zu rechtfertigen.

SS

Die SS war die Elitetruppe der Nazis

Die SS: Himmlers Ordensideal, der »Schwarze Orden«, Ordensburgen, Fahnenjunker-Weihen im Quedlinburger Dom, das Grab Heinrich I. als Wallfahrts- und Weihestätte (wie sich später herausstellte, waren die Gebeine gefälscht), Ariernachweise und strenge Aufnahmekriterien – all das, so scheint es, machte die SS zur Elitetruppe der Nazis.

Was verbarg sich wirklich hinter dem pompös-zackigen Gehabe dieser Organisation? Erst relativ spät, nach dem »Röhm-Putsch« vom 30. Juni 1934 (die NSDAP bestand immerhin seit Anfang der zwanziger Jahre) hatte sich die SS aus der Dominanz der SA lösen können. Und sie blieb ein Geflecht aus zum Teil konkurrierenden Diensten und Abteilungen wie dem »Reichssicherheitshauptamt« (RSHA) und dem »Sicherheitsdienst« (SD). Allein der SD hatte bis Kriegsausbruch rund 120 000 Mitglieder – keineswegs Elite-Kämpfer, sondern ganz ordinäre Spitzel.

An der Spitze der SS stand Heinrich Himmler, den der Publizist Eugen Kogon folgendermaßen schildert: »Er selbst, der bayerische Beamtensohn, mit dem Kneifer vor den zynischen Augen und dem ziemlich dummen Gesicht, Heinrich *Himmler*, war so wenig ein Vorbild der ersehnten, weil nicht vorhandenen deutschen Rasse wie der Mann ohne einen Tropfen deutschen Blutes, der trotzdem als Praeceptor Germaniae auftrat, Alfred *Rosenberg*, so wenig wie Joseph *Goebbels*, über dessen Kopfform, Gestalt und Fußwerk in diesem Zusammenhang kein Wort verloren zu werden braucht, so wenig wie der schwammige Hermann *Göring* und insbesondere ihr aller Herr und Meister selbst, der Typ des fluchtstirnigen Menschen, mit

Haaren, von denen sein ehemaliger Pressechef ›Putzi‹ *Hanfstaengel* ironischen Auslandskorrespondenten gelegentlich nur zu sagen wußte, daß sie immerhin unter den Achseln blond seien: Adolf *Hitler.*«

Himmlers Organisation gliederte sich in unterschiedliche Abteilungen: In der Allgemeinen SS versammelten sich Honoratioren, häufig in quasi passiver, aber karrierefördernder Mitgliedschaft. Die Waffen-SS hingegen umfaßte junge Soldaten, zumeist unzureichend ausgebildet. Ihren Offizieren fehlte oft jede Führungserfahrung, so daß die hohen Verluste im Kriegseinsatz nicht verwundern. Ab 1942/43 mußte die angebliche Elitetruppe ihr Personal unter weitestgehender Aufgabe der »Rassekriterien« (noch einmal Kogon: »da sich die Ahnenspuren dieser germanischen Elite häufig infolge zahlreicher unehelicher Vorfahren in den weiten Gefilden des slawischen Ostens verloren.«) und des Eliteanspruches regelrecht zusammentreiben. Die Organisation schwoll auf nahezu eine Million Soldaten an und umfaßte auch Strafbataillone für ehemalige KZ-Häftlinge.

Die zur Bewachung der KZs eingesetzten Totenkopf-Verbände schließlich rekrutierten sich oft aus Straftätern, die ihre Funktion, hochgradig korrupt, zu einem regelrechten Drohnendasein nutzten. So kam es noch während des Dritten Reiches zu einem Prozeß gegen den Lagerkommandanten von Buchenwald, Koch. Er hatte Häftlinge für Privatzwecke, zum Beispiel eine Angorazucht, eingesetzt, sie eine Reithalle für seine Frau errichten lassen und mit Häftlingshilfe bis zu 500 »Kommandanturschweine«, Gänse, Enten und Hühner gehalten.

Als ihre Zeit endlich vorüber war, verhielt diese »Elite« sich so, wie man es von ihr erwarten durfte: Himmler versuchte am Ende des Krieges als Feldwebel der Geheimen Feldpolizei unterzutauchen und beging nach der Festnahme Selbstmord mit einer Giftkapsel. Seine Organisation zerfiel umgehend.

Stalingrad

Bis zur Niederlage bei Stalingrad siegten die Deutschen nur

Die Vernichtung der sechsten Armee bei Stalingrad im Winter 1942/43 habe die Wende im Zweiten Weltkrieg gebracht, so heißt es immer wieder. Bis zu diesem Zeitpunkt hätten die Deutschen nur gesiegt.

In Wirklichkeit war die deutsche Kriegführung von Beginn an nicht so unangefochten, wie die Propaganda glauben machen wollte. Bereits drei Tage nach dem Überfall auf Polen gab es die ersten Angriffe der britischen Luftwaffe auf deutsche Städte (Cuxhaven und Wilhelmshaven), zunächst noch in kleinerem Umfang. Auch entsprach der Kriegsverlauf im Westen zunächst keineswegs den deutschen Vorstellungen. So wurde der ursprünglich für den 12. November 1939 geplante Angriff auf Frankreich 29mal verschoben und erfolgte erst am 10. Mai 1940. Überhaupt nicht umgesetzt wurde der Plan einer Invasion Englands. Seit Juni 1940 liefen die Vorbereitungen; im August 1940 begann die »Luftschlacht um England«. Aber es gelang gegen die Spitfires der Royal Air Force (RAF) nicht, die für eine Invasion der britischen Hauptinseln nötige Luftherrschaft zu erringen. Das Unternehmen wurde im Oktober 1940 abgebrochen. Zugleich gestaltete sich der Vormarsch in Norwegen wesentlich schwieriger als gedacht. Auch die Eroberung Kretas durch deutsche Fallschirmjäger (Unternehmen »Merkur«, 20. Mai 1941) gelang nur unter Inkaufnahme unvorhergesehen hoher Verluste. Zu den frühen Desastern der deutschen Kriegführung gehört die Versenkung der »Bismarck«, des bis dato größten deutschen Schlachtschiffes, am 27. Mai 1941 durch die Briten im Atlantik rund 400 Seemeilen westlich von Brest. Nur neun Monate nach Indienststellung ließen dabei fast 2000 Mann Besatzung ihr Leben.

Zu Rückschlägen an der Ostfront kam es bereits im Winter 1941/42, nachdem das »Unternehmen Barbarossa«, der Überfall auf die Sowjetunion, am 22. Juni 1941 zu spät in Gang gesetzt worden war. Hitler hatte 1940 die Dauer des gesamten Feldzuges gegen die UdSSR auf nur fünf Monate geschätzt; daher stand keine Winterausrüstung für die deutschen Landser zur Verfügung. Der Nachschub erfolgte schleppend; die Rote Armee zog sich ins Landesinnere zurück und sorgte dafür, daß der deutsche Vormarsch sich »totlief«. Das Prinzip der »verbrannten Erde« ließ den deutschen Besatzern keinerlei kriegswichtiges Material, Lebensmittel oder Industrieanlagen. Anfang Dezember 1941 geriet der deutsche Vormarsch auf Moskau ins Stocken. Sowjetische Gegenangriffe ließen den Plan, den Feldzug rasch abzuschließen, scheitern. Die deutschen Kräfte an der Ostfront waren weitgehend erschöpft. Am 5. Dezember 1941 reichte der Oberbefehlshaber des Heeres, Walther von Brauchitsch, seinen Abschied ein, kurze Zeit später übernahm Hitler selbst den Oberbefehl über das Heer.

Bereits im Januar 1942 wurden die ersten Rückzugsbewegungen der Deutschen an der Ostfront vollzogen. Nicht erst Stalingrad brachte also die Wende des Krieges – die letztlich entscheidenden Rückschläge (aus deutscher Sicht) hatten schon 1941 begonnen.

Stasi

Die Stasi war der größte und effizienteste Geheimdienst aller Zeiten

Im Jahre 1989, am Ende der DDR, hatte das Ministerium für Staatssicherheit (Stasi) nicht weniger als 85 000 hauptamtliche Mitarbeiter. Dazu kam ein Heer von »Informellen Mitarbeitern« (IMs), die nicht selten zur Mitarbeit gepreßt worden waren; ihre Zahl ist kaum schätzbar. Ehemalige Stasi-Angehörige geben für 1989 immerhin 109 000 an, wahrscheinlich waren es jedoch erheblich mehr. Dazu war die Stasi: 15 Bezirksverwaltungen; 211 Kreisdienststellen mit bis zu 200 Mitarbeitern, 1800 Dienstgebäude, über 20 000 Wohnungen, nahezu 18 000 Kraftfahrzeuge, ein Budget von 3,6 Milliarden Mark für 1989. Und die Stasi hatte fast grenzenlose Befugnisse, war durch niemanden kontrollierbar und konnte die DDR ungehindert mit einem dichten Netz von Überwachung, Einschüchterung und Terror überziehen. War die Stasi damit nicht der größte und effizienteste Geheimdienst aller Zeiten?

Zunächst zur Größe: der Mitarbeiterbestand nahm zwar bis 1983 ständig zu, zumal das Anwachsen des Personalbestandes stets neue Befugnisse nach sich zog. Und weil ein Aussteigen weder möglich (die paranoide Konspiration) noch attraktiv war (zu den Privilegien der Mitarbeiter gehörte zum Beispiel ein für DDR-Verhältnisse vergleichsweise hohes Gehalt, im Schnitt immerhin 1900 Mark monatlich), verharrte die Personalstärke auch dann auf hohem Niveau, als ihr weiteres Wachstum aus finanziellen Gründen gestoppt wurde. Aber trotzdem war die Stasi natürlich bei weitem nicht der größte Geheimdienst der Welt. Entsprechend der vielfach größeren Einwohnerzahl waren allein der Auslandsnachrichtendienst der USA (Schätzung für die 70er Jahre: ca. 200 000 Personen) und erst recht der UdSSR größer als die gesamte Stasi.

Und was die Leistungsfähigkeit angeht: Man bescheinigt zwar der Spionage-(Auslands-)abteilung der Stasi unter Markus Wolf, daß sie der effektivste östliche Geheimdienst und dem westdeutschen BND überlegen gewesen sei – schon wegen des Fehlens rechtsstaatlicher Schranken und einer kontrollierenden Öffentlichkeit. Sie schleuste Personal in Dienststellen der Bundesregierung und der NATO ein – der Fall des Brandt-Referenten Guillaume war nur der spektakulärste von vielen – und scheute auch vor Entführungen und Morden im Ausland nicht zurück. Aber als wesentlich effizienter gilt beispielsweise der israelische Mossad. Und als Inlandsgeheimdienst hat die Stasi (zum Glück) komplett versagt: Von Mielke pathetisch als »Schwert und Schild« der Partei angepriesen, ließen die Leute in den Gestapo-Lederjacken ihre Parteigenossen im Herbst 1989 splitternackt im Regen stehen, weil sie trotz ihres gewaltigen Apparates und ihrer enormen Befugnisse das Aufkeimen und den Sieg der demokratischen Revolution in der DDR weder vorhergesehen noch gar verhindert hat. Die DDR war in erschreckendem Ausmaß ein repressiver Stasi-Staat – und die Tatsache, daß sie die Systemauseinandersetzung und damit ihre gesamte Existenz mit Pauken und Trompeten verloren hat, stellt ihren Terrorspitzeln deshalb das denkbar schlechteste Effizienz-Zeugnis aus.

Stellungskrieg

Der Erste Weltkrieg war ein Stellungskrieg

Der Erste Weltkrieg wird vielfach als »Stellungskrieg« bezeichnet – gekennzeichnet durch Schützengräben, massiven Artillerieeinsatz, Vorrücken unter feindlichem MG-Feuer und großen Verlusten, sinnloses ständiges Erobern, Verlieren und Wiedererobern der immergleichen Höhen und Gräben.

All das jedoch war nicht entscheidend für den Kriegsverlauf. An der Westfront hatten die deutschen Truppen im August 1914 dank des Schlieffen-Plans die starken Befestigungen an der deutsch-französischen Grenze über den Weg durch Belgien umgangen – was allerdings zum Kriegseintritt Großbritanniens führte. Bereits am 3. September 1914 gelangte der deutsche Vormarsch an die Ufer der Marne. Die französische Regierung floh nach Bordeaux. Am 5. September erfolgte die französische Gegenoffensive. Das »Wunder an der Marne« brachte den deutschen Vormarsch zum Stehen und damit den Übergang zum Stellungskrieg. Mehrmalige Versuche beider Seiten zum Aufbruch der verhärteten Linien (zum Teil wurden die »Gräben« zu regelrechten Befestigungswerken ausgebaut) scheiterten.

Der Stellungskrieg war aber ausschließlich ein Phänomen der Westfront. Im Osten hingegen hat es beim Kampf des Deutschen Reichs gegen das zaristische Rußland kein längeres Festfressen mit dem typischen Grabensystem gegeben. Bereits im August 1915 hatten deutsche Truppen Warschau genommen. Nach Durchbrechen der russischen Front im Mai 1916 eroberte von Mackensen im Dezember Bukarest. Bei Abschluß des Separatfriedens von Brest-Litowsk nach der Oktoberrevolution 1917 standen die Truppen der Mittelmächte weit auf russischem Gebiet.

Im Westen gab es hingegen lange nichts Neues. Die Lage veränderte sich erst im April 1918, als die deutsche Frühjahrsoffensive bis fünf Tagesmärsche vor Paris gelangte. Aber ein Durchbruch gelang nicht. Die deutschen Kräfte waren erschöpft, während ihr Gegner dank des Eintreffens frischer amerikanischer Truppen immer stärker wurde. Eine neuartige Waffe brachte dann Bewegung: Panzer konnten feindliches MG-Feuer und Artilleriebeschuß überwinden.

Im Juli 1918 brach die deutsche Front auf 45 Kilometern Breite zusammen. Im August folgte der »schwarze Tag des deutschen Heeres«, als die Alliierten die deutschen Stellungen zwischen Ancre und Aisne regelrecht überrannten. Damit setzte der deutsche Rückzug ein (vgl. Dolchstoßlegende), die Front war endgültig aufgebrochen. Der Stellungskrieg, den niemand gewinnen konnte, war vorüber.

Stellvertreter

Papst Pius XII. billigte den Holocaust

Die Ansicht, der Vatikan unter dem Pacelli-Papst Pius XII. habe von der systematischen Ermordung der europäischen Juden gewußt und sich bewußt geweigert, die moralische Autorität des Papstes gegen dieses Verbrechen in die Waagschale zu werfen, geht vor allem zurück auf Rolf Hochhuths 1963 uraufgeführtes Stück »Der Stellvertreter«. Es befaßt sich mit der Rolle von Pius XII. während des Nationalsozialismus. Hochhuth wirft dem Papst – bürgerlich Eugenio Pacelli – vor, er habe sich mehr für die Bombenschäden in Rom interessiert als für die Lage der Juden (auch der italienischen) und somit stillschweigend sein Einverständnis zum Holocaust gegeben.

Andere meinen sogar, Pacelli sei – in alter katholischer Tradition – selbst Antisemit gewesen und habe den Holocaust deswegen bewußt toleriert. Er habe nichts zur Rettung der Juden unternommen, obwohl er als Papst auch für Hitler und Mussolini unangreifbar gewesen wäre und die Deportationen für alle offensichtlich waren.

Nicht zuletzt war es schließlich Pacelli gewesen, der bereits im Sommer 1933 das Reichskonkordat mit Franz von Papen ausgehandelt hatte und damit für eine wertvolle diplomatische Aufwertung der international zunehmend isolierten Nazi-Regierung gesorgt hatte. Andererseits gilt er als Mitverfasser der auf deutsch verfaßten Enzyklika »Mit brennender Sorge« (»Ardenti cura«) von 1937, in der sein Vorgänger Pius XI. das NS-Regime und seine Rassenpolitik scharf verurteilt.

Es spricht vieles dafür, daß Pius geschwiegen hat, um die Lage der Juden nicht zu verschlimmern: »Es ist besser, in der Öffentlichkeit zu schweigen und insgeheim alles Erdenkliche zu tun«, soll er dazu gesagt haben. So habe er, heißt es, Juden Zuflucht in Klöstern gewährt und deren Gelände zu Territorien des Vatikanstaats erklärt, um sie vor dem Zugriff der Nazis zu schützen. Daß ihm die NS-Rassenpolitik nicht behagte, hat der Papst mit der ihm eigenen Vorsicht gelegentlich durchaus artikuliert. So wandte er sich im Oktober 1941 gegen Zwangssterilisationen und die NS-Ehevorschriften, und seine Weihnachtspredigt 1942 sah sich »den Hunderttausenden« verpflichtet, »die persönlich schuldlos, bisweilen nur um ihrer Volkszugehörigkeit oder Abstammung willen, dem Tode geweiht oder einer fortschreitenden Verelendung preisgegeben sind.« Eine Billigung des Holocaust wird man in diesen Worten wohl kaum erblicken können. Die Frage, ob der Papst getan hat, was er konnte, steht allerdings auf einem anderen Blatt.

Steuben

Friedrich Wilhelm von Steuben war Baron und preußischer General

Die amerikanische Unabhängigkeit kam unter der tatkräftigen Beteiligung eines deutschen Soldaten zustande: Baron Friedrich Wilhelm von Steuben, General und Instrukteur der Armee, führte die amerikanischen Truppen in den Unabhängigkeitskrieg gegen Großbritannien (1776–83). Er gewann das Vertrauen George Washingtons, des ersten Präsidenten der USA (1789–97). Als hochgeehrte Persönlichkeit starb Steuben 1794 auf seinem Landsitz im Oneida County nahe New York.

Auch in der Alten Welt konnte er auf eine glanzvolle Karriere zurückblicken, so scheint es. Als Adjutant und enger Vertrauter des Preußenkönigs Friedrich II. erwarb er sich bedeutende Verdienste, die ihm nicht nur hohe Orden, sondern auch eine Berufung in den preußischen Generalstab einbrachten.

Wirklich? Der preußische Generalstab wurde erst nach dem Siebenjährigen Krieg (1756–63) eingerichtet, also kann Steuben, der den Dienst zu diesem Zeitpunkt bereits quittiert hatte, nicht sein Mitglied gewesen sein. Sein militärischer Rang hätte einer solchen Verwendung im übrigen auch in keiner Weise entsprochen. Weiter als bis zum »Kapitän«, also zur Führung einer Kompanie, hatte es Steuben nämlich nicht gebracht. Und keine Rede konnte davon sein, daß er seinen Dienst in der Umgebung des Königs tat, geschweige denn dessen besonderes Vertrauen genoß.

Die Geschichte seiner angeblichen Karriere hat Steuben ganz im Stile eines Hochstaplers selbst verbreitet. Sie ist ebenso erfunden wie seine Herkunft aus einem traditionsreichen Adelsgeschlecht. Als Friedrich Wilhelm Steube nämlich kam der Sohn eines Majors 1730 in Magdeburg zur Welt. Er selbst erhöhte sich später durch Zufügung eines »n« zu seinem Namen.

Nach seinem Ausscheiden aus der preußischen Armee war er in Württemberg als Hofmarschall des Fürsten von Hohenzollern-Hechingen tätig, bevor er nach Paris und von dort 1777 in die USA ging. Dort trat Steube in die Armee ein und machte als erfahrener Soldat endlich die Karriere, von der er geträumt hatte.

Die Amerikaner ficht seine zweifelhafte Vorgeschichte bis heute nicht an: jedes Jahr – an einem Samstag in der zweiten Septemberhälfte – feiern sie ihren Nationalhelden in New York und Philadelphia mit den großen Steuben-Paraden.

Störtebeker

Klaus Störtebeker war ein kopfloser Retter

Ende des 14. Jahrhunderts trieben Piraten in Nord- und Ostsee ihr Unwesen. Zunächst – von 1389 bis 1392 – hatte ihr Geschäft darin bestanden, das von der dänischen Königin Margarete I. eingeschlossene Stockholm von See her mit Lebensmitteln, »Vitalien«, zu versorgen. Daher nannten sie sich »Vitalienbrüder«, und diesen Namen behielten sie auch bei, nachdem sie – von der Insel Gotland aus – dazu übergegangen waren, die ganze Ostsee unsicher zu machen. 1398 vom Deutschen Orden vertrieben, verlegten sie ihre Aktivitäten in die Nordsee. Auf ihren Kaperfahrten hatten die Vitalienbrüder es besonders auf die dickbäuchigen Handelsschiffe, die Koggen der Hanse, abgesehen. Diese versprachen reiche Beute, von der die Seeräuber nach erfolgreicher Fahrt großzügig den Armen abgaben.

Damit waren sie außerordentlich erfolgreich. Sie schafften es sogar, den Handel der Hanse mit England und Flandern empfindlich zu stören. Kein Wunder also, daß eine regelrechte Jagd auf die Vitalienbrüder begann, insbesondere auf die berühmtesten ihrer Anführer, Godeke Michels und Klaus Störtebeker. Beide wurden schließlich samt ihrer Besatzung ergriffen und – Störtebeker im Oktober 1401, Michels ein Jahr darauf – auf dem Grasbrook, einer Hafeninsel in Hamburg, hingerichtet.

Der Überlieferung nach ist Störtebeker zuvor ein besonderes Zugeständnis gemacht worden: das Leben derjenigen seiner Männer sollte verschont bleiben, an denen er nach seiner Enthauptung noch vorbeilaufen könne. Als es so weit war, stellten diese sich also in einer Reihe auf – und tatsächlich ist, so die Legende, der kopflose Käpt'n noch an elf seiner Kumpane vorbeigezogen und hat so deren Leben gerettet.

Die Popularität dieses Mythos verdankt sich wohl allein der Eindringlichkeit des damit verbundenen Bildes. Das Geschehen selbst ist nämlich völlig unmöglich. Zur Steuerung aller willentlichen Körperfunktionen ist das Gehirn absolut unentbehrlich. Nach einer Enthauptung sinkt der Körper daher unweigerlich sofort in sich zusammen.

T

Tee

Tee ist ein traditionelles türkisches Nationalgetränk

Teestuben sind für Türken das, was Kneipen für die Deutschen sind. Und wenn wir irgend etwas über die Türken zu wissen glauben, dann: daß sie seit Jahrhunderten Teetrinker sind. Das ist jedoch ein Irrtum: Bis Ende des 19. Jahrhunderts war Tee im Gebiet der heutigen Türkei weitgehend unbekannt. Die Osmanen waren – wir wissen es aus dem Volkslied »C-A-F-F-E-E« – Kaffeetrinker; und sie waren es ja auch, die den Kaffeegenuß durch ihre Vorstöße bis an die Tore Wiens nach Europa brachten.

Ende des 19. Jahrhunderts jedoch verlor das Osmanische Reich das traditionelle Kaffeeanbaugebiet Jemen – und war plötzlich auf Importe angewiesen. Der Gründer der modernen Türkei, Mustafa Kemal Atatürk, fand das zu teuer und erzog seine Landsleute ab 1920 systematisch zu Teetrinkern um.

Tell

Wilhelm Tell bescherte den Schweizern die Freiheit

Der Jäger Wilhelm Tell aus Bürglen in Urn – kein Geringerer als Friedrich Schiller hat ihn zum Inbegriff des schweizerischen Freiheitskampfes gemacht. Es ging gegen die Herrschaft der österreichischen Habsburger, die ihre Macht im 13. Jahrhundert in die Täler und Städte der heutigen Schweiz ausgedehnt hatten.

Wenn wir Schillers Drama *Wilhelm Tell* (1804) folgen, verweigerte Tell die Begrüßung eines Hutes, den der habsburgische Landvogt

Geßler als Zeichen seiner Amtsgewalt auf einer Stange hatte aufstellen lassen. Um zu zeigen, daß Starrsinn ungute Folgen haben kann, zwang Geßler den Jäger zu einer riskanten Übung im Kunstschießen: Tell sollte einen Apfel vom Kopf seines eigenen Sohnes schießen.

Er tat, wie ihm geheißen, die Rache allerdings folgte auf dem Fuße: Tell brachte den Landvogt um und setzte so das Fanal, dem der Aufstand der »Urkantone« Unterwalden, Uri und Schwyz folgte.

Bei der Niederschrift seines Dramas hat Schiller sich auf historische Werke gestützt, so das *Chronicon Helveticum* (1570) des Schweizer Staatsmannes und Historikers Aegidius Tschudi und die *Geschichten der Schweizerischen Eidgenossenschaft* (1780–88) von Johannes Müller.

Das Apfelschuß-Motiv allerdings hat Vorläufer, die keineswegs in die Schweizer Bergwelt führen, sondern Richtung Norden weisen: Egill aus der altnordischen Thidrekssaga des 13.Jahrhunderts, Toko aus der dänischen Sage von Palnatoki (um 1200, in der Rolle Geßlers dort der Dänenkönig Harald Blauzahn) oder den sagenhaften Schotten William Cloudesby.

Womöglich waren es Kaufleute, die das Motiv nach Süden brachten. Jedenfalls verbindet erst das Weiße Buch von Sarnen (1470) die Gestalt Tells mit dem Gründungsmythos der Schweiz, dem Rütlischwur: 1291 sollen sich die Kantone Unterwalden, Uri und Schwyz auf der Bergwiese Rütli über dem Urner See zu einer Eidgenossenschaft verbunden haben.

Schon im 19. Jahrhundert wies Josef Eutych Kopp in seiner *Geschichte der eidgenössischen Bünde* (1845 ff) nach, daß Tell und der Schwur der Welt der Sagen angehören. Weder Tell noch Geßler sind als historische Gestalten belegbar, weder 1291 noch das ebenfalls genannte 1308 als Zeitpunkt des Rütlischwurs.

Dennoch: die »Urkantone« setzten der Fremdherrschaft ein Ende, schmiedeten geschickt Bündnisse gegen die Habsburger und schlugen sie – 1315 bei Morgarten und 1386 bei Sempach – aus dem Feld. Mit oder ohne Tell.

Tellerwäscher
Die USA sind das Land der unbegrenzten Möglichkeiten

Die USA gelten Freunden wie Gegnern als der Hort des Kapitalismus, und tatsächlich ist die freie Marktwirtschaft in nur wenigen Ländern so ungehemmt zum Zuge gekommen wie hier. Leistung lohnt sich, so der Mythos dieses Landes der Goldgräber und Pioniere: jeder hat seine Chance. Wer sich einsetzt, wird auch belohnt, bringt es vom Tellerwäscher zum Millionär.

Schon ein Blick in die Statistik zeigt aber, daß die Chancen in Wirklichkeit außerordentlich ungleich verteilt sind. Betrachtet man etwa den sozialen Hintergrund der amerikanischen Präsidenten, so stellt man fest, daß 40% der Oberschicht entstammten, zumeist sogar deren Spitze. 15% kamen aus der Region zwischen Oberschicht und oberer Mittelklasse, 25% aus der oberen Mittelklasse. Nur 15% – ganze sechs – kamen aus der Mittel- oder unteren Mittelklasse. Ein einziger, Andrew Johnson, war in der Unterschicht groß geworden. Er hatte als Schneider gearbeitet, bevor er in die Politik ging. Bezeichnenderweise wurde Johnson nicht etwa gewählt, sondern gelangte als Vize Abraham Lincolns nach dessen Ermordung ins Amt. Nach vier Jahren mußte er es wieder verlassen.

Auch in der Wirtschaft lagen die Dinge nicht anders. 95% der Wirtschaftsführer des 19. Jahrhunderts stammten aus der Ober- oder oberen Mittelschicht. Weniger als 3% kamen aus Einwanderer- oder Bauernfamilien, und nur 2% der Industriellen des 19. Jahrhunderts war der Aufstieg aus der Arbeiterschaft gelungen.

1910 bezog das reichste Prozent der Bevölkerung mehr als ein Drittel aller persönlichen Einkommen, die ärmsten 5% weniger als ein Achtel. Diese ungleiche Verteilung der Ressourcen hat sich seither noch verstärkt. Heutzutage kontrolliert 1% der Bevölkerung rund 40% des amerikanischen Wohlstands.

Der Befund ungleicher Chancen wird bestätigt, betrachtet man nicht die Spitzen, sondern die Basis der amerikanischen Gesellschaft. Um die Wende vom 19. zum 20. Jahrhundert wurde die Arbeiterschaft von Einwanderern dominiert – Menschen also, die ihre Heimat verlassen hatten und zu den Verheißungen der Neuen Welt aufgebrochen waren. Am Ziel fanden sie sich in derselben

Situation wieder wie zuvor. Dies war selbst tief im amerikanischen Binnenland so. Auch dort waren nur 10 % der weißen Arbeiter Einheimische, aber 70 % waren selbst eingewandert. Auf der sozialen Stufenleiter waren sie in der Neuen Welt also nicht vorangekommen. Karrieren wie die des Stahlindustriellen Andrew Carnegie, der aus Schottland gekommen war, oder des aus Ungarn stammenden Journalisten und Verlegers Joseph Pulitzer blieben die absolute Ausnahme.

Nicht nur die Karriere, auch Leben und Tod konnten (und können) von der Herkunft abhängen. Als die *Titanic*, der größte Passagierdampfer seiner Zeit, 1912 bei Neufundland auf einen Eisberg lief und innerhalb von drei Stunden sank, kamen 1503 Menschen ums Leben. Von den Passagieren der 1. Klasse wurden 62 % gerettet, von den in der 2. Klasse Reisenden 42,5 %. Von denen, die in der 3. Klasse gebucht hatten (und die zum Teil gewaltsam unter Deck gehalten worden waren, um Fluchtwege und Rettungsboote für die Betuchteren freizuhalten), überlebten nur 25 % die Katastrophe. Dasselbe Muster wiederholte sich im Vietnamkrieg, in den die USA seit 1964/65 mit Bodentruppen und Flugzeugen involviert waren. Söhne aus »gutem Hause« (wie zum Beispiel ein gewisser George W. Bush) erreichten aus Ausbildungs- oder gesundheitlichen Gründen häufig ihre Rückstellung oder einen Einsatz an der ›Heimatfront‹, während Angehörige der Unterschichten in den Krieg und oft genug in den Tod ziehen mußten.

Thanksgiving

Das amerikanische Erntedankfest wurde von den Pilgervätern eingeführt

Einer der wichtigsten Feiertage der USA ist »Thanksgiving«. Das Fest wird – vor allem im Nordosten der Vereinigten Staaten – alljährlich am vierten Donnerstag im November begangen: mit einem großen Mahl mit Truthahn und Süßkartoffeln, Preiselbeeren und Kürbispastete, zu dem die ganze Familie zusammenkommt.

Der Legende nach geht es auf die »Pilgrim Fathers« zurück – jene in England unterdrückten Puritaner also, die im 17. Jahrhundert aus ihrer Heimat geflohen waren, um in der Neuen Welt ihre Religion ausüben zu können. Die Pilgrims, so heißt es, hätten nach ihrer ersten Ernte im Jahre 1621 die Indianer der Nachbarschaft zu einem dreitägigen Fest geladen und somit die Tradition des Thanksgiving begründet.

Ganz so war es aber nicht, denn Erntefeste wie dieses begingen die Indianer an der Ostküste schon seit Jahrhunderten. Bis die europäischen Neuankömmlinge »Thanksgiving« zu einem regelrechten Feiertag gemacht hatten, verging noch eine ganze Weile. Zwar hatte bereits der erste US-Präsident George Washington einen Feiertag für die Ernte vorgesehen und diesen sogar schon terminiert, nämlich auf den 26. November. Tatsächlich eingerichtet wurde er aber erst viel später, während des amerikanischen Bürgerkriegs (1861–65). Als ein nationales Symbol dringend gebraucht wurde, erklärte Präsident Abraham Lincoln Thanksgiving 1863 zum offiziellen Feiertag.

Die Pilgerväter übrigens – auf die angeblich alles zurückging – wurden erst seit den 1890 Jahren in dessen Tradition gestellt. Kein Wunder: vor 1870 war der Begriff »Pilgrims« völlig ungebräuchlich.

Tholus

Ludwig XIV. überschritt den Rhein bei Tholus

Um die Vorherrschaft in Europa zu erringen, überrannten französische Truppen 1672 die Spanischen Niederlande. Damit eröffneten sie den »Niederländischen Krieg«, der bis 1678 andauerte.

Als sie am 12. Juni 1672 den Rhein nahe Arnheim überschritten, stand König Ludwig XIV. höchstselbst an der Spitze seiner Armee. In Begleitung des Monarchen befand sich die Crème seines Militärs: Kriegsminister Louvois sowie die Marschälle Henri de la Tour d'Auvergne Vicomte de Turenne, ein bewährter Haudegen aus dem Dreißigjährigen Krieg, und Louis II. Fürst von Condé.

Diese Großtat sollte der Nachwelt überliefert werden. Nicht nur eine Inschrift auf einem Marmorrelief in Versailles, sondern auch der Hof-Historiograph, Nicolas Boileau-Despréaux, huldigte seinem König mit einschlägigen Versen (Ergebenheitsschriften sollten ihm

1684 sogar die Mitgliedschaft in der Academie Française eintragen). Schließlich erhielt Adam Frans van der Meulen – ein Maler, dessen Schlachtenbilder Ludwig außerordentlich schätzte – den Auftrag, den königlichen Schritt festzuhalten. Van der Meulen machte sich an die Arbeit, und als sie getan war, nannte er sein Gemälde »Le passage du Rhin par l'armée français sous les yeux de Louis le Grand à Tholus«.

»Tholus«? Nie gehört? – Kein Wunder. Ein Ort dieses Namens ist auf keiner Karte verzeichnet. Es gibt ihn nicht und hat ihn nie gegeben. Die Franzosen hatten die Stelle der Rheinquerung einfach nach dem erstbesten Wegweiser am Platze bezeichnet, und dessen Aufschrift lautete schlicht und ergreifend: »Tolhuis« – Zollhaus.

Fremde Sprachen haben französische Militärs übrigens immer wieder mit einer gewissen Lässigkeit wiedergegeben. Ein weiteres berühmtes Beispiel dafür entstand im Zusammenhang mit der Völkerschlacht bei Leipzig (16.–18. Oktober 1813): Napoleon hatte seinen Gefechtsstand, den kaiserlichen Heeresberichten zufolge, in der »Moulin de Fah« genommen, der Mühle von Fah also. Auch hier hilft kein Blick auf die Landkarte – weit und breit ist »Fah« nicht auszumachen. Die Karte des Kaisers weist an der betreffenden Stelle allerdings den Eintrag »Tab.Mühle« aus. Durch einen Lesefehler des im Deutschen nicht Geschulten wurde aus »Tab« eben »Fah« und aus der Tabakmühle des braven Meisters Quandt die »Moulin de Fah«.

Warum soll auch, wer die Geschichte lenkt, sich mit den Feinheiten fremder Zungen befassen – zumal, wenn es um Sprachen geht, in denen Orte bis heute so barbarische Namen wie »Ausfahrt« tragen?

Trabi

Die DDR-Autoindustrie war unfähig

Die Autoindustrie der DDR wird heute bestenfalls belächelt; man denkt an den Kleinwagen »Trabant«: langsam, laut und – als er nach der Wende auf westdeutschen Autobahnen auftauchte – lästig. Und auf dieses Trauerspiel auf Rädern mußte man in der DDR so lange warten, daß Eltern es bereits für Neugeborene bestellten, damit es zum 18. Geburtag ausgeliefert wurde!

Dabei war der zwischen 1958 und 1991 in drei Millionen Exemplaren (bei 17 Millionen Einwohnern) gefertigte »Trabant«, als er erschien, mit seinem Zweitaktmotor durchaus auf der Höhe der Zeit. Der Westen war damals schließlich auch noch in heute abstrus scheinenden Mobilen – Goggomobil, Lloyd (»Wer den Tod nicht scheut, fährt Lloyd«) oder Isetta – unterwegs. Und die DDR-Autokonstrukteure entwarfen in den frühen 50er Jahren – teilweise unter Rückgriff auf Vorkriegsentwicklungen, denn das Zentrum der alten deutschen Autoindustrie war Mitteldeutschland gewesen – weitere Modelle, die ihre Branche bei Realisierung an die Weltspitze hätten katapultieren können. Aber der politische Wille der SED sah keinen massenhaften Individualverkehr vor – wohl weniger aus ökologischer Vernunft als wegen der dafür erforderlichen, für die DDR jedoch unfinanzierbaren Infrastruktur (viele erinnern sich noch an den erbarmungswürdigen Zustand selbst der – wenigen – DDR-Autobahnen, der erst ab den 70er Jahren mithilfe westdeutscher Transitgebühren verbessert wurde). Außerdem sah die industrielle Arbeitsteilung innerhalb des osteuropäischen Wirtschaftsbündnisses »Comecon« (auch: Rat für Gegenseitige Wirtschaftshilfe) keinen Auto-Schwerpunkt in der DDR vor; die war eher für Chemie zuständig.

Wie dem auch sei: Seinen Spitznamen »Pappe« oder »Rennpappe« verdankte der Trabant einer Außenhaut aus Baumwolle und Kunstharz, der bei diesem Fahrzeug erstmals realisierten »Duroplastbeplankung«. Diese war zwar ein Produkt sozialistischer Mangelwirtschaft: Stahl war knapp und wurde daher nur für tragende Teile verwendet, Baumwolle hingegen war aus der UdSSR reichlich zu beziehen. Aber festzuhalten bleibt, daß die Karosserie des »Trabi« sicher nicht die Unfähigkeit ihrer Entwickler bezeugt, sondern deren Fähigkeit zur Realisierung intelligenter Lösungen. Schließlich hatte der Trabi weitere Vorteile: sein niedriges Gewicht von 620 kg, immerhin 400 Liter Kofferraumkapazität und geringe Produktionskosten.

Das Problem war ein anderes: die Weiterentwicklung der Technik fand zwar statt, ihre Realisierung in der Produktion aber wurde verhindert – die Prototypen neuer Modelle (insgesamt 28 Stück von 1963 bis 1979, davon acht des Modells P 603 und zwanzig des

Modells P 610) wurden allesamt verschrottet. Statt dessen baute man das Auto im großen und ganzen auf dem Stand von 1958 weiter, ab 1964 das Modell P 601 mit nur leichten Variationen bis 1988. So wurde die Kluft zum Westen immer größer.

Es gab in der DDR auch einen größeren Wagen, den Wartburg. Dieser war bis in die 60er Jahre, was die Ausstattung anging, mit westlichen Mittelklassewagen vergleichbar. Man konnte ihn auch rasch bekommen. Einziger Haken: das Auto war für DDR-Normalbürger absolut unerschwinglich (Preis ca. 15 000 Mark).

Ende der 80er Jahre kam es dann doch noch zu einer Weiterentwicklung des Trabi. Das Modell 1.1 wurde mit dem Viertakt-Motor des VW Polo mit 40 PS ausgestattet statt der sonst Trabi-üblichen 26 (zum horrenden Preis von 19 865 Mark). Aber die Kosten für die Produktionsumstellung waren immens, und die DDR konnte zunächst die Qualitätsstandards für Polo-Motor-Teile nicht sicherstellen. Als Version 1.1 im Mai 1990 schließlich in Serie vom Band lief, war das Ende der DDR beschlossene Sache. Kein Mensch mehr wollte einen Trabi, so daß die Stückzahlen äußerst gering blieben.

Todesstrafe

Die Hinrichtungstechnik wurde von Guillotin humanisiert

Unter den Deputierten der Nationalversammlung, des verfassunggebenden Gremiums der Französischen Revolution, war der Arzt Josesph Ignace Guillotin. Am 10. Oktober 1789 stellte dieser den Antrag, die Todesstrafe mittels einer »Köpfmaschine« auf humane und für alle Stände gleiche Weise zu vollstrecken. Die Nationalversammlung erblickte darin ein revolutionäres Anliegen. Man beschloß die Einholung eines Gutachtens beim Sekretär der Chirurgischen Akademie in Paris, Antoine Louis. Dieser sollte zudem das Modell einer solchen Maschine anfertigen.

Louis ging seinem Auftrag ausgesprochen gemächlich nach. Erst im März 1792 legte er seine Expertise vor. Diese befaßte sich vor allem mit dem Problem der mangelnden Sicherheit des ersten Schlages bei manuellen Hinrichtungen – das Haupt Maria Stuarts, so Louis, sei erst nach dem dritten Schlag gefallen. Eine Maschine hingegen gewährleiste die »Enthauptung dem Geiste und dem Wunsch des neuen Gesetzes gemäß in einem Augenblick«. Zudem beschrieb der Chirurg die Apparatur, was ihm neben Guillotin den Ruf ihres Erfinders eingebracht hat (daher auch »Petit Louison« oder »Louisette«). Und Louis lieferte das Modell eines in Paris lebenden deutschen Handwerkers mit. (Der Name des Mannes war Schmitt. Er gründete bald darauf eine Manufaktur zur Fertigung von Guillotinen; der revolutionäre Eifer der Franzosen verhalf ihm zu außerordentlichem Erfolg.)

Den Erfinderruhm indes hat Louis ebenso zu Unrecht erhalten wie Guillotin. Sein Gutachten bezog sich nämlich auf bereits existierende Varianten solcher Tötungsmaschinen. Womöglich waren ähnliche Konstruktionen sogar schon in der Steinzeit bekannt. Denkbar ist die entsprechende Verwendung von großen, scharfen Steinmessern mit Bohrlöchern, die man ausgegraben hat. Durch diese könnten Stricke geführt worden sein, mit deren Hilfe man die Steine herabfallen lassen konnte. Eiserne Fallbeile kannten die Perser bereits im fünften vorchristlichen Jahrhundert.

Im mittelalterlichen Deutschland waren solche Vorrichtungen als »Diele« oder »Hobel« bekannt. Der Maler und Zeichner Lucas Cranach d. Ä. hat eine Hinrichtung mit einer solchen Maschine auf einem Holzschnitt dargestellt. Louis' Gutachten beschreibt ausdrücklich ein in England praktiziertes Verfahren, bei dem der Delinquent bäuchlings zwischen zwei Pfähle geschoben wurde, »die oben durch ein Querholz verbunden werden, von welchem man das konvexe Beil auf den Hals herunterfallen lässt. Der Rücken des Instruments muß stark und schwer genug sein, um gehörig wirken zu können«, da sich seine Durchschlagskraft »in dem Maße der Höhe multipliziert, aus welcher er herabfällt«. Auf der Insel war das Fallbeil bereits im 17. Jahrhundert in Gebrauch. Man nannte es dort »the maid« – womöglich, weil es einem Manne mit tödlicher Sicherheit den Kopf verdrehte.

Die französischen Parlamentarier jedenfalls zeigten sich von Louis' Argumenten überzeugt. Noch im März stellte der Staat für die Realisierung der Maschine sieben Millionen Livres bereit, nachdem König Ludwig XVI. das Verfahren für gut befunden hatte. Der erste mittels der neuen Methoden vom Leben in den Tod beförderte Delinquent war der Straßenräuber Pelissier. Zu den ersten prominenten Opfern der Guillotine gehörte am 21. Januar 1793 eben jener König, der ihrer Errichtung zugestimmt hatte. Ludwig ging vielen der Mitglieder des Revolutionsparlaments voraus – schon bald wurde die Guillotine zum Werkzeug der revolutionären Schreckensherrschaft. Wohl eingedenk dessen legte später keiner der Beteiligten auf das Verdienst ihrer Erfindung gesteigerten Wert. Die Kinder Guillotins ließen nach dessen Tod 1814 sogar ihren Namen ändern.

Trojanischer Krieg

Der Trojanische Krieg ist ein literarischer Mythos

Wo die Liebe hinfällt: der trojanische Prinz Paris entflammt für die schöne Helena, Tochter des Göttervaters Zeus. Leider ist diese bereits dem mykenischen Prinzen Menelaos angetraut. Um sie dennoch bei sich zu haben, entführt Paris, ein Mann der Tat, seine Holde schlicht und einfach. Das allerdings hat weitreichende Folgen: Es kommt zum Krieg zwischen Trojanern und Griechen. Die griechischen Fürsten stellen ein Heer auf; Achilles und Odysseus gehören dazu. Sie schließen die Stadt Troja ein, deren Bewohner, darunter Hektor und Äneas, sich partout nicht ergeben wollen. Erst nach zehnjähriger Belagerung entscheidet eine List des Odysseus das Kräftemessen: In einem hohlen Holzpferd schleusen die Griechen Soldaten hinter die Stadtmauern. Die Insassen des »Trojanischen Pferdes« erobern die Stadt, allein Äneas kann ihrer Rache entfliehen.

Die Schilderung dieses Geschehens gehört seit der *Ilias*, dem griechischen Heldenepos, zur Weltliteratur. Die *Ilias* handelt von den 51 entscheidenden Tagen der Belagerung, und schon früh ist die Frage nach der Glaubwürdigkeit des antiken Berichts aufgeworfen worden.

Der deutsche Kaufmann und Altertumsforscher Heinrich Schliemann widmete sich ihr ganz. Er führte Grabungen an der Nordwestspitze Kleinasiens durch und lokalisierte Troja in der Nähe der Dardanellen, im Westen des heutigen Anatolien also. Die von Schliemann begonnenen Ausgrabungen dauerten fast ein Vierteljahrhundert, von 1870 bis 1894. Nach Schliemanns Tod führte der Archäologe und Bauforscher Wilhelm Dörpfeld sie fort. Auf dessen Ergebnissen wiederum baute der in den USA ausgebildete Archäologe Carl William Blegen auf.

Demnach kann davon ausgegangen werden, daß Troja wirklich existierte und mehrfach zerstört worden ist. Insgesamt wurden die Schichten I bis IX ermittelt, und bis auf eine sind wohl alle durch Brände zerstört worden. Für Troja VI hingegen hat man ein Erdbeben als Ursache seines Untergangs ausgemacht.

Einen regelrechten Beweis für den in der *Ilias* geschilderten sagenhaften Trojanischen Krieg freilich konnten die archäologischen Funde nicht erbringen. Und so beharrten Skeptiker schon während der Grabungen Schliemanns darauf, die *Ilias* sei nicht mehr als eine Fabel. Freilich konnten ihre Deutungsversuche nicht in Anspruch nehmen, gegen Zweifel resistent zu sein. Friedrich Forchhammer etwa schrieb 1884, es handele sich bei dem Epos um die metaphorische Beschreibung des winterlichen Wettergeschehens in der trojanischen Ebene. Wer das Werk dechiffriere, erkennne die Schilderung von Fluß- und Meeresströmungen, von Regen und Nebel. Einige Jahre später wollte Ernst Krause, der sich als Schriftsteller Carus Sterne nannte, beweisen, daß die *Ilias* mit dem indogermanischen Mythos der entführten Sonnenfrau und den Tänzen zu ihrer Befreiung im Frühjahr zusammenhänge.

Wer sich davon nicht überzeugen ließ, beharrte darauf, das Geschehen der *Ilias* sei historisch. Hildegard Weigel hat es im Jahre 1970 sogar genau datiert und schrieb, Troja sei am 10. Oktober 1300 v. Chr. nach einjährigem Krieg gefallen. Aber auch ihre Argumentation hat nicht gänzlich überzeugt, und so behilft man sich heute mit der Mitte: die *Ilias* sei weder reine Fiktion noch in geschilderter Weise historisch, meint das führende Lexikon zur Antike, der *Kleine Pauly*.

Tutenchamun
sprach einen Todesfluch aus

Am 4. November 1922 fand der britische Amateurarchäologe Howard Carter das Grab des Tutenchamun im »Tal der Könige« bei

Theben. Im alten Ägypten waren dort, unweit von Luxor, während des »Neuen Reiches« (1551–1070) zahlreiche Königsgräber angelegt worden.

Tutenchamun hatte als Pharao von 1347–1337 v. Chr. geherrscht. Als er ermordet wurde, war er – ein Angehöriger der 18. Dynastie, die das Land von 1551–1306 regierte – noch ein junger Mann. Anders als während früherer Epochen wurden in seiner Zeit für die Herrscher keine Pyramiden mehr errichtet. Statt dessen fanden die Pharaonen ihre Ruhestätte in Felskammergräbern. Diese waren nicht nur weniger aufwendig als die gigantischen Grabstätten ihrer Vorgänger. Sie sollten, wie man hoffte, auch weniger einladend auf Räuber wirken, die es auf die kostbaren Beigaben der Verstorbenen abgesehen hatten: Die Eingänge der Kammern wurden unkenntlich gemacht. Nach der Beisetzung sollten die Totenstätten nicht wieder betreten werden; für kultische Zwecke errichtete man Totentempel an anderer Stelle. Aber schon im Altertum waren fast alle Gruften aufgespürt und ausgeraubt worden.

Daher galt der Fund Carters, nachdem die Forscher festgestellt hatten, daß das Grab Tutenchamuns tatsächlich unberührt geblieben war, als absolute Sensation. Es barg nicht nur wertvolle Einrichtungsgegenstände, einen prächtigen Thronsessel und den goldenen Sarg des Königs – die Mumie Tutenchamuns trug zudem wertvollsten goldenen Schmuck, und seine goldene Maske wurde zu einem der bekanntesten archäologischen Fundstücke überhaupt. Heute finden sich diese Kostbarkeiten im Ägyptischen Museum in Kairo.

Aber schon bald fiel ein Schatten auf die Freude über den grandiosen Erfolg der Forscher. Nur wenige Monate nach dem Fund, im April 1923, starb der Ägyptologe George Edward Stanhope, Earl of Carnarvon, infolge eines entzündeten Moskitostichs. Carnarvon hatte die Expedition Carters finanziert und war als einer der ersten in das Grab des Pharaos vorgedrungen. Die Umstände seines Todes lösten das Gerücht aus, ein Fluch Tutenchamuns werde alle treffen, die an der Öffnung und Auswertung des Grabes beteiligt waren. Genährt wurden die Befürchtungen von einer Inschrift, die sich angeblich im Inneren der Kammer gefunden hatte: »Wer dieses geheiligte Grab betritt, den werden die Flügel des Todes treffen«. Auch ein Stein am Eingang trägt, wie es heißt, eine Warnung: »Die

Hand, die sich gegen meinen Bau erhebt, möge verdorren. Diejenigen, die meinen Namen, mein Fundament, mein Abbild angreifen, seien der Vernichtung anheimgegeben«.

Die unheimliche Legende vom Fluch des Pharao nahm ihren Lauf, auch wenn Howard Carter selbst nicht daran glaubte und von »verleumderischen Erfindungen« sprach. Zudem konnte der Forscher darauf verweisen, daß der Inhalt der angeblichen Verwünschungen – »Der Tod wird den ereilen, der den Frieden des Pharaos stört« – außerordentlich banal ist: sind nicht alle Menschen sterblich? – Trotz der Intervention Carters: selbst die *New York Times* schrieb, das Tal der Könige berge ein »Geheimnis, und man macht es sich zu leicht, wenn man es bezweifelt«.

Carter selbst freilich hat die Entdeckung des Pharaonengrabes unbeschadet überlebt und ist im Alter von 66 Jahren eines natürlichen Todes gestorben.

U, V, W

Ulbricht

Walter Ulbricht trat 1971 freiwillig zurück

Das Gesicht der DDR war lange Zeit Walter Ulbricht, »der Spitzbart«. Seit 1953 Erster Sekretär des Zentralkomitees (ZK) der Sozialistischen Einheitspartei Deutschlands (SED), seit 1960 Vorsitzender des Nationalen Verteidigungsrates sowie des Staatsrates und damit Staatsoberhaupt der DDR, gelangte er spätestens durch den Bau der Berliner Mauer (»Niemand hat die Absicht, eine Mauer zu errichten«, 15. Juni 1961) zu bleibendem Nachruhm.

Am 3. Mai 1971 berichteten die Abendnachrichten des DDR-Fernsehens, Ulbricht sei aus »gesundheitlichen Gründen« von der Funktion des Ersten Sekretärs des ZK der SED zurückgetreten. Das ZK habe den Genossen Erich Honecker zu seinem Nachfolger gewählt. Ulbricht blieb weiterhin Staatsratsvorsitzender, also offizielles Staatsoberhaupt, und wurde Ehrenvorsitzender der SED. Die Macht hatte er jedoch verloren.

Ulbricht ist freilich nicht, wie die Fernsehmeldung es formulierte, freiwillig zurückgetreten, auch wenn die Literatur der DDR dies bis zur Wende behauptete. Tatsächlich wurde er zum Rücktritt gezwungen, von Honecker und einer Mehrheit in Zentralkomitee und Politbüro. Diese hatten die Unterstützung des KPdSU-Generalsekretärs Leonid Breschnew, mit dem sich Ulbricht zu Beginn der siebziger Jahre wegen strittiger Fragen der Westpolitik sowie des ökonomischen Kurses der DDR überworfen hatte. »Experimente« wie das »Neue System der Planung und Leitung« (NÖSPL), die sich vom Moskauer Kurs in der Wirtschaftspolitik unterschieden, hatten sowohl die Sowjets wie auch die Gruppe um Honecker zu Gegnern Ulbrichts gemacht.

Die Rivalität zwischen beiden hatte schon seit langem geschwelt – so hatte Ulbricht angeblich 1970 versucht, Honecker als zweiten Sekretär des ZK abzusetzen, während Honecker, wann immer Ulbricht abwesend war, Beschlüsse herbeiführte, die dessen Politik konterkarierten. Honecker nutzte schließlich ein Vier-Augen-Gespräch mit Breschnew, um sich als moskautreue Alternative zum eigenwilligen und als starrköpfig angesehenen Ulbricht zu präsentieren. Breschnew verstand und bedeutete seinem Gesprächspartner: »Ich sage dir ganz offen, es wird Walter Ulbricht nicht möglich sein, an uns vorbei zu regieren [...]. Wir haben doch Truppen bei euch.« Die Legende, Honecker sei mit einem Trupp Bewaffneter in Ulbrichts Haus am Döllnsee bei Berlin eingedrungen und habe ihn quasi mit vorgehaltener Waffe zur Unterzeichnung der Rücktrittserklärung gezwungen, ist hingegen nicht nachgewiesen.

USA (1)

Die USA führten niemals Krieg im eigenen Land

Die USA, so heißt es gelegentlich, haben im Verlauf ihrer Geschichte niemals Krieg im eigenen Land führen müssen. Dem war aber keineswegs so:

Ein grundlegender Konflikt trat offen zutage, nachdem Abraham Lincoln am 6. November 1860 zum Präsidenten gewählt worden war. Es kam schließlich zu einer Spaltung der Union der Vereinigten Staaten von Amerika. Dabei hat man der Frage der Sklaverei eine zentrale Bedeutung zugeschrieben. Während die im Süden vorherrschende Plantagenwirtschaft auf der Arbeitskraft von Sklaven basiert habe, sei die Struktur des Nordens fortgeschrittener gewesen mit einem höheren Grad der Industrialisierung und größeren Städten. Die Sklaverei sei der weiteren Entwicklung hinderlich gewesen, weshalb sich im Norden immer deutlicher Tendenzen zu ihrer Abschaffung artikuliert hätten. Einige der im Süden gelegenen Staaten sahen sich in ihrer Existenz bedroht und entschlossen sich, aus der Union auszuscheiden.

Den Anfang machte South Carolina. Dann traten auch Mississippi, Florida, Alabama, Georgia, Louisiana und Texas aus der Union aus. Im Februar 1861 bildeten sie die »Konföderierten Staaten von Amerika« mit Jefferson Davis, dem ehemaligen Kriegsminister, als Präsident. Zum Bürgerkrieg eskalierte die Situation in der Stadt Charleston in South Carolina. In deren Hafen lag eine Festung, die Nordstaaten-Präsident Lincoln zur Versorgung der Marine nutzte. Dem wollte der Süden ein Ende machen: am 12. April 1861 eröffnete South Carolina auf seinem eigenen Territorium das Feuer auf die Bundesfestung.

Lincoln, zur Wiederherstellung der Einheit fest entschlossen, ordnete – ohne die Zustimmung des Kongresses einzuholen – die Blockade der Häfen des Südens an. Er mobilisierte das Heer und begann mit der Anwerbung Freiwilliger. Die Situation eskalierte weiter: North Carolina, Arkansas, Tennessee und Virginia wechselten zur Konföderation. Unterdessen aktivierten beiden Seiten umfangreiche Truppen.

Zwar waren die Konföderierten prinzipiell unterlegen. Sie konnten nicht auf eine größere Industriestruktur zurückgreifen. Zudem betrug ihre Bevölkerung – etwa sechs Millionen Weiße und dreieinhalb Millionen Sklaven – nur etwa die Hälfte derjenigen des Nordens. Dennoch entspann sich ein langer, erbitterter Kampf. Die berühmte Schlacht von Gettysburg im Juli 1863 etwa hielt drei volle Tage an, Süd-General Robert Edward Lee verlor ein Drittel seiner Truppen, nicht weniger als 28 000 Soldaten. Damit begann die Niederlage des Südens, die Lee am 9. April 1865 mit der Kapitulation vor dem Befehlshaber der Unionstruppen, General Ulysses S. Grant, anerkennen mußte.

Es war ein Kampf von bis dahin unvorstellbarer Härte gewesen. 620 000 Menschen hatte er das Leben gekostet. Dieses ist der größte Verlust an Menschenleben, den die USA jemals haben hinnehmen müssen, mehr als in beiden Weltkriegen und im Koreakrieg (1950–53) zusammengenommen. Besonders hart war der Süden getroffen: hier waren nicht weniger als 20 % der erwachsenen Männer umgekommen, was den deutschen Verlusten im Ersten Weltkrieg entspricht.

Man hat den amerikanischen Bürgerkrieg als den ersten modernen Krieg bezeichnet. In der Tat: er zeichnete sich durch eine zuvor unbekannte Mobilität aus, die sich der Eisenbahn verdankte. Zudem ermöglichte die technische Entwicklung eine Kriegführung nicht nur zu Lande, wo erstmals Handgranaten und Maschinengewehre zum Einsatz kamen sowie Minen, Panzerzüge und Raketen. Panzerschiffe und Torpedos verliehen dem Kriege zur See eine neue Qualität, und mit Ballons begann er auch in der Luft. Nicht zuletzt zeichneten sich die neuen Waffen, etwa das Repetiergewehr oder die berühmte Winchester Rifle, durch gesteigerte Effizienz, enorm hohe Feuergeschwindigkeit und Zielgenauigkeit aus.

Zur technischen Entwicklung kam ein weiteres: die Demoralisierung der Bevölkerung wurde zum Kriegsziel erhoben. Die Menschen wurden systematisch terrorisiert, Städte, Plantagen, Landstriche verwüstet. Der Unions-General William T. Sherman machte in Georgia, North und South Carolina vor, was andere im 20. Jahrhundert in immer neuen Dimensionen des Schreckens praktizierten. So ist der amerikanische Bürgerkrieg auch als Vorläufer beider Weltkriege gesehen worden, als der erste totale Krieg.

Erst recht kann man nicht davon sprechen, daß *Nordamerika* seit der Besiedlung durch Europäer von Kriegen verschont geblieben wäre:

Tatsächlich ist die Geschichte Nordamerikas beinahe 200 Jahre lang vom Krieg zwischen Siedlern und Indianern geradezu bestimmt gewesen. Zwischen 1600 und 1815 herrschte ein beinahe permanenter Kampf, ein Zweihundertjähriger Krieg sozusagen. In der Zeit des ersten US-Präsidenten George Washington verschlang er rund 80 % des Bundeshaushalts.

Zunächst waren es die Spanier gewesen, die sich die Einwohner der neuen Welt mit Waffengewalt gefügig machen wollten und den ersten Indianerkrieg ausfochten. Einer ihrer Offiziere war 1599 in Acoma, im heutigen New Mexico, ums Leben gekommen. Aus Rache entfesselte sein Bruder einen regelrechten Feldzug. Nachdem der spanische Sieg feststand, wurde der Großteil der überlebenden Indianer in die Sklaverei geschickt. Mehr noch: allen Männern über 25 hackten die Spanier einen Fuß ab. Diese Grausamkeit war den Unterlegenen eine Lehre. Sobald sie künftig auf Spanier trafen, leisteten die Indianer erbitterten Widerstand. Mit weitreichenden Folgen: so gelang es den Spaniern über hundert Jahre lang nicht, Florida zu besiedeln.

Aber nicht nur der Süden, auch Neuengland wurde zum Kriegsschauplatz. Hier, im Thames-Tal in Connecticut, lebten um 1600 etwa 2200 Pequot-Indianer einträchtig neben britischen Siedlern, bis diese Anstalten machten, die Pequot zu verdrängen. Dazu verbündeten sich die Weißen 1636 mit den Narragansett, die im südlichen Rhode-Island lebten. Ihre Truppen umstellten die Siedlungen der Pequot, stecken sie in Brand und erschossen jeden, der zu entkommen suchte. Auch Alte, Frauen und Kinder mußten ihr Leben lassen, was den Weißen, die ja aus religiösen Gründen nach Amerika gekommen waren, denn wohl doch unangenehm war. Jedenfalls versuchten die Puritaner, den Massenmord vergessen zu machen, indem sie nach geschehener Tat die Verwendung des Wortes »Pequot« unter Strafe stellten.

Auch einer der blutigsten Indianerkriege überhaupt, King Philip's War, spielte sich 1675/76 in Neu-England ab. Er ist benannt nach dem Häuptling Metacomet, der die Wampanoag-Indianer seit 1661 führte und von den Weißen King Philip genannt wurde. Im Juni 1675 griffen seine Krieger die Siedler an, nachdem diese drei der ihren hingerichtet hatten. Die Tötung der Indianer wiederum war eine Bestrafungsaktion für den von den Indianern begangenen Mord an John Sassamon, einem Informanten der Weißen. Aber das war nur der Anlaß, tatsächlich ging es um die fortgesetzte Landnahme der Weißen, die immer größere Gebiete von Massachusetts, Connecticut und Rhode Island für sich beanspruchten. So weitete der Konflikt sich rasch aus. Von rund 90 Städten der Puritaner wurden während King Philip's War 52 angegriffen und 12 zerstört. Allein die Zahl der weißen Opfer betrug mehrere Tausend; die Indianer hatten doppelt so viele Tote zu beklagen wie ihre Feinde. In der Summe kostete dieser Krieg mehr Menschen das Leben als die Waffengänge des 18. und 19. Jahrhunderts, etwa der Unabhängigkeitskrieg (1776–81), der Krieg zwischen den USA und Großbritannien um Kanada (1812–14), der mexikanische Krieg (1846–48), der den USA New Mexiko und Kalifornien einbrachte, oder der Spanisch-Amerikanische Krieg 1898 um Kuba, Puerto Rico, Guam und die Philippinen.

Immer wieder warfen die Weißen ihren einheimischen Verbündeten vor, nicht hart genug zu kämpfen. Die Siedler selbst hingegen machten ihre Arbeit gründlich: seit 1830 waren viele Indianerstämme aus ihren angestammten Gebieten vertrieben und nach Oklahoma zwangsumgesiedelt worden. Die sich wehrenden Indianer errangen 1876 einen letzten Sieg am Little Big Horn. Erst das Massaker am Wounded Knee in South Dakota im Jahre 1890, in dem die amerikanische Kavallerie Hunderte von Sioux dahinmetzelte, darunter viele Frauen und Kinder, brach den indianischen Widerstand endgültig. Danach herrschte Ruhe, und es begann tatsächlich eine Zeit, in der die USA keinen Krieg auf eigenem Boden erlebten.

USA (2)
Die USA verteidigen die Freiheit

Nein, hier wird jetzt nicht die linke Litanei der vergangenen Jahrzehnte angestimmt, von Guatemala über Mossadeqs Iran und Vietnam bis zu Chile und Nicaragua. Denn für diese Interventionen hatten die USA ja wenigstens die Ausrede des Kalten Krieges. Aber schon 150 Jahre zuvor, als von kommunistischer Bedrohung noch nicht die Rede sein konnte, richteten die USA, die sich rhetorisch der Sache der Freiheit verschrieben und ihre Unabhängigkeit erkämpft hatten, ihre Außenpolitik am Kalkül nüchterner Interessen aus – auch wenn sie nicht müde werden, bis heute etwas anderes zu behaupten. Mehr noch: schon von dem Moment, ab dem von einer amerikanischen Außenpolitik die Rede sein kann, so will es scheinen, spielten die persönlichen Interessen der US-Präsidenten eine nicht unwichtige Rolle.

Das zeigte sich bereits bei erster Gelegenheit. Die versklavte Bevölkerung der Insel Hispaniola – deren westlicher Teil Haiti seit 1697 französisch war, das östliche Saint Domingue (die heutige Dominikanische Republik) kam später hinzu – erhob sich während der Französischen Revolution gegen Frankreich. Nun, so sollte man meinen, stellten die USA und ihr Gründungspräsident George Washington sich brüderlich an die Seite der Freiheitskämpfer. Weit gefehlt! Washington – der aus Virginia stammte, einem Staat, dessen Plantagenwirtschaft auf der Sklaverei fußte – gewährte den französischen Plantagenbesitzern Haitis sogar Kredite, mit deren Hilfe diese die fortgesetzte Unterdrückung ihrer Sklaven finanzierten. Washingtons Nachfolger John Adams kam aus Massachusetts, das eine dem Süden vergleichbare Plantagenwirtschaft nicht kannte. Adams änderte die Richtung der amerikanischen Politik und unterstützte die Haitianer. Einen nachhaltigen Erfolg konnte er allerdings nicht verzeichnen: ihm folgte nämlich Thomas Jefferson. Jeffersons Heimat lag wie diejenige Washingtons in Virginia. Und so definierte der neue Präsident auch die Politik gegenüber Haiti neu. Er signalisierte der Kolonialmacht Frankreich 1801 sein Einvernehmen mit der Rückeroberung des zwischenzeitlich befreiten Haiti, und tatsächlich folgte 1802 bis 1804 die Besetzung der Insel durch ein französisches Expeditionskorps.

Die Sorge der amerikanischen Sklavenhalter, das haitianische Beispiel könnte ihre eigenen Sklaven zu Revolten inspirieren (was vereinzelt tatsächlich geschah) wog schwerer als alle Vorbehalte. Sie siegte sogar über strategische Bedenken. Jeffersons Politik nämlich ermöglichte es dem französischen Kaiser Napoleon, eine Position im Vorhof der USA aufzubauen. Die eben erst unabhängig gewordenen Nordamerikaner sahen sich somit von europäischen Mächten umgeben: Großbritannien hielt seine Stellung im kanadischen Norden, Frankreich beherrschte den Westen vom nördlich gelegenen Montana bis zum südlichen Louisiana (1803 an die USA verkauft), und im Süden hielten die Spanier sich in Florida, Texas und Kalifornien.

Die Furcht der Amerikaner vor der Freiheit ging sogar so weit, daß die USA den Haitianern, als diese 1804 trotz allem siegten, die diplomatische Anerkennung verweigerten!

Van Gogh

Vincent van Gogh hat sich ein Ohr abgeschnitten

Im Jahre 1888 ereignete sich einer der mysteriösesten Vorfälle der Kunstgeschiche. Seine Akteure sind Vincent van Gogh und Paul Gauguin, in ihrer Erfolglosigkeit vereinte Malerkollegen. Der Ort der Handlung ist die provençalische Stadt Arles. Am 22. Dezember wird van Gogh ohnmächtig und blutverschmiert in der Wohnung aufgefunden, die die beiden gemietet haben. Das linke Ohr van Goghs ist abgeschnitten. Der Maler kann sich – auch später – nicht erinnern, wie es zu dieser Verletzung kam. Immerhin ergeben Ermittlungen der Polizei, daß van Gogh in der Nacht zuvor, bereits verletzt, ein Bordell besucht hat, wo er einer Prostituierten sein Ohr mit den Worten »Heben Sie diesen Gegenstand gut auf« überreichte.

Weiteres Licht hat sich in die Angelegenheit nicht bringen lassen. Es hat sich die Ansicht durchgesetzt, van Gogh habe sich das Ohr selbst in einem Anfall von Wahnsinn mit einem Rasiermesser abgeschnitten. Daran sind aber auch Zweifel angemeldet worden, im wesentlichen mit zwei Tendenzen:

1. Es war nicht Wahnsinn
   Vor allem amerikanische Forscher vertreten die Ansicht, van Gogh sei von geradezu religiösem Fanatismus gewesen und habe das Zusammensein mit Gauguin gerne als Beginn einer klösterlichen Künstlergemeinschaft gesehen. Als dieser abreisen wollte, habe der hysterische van Gogh sich als Märtyrer gesehen – und sich, wie andere Märtyrer auch, selbst verstümmelt.
2. Es war nicht van Gogh
   Die deutsche Kunsthistorikerin Rita Wildegans hat eine andere Erklärung. Gauguin und van Gogh hätten sich beinahe ständig im Absinth-Rausch befunden, weil sie das wermuthaltige Modegetränk ihrer Zeit in übergroßen Mengen zu sich nahmen. Während eines Streits habe der leicht erregbare Gauguin seinem Zechkollegen die Verletzung beigebracht und es verstanden, den Vorfall so darzustellen, als habe van Gogh selbst Hand an sich gelegt. Zur Vertuschung seines Tuns hätte der Franzose in der Tat alle Ursache gehabt, denn auf versuchten Mord, als den man seine Attacke hätte verstehen können, stand die Todesstrafe! Für Gauguin als Täter, so Wildegans weiter, spreche zudem, daß dieser ein brillanter Fechter gewesen sei. Tatsächlicher Hintergrund der Auseinandersetzung sei die künstlerische Rivalität der beiden gewesen – die Frage, wer von wem mehr profitiert habe. Immerhin kann die Kunsthistorikerin auf ein weiteres Indiz für ihre These verweisen: in den Erinnerungen Gauguins heißt es: »Ich war oft böse und bereue es nicht«.

Volkswagen
Der VW war der Anfang der Massenmotorisierung

Zu den Themen, die die Nazis vereinnahmten, gehörte die Idee der Massenmotorisierung. Dazu wurde – gleichzeitig mit dem Autobahnbau – der sogenannte KdF-Wagen geplant (»Kraft durch Freude«, nach der gleichnamigen Freizeit- und Bildungsorganisation der Nazi-Einheitsgewerkschaft »Deutsche Arbeitsfront«). Das Auto sollte je 1000 Mark kosten und ganz Deutschland mobil machen.

1937 erfolgte die Gründung der »Gesellschaft zur Vorbereitung des deutschen Volkswagen« in Wolfsburg, seit 1938 kurz »Volkswagenwerk«. Die intensive Propaganda für das Projekt zeigte Wirkung: 300 000 Menschen sparten schließlich in vom KdF organisierten Programmen auf einen »Volkswagen«. Ein Auto erhielten sie freilich nie – das Werk in Wolfsburg produzierte nach seiner Errichtung ausschließlich für Truppenfahrzeuge den militärischen Bedarf, obwohl 60 000 Wagen schon vollständig bezahlt waren.

Andernorts aber hatte die Massenmotorisierung bereits begonnen: bei Ford in den USA. Die Devise Henry Fords lautete: »Ich werde ein Fahrzeug für die Masse bauen, und sein Preis wird so erschwinglich sein, daß es sich jeder leisten kann«. Zu seiner Strategie gehörte auch eine Lohnerhöhung im Januar 1914 auf fünf Dollar pro Tag, damit auch die Ford-Arbeiter in der Lage waren, einen Ford zu erwerben. Der Plan ging auf: 1916 wurden bereits fast 600 000 Ford T zum Grundpreis von 260 Dollar gebaut, insgesamt zwischen 1908 und 1927 fast 15 Millionen. Seit 1925 waren sie übrigens auch in Deutschland erhältlich.

Dennoch blieb die Motorisierung weiter Bevölkerungskreise zunächst auf die USA beschränkt. Dort wurden 1929 ca. 85 % aller Automobile weltweit produziert; die US-Produktion expandierte, weil es nur drei große US-Autokonzerne gab, während die Produktion in Europa sehr zersplittert war. Zudem gelang es den Amerikanern, die Autos weiter zu verbilligen und den potentiellen Käuferkreis zu verbreitern.

Europa folgte dem historischen Trend zur Massenmotorisierung erst lange nach den USA, mit dem Wirtschaftsaufschwung der 50er und 60er Jahre. Dabei spielte der Volkswagen tatsächlich eine wichtige Rolle. Bald nach Kriegsende war die Produktion wieder aufgenommen worden; 1951 bereits waren 250 000 Stück gebaut. 1960 waren dann fünf Millionen Exemplare des nunmehr mit dem Kosenamen »Käfer« belegten Fahrzeugs produziert worden. Bis in die 70er Jahre hinein prägte er das Straßenbild in Deutschland. 1972 wurde Fords Produktionsrekord eingestellt, und als 2003 der letzte Käfer in Mexiko vom Band lief, waren insgesamt 21,5 Millionen hergestellt worden.

Angesichts dessen ist es nicht verwunderlich, daß der Käfer noch heute vielen als Beginn der Massenmotorisierung gilt – ein Ruf freilich, der ihm nicht gebührt. Denn lange vor ihm hatte bereits der Ford T ein ganzes Volk mobil gemacht.

Wandalen

Die Wandalen waren zerstörungswütig

Das Lexikon verzeichnet unter Wandalismus: »Zerstörungswut, nach dem german. Volksstamm«. Was genau hatte es mit dieser angeblichen »Zerstörungswut« auf sich?

Die Wandalen stammten aus der Region des späteren Schlesien. Während der Völkerwanderung hatten sie Europa westwärts durchzogen und waren schließlich bis nach Nordafrika gelangt. 439 eroberten sie die römische Provinz Africa Proconsularis. Karthago, die einstige Erzrivalin Roms, wurde Hauptstadt des Wandalenreichs. 455 besetzten die Wandalen unter ihrem König Geiserich Rom, das seinerzeit Zentrum des weströmischen Reichs und Sitz des Kaisers war. Ihr Einzug in Rom erfolgte kampflos, daher wurde die Stadt auch nicht zerstört.

Woher kommt dann aber der schlechte Ruf der Wandalen? Ihr Auftritt war durchaus robust, auch wenn er nicht zerstörungswütig war. Mit der weltlichen Macht verdarben sie es sich, indem sie den römischen Kaiser ermordeten. Dabei hatte man in Rom ohnehin schwer daran zu tragen, besiegt worden zu sein – das war die ehemalige Weltmacht nicht gewohnt! Aber auch das geistliche Rom wurde düpiert: der Besetzung der Stadt folgten Kirchenschließungen und die Konfiskation von Kirchenschätzen. 483/84 setzten Christenverfolgungen im gesamten Wandalenreich ein, 484 wurde per Dekret der Übertritt aller Katholiken zum Arianismus, einer unter germanischen Stämmen verbreiteten Auffassung des Christentums, angeordnet (erst 523 wurde der Katholizismus wieder zugelassen). Kein Wunder, daß der Ruf da ruiniert war.

Der Begriff »Wandalismus«, wie er heute verstanden wird, entstand aber erst während der Französischen Revolution, obwohl die Wandalen in der Literatur auch vorher – von altfranzösischen Epen bis hin zu dem deutschen Schriftsteller Christian Friedrich Daniel Schubart – immer wieder ihre Auftritte hatten. Henri Grégoire, der Bischof von Blois, ist der Schöpfer des Begriffs. Er verurteilte als Mitglied des Nationalkonvents am 31. August 1794 die Beschädigung von Kunstwerken durch radikale Jakobiner und bezeichnete die Zerstörungen im revolutionären Frankreich insgesamt als »vandalisme«.

Festzuhalten bleibt: die Wandalen waren weder besonders zerstörungswütig noch ungebildete Barbaren: Sie ersetzten die Elite Roms in Nordafrika und pflegten vermutlich einen durchaus römischen Lebensstil, über den aufgrund der schlechten archäologischen Quellenlage aber leider wenig Genaues bekannt ist.

Wandlitz
war eine feudale Bonzensiedlung

Zahlreiche Gerüchte rankten sich in der DDR um die »Waldsiedlung Wandlitz«. Etwa 40 Kilometer außerhalb Berlins war in einem der Öffentlichkeit nicht zugänglichen Bereich für die Mitglieder von Regierung und Politbüro der SED ein Siedlungsareal erschlossen worden, das von einer zwei Meter hoher Wachmauer umfriedet und von der eigentlichen Gemeinde Wandlitz abgetrennt war.

Mit dem Bau der Siedlung war in den 50er Jahren begonnen worden. Die Aufstände vom 17. Juni 1953 in der DDR und in Ungarn 1956 hatten für die Herrschenden die Sicherheitsfrage immer akuter werden lassen. Man wollte sich vor dem eigenen Volk in Sicherheit bringen; eine Wohnung in Ost-Berlin schien da ein Risiko zu sein. Wandlitz war zudem landschaftlich reizvoll, und die Nähe eines bereits bei den Nazis beliebten Jagdgebietes lockte.

Als die Siedlung nach dem Ende der DDR zugänglich wurde, war die Ernüchterung groß: zum Vorschein kamen vor allem 21 fast baugleiche Häuser mit je 180 qm Grundfläche. Jägerzäune umschlossen die Grundstücke. Das Ensemble bewegte sich allenfalls auf gehobenem westlichem Spießer-Standard. Hinter den verbreiteten Feudalismus-Phantasien blieb es weit zurück.

Ihren besonderen Charakter gewann die Siedlung durch die Umstände, unter denen Normalbürger zu leben hatten. Während sich die DDR-Bürger mit Planwirtschaft, Devisenmangel und Wohnungsnot arrangieren mußten, während weder Zement noch Farbe zu haben waren, bezog das Führungspersonal die (überaus konventionelle) Inneneinrichtung seiner Häuser aus dem Westen.

Das war wohl nicht besonders sozialistisch – »feudal« war die Wandlitzer Siedlung aber nicht. Heute wird sie übrigens als Kurklinik genutzt.

Wehrmacht (1)

Die deutschen Soldaten führten einen ›normalen‹ Krieg

Lange Zeit wurde in Westdeutschland das Image des »sauberen« deutschen Soldaten gepflegt, zumal die Wehrmacht bei den Nürnberger Prozessen im Gegensatz zu SS, Waffen-SS und SD nicht zur verbrecherischen Organisation erklärt worden war. So entstand die Legende, die Wehrmacht sei an den deutschen Kriegsverbrechen nicht oder kaum beteiligt gewesen; diese seien allein von der SS und den Einsatzgruppen der Polizei und des SD ausgeführt worden.

Inzwischen liegen aber eindeutige Beweise vor, daß es nicht so war. Die Wehrmachtsführung und auch »normale« Soldaten der Wehrmacht haben sich schuldig gemacht, insbesondere (aber nicht ausschließlich) an der Ostfront. Denn die NS-Rassenideologie sprach den Zivilisten der besetzen Gebiete im Osten ihre Menschenwürde, ja, ihr menschliches Dasein überhaupt ab (hier wurde der Begriff des »Untermenschen« geprägt). Das wirkte sich auf die Kriegsführung der Wehrmacht und den Umgang mit Gefangenen der Roten Armee sowie mit Partisanen unmittelbar aus.

Dies illustriert beispielsweise der Erlaß über die Ausübung der

Kriegsgerichtsbarkeit vom 13. Mai 1941, also knapp 6 Wochen vor dem Überfall auf die Sowjetunion. Danach sollten Widerständler aus der sowjetischen Bevölkerung nicht vor ein Kriegsgericht gestellt, sondern ohne Prozess hingerichtet werden. Straftaten von Wehrmachtsangehörigen gegen sowjetische Zivilisten hingegen konnten von der Verfolgung freigestellt werden. Am 6. Juni 1941 folgte der berüchtigte »Kommissar-Befehl«: gefangengenommene Politkommissare der Roten Armee seien »zu erledigen« – ein klarer Bruch des Kriegsvölkerrechts. Drei Monate danach erließ Generalfeldmarschall Wilhelm Keitel, Chef des Oberkommandos der Wehrmacht (OKW), den »Geiselmord-Befehl«: Für jeden von Partisanen getöteten deutschen Soldaten seien 50 bis 100 Geiseln aus der Zivilbevölkerung zu töten: »Dabei ist zu bedenken, daß ein Menschenleben in den betroffenen Ländern vielfach nichts gilt und eine abschreckende Wirkung nur durch ungewöhnliche Härte erreicht werden kann. [...] Die Art der Vollstreckung muß die abschreckende Wirkung noch erhöhen.« Am 16. Dezember 1941 sprach das OKW die Weisung aus, die brutalen Methoden der Partisanenbekämpfung »ohne Einschränkung [...] auch gegen Frauen und Kinder anzuwenden«.

»Mit soldatischer Ritterlichkeit oder mit den Vereinbarungen der Genfer Konvention hat dieser Kampf nichts mehr zu tun« hieß es in der Begründung, die klar machte, daß die deutschen Soldaten sich von den Regeln und Grenzen eines ›normalen‹ Krieges nicht zurückhalten lassen sollten. Damit war jedes Verbrechen legitimiert – und so wurde auch fast jedes Verbrechen von Wehrmachtssoldaten begangen.

Wehrmacht (2)

Militärs waren Hitlers willige Vollstrecker

Durch Figuren wie Generalfeldmarschall Wilhelm Keitel, Chef des Oberkommandos der Wehrmacht (OKW) – wegen seiner Ergebenheit spöttisch auch »Lakeitel« genannt – und Generaloberst Alfred Jodl, Chef des Wehrmachtführungsstabes im OKW hat sich das Bild einer Wehrmacht verbreitet, die Adlolf Hitler ergeben folgte.

Aber die deutsche Armee war keineswegs williger Vollstrecker der Eroberungs- und Vernichtungspläne des Diktators. So wandten sich mehrere Vertreter der Generalität gegen Hitlers Kriegspläne – wenn auch nur, weil sie Deutschland als nicht ausreichend vorbereitet und gerüstet erachteten. Hitler hatte 1936 verlangt, die Wehrmacht müsse in »vier Jahren einsatzfähig, die deutsche Wirtschaft in vier Jahren kriegsfähig sein«. Vor allem Reichskriegsminister Werner von Blomberg und der Oberbefehlshaber des Heeres, Werner Freiherr von Fritsch, waren skeptisch und verwiesen wiederholt auf die allgemeinen Risiken eines Kriegs. Deshalb wurden sie 1938 unter unappetitlichsten Umständen entmachtet – Blomberg wegen seiner Eheschließung mit einer Ex-Prostituierten, Fritsch unter dem vollkommen gegenstandslosen, für einen Offizier seinerzeit vernichtenden »Vorwurf« der Homosexualität.

Und auch nach Kriegsbeginn gab es durchaus Akte der Widerspenstigkeit bei einzelnen Militärs. Zu ihren Vertretern gehörte der »ständige Verschwörer«, Abwehrchef Admiral Wilhelm Canaris, Generalmajor Hans Oster – der die Alliierten zu Kriegsbeginn über deutsche Angriffspläne auf die Beneluxstaaten informierte – und Generaloberst Ludwig Beck, der seit 1937 dem Widerstand zuzurechnen ist. Auch über den »Wüstenfuchs« Erwin Rommel ist bekannt, daß er offene Worte über Hitlers Kriegsplanungen nicht scheute – und selbst wenn er wohl ohne sein Wissen auf die Kabinettsliste der Verschwörer des 20. Juli 1944 geriet, erschien die Vorstellung, er hege Sympathien für den Stauffenberg-Kreis, den Nazis doch so plausibel, daß sie ihn 1944 zum Selbstmord drängten.

Je negativer der Krieg aus ihrer Sicht verlief, desto heftiger wurde die Opposition innerhalb der Wehrmacht: Generalfeldmarschall Gerd von Rundstedt stellte fest, daß Hitler keine Ahnung von militärischer Strategie habe. Generalfeldmarschall Friedrich Paulus kapitulierte gegen Hitlers ausdrücklichen Befehl am 31. Januar 1943 mit 90 000 Mann im Kessel von Stalingrad.

Der Widerstand der Offiziere kumulierte – nach mehreren mißglückten Attentaten auf Hitler – am 20. Juli 1944, als Oberstleutnant Claus Schenk Graf von Stauffenberg im Führerhauptquartier eine Kofferbombe zündete. Hitler überlebte unverletzt. Zu den nach dem 20. Juli Hingerichteten zählen Generalfeldmarschall Erich von Witzleben, Oberleutnant Albrecht von Hagen, Oberst Friedrich

Gustav Jaeger und Oberstleutnant Albrecht Ritter Merz von Quirnheim.

Angesichts des Skizzierten sowie weiterer Widerstandsgruppen mit starker militärischer Beteiligung (wie etwa dem Kreisauer Kreis) kann wohl kaum davon gesprochen werden, daß die Militärs ausnahmslos willige Vollstrecker waren – auch wenn nur eine Minderheit Widerstand wagte und der Erfolg ihr versagt geblieben ist.

Weimarer Republik

Die Zwanziger Jahre waren »golden«

Eine Redewendung, die es zur Sprichwörtlichkeit brachte – und trotzdem: dran ist so gut wie nichts. Gut, der Erste Weltkrieg war vorüber. Und es hat während der Weimarer Repubik in Deutschland eine kulturelle Blüte gegeben, von der besonders Berlin profitierte: alle Arten von Clubs etablierten sich in der Stadt, die zu einem Zentrum von Musik und Kabarett wurde. Hier konzentrierte sich die literarische Szene, und auch Kino wurde in Berlin gemacht: Fritz Lang drehte 1926 hier seinen Klassiker *Metropolis.*

Aber dennoch waren die 20er Jahre für die meisten Deutschen eine bedrückende Zeit. Die Wirtschaft entwickelte sich katastrophal; der Staat ließ immer mehr Geld drucken, um seine Ausgaben zu bestreiten, was wiederum dazu führte, daß das Geld immer weniger wert war. Die Inflation vernichtete Vermögen in zuvor nie geahntem Ausmaß – ein simples Brötchen kostete schließlich Milliarden. Als sie Ende 1923 besiegt schien – im Zuge der Währungsreform 1923/24 wurde eine ganz neue Währung, die »Rentenmark«, in Verkehr gebracht –, lag die Wirtschaft am Boden. Die Arbeitslosigkeit nahm ungeahnte Ausmaße an: waren Anfang 1924 noch 1,5 Millionen Menschen ohne Arbeit, so hatten zwei Jahre darauf 2 Millionen keine Beschäftigung, und Ende 1929 über drei Millionen. Und das alles ohne soziale Absicherung, wie wir sie heute kennen. Da wird am 1. Januar 1930 wohl kaum jemand einem »goldenen« Jahrzehnt nachgeweint haben. Und dabei sollte es noch schlimmer kommen ...

Wirtschaftswunder
Alle haben mit 40 Mark angefangen

Zu den hartnäckigsten Geschichtslegenden jüngeren Datums überhaupt gehört die Annahme, die Währungsreform sei quasi die »Stunde Null« des westdeutschen Wirtschaftslebens gewesen. Alle hätten mit dem gleichen Startkapital begonnen, jeder habe die gleichen Chancen gehabt. Aber das ist falsch.

Nach dem Krieg verfiel der Wert der deutschen Reichsmark rasant. Während der offizielle Kurs 1RM = 0,30 US-Dollar lautete, gab es realiter für eine RM nur einen US-Cent. Hintergrund war eine gleichsam »aufgestaute« Inflation, die während des Krieges aufgrund staatlich gelenkter Volkswirtschaft nicht offen zutage getreten war. Die ersten Nachkriegsjahre waren geprägt von der »Zigarettenwährung«, von Tausch und Handel in Devisen, von Schwarzmarktgeschäften – der »Schieber« wurde zu einer regelrechten Hassfigur der unmittelbaren Nachkriegszeit. Ein nachhaltiger Effekt dieser Phase war der Wertverfall von Guthaben und Forderungen.

Am 1. März 1948 erfolgte die Gründung der »Bank Deutscher Länder« durch die drei westlichen Militärgouverneure. (Ein kurzer Exkurs: Am 21. Juni zogen die Sowjets in ihrer Zone nach und gründeten die »Emissions- und Girobank«, ab 20. Juli die »Deutsche Notenbank«. Diese führte dann drei Tage nach der Währungsreform im Westen die Währungsreform im Osten durch, jedoch ohne die bemerkenswerten wirtschaftlichen Effekte der West-Reform.) Am 20. Juni 1948 wurden die in den USA gedruckten DM-Noten erstmals ausgegeben. Die äußere Ähnlichkeit mit dem US-Dollar war übrigens offenkundig. Mit diesem Währungsschnitt sollte das deutsche Wirtschaftsleben angekurbelt und die Teilnahme der Westsektoren am sog. Marshallplan (eigentlich European Recovery Program, ERP) ermöglicht werden. Jeder Bürger der Westzonen einschließlich der Westsektoren Berlins konnte zu einem vergleichsweise attraktiven Kurs von 1,5:1 für 60 alte Reichsmark 40 neue D-Mark eintauschen; im folgenden August gab es nochmals 20 DM für 30 alte Reichsmark. Hierher kommt die Vorstellung, alle hätten damals mit 40 DM angefangen.

Aber alles, was über die 90 attraktiv umgetauschten Reichsmark hinausging, verlor ja nicht vollständig seinen Wert. Eigentümer von Grund und Boden, Produktionsanlagen, Gold oder Antiquitäten konnten diese nach der Währungsreform wieder zu geregelter, profitabler Produktion nutzen oder zu »richtigem« Geld machen. Auch Sparguthaben wurden nicht etwa gelöscht – ihre Umstellung brachte für 100 RM immerhin 6,50 DM. Vor allem aber liefen Gehälter, Zahlungen und Staatsbezüge im Verhältnis 1:1 weiter. Auch hier also wurden die Ungleichheiten in die Zeit der DM »hinübergerettet«. Und deshalb haben nicht alle mit 40 Mark angefangen.

Wunder

Der Große Kurfürst sprach »Dies hat der Herr vollbracht, und es ist ein Wunder vor unseren Augen.«

Am 28. Juni 1675 kam es bei Fehrbellin (40 km nordöstlich von Berlin) zur Schlacht zwischen preußischen und schwedischen Truppen, die in Brandenburg eingefallen waren. Der Große Kurfürst, Friedrich Wilhelm von Brandenburg, führte seine Soldaten persönlich an, der Überlieferung zufolge auf einem prächtigen Schimmel. Die Schweden, so heißt es, hätten gewußt, welches Pferd der König ritt. Dieser habe mithin ein leichtes Ziel abgegeben, und daher habe der Stallmeister Emanuel Froben den Herrscher bedrängt, das Pferd mit ihm zu tauschen. Prompt sei der treue Mann das Opfer feindlicher Kugeln geworden. Der Herrscher daraufhin: »Dies hat der Herr vollbracht, und es ist ein Wunder vor unseren Augen.« So jedenfalls überliefert es neben anderen kein Geringerer als Friedrich der Große in seinen *Memoires pour servir à l'histoire de la maison de Brandebourg* (1746).

Tatsächlich hat Froben – ohne im Militärdienst zu stehen – den Herrscher ins Feld begleitet, ist vor ihm hergeritten und von einer Kugel getroffen worden, die andernfalls den Großen Kurfürsten erreicht hätte. Mit dem Pferdetausch allerdings hatte Froben nichts zu tun: vielmehr bemerkte der den Fürsten begleitende Leibjäger Uhle, daß zahlreiche Kanonen sich auf den Schimmel Friedrich Wilhelms richteten und regte daher einen Wechsel mit seinem Braunen an. Und tatsächlich wurde das weiße Pferd getroffen, kaum daß der Tausch vollzogen war.

Wenn der Kurfürst wirklich so bibelfest gewesen sein sollte, wie die Überlieferung unterstellt (Friedrich Wilhelm zitiert nämlich aus dem Alten Testament, Psalm 118, 23), so hat er sich aus deren Fundus zu wechselnden Gelegenheiten bedient. Dies mag folgende Anekdote zeigen: Eines Tages desertierten zwei Brüder, um ihre sterbende Mutter noch einmal zu sehen. Einer der beiden sollte begnadigt, der andere hingerichtet werden. Die beiden, so hatte Friedrich Wilhelm entschieden, mußten um ihr Leben würfeln. Nachdem beide dreimal nacheinander jeweils Sechser gewürfelt hatten, begnadigte der Kurfürst – unter Hinweis auf den Psalm – alle beide.

Der Ausspruch wird übrigens auch Elisabeth I. von England, der Tochter Heinrichs VIII. und Anne Boleyns, zugeschrieben. »Dies hat der Herr vollbracht, und es ist ein Wunder vor unseren Augen« soll sie ausgerufen haben, als sie die Nachricht vom Tode ihrer Stiefschwester erhielt, Königin Maria der Katholischen, der Tochter Katharinas von Aragon. Der Grund ihrer Bewegtheit? Sie stand auf Platz eins der Thronfolge und konnte nun die Herrschaft antreten.

Wirklich belegt freilich ist nichts von alledem.

Z

Zeitrechnung

Unsere Zeitrechnung wurde durch Jesu Geburt begründet

Die Annahme, der Zeitrechnung der westlichen Welt liege ein historisches Ereignis – die Geburt Jesu – zugrunde, entbehrt jeder Grundlage. Die Jahresangaben »1 v. Chr.« und »1 n. Chr.« suggerieren, es habe ein Jahr 0 gegeben. Die Zeitrechnung aber beginnt mit dem Jahr »1 n. Chr.«, womit seit jeher gemeint war »im ersten Jahr des Herrn« (A.D.). Der römische Kaiser Augustus, seit 31 v. Chr. Alleinherrscher in Ost und West, hat demnach nicht 46 Jahre regiert (31 + 1 + 14), sondern 45 Jahre (31 + 14). Das Fehlen des »nullten« Jahres war ja auch dafür verantwortlich, daß die zurückliegende Jahrtausendwende eben nicht am 1. Januar 2000 erfolgte (als sie gefeiert wurde), sondern am 1. Januar 2001.

Zudem wurde Jesus nicht im Jahre 1, sondern vermutlich zwischen 7 und 5 v. Chr. geboren, auch wenn es so nicht in der Bibel steht. Aber diese ist ja auch kein Dokument historischer Forschung. Die »Heilige Schrift« will schließlich nicht objektiver Spiegel ihrer Zeit sein, sondern Bekenntnis ablegen. Diesem Ziel dienen Offenbarungen und Evangelien, und so nimmt es nicht wunder, daß sie als geschichtliches Zeugnis wenig taugen. Das gilt auch für die Schilderungen der Geburt des Erlösers. Ihr Zeitpunkt ist aufgrund der Angaben der Evangelisten nicht zu ermitteln – und kann schon deshalb nicht der Beginn einer neuen Zeitrechnung sein.

Die bekanntesten Datierungshilfen der Bibel verweisen zudem keineswegs in das Jahr 0. Den von Matthäus geschilderten »Stern von Bethlehem«, der den Heiligen drei Königen den Weg zur Krippe gewiesen habe, kann man zwar durchaus für historisch halten.

Nur: zur Zeitenwende hat er nicht geleuchtet. Vielmehr hat schon der Astronom Johannes Kepler eine spezielle Konstellation von Saturn und Jupiter ausgemacht, die zur fraglichen Zeit im Nahen und Mittleren Osten besonders hell am Himmel stand – im Jahre 7 v. Chr.!

Diese Datierung wird heute für die wahrscheinlichste gehalten. Man hat aber daneben auf das Frühjahr des Jahres 5 v. Chr. als möglichen Geburtstermin verwiesen, da zu dieser Zeit ein Komet den nahöstlichen Himmel erhellte, sowie auf den April des Jahres 4. v. Chr., als eine Supernova, ein Stern mit plötzlicher Helligkeitszunahme, die Region erleuchtete.

Und wie sieht es mit der »Volkszählung« aus? Der Evangelist Lukas – ein Mitstreiter des Apostels Paulus; der Legende nach hat er Jesus noch persönlich gekannt – berichtet, Jesus sei im Jahr der ersten Steuerzählung in Palästina geboren worden. Dieser Zensus ist zwar historisch. Er fand allerdings erst im Jahre 6 n. Chr. statt. Herodes wiederum, während dessen Regierung Jesus geboren worden sein soll, starb bereits um 4 v. Chr. Und die von Augustus befohlene Volkszählung ist schon im Jahre 8 v. Chr. durchgeführt worden. Eine widerspruchsfreie Datierung des Geburtstermins Jesu mithilfe der biblischen Angaben ist also nicht möglich.

Im 6. Jahrhundert unternahm Dionysius Exiguus daher einen Versuch, den Geburtstag zu errechnen: Er erstellte im Jahre 525 »Ostertafeln«: Zeitleisten, denen zufolge das Jahr 1 dem Jahr 754 römischer Zeitrechnung entspricht. Spätere Nachprüfungen ergaben, daß der Mönch sich vermutlich um vier Jahre verrechnet hat. Die korrekte Datierung nach seiner Methode weist somit in das Jahr 4. v. Chr. als Geburtstermin. Also: alles bleibt ungewiß – nur die Tatsache, daß es ein Jahr »0« nicht gegeben hat, ist sicher.

Und wie steht es eigentlich mit dem angeblichen Geburtstag Jesu, dem 25. Dezember? Auch hier hilft die Bibel nicht weiter: daß die Christenheit an diesem Tage das Weihnachtsfest begeht, beruht auf einer Konvention, die erst aus dem vierten Jahrhundert stammt.

Zivilisation

Die Europäer eroberten Amerika dank ihrer zivilisatorischen Überlegenheit

Zu den erstaunlichsten Vorgängen der Weltgeschichte gehört die Einnahme Mittel- und Südamerikas durch die Spanier im 16. Jahrhundert. Weniger als 100 000 Eroberern gelang es binnen weniger Jahrzehnte, 60 bis 70 Millionen Menschen zu unterwerfen. Wie war das möglich?

Als der spanische Konquistador Hernan Cortez im Jahre 1519 in Mittelamerika ankam, umfaßte das Aztekenreich in etwa das Gebiet des heutigen Mexiko. Tenochtitlan, das heutige Mexico City, war eine Stadt von über 100 000 Einwohnern. Das Leben dort dürfte sich auf keiner grundsätzlich anderen Kulturstufe abgespielt haben als etwa in Madrid. Dennoch hat sich hartnäckig die Legende gehalten, die Spanier hätten das Land aufgrund ihrer zivilisatorischen Überlegenheit so rasch unterwerfen können, weil sie über Pferde und Feuerwaffen verfügten. Außerdem, so wird kolportiert, hätten die Indianer die Weißen für Götter gehalten, was ihren Widerstandsgeist gebrochen habe.

Tatsächlich ist all das für die raschen Erfolge der Spanier nicht entscheidend gewesen. In Wirklichkeit war es etwas anderes: die Spanier wurden in ihrem Kampf gegen die Azteken von Indianern unterstützt! Die moderne Forschung ist sicher, daß die Eroberungen der Spanier ohne die Hilfe einheimischer Krieger nicht möglich gewesen wären.

Was war deren Motiv? In den etwa 80 Jahren vor Ankunft der Spanier hatten die Azteken viele andere Stämme unterdrückt und tributpflichtig gemacht und zwangen sie darüber hinaus zur Lieferung von »Nachschub« für Menschenopfer-Rituale. In den weißen Neuankömmlingen sahen sie daher willkommene Verbündete gegen die verhaßten Unterdrücker. So konnte Cortez allein bei der Eroberung Tenochtitlans 1519/20 auf 12 000 bis 15 000 Krieger zurückgreifen, die ihm der Herrscher von Tlaxcala zur Verfügung stellte.

Die Niederwerfung des an der Westküste Südamerikas gelegenen riesigen Inkareiches (es erstreckte sich von Ecuador über Peru bis hinab nach Chile) folgte demselben Muster: Der spanische Konquistador Francisco Pizzaro konnte 1532/33 in die Inkahauptstadt Cuzco einziehen, weil ihm die Chachapuyas, die Kanarr und die Wanka den Weg geebnet hatten.

Neben der Legende von der Überlegenheit der Europäer ist damit auch ihr Gegenstück obsolet geworden: diejenige von den zwar primitiven, aber geradezu paradiesischen Zuständen, die vor Ankunft der Europäer in jenem Teil der Welt geherrscht hätten. Die »edlen Wilden« waren einander keineswegs grün.

Auch für die Eroberung Nordamerikas gibt es die Legende vom Sieg der Zivilisation über die Ureinwohner. Tatsächlich war jedoch auch hier ein anderer Faktor entscheidend: 1620 trafen englische Puritaner, die »Pilgerväter«, mit dem Schiff »Mayflower« im Nordosten des amerikanischen Kontinents ein. Dort gründeten sie die Stadt Plymouth, die Keimzelle der Kolonie Neuengland. Die Pilgerväter waren freilich nicht die ersten Weißen in jener Region. Schon Jahre zuvor hatten englische und französische Fischer vor Neuengland gefischt und waren immer wieder an Land gegangen, um ihre Vorräte zu ergänzen. Dabei blieb es nicht aus, daß sie mit Indianern zusammenkamen. Die Seeleute übertrugen Krankheitserreger: Hepatitis, Pocken und Grippe breiteten sich epidemisch unter den Ureinwohnern aus. Innerhalb von nur wenigen Jahren fielen über 90 % der Indianer diesen Krankheiten zum Opfer! Damit waren die Grundlagen ihres Zusammenlebens zerstört, ihre Kultur vernichtet. Die Überlebenden verließen ihre Siedlungen und flohen zu Nachbarstämmen. Das verschlimmerte das Elend, denn die Geflohenen infizierten ihre Retter. Überall verfielen die Dörfer. Die Gebeine der unbestatteten Toten füllten Straßen und Wege.

In den folgenden 15 Jahren setzten die Seuchen ihr zerstörerisches Werk fort. Natürlich erkrankten auch Weiße, aber diese erholten sich oft wieder – man denke nur an den pockennarbigen Präsidenten George Washington. Die erkrankten Indianer hingegen starben für gewöhnlich.

Das blieb nicht ohne Eindruck auf Kultur und Selbstbild der Europäer, die in der Annahme bestärkt wurden, einen göttlichen Plan auszuführen. Das Haupt der Kolonie in der Bucht von Massachusetts, John Winthrop, schrieb 1634, der überwiegende Teil der

Eingeborenen sei von den Pocken hinweggerafft worden. »So bezeugt Gott unseren Anspruch auf das Land, und die überlebenden Indianer, keine 50 in der Zahl, haben sich unter unseren Schutz gestellt.«

Umgekehrt nahmen die Indianer an, ihr Gott habe sie verflucht. Ein Zeitzeuge schilderte die Verzweiflung der Cherokee, eines der größten Indianerstämme, die an den südwestlichen Ausläufern der Apalachen lebten. Er schreibt, daß sie »alles Vertrauen in ihre Götter verloren hatten, ja, daß ihre Priester sogar die Stammesheiligtümer zerstören«. Die Indianer hatten weder Hilfsmittel gegen die Krankheit noch bot ihre Religion eine Erklärung für die Katastrophe. Die der Weißen tat es.

So konnten Epidemien zu einem der wichtigsten geopolitischen Faktoren des frühen 17. Jahrhunderts werden. Die Engländer stießen nicht auf nennenswerten Widerstand, im Gegenteil: die demoralisierten Indianer bereiteten ihnen einen freundlichen Empfang. So wurden die Pilgerväter vom Häuptling der Wampanoag, Massoit, freundlich empfangen, weil er – geschwächt durch die Seuche – befürchtete, feindliche Stämme könnten ihn überwinden.

Hätte es die Epidemien nicht gegeben, wäre die Überlegenheit der westlichen Zivilisation keineswegs sicher gewesen. Schließlich haben die Indianer im Jahre 1606 den ersten Versuch der Besiedlung von Massachusetts durch den französischen Entdecker und späteren ersten Gouverneur Kanadas, Samuel de Champlain, zurückgeschlagen. 1607 verhinderten sie die Kolonisation von Maine.

Insgesamt haben zwischen 1520 und 1918 über 90 Epidemien unter den nordamerikanischen Indianern gewütet, darunter Beulenpest, Cholera, Diphtherie, Grippe, Masern, Pocken, Tuberkulose und Typhus. Man hat geschätzt, daß zur Zeit des ersten Kontakts mit Weißen bis zu ca. 14 Millionen Indianer in Nordamerika gelebt haben. In der Mitte des 19. Jahrhunderts waren es noch zwei Millionen, Ende des 19. Jahrhunderts noch 250 000.

In Mittelamerika verhielt es sich übrigens ähnlich. Die spanischen Eroberungen sind ohne die Pestepidemien unter den Indianern nicht vorstellbar. Als die Conquistadoren 1521 in Tenochtitlan einmarschierten, mußten sie buchstäblich über Leichen gehen – über die Opfer der Pest.

Zonengrenze
Die Grenzen der DDR wurden sofort hermetisch abgeriegelt

Mit der Gründung der Bundesrepublik und der DDR im Jahre 1949 wurde die vormalige Grenze zwischen den westlichen Besatzungszonen und der SBZ von seiten der DDR als Staatsgrenze betrachtet, von seiten der BRD hingegen als illegitim (so wie die gesamte ostdeutsche Regierung, de jure zumindest bis zu den Ostverträgen der Ära Brandt).

Aber die Grenze wurde entgegen einer verbreiteten Vorstellung nicht sofort hermetisch abgeriegelt.

Die innerdeutsche Grenze wurde erst im Verlaufe der 50er Jahre zu einer undurchdringlichen Barriere gemacht, und die Sektorengrenze zwischen den beiden Teilen Berlins war sogar bis 1961 frei passierbar. Erst in der Nacht zum 13. August begannen Einheiten der Volkspolizei und der Nationalen Volksarmee der DDR, West-Berlin mit Stacheldrahtverhauen einzuzäunen. Der Westen wurde von der Aktion überrascht, unternahm jedoch nichts, solange die Zugangswege für die Westmächte frei blieben.

Die DDR-Führung unter Walter Ulbricht erachtete den Mauerbau als notwendig, um das Ausbluten ihrer Wirtschaft durch die massenhafte Abwanderung qualifizierter Arbeitskräfte durch die offene Berliner Grenze in den Westen zu beenden.Von 1949 bis 1962 hatten etwa 2,7 Millionen Einwohner (von 17,2 Millionen) die DDR verlassen. Besonders in Phasen erhöhter Repression, wie etwa nach dem Volksaufstand vom 17. Juni 1953, schwoll der Flüchtlingsstrom an. Der Mauerbau sowie der Ausbau des Grenzverlaufs zur Bundesrepublik durch einen »Todesstreifen« mit Mauer, Minensperre und Selbstschußanlagen sowie der Schießbefehl setzten dem ein gewaltsames Ende.

So hermetisch wie etwa die Grenze zwischen Nord- und Südkorea war die innerdeutsche Grenze dennoch nicht. Denn undurchlässig war die Mauer »nur« in eine Richtung: nach Westen. Reisen von West nach Ost hingegen waren möglich: devisenbringende westliche Touristen und Besucher konnten in die DDR fahren – insbesondere, nachdem der Reiseverkehr 1972 durch das Berlin-Abkommen und das Innerdeutsche Transitabkommen geregelt worden war.

Und auch viele DDR-Bürger konnten reisen – in der Regel allerdings nur in Richtung Osten. (In den Westen ging es nur für wenige und nur nach Absolvierung hoher bürokratischer Hürden sowie unter Zurücklassung von Familienangehörigen als Geiseln.) Daß im Jahre 1989 dann der Weg in den Westen über die Tschechoslowakei oder Ungarn führte, ist eine ironische Wendung der Geschichte, an deren Ende die offenen Grenzen und die Reisefreiheit für alle Deutschen standen.

»Zurück zur Natur«
Rousseau war der erste Grüne

Um es gleich zu sagen: Die »Natur«, zu der der französische Moralphilosoph und Schriftsteller Jean-Jacques Rousseau zurückkehren wollte, hat es nie gegeben – das verlorene, weit entfernte oder längst versunkene Paradies, das »holde Blütenalter der Natur«, nach dem Friedrich Schiller sich in seinem Gedicht *Die Götter Griechenlands* (1788) sehnte. Aber es kommt hinzu, daß Rousseau keineswegs der erste war, der dieses Ideal beschwor.

Schon als Kolumbus 1492 in Amerika landete, glaubten viele, den Ort dieser mythischen Welt gefunden zu haben. Sie meinten, in seinen Bewohnern auf »edle Wilde«, Menschen in unverdorbener Ursprünglichkeit gestoßen zu sein . Daran hatten die Entdecker der fernen Welten eifrig mitgewirkt: Schon Christoph Kolumbus selbst schilderte in seinen Reiseberichten die Nacktheit der Bewohner der Karibik, ihre Schönheit und Würde. Der italienische Seefahrer Amerigo Vespucci beschrieb ihre Heimat in seinen *Quattuor Navigationes* (1507) als Inseln der Seligen.

Die Berichte der Entdecker fanden Eingang in die Werke von Schriftstellern und Philosophen und verschmolzen dort mit der Vorstellung vom Goldenen Zeitalter. So etwa bei Michel de Montaigne, der in seinem Werk *Des Coches, Des Cannibales* (1580) eine Gesellschaft beschrieb, in der es keine staatliche Bindung gab. Ohne Bildung und Besitz lebten die Menschen friedlich zusammen. In dieser gedachten Ursprünglichkeit waren Freiheit und Gleichheit aller Menschen gedanklich angelegt, wie sie später – etwa im Werk des englischen Philosophen John Locke – als oberste Prinzipien des Rechts eingefordert wurden.

Aber bereits in der Antike hatte es Vorstellungen von idealer Ursprünglichkeit gegeben: schon die alten Griechen schwärmten von kulturell unberührten Völkern auf glückseligen Inseln des indischen Ozeans. Der römische Historiker Plinius d.Ä. hatte in seiner *Naturalis Historia* (77) gemeint, früher seien die Menschen glücklich und unschuldig gewesen.

Am bekanntesten freilich ist die geographisch-ethnographische Schrift *Germania* (98) des römischen Geschichtsschreibers Tacitus: So wie Rousseau den edlen Wilden, beschreibt Tacitus die Germanen. Und beide verfolgen denselben Zweck: der eigenen, verkommenen und dekadenten Gesellschaft ein idealisiertes Gegenbild zu präsentieren – womit sich ihre »Natur« als ausgesprochen intellektuelles Konstrukt erweist.

Schillers Zeitgenosse, der Reiseschriftsteller Johann Gottfried Seume, brachte es knapper auf den Punkt: Diejenigen, die »Europens übertünchte Höflichkeit« nicht kannten, seien schlicht und ergreifend »beßre Menschen«.

Literatur

Die Recherchen zu den Artikeln dieses Buches fußen auf der Arbeit und den Ergebnissen zahlreicher Historiker, auf den Werken von Gelehrten ebenso wie auf den Büchern von Geschichts-Liebhabern. Das folgende Verzeichnis enthält diejenigen Titel, die für das vorliegende Werk herangezogen wurden.

Altmann, Frank, et al. (Red.): Die Fischer Chronik Deutschland 1949–1999 (Frankfurt am Main: Fischer, 1999)

Baer, Ludwig: Die Geschichte des deutschen Stahlhelmes von 1915 bis 1945 (Eschborn: Selbstverlag, 1977)

Barnett, Victoria J.: Bystanders. Conscience and Complicity During the Holocaust (Westport: Greenwood, 1999)

Bastian, Till: Furchtbare Soldaten. Deutsche Kriegsverbrechen im Zweiten Weltkrieg (München: Beck, 1997)

Benz, Wolfgang: Die Gründung der Bundesrepublik. Von der Bizone zum souveränen Staat (München: dtv, 1999)

Benz, Wolfgang: Geschichte des Dritten Reiches (München: dtv, 2000)

Berghahn, Volker: Der Erste Weltkrieg (München: Beck, 2003)

Brandt, Willy: Erinnerungen (Frankfurt/M. Propyläen, 1989)

Boureau, Alain: The Lord's First Night: The Myth of the Droit de Cuissage. Übersetzt von Lydia G. Cochrane (Chicago: University of Chicago Press, 1998)

Brockhaus-Enzyklopädie, 20. Auflage (Mannheim: Brockhaus, 1999)

Broszat, Martin: Die Machtergreifung. Der Aufstieg der NSDAP und die Zerstörung der Weimarer Republik (München: dtv, 1994)

Bullock, Allan: Hitler (Frankfurt am Main: Fischer 1964)

Cornwell, John: Pius XII. Der Papst, der geschwiegen hat (München: Beck, 1999)

Expedition Titanic. Die Ausstellung 8. Mai – 9. November 1997, Hamburg-Speicherstadt (o.O.u.J.)

Frei, Norbert: Der Führerstaat. Nationalsozialistische Herrschaft von 1933 bis 1945 (München: dtv, 2002)

Friedländer, Saul, et al.: Pius XII. und das Dritte Reich. Eine Dokumentation (Reinbek: Rowohlt, 1965)

Grundmann, Herbert (Hg.): Gebhardt-Handbuch der deutschen Geschichte (München: dtv, 1973)

Hamburger Institut für Sozialforschung (Hg.): Vernichtungskrieg. Verbrechen der Wehrmacht 1941 bis 1944. Ausstellungskatalog (Hamburg: Hamburger Edition, 1996)

Harenberg Personenlexikon 20. Jahrhundert (Dortmund: Harenberg, 1996)

Herman, Michael: Intelligence Power in War and Peace (Cambridge: CambridgeUniversity Press, 1996)

Hertle, Hans-Hermann: Chronik des Mauerfalls (Berlin: Christoph Links Verlag, 1997)

Hertslet, William Lewis, et al.: Der Treppenwitz der Weltgeschichte (Berlin: Ullstein 1984)

Hillgruber, Andreas: Der Zweite Weltkrieg 1939–1945. Kriegsziele und Strategie der großen Mächte (Stuttgart: Kohlhammer, 1996)

Hinz, Frank-Lothar (Red.): Chronik des 20. Jahrhunderts (Dortmund: Harenberg, 1983)

Isaacs, Jeremy, und Taylor Downing: Der Kalte Krieg (München: Heyne, 2001)

Kaiser, Monika: Machtwechsel von Ulbricht zu Honecker. Führungsmechanismen der SED-Diktatur in Konfliktsituationen 1962–1972 (Berlin: Akademie, 1997)

Kelly, J.N.D.: The Oxford Dictionary of Popes (Oxford: Oxford University Press, 1986)

Kenntemich, Wolfgang, u.a. (Hg.), Das war die DDR. Eine Geschichte des anderen Deutschland (Berlin: Rowohlt, 1993)

Kershaw, Ian: Der NS-Staat (Reinbek: Rowohlt, 2002)
Kinder, Hermann, Hilgemann, Werner: dtv-Atlas zur Weltgeschichte. Karten und chronologischer Abriß, 2 Bde (München: dtv, 1986)
Knopp, Guido: Die SS. Eine Warnung der Geschichte (München: Bertelsmann, 2002)
Knopp, Guido: Kanzler. Die Mächtigen der Republik (München: Bertelsmann, 1999)
Kogon, Eugen: Der SS-Staat (Stuttgart/Hamburg/München: Kindler, 1974)
Lebe, Reinhard: War Karl der Kahle wirklich kahl? (Wiesbaden: VMA, 1980)
Loewen, James W.: Lies my Teacher told me. Everything your American History Textbook got wrong (New York: Touchstone, 1996)
Loewen, James W.: Lies across America. What our historic Sites get wrong (New York: Touchstone, 2000)
Meyers großes Taschenlexikon in 24 Bänden (Mannheim/Wien/ Zürich: Bibliographisches Institut 1983)
Meyers Konversations-Lexikon. Eine Encyklopädie des allgemeinen Wissens (Leipzig: Bibliographisches Institut, 1888–1890)
Müller, Fritz C.: Wer steckt dahinter? Namen, die Begriffe wurden (Düsseldorf/Wien: Econ, 1964)
Ploetz, Der Volks-Ploetz (Freiburg/Würzburg: Verlag Ploetz, 1995)
Pauly, Der kleine Pauly. Lexikon der Antike, 5 Bde (München: dtv, 1979)
Prause, Gerhard: Die Großen wie sie keiner kennt (Düsseldorf/ Wien: Econ, 1967)
Prause, Gerhard: Genies ganz privat (Düsseldorf/Wien: Econ, 1975)
Prause, Gerhard: Genies in der Schule (Düsseldorf/Wien: Econ, 1974)
Prause, Gerhard: Niemand hat Kolumbus ausgelacht (Düsseldorf/ Wien: Econ, 1986)
Prause, Gerhard: Tratschkes Lexikon für Besserwisser (München, dtv, 1986)
Rankin, Robert H.: Helmets and Headdress of the Imperial German Army. 1870–1918 (New Milford: Flayderman, 1965)
Roberts, John M.: Knaurs Illustrierte Weltgeschichte, (München: Knaur, 2001)
Schivelbusch, Wolfgang: Die Kultur der Niederlage – der amerikanische Süden 1865, Frankreich 1871, Deutschland 1918 (Berlin: Fest Verlag, 2001)
Schnee, Heinrich (Hg.): Deutsches Kolonial-Lexikon, Band II (Leipzig: Quelle & Meyer, 1920)
Sieburg, Friedrich: Napoleon. Die hundert Tage, (Berlin/Darmstadt/Wien 1963)
Soldan-Heppe: Geschichte der Hexenprozesse (München: G. Müller, 1911)
Umbach, Maiken: Made in Germany, Deutsche Erinnerungsorte Bd. 3 (München 2001)
Weider, Ben, et al.: Assassination on St Helena Revisited (New York: John Wiley & Sons, 1995)
Wettlaufer, Jörg: Das Herrenrecht der ersten Nacht (Frankfurt: Campus, 1998)
Winkler, Hans-Joachim: Legenden um Hitler (Berlin: Colloqium, 1961)
Zentner, Kurt: Illustrierte Geschichte des zweiten Weltkriegs (München: Südwest, 1967)

Darüber hinaus ist auf folgende Websites hinzuweisen:

www.cnn.com
www.dhm.de
www.documentenarchiv.de
www.eb.com
www.grand-illusions.com
www.hea.de
www.shoa.de
www.wikipedia.org

Personen- und Sachregister

Die **halbfett** gesetzten Zeilen verweisen auf Lexikonartikel. Unter Begriffen wie »Frankreich« sind immer auch die zugehörigen Begriffe (»Franzosen« und »französisch«) erfaßt.

Friedemann Bedürftig

Als Hitler die Atombombe baute

Lügen und Irrtümer über das Dritte Reich. 268 Seiten. Serie Piper

Kam Hitler mit seinem Angriff auf die Sowjetunion nur einem Angriff Stalins zuvor? Wer hat den Reichstag wirklich angezündet? Hätte es ohne Hitler keine Autobahn gegeben? Über keine Epoche der deutschen Geschichte sind so viele Legenden, Vorurteile und Halbwahrheiten im Umlauf wie über das »Dritte Reich«. Friedemann Bedürftig stellt die wichtigsten und nachhaltigsten Legenden richtig. Ein unentbehrliches Werk für alle, die sich für das »Dritte Reich« und seine Wirkungsgeschichte interessieren.

»Hilfreich, um Irrtümer über das NS-Regime nicht unnötig zu mehren oder Lügen über diese Zeit weiter aufzusitzen.«
Bremer Nachrichten

05/1750/01/L

Udo Pollmer, Gunter Frank, Susanne Warmuth

Lexikon der Fitneß-Irrtümer

Mißverständnisse, Fehlinterpretationen und Halbwahrheiten von Aerobic bis Zerrung. 432 Seiten. Serie Piper

Fit, jung und dynamisch bis ins hohe Alter mit Power-Walking, Hormonkuren und gesunder Ernährung? Vieles von dem, was Sport-Gurus und Fernsehmagazine über den Segen der Fitneß behaupten, gehört ins Reich der Irrtümer und Halbwahrheiten. Die Autoren konfrontieren die Legenden um Sport, Körperkult und Gesundheitswahn mit der Realität und warnen vor Bewegungsterror und Wellness-Hysterie. Ein wohltuendes Plädoyer für einen pfleglichen Umgang mit dem eigenen Körper, das immun macht gegen die vollmundigen und meist kostspieligen Versprechen der Gesundheitsindustrie.

05/1925/01/R

Reinhard Barth, Friedemann Bedürftig

Das Papstlexikon

Erweiterte Neuausgabe.
320 Seiten. Serie Piper

Mit Petrus, dem ersten Vorsteher der christlichen Gemeinde in Rom, begann die lange Reihe der Päpste, deren Anspruch bis heute stets der gleiche ist: alleinige Nachfolger des Apostels Petrus und Stellvertreter Christi auf Erden zu sein. Übersichtlich und anschaulich präsentieren Reinhard Barth und Friedemann Bedürftig in dieser erweiterten Neuausgabe ihres bewährten Lexikons alle 303 offiziellen Päpste und Gegenpäpste – chronologisch angeordnet von den Anfängen bei Petrus bis zu Benedikt XVI., dem neuen Papst.

05/1947/01/L

Matthias Biskupek

Das kleine DDR-Lexikon

Von Haushaltstag bis Reisekader.
160 Seiten. Serie Piper

Ob Genex, Frösi oder Brigadetagebuch – Matthias Biskupek hat die fünfzig schönsten und rätselhaftesten Blüten des DDR-Wortschatzes versammelt, die heute vom Aussterben bedroht sind. Wir erfahren, was es mit der Abkürzung »ml. WA« in Bekanntschaftsanzeigen auf sich hatte und daß berufstätige Ehefrauen und Mütter in der DDR einmal monatlich einen Haushaltstag nehmen durften. Und ganz nebenbei bekommen wir eine Nachhilfestunde im Fach Geschichte.

»Ein Buch, mit dem auch die heranwachsende Generation der Erfurter oder Leipziger die Chance hat, ihre Eltern wenigstens hin und wieder zu verstehen.«
Thüringer Allgemeine

05/1923/01/R

SERIE PIPER

Udo Pollmer, Susanne Warmuth

Lexikon der populären Ernährungsirrtümer

Mißverständnisse, Fehlinterpretationen und Halbwahrheiten von Alkohol bis Zucker. 368 Seiten. Serie Piper

Margarine ist gesünder als Butter, Müsli ist nahrhafter als Weißbrot, Tiefkühllebensmittel enthalten mehr Nährstoffe als Dosenware – die Liste von gängigen Ernährungsirrtümern ließe sich beliebig fortsetzten. Der Lebensmittelchemiker Udo Pollmer und die Biologin Susanne Warmuth haben liebgewonnene Ernährungsgewohnheiten und Halbwahrheiten von A wie Alkohol bis Z wie Zucker kritisch unter die Lupe genommen. Ihr informatives Lexikon ist ein Plädoyer für einen gelasseneren Umgang mit unserem Essen und für mehr Vertrauen in unseren Körper und seine Bedürfnisse.

»Pollmer und Warmuth stellen fast alles auf den Kopf, was wir über die Wirkungen des Essens zu wissen glaubten.«
Focus

05/1828/01/L

Walter Krämer, Wolfgang Sauer

Lexikon der populären Sprachirrtümer

Mißverständnisse, Denkfehler und Vorurteile von Altbier bis Zyniker. 224 Seiten. Serie Piper

Das Wort »verballhornen« hat weder etwas mit Bällen noch mit Hörnern zu tun, sondern leitet sich von einem Lübecker Buchdrucker namens Johann Ballhorn ab. Der »Boxring« ist noch nie rund wie ein Ring gewesen. Und den »Arbeitgeberbeitrag« zahlt keineswegs der Arbeitgeber, sondern der Arbeitnehmer. Die deutsche Sprache ist reich an Irrtümern, Verdrehern und Denkfehlern. Wo sie herkommen, wie sie entstanden sind und warum sie unseren Alltag trotzdem bereichern, zeigen Walter Krämer und Wolfgang Sauer in ihrem amüsanten und geistreichen Sprachpanoptikum.

»So unterhaltsam und aufschlußreich zu lesen, daß man gar nicht aufhören möchte, aus dem Buch zu zitieren.«
Frankfurter Neue Presse

05/1418/01/R

Walter Krämer, Götz Trenkler

Lexikon der populären Irrtümer

500 kapitale Mißverständnisse, Vorurteile und Denkfehler von Abendrot bis Zeppelin.
411 Seiten. Serie Piper

Vorurteile und Irrtümer bestimmen unseren Blick auf die Welt im großen und ganzen, aber auch im kleinen und im besonderen. Die Autoren, renommierte Professoren, zeigen wissenschaftlich belegt und statistisch untermauert, von wie vielen und von welchen Irrtümern wir umgeben sind und wie es sich daneben mit der Wahrheit verhält.

Daß Spinat nicht gesünder ist als sonstige Gemüsesorten, Hamburg mehr Brücken als Venedig hat und Nero nicht grausamer war als andere römische Despoten, hat sich allenthalben herumgesprochen, doch immer noch kursieren Hunderte von weiteren Irrtümern und Mißverständnissen im sogenannten Allgemeinwissen.

05/1150/01/L

Klaus Waller

Lexikon der klassischen Irrtümer

Wo Einstein, die katholische Kirche und andere total danebenlagen.
293 Seiten. Serie Piper

Daß die Erde keine Scheibe ist und die »Titanic« keinesfalls unsinkbar war, daß Adlige kein blaues Blut und Männer ebensoviele Rippen haben wie Frauen – all das sind, wie wir jetzt wissen, Irrtümer und Fehleinschätzungen. Allerdings sind bis heute nicht einmal Fachleute davor gefeit, ziemlich falsche Dinge zu behaupten. So versicherte beispielsweise ein Computerfachmann im Jahr 1977: »Es gibt überhaupt keinen Grund, warum irgend jemand einen Computer bei sich zu Hause haben will.« Und ein Plattenproduzent lehnte das Angebot, Schallplatten mit den Beatles zu machen, seinerzeit mit der denkwürdigen Begründung ab, daß Gitarrengruppen ohnehin nicht gefragt seien ... Klaus Waller hat in seinem unterhaltsamen Lexikon berühmte Irrtümer der Menschheitsgeschichte zusammengetragen.

05/1151/01/R

Die historische Hintertreppe

Helge Hesse
Hier stehe ich, ich kann nicht anders
In 80 Sätzen durch die Weltgeschichte
368 Seiten · gebunden/Schutzumschlag
€ 19,90 (D) · sFr 34,90
ISBN 3-8218-5601-1

»Nutze den Tag«, rät uns Horaz. »Nach uns die Sintflut«, behauptet die Marquise de Pompadour. »Wollt ihr den totalen Krieg?« fragte Goebbels. »Wer zu spät kommt, den bestraft das Leben«, sagte Gorbatschow.

Dieses Buch lädt ein zu einer etwas anderen Reise durch die Weltgeschichte. Anhand der achtzig bekanntesten Sätze aus 2600 Jahren führt es zu Orten, Menschen und Schlüsselmomenten der Geschichte und läßt die einzelnen Epochen von der Antike bis heute wieder lebendig werden.
Was Caesars gefallene Würfel über das Römische Reich, Luthers Ausspruch über die Reformation, Kants Worte über die Aufklärung oder Kennedys Berlin-Statement verraten, erzählt Helge Hesse in diesem Buch. Jeder dieser berühmten Sätze steht für eine Epoche der Weltgeschichte, die man in achtzig unterhaltsamen Kapiteln durchschreiten kann!